PSYCHOTHERAPIE

CHARAKTERLEHRE · PSYCHOANALYSE
HYPNOSE · PSYCHAGOGIK

VON

ARTHUR KRONFELD
DR. MED. ET PHIL. IN BERLIN

ZWEITE VERBESSERTE UND
VERMEHRTE AUFLAGE

BERLIN
VERLAG VON JULIUS SPRINGER
1925

ISBN-13: 978-3-642-48518-3 e-ISBN-13: 978-3-642-48585-5
DOI: 10.1007/978-3-642-48585-5

SOFTCOVER REPRINT OF THE HARDCOVER 1ST EDITION 1925

MEINER FRAU

Vorwort zur ersten Auflage.

Anlaß und Inhalt dieses Buches stammt aus den Kursen für Ärzte, die ich über Psychotherapie seit fünf Jahren abhalte. In fruchtbaren Diskussionen mit einem Kreise von Vertretern aller Einzeldisziplinen, deren Urteil an ihrer ärztlichen Praxis herangereift war, ergab sich immer dringlicher die Notwendigkeit einer systematischen Begründung und Darstellung psychotherapeutischer Aktivität, ihrer Ziele, ihrer Wege, ihrer Möglichkeiten und Grenzen, vor allem aber ihrer zielstrebigen Geschlossenheit im Sinne einer wissenschaftlich begründeten medizinischen Kunstlehre.

Wichtig ist mir das ideelich Neue, welches ich in den folgenden Blättern niedergelegt zu haben glaube. Der erste Teil versucht beim Arzte die Voraussetzungen einer psychotherapeutischen Einstellung auf den Kranken zu erzielen. In bewußt einseitiger Betrachtung wird die Krankheitslehre zur Persönlichkeitslehre. Enge Beziehungen bestehen zu den Auffassungen der Konstitutionspathologie, und zu den programmatischen Arbeiten von Karl Birnbaum und Ernst Kretschmer in Richtung einer mehrdimensionalen Diagnostik und Strukturanalyse. So dankbar ich mich den Vorarbeiten dieser beiden Forscher verpflichtet fühle, so versucht die ärztliche Charakterlehre dennoch, im Psychologischen über sie hinauszukommen. Die Darstellung der Erlebnisse des Menschen in ihrer charaktergestaltenden Bedeutung legt davon Zeugnis ab. Nach meiner Meinung vertiefen die dort gegebenen Ausführungen das ärztliche Verstehen des Leidenden.

Eine Psychotherapie ohne enge Beziehung zu einer ärztlichen Charaktererfassung bleibt ein Repertorium äußerlicher Technizismen. Naturgemäß sind aber dem ärztlichen Praktiker die psychotherapeutischen Verfahrensweisen und Technizismen vielfach ebenso nötig wie ihr psychologisch-klinischer Unterbau und das Prinzipielle. Es war daher nicht zu umgehen, diesen Fragen einen breiteren Platz in einem Lehrbuch einzuräumen, als der Gedankengang und Aufbau gerade des mir Wesentlichen und Neuerscheinenden erfordert hätte. So mußte dem gewiß recht ausgetretenen Gebiete der Hypnose und Suggestion ein mir fast ungebührlich erscheinender Umfang zuteil werden, der nicht ganz im richtigen Verhältnis zur Bedeutung dieser Verfahrensweisen als psychotherapeutischer Mittel steht. Aber die ärztliche Praxis verlangt ein Buch, aus welchem der Leser im Rahmen der gesamten Psychotherapie die Beherrschung dieser Dinge und ihre therapeutische Anwendung lebendig erlernen kann; gerade meine ärztlichen Hörer haben darauf den größten Wert gelegt.

Das für die Psychotherapie Bedeutsamere und mir besonders am Herzen Liegende habe ich in den Abschnitten über die Grundlagen der Psychotherapie und über die Psychagogik ausgeführt. Diese ermöglichen es auch dem Leser, die Hypnose und Suggestion innerhalb des psychotherapeutischen Gebietes als bloße Mittel, und nicht einmal als die wesentlichen, einzuordnen.

In der Darstellung habe ich mich auf diejenigen Weisen und Verfahren seelischer Einflußnahme und Führung beschränkt, die der Arzt in der Praxis, in der Sprechstunde und am Krankenbett, vollzieht. Alles, was jenseits dieser Begrenzung ist, insbesondere alle „Anstaltstherapie", blieb fort.

Von Rückgriffen auf die sehr große und ungleichwertige Literatur habe ich um des didaktischen Zweckes willen abgesehen. Daß ich durch die Werke von FREUD, von JUNG und vor allem von ALFRED ADLER stark und nachhaltig beeinflußt worden bin, darin teile ich das Schicksal wohl jedes Menschen, der gründlich an die psychotherapeutischen Fragen herantritt. In welcher Hinsicht ich von diesen Forschern abweiche, insbesondere von FREUD, darüber gibt das Buch Rechenschaft. Daß es von Anhängerkreisen eines jeden dieser drei Meister die der jeweiligen Schule entsprechenden Anfechtungen erfahren wird, beweist nichts gegen seinen Inhalt. Es erübrigt sich zu sagen, daß jede einzelne Abweichung, überhaupt jede eigene Stellungnahme im Prinzipiellen wie im Praktischen, an der Hand meiner ärztlichen und psychotherapeutischen Erfahrungen, die sich auf ein sehr großes Krankenmaterial stützen, praktisch erarbeitet worden ist. Am meisten habe ich aus meinen Mißerfolgen gelernt. Aus Raumgründen indes wurde auf Kasuistik grundsätzlich verzichtet.

Zum Schluß sei bemerkt: Ein derartiger Versuch kann beim ersten Wurf nicht in allen Stücken voll gelingen. Nach der psychologisch-prinzipiellen, wie nach der didaktischen und praktisch-ärztlichen Seite hin bleiben, dessen bin ich mir wohl bewußt, Unvollkommenheiten, Lücken, vielleicht Dunkelheiten bestehen. Ich würde dankbar begrüßen, wenn Männer der ärztlichen Praxis mich über solche verbesserungsbedürftigen Einzelheiten des Niedergeschriebenen aufklären und mir Anregungen aus ihrer Erfahrung zukommen lassen würden.

Wer den *Ἔρως ἰατρικός* besitzt — den Enthusiasmus ärztlich-mitmenschlichen Helfertums —, dem haben, trotz aller Mängel, die folgenden Blätter vielleicht doch etwas zu geben.

Berlin, im November 1923.

Arthur Kronfeld.

Vorwort zur zweiten Auflage.

Das Erscheinen der ersten Auflage dieses Buches traf mit der Ausbreitung einer eigenartigen und bedeutsamen Strömung in der Medizin zusammen, die sich innerhalb und außerhalb der ärztlichen Fachkreise mit überraschender Kraft ihre Bahn brach: mit der „psychotherapeutischen Richtung", mit der allgemeinen Neigung, den seelischen Faktoren im Krankheitsgeschehen, Krankheitserleben und im Heilen ein besonderes Gewicht zu verleihen. Die Strömung geht weit über das Gebiet des Ärztlichen hinaus, wenngleich sie hier ihre stärksten Kreise zieht. Die Quellen religiöser Selbstbesinnung und Erhebung, die in dem absurden Treiben der Christian science nicht weniger eindringlich rauschen als etwa in der ergreifenden Vorrede KREHLS zur letzten Auflage seiner „Pathologischen Physiologie"; — das Wiederaufleben mystisch gerichteter Selbstzucht und Selbstübersteigerung in der Selbstüberwindung, das etwa in LINDWORSKYS tiefsinnigen Wegeweisungen zu einem neuen Loyolismus sich ebenso offenbart wie in dem Umsichgreifen eines grotesk modernisierten Yogatums und in den platten Apothekerformeln eines COUÉ und BAUDOUIN; — der neue, „gestalttheoretisch" gebundene Ganzheitsbiologismus, von der vertieften BOVERI-MORGANschen Erblehre an bis zur Konstitutionsforschung eines KRAUS und seines Schülerkreises; — das Aufblühen einer autonomen Charakter- und Persönlichkeitslehre unter der sorgsamen Hand der Nachfahren DILTHEYS, SPRANGERS, UTITZ' und des genial-stürmenden KLAGES, welches den Gang der neuen Psychopathologie ebenso wandelte wie etwa das Antlitz des letzten (8.) Kongresses für experimentelle Psychologie; — endlich der Weltnachhall der von orthodoxen Bindungen sich immer mehr lösenden Psychoanalyse: Dies alles, scheinbar so beziehungslos und wesensgetrennt — hat es einen Generalnenner, ein gemeinsames Leitmotiv?

Die Frage stellen, heißt sie bejahen. Auf tausend Wegen, unter tausend Masken und Formeln geht die Sehnsucht des gegenwärtigen Geistes dahin, die Seele wiederzufinden. Wiederzuentdecken, was so lange verloren schien, zergangen in Mechanität und Physiologie, — es im Apparat oder hinter demselben zu erfassen, sich seines Wesens und seiner Vorherrschaft wieder zu versichern. Das Ich wieder als ein Ganzes zu empfinden und zu verstehen, in der Einheit seiner körperseelischen Verflochtenheiten, die zurücktreten und nicht mehr von einem Kausalismus der Vereinzelung und Analytik, sondern von dem — geistig oder intuitiv gegründeten — Anblick ihrer Totalität „erkannt" werden. Und nicht nur erkannt! Es ist merkwürdig sogar, wie kühn und bewußt all diese Strömungen an den Problemen der erkenntnismäßigen Bewährung, der Geltung und Objektivität vorbeilaufen, die noch für die Generation der Denker vor uns das eigentliche Arbeitszentrum bildeten. Erkennen und Abbilden ist den neuen Strömungen ein vorläufiges und beengendes Bette; eigentliches Ziel aber ist ihnen Beeinflussung, Steigerung, Bereicherung, Beherrschung und Vorausschau. Die „Idee" wandelt sich zur Norm. Darin liegt das ethische Fundament, das die oft bizarren Äußerungsweisen dem „neuen Geiste" nicht nehmen können.

Es soll hier nur angedeutet sein, um wieviel näher dieser geistigen Gesamtrichtung der Gegenwart die spezifisch-ärztliche Einstellung: auf Prognose und Helfertum — steht, als irgendeine philosophisch-kontemplative. Daher rührt es, wenn ungezwungen das psychologische Forschen sich ärztlich färbt, charakterologische und pädagogische Gewinne zeitigt, — und wenn andererseits das ärztliche Denken immer mehr die Persönlichkeitsfaktoren und das Psychische in sich aufnimmt und therapeutisch fruchtbar macht. Fast schwingt das Pendel schon zu stark und gewaltsam aus; schon muß die ärztliche Wissenschaft vereinzelt zu Vorsicht und Besonnenheit mahnen. Keine innere Klinik mehr, an der nicht hypnotisiert wird, keine Frauenklinik ohne psychische Komplexanalyse: und dieser Umschwung innerhalb weniger Jahre! Gefahr besteht, daß aus dem Enthusiasmus eine Mode, aus dem Erlebnis eine Routine werden könnte.

Unangefochten von dem allen geht die Forschung ihren sachlichen Weg. Und ihr allein ist das vorliegende Büchlein anheimgegeben, wenn es auch seine Stelle als diejenige eines Ausdrucks dieser geistigen Gesamtausrichtung unserer Gegenwart nicht verkennt. Zur Psychotherapie erziehen, bedeutet ihm daher zugleich die Aufgabe, vor Überspannungen zu warnen. Psychologische Uferlosigkeit des Heilwillens stark und klar zu begrenzen, da wo die tatsächlichen Grenzen liegen, die Verantwortungsbewußtsein und Erfahrung des Arztes ziehen müssen, gegen die Ansprüche mancher FREUDschüler, JUNGS, MAEDERS, BAUDOUINS, der philosophischen Mystik eines KEYSERLING und VERWEYEN, der hypnotischen, anthroposophischen und yogistischen „Allmacht", gegen die von der Presse genährte Sensationslust der Öffentlichkeit —: darin liegen heute schon fast ebenso wichtige Aufgaben als im eigentlichen Positiven.

Die zweite Auflage enthält, neben der stilistischen Glättung und Erleichterung der Lesbarkeit, mannigfache Zusätze und Ergänzungen, durch die das Buch hoffentlich an Wert gewonnen hat. Auf vielfache Wünsche hin wurde auch die Literatur berücksichtigt, wenigstens soweit als sie einführend oder grundlegend ist. Zur Aufnahme von Kasuistik habe ich mich jedoch nicht zu entschließen vermocht. Ihr Wert ist ein unverkennbar großer; aber wenn man kasuistische Beispiele auch nur mit einem Mindestmaß von psychologischer Vollständigkeit wiedergeben wollte, so wüchse der Umfang dieses Büchleins ins Unübersehbare, und ohne dieses Minimum blieben sie didaktisch wertlos.

Für viele freundliche Hinweisungen und Ratschläge, die zur Verbesserung der Arbeit erhebliches beigetragen haben, habe ich an dieser Stelle herzlich zu danken; in erster Linie meinen Freunden P. BERNHARDT, BIRNBAUM, KRETSCHMER, STORCH und WEIZSAECKER, Frau GERTRUD EYSOLDT, den Herren Prof. SCHLAYER und W. LIEPMANN, L. BINSWANGER, HALLAUER, HEYER, ROFFENSTEIN, SCHILDER, E. STRAUSS und W. WOLF; aber auch manchem anderen, der hier nicht genannt ist.

Berlin, im Februar 1925.

Arthur Kronfeld.

Inhaltsverzeichnis.

Erster Teil.

Der Aufbau von Persönlichkeit, Charakter und Krankheitsbild. (Ärztliche Charakterlehre.)

Erster Teil.

Der Aufbau von Persönlichkeit, Charakter und Krankheitsbild. (Ärztliche Charakterlehre.)

I. Grundlagen ärztlicher Psychologie.

1. Vom Wesen ärztlicher Einfühlung.

Psychotherapie als Aufgabe.

Im Gegensatz zu der Behandlung physischer Krankheitszustände mit wirksamen Mitteln ist die Psychotherapie bisher noch nicht wesentlich über eine Sammlung von individuellen ärztlichen Erfahrungen und vereinzelten praktischen Geschicklichkeiten hinausgelangt. Trotz aller Bemühungen hervorragender Ärzte mit tiefem psychologischem Einblick ist die Lehre von der Beeinflussung des Seelenlebens zu Heilzwecken noch weit davon entfernt, eine Wissenschaft zu sein, oder auch nur eine wissenschaftliche Grundlage von der Art zu besitzen, wie sie etwa die Arzneimittellehre in der pathologischen Physiologie und der Biochemie besitzt. Nirgends in der ganzen Breite ärztlichen Könnens und Tuns ist die Nachbarschaft der Charlatanerie so dicht und verhängnisvoll, und daher auch die kurpfuscherische Konkurrenz so erfolgreich und gefährlich, wie gerade auf psychotherapeutischem Gebiet. Über diese Bedenklichkeit muß man sich ganz klar sein. Ethisches und ärztliches Bewußtsein um Aufgabe und Verantwortung sind unser bester, unser einziger Schutz.

Denn die Dinge liegen so, daß die Psychotherapie im Schatze des ärztlichen Könnens gar nicht entbehrt zu werden vermag. Jeder Arzt wendet sie, und bei jedem seiner Kranken, fortwährend an; täte er dies nicht, so hätte er seinen Anspruch darauf, Arzt zu sein, nämlich Helfer im menschlichen Leiden, nicht gerechtfertigt. Die Ausnutzung all der seelischen Beziehungen und menschlichen Bindungen zwischen Arzt und Patient im Sinne einer Besserung des Kranken, zum mindesten in seinem „subjektiven Befinden“, in der Art, wie er sein Leiden erlebt, ihm gegenübersteht, innerlich mit ihm fertig wird: dies ist die eigentliche Domäne der Psychotherapie. Ihre Lehrbarkeit mag schwierig sein: Als Forderung wird sie dem Studierenden und dem werdenden Arzte von den großen Lehrern unserer Disziplin dringend eingeprägt — meist in der Formel, der Arzt habe „nicht nur die Krankheit zu behandeln, sondern den Kranken“. Aber freilich, weit seltener erhält der werdende Arzt sachliche Hinweise darauf, wie man das macht. Im besten Falle gewinnt er die Einstellung dazu durch das ärztliche Vorbild seiner Lehrer, oder er erwirbt sie allmählich im Laufe der Praxis, und dann nicht, ohne den Preis mancher Enttäuschungen und Mißerfolge tragen zu müssen. Lehre und Begründung der Kunst, auf die Seele von Menschen fördernd einzuwirken, bleibt auch dann ein dunkles Gebiet. Ein Glück noch, wenn wenigstens gütige und gerade Charaktereigenschaften, gesunder Menschenverstand und ein wenig Welterfahrung die klaffende Lücke überbrücken. Ein Glück, und doch nur ein Zufall! Häufiger klammert sich der Arzt, an technisch exakte Methoden und Verfahrensweisen gewöhnt, eher an die äußerlich-schematischen Methoden und Technizismen, welche auch das psychotherapeutische Vorgehen nach und nach aus sich entwickelt hat; „Suggestion“, „Hypnose“, „Psychoanalyse“, „Couéismus“ bedeuten ihm die Psychotherapie selber. Woher sollte er auch ersehen, daß dies bloß besondere Rahmen und Vehikel sind, hinter denen Sinn und Ziel psychotherapeutischen Vorgehens von ihm erst noch mit heißem Bemühen gesucht und erfaßt werden muß. Aber selbst diese äußerlichen Verfahrensweisen sind eine Art Stiefkind der klinischen Ausbildung. Über Hypnose z. B. wurden noch bis vor kurzer Zeit nur an einigen wenigen Hochschulen Vorlesungen gehalten. Vielfach herrscht eine gewisse akademische Scheu vor dieser Technik, begreiflicherweise, aber zum Schaden des ärztlichen Rüstzeuges. Ähnlich liegen die Dinge hinsichtlich der Psychoanalyse. Und selbst eine ihrem Wesen nach so „akademische“ Methode wie die der verstandesmäßig-erzieherischen Einwirkung, als deren Vertreter neuerdings Dubois und Babinski in Anspruch genommen werden, erweckt ein gewisses Unbehagen bei den Klinikern. Es wird da gern gesagt, sie helfe „als Methode“ ja doch nichts, wenn nicht eine geschlossene und bedeutende Persönlichkeit hinter ihr stehe. So zieht man sich gerne auch vor den technischen, in der Sprechstunde verwendbaren psychotherapeutischen Verfahrensweisen zurück und verschanzt sich hinter den Begriff des „geborenen“ und „begnadeten“ Arztes, dessen seelischen Einfluß man wissenschaftlich nicht weiter zu bestimmen versucht; man gibt ihn wohl als eine Art künstlerischer Intuition aus, oder man deutet ihn platter als larvierte Suggestion. Nun hängt ganz gewiß in der Psychotherapie alles von der Persönlichkeit des Arztes ab. Aber gerade darum ist es notwendig, daß jeder einzelne Arzt sich zu einer solchen psychotherapeutischen Persönlichkeit methodisch erzieht; und dazu muß er sich der Weisen seelischen Einflusses und seiner Anwendung klar und bestimmt bewußt werden.

Das Leidenserlebnis.

Am Ausgangspunkt steht die triviale Tatsache: den Kranken führt nicht sowohl die Krankheit zum Arzt, als vielmehr das mehr oder weniger deutliche Bewußtsein ihrer subjektiven Symptome, das Leidenserlebnis in der ganzen Fülle seines Entwicklungsganges und seiner weiteren seelischen Verarbeitungen. Die Krankheit selber, solange sie nicht als Leiden erlebt wird, pflegt auch die ärztliche Behandlung dem Kranken selber nicht subjektiv notwendig zu machen. Solange z. B. sogar ein Carcinom symptomlos verläuft, weiß der Kranke nichts von ihm, er leidet nicht subjektiv: und so fehlt ihm der Anstoß, den Arzt aufzusuchen.

Indessen richtet sich mit Recht das ärztliche Können in erster und letzter Linie auf die Behandlung der objektiven Krankheit, unabhängig von den subjektiven Weisen, in welchen sie der Träger erlebt und verarbeitet. Und doch liegt in diesen subjektiven Weisen des Erlebens und Verarbeitens, wie gleichgültig sie auch für den objektiven Krankheitsverlauf bewertet werden mögen, ein Mehr über die bloße Krankheit hinaus; und diese Überlagerung ist es, welche die Krankheit überhaupt erst zu einem Leiden macht, welche den Kranken auch subjektiv arztbedürftig macht. Aus überreicher Erfahrung ist bekannt, wie seltsame, groteske und tragische Mißverhältnisse zwischen dem subjektiven Leidenszustande von Kranken und dem objektiven Krankheitsbefunde bestehen können. Ja, letzterer wird nicht selten gleich Null, man denke etwa an die Rentenkampfhysterien; und dennoch besteht ein subjektives Leiden mit allen Schädigungen, welche es auf die moralische, wirtschaftliche und soziale Lage des Leidenden ausüben kann.

Die Ausgestaltung und der Aufbau, die Erscheinungsformen und die Verarbeitungsweisen des Leidenserlebnisses hängen ab von den im Kranken vorliegenden jeweiligen seelischen Voraussetzungen. Diese seelischen Voraussetzungen gilt es zu allererst zu erfassen; nur auf Grund ihrer vermag der Kranke wirklich über sein Leiden hinweggebracht zu werden. In dieser Erfassung und Versenkung des Arztes in die seelischen Voraussetzungen jedes einzelnen seiner Kranken liegt also die erste Aufgabe aller Psychotherapie. Der Sprachgebrauch bedient sich des Wortes Einfühlung, um diesen Vorgang zu bezeichnen. Es handelt sich um ein inneres Sichhinwenden, um ein Verstehen des Seelengeschehens als gesetzmäßigen, innerlich notwendigen Ausdrucks einer bestimmten und bestimmbaren Persönlichkeit, und um das Erfassen dieser Persönlichkeit nach Analogie des eigenen ärztlichen Ichs. Eine derartige Vergegenwärtigung des anderen im eigenen Ich gibt uns dann den Schlüssel zu unserer jeweiligen Haltung als seelischer Helfer; sie gibt uns auch ständig erneut die Hinweise für die Anwendung unserer einzelnen therapeutischen Techniken und Methoden. Alle Psychotherapie, im Ziele wie in den Mitteln, wird durch sie gelenkt und bestimmt.

Einfühlung und Seelenkunde.

Diese Einfühlung nun ist keine mystische, ohne weiteres hinzunehmende Gabe, über deren Richtig und Falsch es keine Sicherheit gäbe. Vielmehr ist sie Erkenntnis, und sogar die eigentliche und erste Erkenntnis alles Fremdpsychischen überhaupt. Was wir uns später und abgesondert als Eigenschaften und Vorgänge des fremden Ich überlegen und klarzumachen suchen, was wir in Begriffe bannen und in Regeln ausdrücken: dies alles ist schon abgeleitete Erkenntnis, die erst auf dem Boden der vollzogenen Einfühlung erwächst und in ihm Bestätigung und Kriterien findet. Jede Seelenkunde, soweit sie nicht unmittelbare Selbstbeobachtung und Selbsterkenntnis ist, beginnt mit der Einfühlung. Gestehen wir uns zu, daß diese Einfühlung ein Erkenntnisvorgang ist, den wir im praktischen Leben unter Menschen genau so selbstverständlich und sicher anwenden, wie wir von unseren Sinnesorganen zur Orientierung in der Umwelt Gebrauch machen, ja daß ohne sie ein zwischenmenschlicher Verkehr überhaupt unmöglich wäre: so können wir dennoch sagen, daß der eine zu dieser Art des Erkennens mehr befähigt sein mag als der andere, genau ebenso, wie der eine bessere Augen oder ein schärferes Gehör hat als der andere. Diese Unterschiede der Fähigkeit und der Möglichkeit des Irrtums vermögen an der grundsätzlichen Bedeutung der Einfühlung als eines Erkenntnisvorganges nichts zu ändern. Es bildet freilich ein Problem, welche Struktur dieser Erkenntnisvorgang aufweist, welche Geltungsgrundlagen er besitzt, wie er sich psychologisch vollzieht usw. Die Theorien hierüber sind bunt, oft billig, unabgeschlossen und voller Widersprüche untereinander; sie sollen uns nicht beschäftigen. Es genügt uns, daß es sich immer darum handelt, das Ganze des andern Ich mit einer Art von fast anschaulicher innerer Gewißheit zu erfassen, wobei wir alle Äußerungen, ja den Leib selbst und seine Bewegungen nur als den Ausdruck nehmen für einen dahinter befindlichen innerlichen Sinn. Diese Erfassung des andern als eines Ganzen, eines meinem Ich gleichgeordneten Ichganzen vollzieht sich — unbeschadet der strittigen Einzelheiten dieses Vorgangs — in der Weise, daß ich mich selbst in meiner Ganzheit so mit dem anderen zur Deckung bringe, als wäre der Sinn *seiner* Äußerungen und Bewegungen *mein eigenes Ich* und *meine* Möglichkeiten des Erlebens und Reagierens. Ich mache Bewegung und Haltung, Gebärde, Schweigen, Wort und Meinung des anderen zum Ausdruck desjenigen *Sinns*, den mein eigenes Ich darin finden würde. Praktisch setzt dies zwei Eigenschaften voraus, die der Einfühlende in sich selber aufweisen muß; Eigenschaften, zu denen er sich sorgsam und methodisch schulen muß, ganz besonders wenn er Arzt ist. Erstens nämlich eine sehr klare und deutliche Bewußtheit um das Ganze seines eigenen Ich und seiner Möglichkeiten des Erlebens und Verarbeitens; durch

Selbstbeobachtung und Selbstanalyse kann diese Eigenschaft errungen und selbst bis zu hohen Graden gesteigert werden. Große Redlichkeit und innere Wahrhaftigkeit, Freiheit von Selbstbeschönigung ist dazu erforderlich: das ständige Vorwalten jener unerbittlichen inneren Instanz, welche IBSEN als inneres Gericht bezeichnet. Ein Irrtum wäre es aber, anzunehmen, daß man frei von Gefühlen, frei von affektivem Beteiligtsein bleiben müsse oder auch nur zu bleiben vermöchte, um diese erste Voraussetzung zu erfüllen. Ein derart „objektiver" Mensch wäre lediglich psychisch ärmlich. Notwendig ist nur, daß das Wissen um das eigene Ich, Selbstkontrolle und Selbstkritik nicht durch Gefühl und Trieb verbogen und verstellt werden. Die zweite Voraussetzung liegt in der Einstellung, welche der eben genannten in gewisser Weise entgegengesetzt erscheint: in einer großen Fähigkeit, vom eigenen Ich mit seinen Schranken und Bindungen loszukommen, sich frei zu machen von gefühlsmäßigen Einengungen, Starrheiten, Vorurteilen, Stimmungen und Wertungen. Diese scheinbare „Entselbstung" des Einfühlenden gibt ihm aber allererst das Ganze seines Ich; sie entbindet ihn von allen Einschränkungen, die sein Leben und seine Umwelt in der konkreten Entwicklung seiner Persönlichkeit gesetzt haben. Das ursprüngliche Ganze seines Wesens mit der unendlichen Fülle von Erlebensmöglichkeiten, von Möglichkeiten des Fühlens und Strebens kann sich frei in den Ausdruckserscheinungen des anderen abbilden und diese zu den seinigen machen. Dadurch liegt im einzelnen Ich, wie fest und klar begrenzt es in seiner konkreten Wirklichkeit auch sein möge, das Vermögen, ein fremdes Ich von ganz anderer konkreter Artung dennoch nach dessen eigenem Gesetz und Sinn verstehend erfassen zu können.

Dieses einfühlende Erfassen geht zwar immer auf das Ganze des fremden Ich; aber es haftet naturgemäß am einzelnen. Die einzelne Gebärde, die einzelne Äußerung verrät zunächst nur ihre eigene Bedeutung, nicht aber schon das Ganze. Daß eine Ganzheit, daß ein fremdes Ich hinter ihr steht, und daß ich berechtigt bin, dies Ich durch das Hineinbilden meines eigenen Ich in diese einzelnen Äußerungen einfühlend zu erfassen: das wird dabei vorausgesetzt. Wodurch sich aber das fremde Ich von dem meinen unterscheidet, dessen kann ich nur durch sorgfältige Sammlung und Beobachtung aller der einzelnen Ausdruckserscheinungen des anderen innewerden, an welche meine Einfühlung anknüpft. So ist die einfühlende Erkenntnis eine langsame, allmählich werdende, schrittweise sich vollziehende und bei jedem Schritte sich verbessernde und vertiefende. Und bei all diesen Schritten ist sie durchsetzt mit psychologischer Reflexion, mit Versuchen zur Formulierung des bereits Gewonnenen, mit der Einordnung in frühere Erfahrungen, mit psychologischer Stellungnahme. An diesem Gerüst denkender Durchdringung wird sie, nach anfänglich tastender Ungewißheit, allmählich zu klarem formulierbarem Wissen. In dieses Wissen aber geht jener ganze Schatz angereicherter Menschenkenntnis, psychologischer und ärztlicher Erfahrung als stützender Bestandteil mit ein, der uns überliefert wurde, und den wir in Wissenshaft und Leben ausgebildet haben.

Dieses Wissen nun ist es ausschließlich, welches lehrmäßig übermittelt zu werden vermag. Die Fähigkeit der Einfühlung kann der einzelne bei sich selber schulen und steigern, aber er kann sie nicht lehrmäßig weitergeben. Ich kann mein Gehör üben und schärfen, aber ich kann andere nicht lehren zu hören. Wohl kann ich prüfen, ob sie richtig hören, und was ihnen entgeht; und ich kann sie auch darauf hinweisen, möglichst viel und fein zu hören, indem ich ihnen das Gehörte beschreibend und zergliedernd verdeutliche. So kann ich auch das psychologische Wissen um andere Persönlichkeiten und ihre besondere seelische Artung und Struktur, um ihr besonderes inneres Gesetz, beschreibend und zergliedernd darlegen; und dadurch Hinweise geben, sich tief und fein einzufühlen. Und dies ist hier, für den Aufriß der Psychotherapie, unsere erste und dringendste Aufgabe. Wir streben danach, die Aufgabe zu lösen, befreit von allen strengeren und schwierigeren Formulierungen einer exakten wissenschaftlichen Psychologie. Wir bedienen uns ausschließlich der überaus fein differenzierten Mittel des deutschen Sprachschatzes, vor dessen psychologischer Tiefe und Feinheit uns schon ein Wort von Möbius Ehrfurcht anempfiehlt; und wir vollziehen unsere Aufgabe nur insoweit, als sie zu unserem eigentlichen Thema, nämlich dem des ärztlichen Verstehens und Handelns, in Beziehung steht.

Literatur.

Die wissenschaftlichen Veröffentlichungen über das Wesen der Einfühlung und über das Wissen vom fremden Ich sind, je nach dem philosophischen Standpunkt ihrer Verfasser, sehr kontrovers, schwierig und nahezu unübersehbar. In der Richtung obiger Ausführungen sind von neueren Denkern grundlegende Arbeiten etwa die folgenden:

Dilthey: Ideen über eine beschreibende und zergliedernde Psychologie. Sitzungsber. d. preuß. Akad. d. Wiss., philos. Kl. 1894.
Lipps: Psychologische Studien Bd. 1.
Stern: Einfühlung und Assoziation usw. Hamburg-Leipzig 1898.
Prandtl: Die Einfühlung. Leipzig 1910.
Geiger: Über das Bewußtsein von Gefühlen. Festschrift für Lipps. — Derselbe: Über das Wesen und die Bedeutung der Einfühlung. Ber. über d. IV. Kongr. f. exp. Psychol. Leipzig 1911.
Spranger: Lebensformen, 3. Aufl. Halle 1922.
Jaspers: Allgemeine Psychopathologie, 3. Aufl. Berlin 1923.
Scheler: Anhang zu „Sympathiegefühle“. Halle 1913.
Kronfeld: Das Wesen der psychiatrischen Erkenntnis. Berlin 1920.

2. Psychologische Grundlinien.

Erleben und Bewußtsein. Das Unbewußte.

Wir stellen uns das seelische Leben unter dem Bilde eines Stromes vor. Aus diesem Strome und seinem steten Fließen schöpfen wir einzelnes heraus und fangen es in den Gefäßen unserer Begriffe auf, deren Form es dann annimmt, wie Wasser die Form des Bechers. Wir erkennen eine Stromrichtung, sie verläuft vom Eindruck zum Ausdruck, vom Erleben zur Tat, vom Reiz zur Reaktion. Erlebnisse, gegenständlich gestaltet aus Eindrücken, treten immer erneut im Seelengeschehen auf; sie bilden den Ausgangspunkt neuer Stromrichtungen, Stromschnellen und Stromstauungen. Diese Erlebnisse sind uns in einer besonderen Weise unmittelbar gegeben; wir nennen diese Gegebenheitsweise Bewußtsein. Bewußtsein besteht nicht mit gleicher Art und Stärke für alles Erleben; es gibt da Schwankungen der Helligkeit und der Intensität, bis zu geringen Schwellen hinab. Auch schwankt die Fülle und Mannigfaltigkeit des erlebnismäßig Gegebenen, welches gleichzeitig von gleicher Bewußtseinshelligkeit getroffen zu werden vermag. Und es scheint zwischen dem „Umfang" des Bewußtseins in diesem Sinne und zwischen der Bewußtseinshelligkeit des gegebenen einzelnen das Gesetz einer besonderen Beziehung obzuwalten. Einem Teile der Erlebnisse haftet mit ihrem Erlebtwerden zugleich und unlöslich verknüpft das Bewußtsein an, daß sie in mir ablaufen, daß sie meine Erlebnisse sind. Bei einem anderen Teile der Erlebnisse fehlt diese Beziehung aufs Ich im Erleben selber und wird erst durch besondere innere Hinwendung auf den Vorgang des Erlebens bemerkt. Zur ersteren Gruppe gehören die im eigentlichen Sinne seelischen Erlebnisse, zur zweiten die Erlebnisse des Nichtich, der Welt, der Natur. Steht ein bestimmtes Gegebenes im Zentrum des Erlebtwerdens, im Zentrum des Bewußtseins, so schwingen mit abnehmender Deutlichkeit andere Inhalte, die ihm sachlich oder durch Gegebenheit verwandt sind, als irgendwie mitgegeben im Erlebnis mit. Hierher gehört ein Teil jener Erinnerungen, die gerade eben nur anklingen, ohne zur vollen Klarheit des Erlebtwerdens zu kommen, und die sich wie ein Randschleier von besonderer Tönung, im Sprachgebrauch auch als Gefühle bezeichnet, um jedes Erlebnis herumlegen. Durch diesen Randschleier („Fringe", „Sphäre"), in den immer das Ganze der jeweiligen erlebenden Persönlichkeit hineinverwoben ist, erhält ein jedes Erlebnis seine strenge Individualität, Einmaligkeit und Unwiederholbarkeit: im strengen Sinne kann selbst derselbe Mensch nicht genau das gleiche Erleben zweimal aufweisen.

Bewußtsein im Sinne eines unmittelbaren Gegebenseins haftet aber keineswegs allem Seelischen an. Nur wissen wir nicht, ob dasjenige, was nicht in dieser unmittelbaren Weise gegeben ist und doch in irgendeiner Beziehung zum Erleben steht, ob also dies „Unbewußte" seinerseits etwas Seelisches ist, welches wir völlig nach Analogie des Erlebens selber erfassen müssen, oder ob es etwas Seelisches ist, über dessen Art wir nur begrifflich etwas ausmachen können, eben weil es uns nicht bewußt gegeben ist, oder ob es nur in cerebralen Spuren besteht. Hierüber ist erlaubt, Theorien zu machen, wie sie dem Weltbilde des einzelnen am ehesten entsprechen. Wir machen auch unsererseits von dieser Freiheit Gebrauch, uns eine erlaubte Arbeitshypothese zu bilden; wir stellen uns dies Unbewußte als ein Seelisches und soweit als möglich nach Analogie der Erlebnisse selber vor; also als genau das gleiche Geschehen, welches wir unmittelbar in uns wahrnehmen, nur daß ihm diese unmittelbare Gegebenheit, der Bewußtseinscharakter mangelt.

Psychische Funktionen und Tendenzen. Das Ich.

An die Erlebnisse schließt sich, in notwendiger dynamischer Abhängigkeit, ein Seelengeschehen an, welches wir uns durch inneres Hinwenden wenigstens teilweise bewußt machen können: Seine ganze individuelle Breite und Tiefe läßt sich, unter Vorbehalt genauerer Zergliederung, in den Begriff der seelischen Verarbeitung zusammenfassen. Diese seelische Verarbeitung führt zu Endstadien, die wir, sie seien rein seelischer oder motorischer Artung, als das immanente Ziel des jeweiligen seelischen Ablaufs betrachten und unter dem Begriff der Reaktion im weitesten Sinne zusammenbringen. Entschluß, Tat und Handlung, auf anderer Stufe auch motorische Trieb- und Ausdruckserscheinungen, auf wieder anderer automatisierte und instinktive Bewegungsfolgen, zu niederst Reflexbewegungen oder -veränderungen fallen unter den Reaktionsbegriff. Die Reaktion wird völlig bestimmt durch die individuellen Voraussetzungen des Reagierenkönnens und durch die Art der Verarbeitung des Erlebens.

Diese Voraussetzungen des Reagierenkönnens und des seelischen Verarbeitens gehören nicht ohne weiteres zu den bewußt gegebenen seelischen Erscheinungen. Gewiß kann man sie sich, mindestens teilweise, durch eine besondere Art der Beachtung bewußt machen; ihrem Wesen nach stehen sie zum unmittelbaren Erleben aber in dieser Hinsicht eher in einem gewissen Gegensatz. Sie sind nicht seelische Erscheinung im Sinne des Erlebens, obwohl sie alles, was seelisch erscheint, alles Erleben im weitesten Sinne, bedingen, bestimmen, formen und gestalten. Wir stellen uns mit ihnen eine Art von innig verflochtenem und geschichtetem System potentieller psychischer Kräfte vor, Funktionen der seelischen Organisation, Tendenzen der seelischen Dynamik. Ihr Zusammenwirken bestimmt das Erlebenkönnen, das Verarbeitenkönnen und das Reagierenkönnen im Hinblick auf Was und

Wie. Wenn sich diese potentiellen seelischen Kräfte geltend machen, die Funktionen sich vollziehen, die Tendenzen sich durchsetzen, so entstehen bewußte, erlebnishafte seelische Geschehnisse und Gestaltungen. Diese haben das Gemeinsame, daß sie alle irgendwie dem einen und gleichen Ich zugeordnet werden. Wir sagen mit alledem nur Triviales. Die Probleme, die hinter diesen selbstverständlichen Tatsachen stehen, überlassen wir der theoretischen Psychologie. Sie hat Wesen und Arten der psychischen Funktionen zu analysieren; sie hat den Grund der Ichbeziehung und die Weisen dieser Ichbeziehung zu untersuchen; für unsere Absichten bezeichnet die deutsche Sprache die Sachverhalte, die wir als Ausgangspunkte hinzunehmen haben, hinreichend genau; die Sprache hat auch die Funktionen schon für unsere Zwecke völlig ausreichend voneinander abgehoben. Wir kennen wahrnehmende, auffassende, vorstellende, reproduzierende, urteilende, annehmende, interessierende, begehrende, wünschende, strebende, wollende, treibende Seelenkräfte in uns; und wir fassen deren Verwirklichung unter den entsprechenden Erscheinungen zusammen, die man etwa als Vorstellen, Denken, Gedächtnis, Fühlen, Streben, Wollen usw. sprachlich benennt. Das so Benannte ist uns ohne weiteres in seiner psychologischen Besonderheit verständlich. Das Gesamtbild aus dem allen ist: wir wissen — auf eine hier nicht zu untersuchende unmittelbare Weise — von unserm Ich als dem innersten Zentrum unseres Seins, in welchem leibliche und seelische Regungen sich vereinen. Es bleibt sich, in allem unaufhörlichen Wechsel seiner Zustände, doch im Wesen gleich; — da herrscht eine einfach hinzunehmende Identität des Ich. Dem Ich ist alles gegeben, was wir Erscheinung nennen; es ist ihm gegeben durch eine Reihe potentieller seelischer Kräfte, Funktionen des Ich, durch deren Vollzug dem Ich Erscheinung und Erleben gestaltet und bestimmt wird.

Welches ist die Materie, deren sich diese seelischen Kräfte bemächtigen, um sich daran zu betätigen und auf diese Weise Erscheinung zu erzeugen — Erscheinung in dem Sinne der Inhalte der einzelnen Erlebnisse und Verarbeitungen des Bewußtseins? Zum Teil stammt diese Materie aus dem aktuellen Einzelerlebnis, welches den Ablauf dieses seelischen Kräftespiels jeweils auslöst. Zum weitaus größeren Teile stammt sie aus früheren Erlebnissen, aus früheren Verarbeitungsweisen und Reaktionstendenzen, welche im Unbewußten ihre Spuren zurückgelassen haben. Diese Spuren und Remanenzen werden bei allen neuen seelischen Vorgängen — nach bestimmten Gesetzen der Reproduktion und Assoziation — wieder zum Anklingen gebracht. Zum Teil entstehen dabei neue Bewußtseinsinhalte, zum Teil wird der Fluß des seelischen Geschehens nur in Richtung und Stärke beeinflußt, ohne daß eine Wiederkehr jener Spuren ins Bewußtsein stattzufinden braucht.

Diese Spuren liegen in verschiedenen Stärkegraden in Bereitschaft, um reproduziert zu werden. Auch der Vollzug der Funktionen selber setzt solche Spuren und schafft solche Bereitschaften zum Wiedervollzug der gleichen Funktionen. So bilden sich Tendenzen zur Determination und zur Verknüpfung von Funktionsvollzügen heraus. Über die Natur des Gedächtnisses brauchen wir dabei hier nicht zu handeln, so wenig wie über die Gesetze der Assoziation und Reproduktion: dies gehört in die allgemeine Psychologie. Jene determinierenden Tendenzen, jene Reproduktionsbereitschaften zeigen sich am klarsten in dem, was man Übung nennt. Übung, Gewohnheit, Automatismen und Instinkte — alles Zusammensetzungen derartiger Reproduktionsbereitschaften — bedingen in einer für die Persönlichkeitslehre wichtigen Weise Art und Tempo der motorischen Reaktionen, insbesondere der Handlung. Man kann ihre Wirkung experimentell z. B. an dem Tempo und der Kurve der Arbeit erkennen. So bilden sie ein wichtiges, wenn auch wenig hervortretendes Konstituens im Aufbau des Charakters.

Disposition, Charakter und Persönlichkeit.

Das Zusammenwirken und die Abfolge der Funktionsvollzüge gehorcht bestimmten jeweiligen Voraussetzungen der Individualität. Diese Voraussetzungen bestimmen und beschränken die individuelle Fähigkeit und Eigenart des Erlebens, Verarbeitens und Reagierens. Sie sind entweder zugleich mit dem Ganzen der Organisation entstandene eingeborene Anlagen, Begabungen, Talente, Reaktionsnormen; oder sie sind durch die Entwicklung der Individualität entstehende und sich vorbildende Einstellungen, Gewöhnungen, gegenseitige Abhängigkeitsbeziehungen der Funktionen und Tendenzen. Beide Gruppen dieser seelischen Vorbildungen bezeichnen wir mit dem gemeinschaftlichen Begriff der Dispositionen. Die Dispositionen bestimmen die Besonderheiten des seelischen Aufnehmens, Verarbeitens und Reagierens. Und wir können hier zwei Gebiete des Wirkens der Dispositionen künstlich voneinander absondern, die an sich im Einzelfalle nicht scharf voneinander trennbar sind. Erstens nämlich gibt es bestimmte dispositionelle Grundlagen für die Ausbildung und Leistungsbereitschaft der Verarbeitung von Erlebnissen in auffassender, gegenständlicher Hinsicht: die Intelligenz. Zweitens gibt es individuell besondere Dispositionsgrundlagen für die Verarbeitung von Erlebnissen hinsichtlich der Art, wie das Ich zu ihnen Stellung nimmt und auf sie reagiert. Diese bestimmen also die subjektive, gefühlsmäßige und willentliche Verarbeitung von Erlebnissen. Diese Momente fassen wir als Charakter zusammen. Wir definieren hier weiter nicht die Begriffe Intelligenz und Charakter; beide gemeinsam bilden das Ganze der Persönlichkeit, — alles dessen, was wesensmäßig und sinnhaft zu einem Ich hinzugehört.

Diejenige Form der seelischen Einwirkung, welche auf die Intelligenz gerichtet ist, nennen wir Bildung oder Ausbildung. Sie fällt, soweit es sich um unausgebildete oder unausgereifte Intelligenz handelt, nicht dem Arzte zu, sondern dem Lehrer. Zwar gibt es hier ein weites Grenzgebiet, in der Beeinflussung schwächlicher, oder mißbildeter, oder zurückgebliebener Intelligenzen; in diesem Grenzgebiet, der Behandlung zurückgebliebener und schwachsinniger Kinder, ist die ärztliche Mitarbeit unentbehrlich. Diese Mitarbeit kann aber in der Sprechstunde des praktischen Arztes nicht geleistet werden; hier kann höchstens die Diagnose solcher Intelligenzmängel erfolgen; und darum liegt dieser Teil der ärztlichen Arbeit außerhalb unserer psychotherapeutischen Darstellung.

Die Leitung der Charakterentwicklung nennen wir Erziehung. Auch sie ist zum weitaus überwiegenden Teil dem Pädagogen anheimgestellt. Es könnte hier die Frage aufgeworfen werden, inwieweit eine seelische Beeinflussung der Charakterentwicklung überhaupt möglich ist, da wir im Charakter doch nur einen Inbegriff von Dispositionen und Anlagen erblicken. Und gewisse erbbiologische Forscher haben sich denn auch über die grundsätzliche Möglichkeit von Erziehung überhaupt völlig resigniert geäußert. Allein theoretische Bedenken dieser Art wiegen nichts neben der Praxis des wirklichen Lebens, welches uns überall in jeder einzelnen Seele erzieherische Einflüsse in ihrer Wirkung auf die Charaktergestaltung tausendfach beweist. Auch Erlebnisse und Erlebnisverarbeitung schaffen ja Dispositionen und Einstellungen, Bereitschaften und Hemmungen späterer Reaktivität; und man kann höchstens über die Grenzen streiten, innerhalb deren diese Wirkung äußeren Einflusses sich geltend zu machen vermag. Daß man streiten kann, ist aber ein Hinweis darauf, daß in diesem Gebiete nichts endgültig feststeht. Und so haben wir keinen Grund, an der Möglichkeit von Erziehung zu zweifeln, und sind befugt, diese Möglichkeit heuristisch soweit als irgend geht auszuspannen. An angeborenen Defekten und Mängeln wird auch Erziehung ganz gewiß nichts ändern; aber auch da kann sie den Ausfall durch die Einwirkung auf andere Seelengebiete oft behelfsmäßig überbrücken, verdecken und wenigstens unschädlich machen.

Im Gebiete der Charaktererziehung hat der Arzt als Psychotherapeut dann eine besondere Aufgabe zu lösen, wenn der Lehrer und Erzieher an der Abartigkeit oder Krankhaftigkeit der Charaktergrundlagen und Dispositionen gescheitert ist, oder wenn im Laufe der Entwicklung Veränderungen oder Abbiegungen des Charakters ins Krankhafte eingesetzt haben. Hier müßte nun eigentlich bezeichnet werden, welches unsere Kennzeichen der Abartigkeit und Krankhaftigkeit von Charakterdispositionen sind. Wir können aber getrost darauf verzichten, denn das Leben selber gibt uns sicherere Hinweisungen als alle theoretische Überlegung:

Wer seinem seelischen Wesen nach seinen Lebensanforderungen schlecht angepaßt ist, wer objektiv im Leben und am Leben versagt, und wer subjektiv am Leben oder an sich selber leidet, der wird in unserer gegenwärtigen Zivilisation — gleichviel ob mit Recht oder mit Unrecht — ärztlicher Hilfe und Einwirkung bedürftig. An ihm setzt ärztliche Psychotherapie ein. Eines der Momente, welches eine reaktive Auswirkung ins Abartige oder Krankhafte in diesem Sinne auszulösen vermag, liegt häufig in der Tatsache körperlicher Krankheit: und dann entsteht jenes Mehr der subjektiven Leidenssymptome über die objektiven Krankheitszeichen hinaus, welches ganz besonders an die psychotherapeutischen Einstellungen des Arztes appelliert.

Die Unzulänglichkeit einer beschreibenden Charakterlehre.

Nach den bisher gemachten elementaren Feststellungen würde es nun wohl am natürlichsten erscheinen, eine beschreibende und zergliedernde Ordnung der menschlichen Charaktere und Typen aufzustellen, eine darstellende Charakterologie zu geben. Man könnte sich dies so denken, daß von den einfachsten seelischen Dispositionen und Dispositionskomplexen ausgegangen würde und nun ihre verschiedenen Kombinationen und Überschichtungen beschrieben würden, bis man auf diese Weise zu den Typen kommt, denen man in der konkreten Wirklichkeit begegnet. Ein solches Unternehmen hat vielen feinsinnigen Bearbeitern der Lehre vom menschlichen Charkter vorgeschwebt. Allein ein solches Unterfangen ist methodisch unmöglich; man erhält keine wirklichen Charaktertypen, sondern schemenhafte Konstruktionen. Daher sind alle beschreibenden Charakterologen, von LAVATER und BAHNSEN bis zu KLAGES und SPRANGER, trotz ihrer oft erstaunlichen psychologischen Einfühlungskraft immer nur zu ganz vagen und schattenhaften Abbildern der konkreten Wirklichkeit gekommen. Die Sache liegt nämlich so: Es liegt im Wesen der Individualität, einmalig und unteilbar zu sein. Alle Abbildung kann nur solche Züge erfassen, welche sich in allgemeine Begriffe bringen lassen; nur Züge, welche eine Individualität mit anderen Individualitäten gemeinsam hat; diese nennen wir eben typisch um ihres Wiederkehrens bei mehreren willen. Es ist aber klar, daß wir bei einem solchen Vorgehen immer nur einen Teil der Individualität erfassen, nie das Ganze. Diesen Teil heben wir heraus, weil wir ihn als wesentlich für die betreffende Persönlichkeit und zugleich als typisch in dem oben genannten Sinne zu erfassen glauben; wir verlassen uns dabei auf unsere Einfühlungskraft. Und dann setzen wir diesen Teil statt des Ganzen. Kein Wunder, daß wir auf diese Weise einseitig gesehene Zerrbilder des wirklichen Lebens erhalten. Wenn wir etwa sagen: der Hysteriker, oder der Haltlose, oder der Erregbare, so sind derartige Abstraktionen solche Einseitigkeiten, bei denen das

Leben nicht zu seinem Rechte gelangt, ein vorherrschender Einzelzug überwertet und typisiert wird, und die dennoch vieldeutig und erklärungsbedürftig bleiben. Das gleiche gilt auch von den Abstraktionen der praktischen Menschenkenntnis: der Lebenskünstler, der religiöse Mensch, der Asket, der Fanatiker, der Geschäftsmann usw. Es liegt im Wesen unserer beschreibenden Begriffs- und Typenbildung, daß sie anders nicht verfahren kann, und zweifellos treffen wir mit der Heraushebung derartiger Typisierungen sehr häufig auch wirklich den Ausdruck einer charakterologischen Gesetzmäßigkeit. Aber einsichtig begründen und methodisch gewährleisten läßt sich ein derartiges Vorgehen nicht, von wie hervorragender Seite man dies auch versucht hat. Es kommt noch ein doppeltes hinzu: nämlich einmal kommen wir mit derartigen Typisierungen tatsächlich niemals auf etwas psychologisch Einfaches. Vielmehr können derartige typische Eigenarten, die wir an Charakteren herausheben, psychologisch recht komplizierte sein, und zweitens ebenso jeweils ganz verschiedenartiger Herkunft. Lebenskunst, Askese, Geschäftstüchtigkeit sind beispielsweise solche Typisierungen, deren Qualität eine recht zusammengesetzte und individuell trotz deskriptiver Einheitlichkeit von Fall zu Fall anders bedingte sein kann. Geht man aber wirklich bis zu solchen Abstraktionen zurück, die sich rein beschreibend psychologisch nicht weiter zergliedern lassen, so gelangt man über rationalisierende Trivialitäten belangloser Art nicht hinaus: etwa derart, daß es Typen mit starker und schwacher Einbildungskraft, oder Intelligenz, oder Gefühlsansprechbarkeit oder Willensstärke gibt — womit für eine Charakterlehre des konkreten wirklichen Lebens nicht viel gewonnen wird.

Hier bedeutet es einen gewissen Fortschritt, wenn für derartige Beschreibungen ein leitender Gesichtspunkt aus der Charakterlehre von Klages übernommen wird: seine Aufteilung des Charaktergebietes in drei „Zonen" oder „Bezirke". Drei von Grund aus verschiedene Gesetzmäßigkeiten beherrschen eine jede dieser Zonen. Was im Charakter erscheint, hängt ab von individuellen Anlagen und Fähigkeiten, aufzunehmen, zu verarbeiten und zu verwerten, Inhalte zu bilden und zu bewahren: der Materie des Charakters. Es hängt ferner ab von dem Gesamtbilde eigentümlicher Gefühlsanlagen, Strebungen und Triebfedern, die sich dieser Materie bemächtigen, die Rangordnung der Motive bestimmen und damit die „persönliche Note" von Streben und Handeln festlegen: der Qualität des Charakters. Es hängt endlich ab von dem seelischen Tempo, dem Medium der Ablaufseigenart, in welchem die Fähigkeiten sich beweisen, die Strebungen sich verwirklichen; wir meinen denjenigen Teil der Charaktereigenschaften, demzufolge auch ähnlichste Innenvorgänge bei zwei verschiedenen Menschen konstante Unterschiede ihrer Verlaufsform zeigen: der Struktur des Charakters —

oder wie KEHRER es einmal nennt: seiner „Kolie". Aber so gewiß diese Gesichtspunkte tief und wertvoll sind, und der beschreibenden Charakterlehre weiter zu helfen vermögen, so gewiß ändern sie letzthin nicht die vorläufige und dem wirklichen konkreten Leben fernbleibende Schattenhaftigkeit aller so gesehenen Gestalten.

Geht man von der konkreten Wirklichkeit der einzelnen Individualitäten und ihrer Artung aus, um sie in Typen zu ordenn, so sieht man bald: wenn die psychologische abstrahierende Beschreibung über einen gewissen Grad von Vereinfachung hinausgeht, so verblassen die konkreten Tatbestände ins Unwirkliche. Die wirklichen psychologischen Typen decken sich nicht mit demjenigen, was wir durch beschreibende Kombination und Zusammenordnung der einzelnen herausabstrahierten Charakterdispositionen darzustellen vermögen. Es wäre ja sehr schön, beispielsweise den Versuch zu machen und psychologische Typen aus dem Verhältnis zu entwickeln, in dem etwa die drei Dispositionen: Vorstellungskraft, Gefühlsansprechbarkeit und Willensenergie zueinander stehen. Man könnte dann Typen aufstellen, bei denen alle drei Dispositionen gleichmäßig stark wären, oder bei denen sie gleichmäßig schwach wären, oder bei denen eine oder zwei stärker wären als die dritte usw. Führt man aber einen solchen Versuch durch, so erkennt man bald, daß man nichts gewonnen hat als ein rohes Schema. Nur in einem Teile seiner Glieder vermag man, mit mehr oder weniger großer psychologischer Eindringlichkeit, Charaktergestaltungen des wirklichen Lebens wiederzuerkennen; ein anderer Teil schwebt ohne Beziehung zum wirklichen Leben in der dünnen Luft des Konstruierten. Für den größten Teil der wirklichen menschlichen Typen aber bleibt diese beschreibende Einteilung, wenngleich sie sich natürlich anwenden läßt, völlig unbezeichnend.

Die biologische Fundierung der Charakterlehre als ärztliches Problem.

Gerade wer dem wirklichen seelischen Leben ehrfurchtsvoll gegenübersteht, wird durch derartige Versuche davor gewarnt, sich in die Willkürlichkeiten einer rein beschreibenden und abstrahierenden Charakterlehre zu stürzen. Auch wird ein anderes Problem ihn zur Vertiefung seines Vorgehens drängen. Dies ist das sehr dunkle Problem, welches mit der Tatsache der Verschiedenartigkeit menschlicher Charaktere überhaupt gegeben ist: worin nämlich die verschiedenartigen seelischen Dispositionen, die letzten Endes das seelische Erleben und Reagieren regeln und individuell bestimmen, ihrerseits wurzeln. Will man dieses Problem bis in seine letzten Konsequenzen verfolgen, so muß man das Gebiet der beschreibenden Psychologie verlassen und muß das Seelische als Ganzes eingliedern in irgendeine Gesamtauffassung vom Wesen des Menschen.

Uns Ärzten und Naturforschern bietet sich als eine solche übergreifende Gesamtauffassung von der Natur des Menschen die biologische Auffassung der menschlichen Natur als eines Organismus dar, innerhalb dessen auch das seelische Geschehen als eine Abfolge von Reizen und Reaktionen erscheint. Wir wissen und erkennen an, daß andere übergreifende Gesamtauffassungen — ethische, religiöse, metaphysische —, welche das Wesen des Menschen nach ihren Gesichtspunkten bestimmen, von gleicher, ja von tieferer Berechtigung sind. Die biologische Auffassung ist einseitig und tut dem Geistigen des menschlichen Wesens sicherlich nicht Genüge. Sie vermag nicht, das Wesen des Geistes, die Erkenntnismöglichkeit des Wahren, das Bewußtsein der Werte, die schöpferische Gestaltungskraft, das religiöse Erlebnis und die Ideen der Ewigkeit und der Freiheit zu fundieren — von ihrer objektiven Bedeutung ganz zu schweigen, nicht einmal in ihrer psychologischen Notwendigkeit und Geltung. Aber indem wir dies wissen und hier als Biologen uns bescheiden, fern jedem Übergriffe und jeder Überspannung unserer Ansprüche, müssen wir doch sagen, daß heuristisch und ganz besonders für unsere ärztlichen Zwecke die biologische Orientierung uns fruchtbarer und der konkreten Gegebenheitsfülle angepaßter erscheint als jede andere. Wer dahin resigniert hat, den Menschen nicht als den Sinn irgendeiner höheren oder absoluten Bestimmung, sondern lediglich als Naturgeschöpf erfassen zu wollen, der wird sich nicht mit dem vergeblichen Bemühen abgeben, die Fülle und den Reichtum der Individualitäten ausschöpfen zu wollen, der wird sich gedrungen fühlen, die genetische Frage zu stellen, und die Erscheinungen eines Seelenlebens durch eine dynamische Erklärung in ihren jeweiligen Gesetzen zu begreifen suchen. Diese genetische Psychologie wird freilich auf besondere Schwierigkeiten stoßen, sobald sie sich den Aufbau des Charakters aus seinen Grundlagen, den Trieben, Temperamenten und Affekten, zur Aufgabe macht. Vergessen wir nicht, wovon wir eingangs handelten: daß die Individualität ihrem Wesen nach ein Ganzes ist, und daß in ihrem Begriff die gleichen Rätsel vorliegen wie in den Begriffen des Organismus, der Person, der Gestalt. Genetische Betrachtung wird dies Ganze so wenig jemals erfassen, wie etwa die Physiologie die Ganzheit des Organismus, oder die Psychologie die Ganzheit der Gestalt. Und doch ist die genetische Betrachtung tiefer als die bloß beschreibende: Beide greifen zwar nur Teilstücke des Ganzen heraus, die sie verallgemeinern. Aber die Beschreibung tut dies gleichsam blind und willkürlich; die genetische Einstellung tut es unter der leitenden Idee, ein Gesetz, eine Regel, eine innere Notwendigkeit des Werdeganges zu erfassen.

Wenn wir biologisch-genetisches Denken zur Erklärung des Aufbaues der Charaktere ins Spiel bringen, so setzen wir an die Stelle der beschreibenden Verfahrensweise zwei untereinander verwandte und methodisch gleichlaufende, sich aber doch voneinander abhebende Erkenntnisweisen. Einmal nämlich versuchen wir zu erklären, aus welchen vorausgesetzten Dispositionen der einzelne Charakter sich als konkrete Wirklichkeit herleitet, und durch welchen Werdegang er zu dem wurde, was er ist. Wir treiben dabei einzelgeschichtliche Psychologie, gleichsam psychologische Ontogenese. Wir legen ihr bestimmte, aus der Erfahrung abgehobene psychologisch-dynamische Gesetzmäßigkeiten zugrunde. Zweitens aber haben wir zu erklären, welcher Art und Herkunft die vorausgesetzten einzelnen Charkterdispositionen sind, und wie sie sich jeweils zu den konkreten Charktergrundlagen genetisch zusammenschließen. Mit dieser Fragestellung zielen wir aber bereits über die jeweilige Individualität hinaus; wir treiben Entwicklungspsychologie; wir suchen den Aufbau und die Struktur der Persönlichkeiten, Intelligenzen, Charaktergrundlagen, psychischen Typen und selbst der einzelnen Dispositionen entwicklungsgeschichtlich zu begreifen. Über die einzelgeschichtliche Entwicklung hinaus gehen wir ins Stammesgeschichtliche über. Auf diesem Wege winkt uns das Ziel einer „natürlichen“ Klassifikation der seelischen Strukturen, die uns genau so überlegen über alle konstruktiven Systembildungen erscheint, wie etwa die natürliche Systematik der Pflanzenkunde den früheren künstlichen Systembildungen überlegen ist. Der entscheidende Schritt auf diesem Wege liegt in der Zuordnung der als stammesgeschichtlich präformiert erkannten Dispositionen zu den biologischen Gesetzen, welche durch Determination der Erbanlagen die Lebensprozesse bei jedem einzelnen Menschen überhaupt regeln: beispielsweise auch die Besonderheiten des Körperbaues, der Organfunktionen, des Stoffwechsels — kurz alles dasjenige, was wir unter dem Inbegriff der Konstitution zusammenfassen.

Literatur.

Über Bewußtsein und Unbewußtsein.

ROFFENSTEIN: Das Problem des Unbewußten. Stuttgart 1923. (Die beste, kurze und erschöpfende Darstellung des hier vertretenen Standpunktes.)

BLEULER: Zur Kritik des Unbewußten. Zeitschr. f. d. ges. Neurol. u. Psychiatrie Bd. 53.

BUMKE: Über unbewußtes psychisches Geschehen. Ebenda Bd. 56 u. Bd. 66.

FREUD: Einige Bemerkungen über den Begriff des Unbewußten usw. Samml. kleiner Schriften, 4. Folge, 1918.

GEIGER: Fragment über das Unbewußte. Jahrb. f. Phil. u. phänomenolog. Forschung Bd. 4.

HELLPACH: Unbewußtes oder Wechselwirkung? Zeitschr. f. Psychol. Bd. 48.

KRETSCHMER: Zur Kritik des Unbewußten. Zeitschr. f. d. ges. Neurol. u. Psychiatrie Bd. 46. — Derselbe: Seele und Bewußtsein. Ebenda Bd. 53.
SCHILDER: Das Unbewußte. Ebenda Bd. 80.
WINDELBAND: Die Hypothese des Unbewußten. Sitzungsber. d. Heidelberger Akad. d. Wiss. 1914.

Psychische Funktion und Erleben.

BINSWANGER, L.: Einführung in die Probleme der allgemeinen Psychologie. Berlin 1922.
BRENTANO: Psychologie vom empirischen Standpunkte 1. Bd. Leipzig 1874.
HUSSERL: Logische Untersuchungen Bd. 2. Halle 1913.
JAMES: Psychologie. Leipzig 1909.
KLAGES: Vom Wesen des Bewußtseins. Leipzig 1921.
KRONFELD: Das Wesen der psychiatrischen Erkenntnis. Berlin 1920.
LIPPS: Grundtatsachen des Seelenlebens. Bonn 1883.
LOTZE: Medizinische Psychologie. Leipzig 1852.
MESSER: Empfindung und Denken. Leipzig 1908.
MÜNSTERBERG: Grundzüge der Psychologie, 2. Aufl. Leipzig 1918.
PFÄNDER: Einführung in die Psychologie, 2. Aufl. Leipzig 1920.
WITASEK: Grundlinien der Psychologie. Leipzig 1908.

Ich und Ichbeziehung.

ÖSTERREICH: Die Phänomenologie des Ich. Bd. 1. Leipzig 1910.
SCHILDER: Selbstbewußtsein und Persönlichkeitsbewußtsein. Berlin 1914. — Derselbe: Medizinische Psychologie. Berlin 1914.

Tendenzen, Spuren, Reproduktionen.

ACH: Über die Willenstätigkeit und das Denken. Göttingen 1905.
BECHER: Über physiologische und psychistische Gedächtnishypothesen. Arb. f. d. ges. Psychol. Bd. 25. 1916.
ERDMANN: Umrisse zur Psychologie des Denkens. Tübingen 1908. — Derselbe: Grundzüge der Reproduktionspsychologie. Berlin u. Leipzig 1920.
MÜLLER, G. E.: Zur Analyse der Gedächtnistätigkeit und des Vorstellungsverlaufs Bd. 1—3. Leipzig 1911—1917.
WESTFAL: Über Haupt- und Nebenaufgaben bei Reaktionsversuchen. Arch. f. d. ges. Psychol. Bd. 21. 1912.

Charakterlehre und Entwicklungspsychologie.

BAHNSEN: Beiträge zur Charakterologie. Leipzig 1867.
EWALD: Temperament und Charakter. Berlin 1924.
JUNG: Psychologische Typen. Zürich 1921.
KLAGES: Prinzipien der Charakterologie, 2. Aufl. Leipzig 1920.
KRETSCHMER: Körperbau und Charakter, 4. Aufl. Berlin 1925. — Derselbe: Medizinische Psychologie, 2. Aufl. Leipzig 1922.
KREUSER: Krankheit und Charakter. Stuttgart 1916.
KRÜGER: Der Strukturbegriff in der Psychologie. Ber. über d. 8. Kongr. f. exper. Psychol. Jena 1924.
LEVY-BRÜHL: Das Denken der Naturvölker. Wien u. Leipzig 1921.
SELZ: Über die Persönlichkeitstypen usw. Ber. über d. 8. Kongr. f. exp. Psychol. Jena 1924.
SOMMER: Über Persönlichkeitstypen. Ebenda.
SPRANGER: Lebensformen, 3. Aufl. Halle 1922.

STERN, W.: Die menschliche Persönlichkeit. Leipzig 1918.
STORCH: Das archaisch primitive Erleben und Denken usw. Berlin 1922.
THURNWALD: Psychologie des primitiven Menschen. Im Handbuch d. vergl. Psychol. Bd. 1. München 1922.
TILING: Individuelle Geistesartung und Geistesstörung. Wiesbaden 1904.

3. Affektivität und charakterologische Tiefenschichten.

Die Affekte und ihre Eigenschaften.

Um ein solches biologisch-psychologisches Bild vom Aufbau der seelischen Typen, ihrer Erlebens- und Reaktionsweisen zu erhalten, müssen wir schrittweise und vorsichtig vorgehen. Setzen wir das Gebiet des beschreibenden Erfassens vom seelischen Geschehen zunächst einmal ganz beiseite und behalten wir im Auge: dasjenige, was wir am seelischen Gesamtgeschehen unmittelbar beschreibend zu erfassen vermögen, die Erscheinungen, das bewußte Seelische, bildet mitsamt seinen funktionellen Grundlagen nur den Oberbau, die höchste und letzte Schicht der seelischen Vorgänge, das Endergebnis der seelischen Entwicklung. Es ist gleichsam die harte, geformte und gestaltete Erdrinde über Tiefen, welche wir nur zum kleinen Teile mit psychologischen Mitteln zu durchleuchten vermögen. In diese Tiefe müssen wir hinabzudringen versuchen. Halten wir uns dies vor Augen, so wird uns die Schwierigkeit und der unermeßliche Umfang unserer Aufgabe deutlich. Was uns aus diesen tieferen Schichten als mehr oder minder faßbare seelische Vorgänge zum Bewußtsein kommt, das sind vor allem jene Regungen, welche wir als Stimmungen, Gefühle, Emotionen, Triebe und Affekte bezeichnen. Wir trennen beschreibend auch hier nicht weiter, als dies die konkrete Sprachbezeichnung schon tut; ebensowenig versuchen wir die einzelnen Gefühle aufzuzählen oder zu beschreiben. Wir fassen alle diese Regungen und Ablaufsweisen gleichsam vorläufig unter dem Begriff der Affektivität zusammen. In diesem Gebiete bestehen die größten individuellen Verschiedenheiten: in bezug auf Stärke, Auslösbarkeit und Ansprechbarkeit der einzelnen emotiven Regungen, in bezug auf ihre äußere Beeinflussung, ihren Wechsel und ihr Tempo, in bezug auf ihre qualitative Färbung, und vor allem hinsichtlich der Rückwirkung des Affektlebens auf das übrige Seelengeschehen, insbesondere auf die wachbewußte Oberstufe des Verarbeitens und Reagierens, auf „Verstand" und „Willen". Die Verschiedenheiten der Affektivität prägen die eigentliche individuelle Differenz der Persönlichkeiten und Charaktere. In ihnen zeigt sich aber auch beim gleichen Menschen die Differenz der Altersstufen am deutlichsten: von der affektiven Überbeweglichkeit und Affektflüchtigkeit des Kindes an, über die jähen und stark nachwirksamen Affektstöße der Pubertät, bis zur kraftvollen und stetigen Affektivität des Mannes, und der abstumpfenden „Abklärung" und Einengung oder weinerlich-labilen „affektiven Inkontinenz" des Greises. Auch die seelische Differenz der Geschlechter ist in erster Linie eine affektive; und das gleiche gilt von den psychischen Rasseverschiedenheiten. Hier wird zur Aufgabe, Typen der Affektivität aufzufinden, insbesondere Typen des Affekteinflusses auf das übrige Seelengeschehen.

Das deskriptiv Gemeinsame der Affektivität, wenn auch nicht ihr eigentliches Wesen, liegt in den Differenzierungsmomenten jedes einzelnen hierher gehörigen seelischen Vollzuges nach Lust oder Unlust. In diesen beiden Qualitäten liegt etwas seelisch Letztes, nicht weiter Zurückführbares vor. Jeder Affekt und jeder affektiv gefärbte seelische Vorgang enthält eine dieser beiden polaren Qualitäten in sich. Wir werden ihnen bei den Trieben, den unmittelbarsten seelischen Erscheinungsformen von Vitalität überhaupt, wieder begegnen. Die Beziehung zur psychophysischen Gesamtvitalität ist bei den Affekten bereits wesentlich elementarer als bei den seelischen Phänomenen der Oberstufe. Der Affekt hängt in seiner Spezifität von körperlichen Zuständen ab („Herzangst", affektive Wirkung toxischer und innersekretorischer Vorgänge), und er beeinflußt die Ausdrucksbewegungen, die Muskelspannung, den Kreislauf, die Sekretionen und den gesamten Zustand des Körpers.

Gemäß den vitalen Tendenzen ist auch das seelische Geschehen darauf abgestellt, Unlust — als den seelischen Index einer geschädigten oder gefährdeten Vitalität — abzuwehren und Lust — als den seelischen Index einer ungehemmten Vitalität — zu gewinnen oder festzuhalten. Durch diese Tendenz gewinnt die Affektivität eine ganz bestimmte Wirkung auf Denken und Handeln. Diese Wirkung hat sich allmählich von der ursprünglichen biologischen Tendenz losgelöst, und wir können tatsächlich von bestimmten gesetzmäßigen Affektwirkungen auf das übrige Seelenleben sprechen. Jeder Affekt bahnt die ihm durch Gemeinschaft oder Gegebenheit verwandten und hemmt die entgegengesetzten seelischen Verbindungen. Affektbetonte Erlebnisse bilden daher stets einen besonderen Mittelpunkt für alle seelischen Verarbeitungsweisen, sie ziehen die Aufmerksamkeit und die seelische Beschäftigung dauernd und nachhaltig auf sich, sie können unter Umständen jede nicht zu ihnen gehörige geistige Tätigkeit ausschalten (z. B. Affektstupor oder affektives Überwertigwerden eines Erlebnisses). Die Bedeutung der affektbetonten Vorstellungen und Gedanken erhöht sich, die der widersprechenden wird gehemmt. Daraus folgen Verfälschungen des Denkens durch den Affekt, das sogenannte affektive Denken. Jeder Affekt hat ferner die Neigung, sich auszubreiten und bestehen zu bleiben. Der Affekt eines einzelnen Erlebnisses kann, bei Heftigkeit oder bei geeigneter Disposition, weit über das Erlebnis auf die ganze Stimmung ausstrahlen und ebenso auf alle Inhalte des Bewußtseins abfärben, die in dieser Stimmung auftreten. Die Beharrungstendenz eines Affektes macht diesen zur Stimmung oder Stimmungslage. Jedoch nicht jede Stimmungslage hat ihren Ursprung in einem besonderen einmaligen Affekt; sie ist in der Regel vielmehr durch den psychophysischen Gesamtzustand bestimmt.

Komplexe und Komplexwirkungen.

Die bahnende und hemmende Wirkung der Affekte auf das Auftreten von Bewußtseinsinhalten führt ferner dazu, daß bestimmte Bewußtseinsinhalte, Erlebnisse und Vorstellungen dauernd durch den gleichen Affekt vereinigt und zusammengehalten werden. Dieser „Komplex" bildet, auch wenn er nicht mehr aktuell-bewußt ist, eine dauernde Einheit innerhalb der seelischen Dynamik. Er wird in seiner Gänze und Affektstärke in vollem Ausmaße von neuem aktuell, wenn auch nur ein einziges seiner Glieder reproduktiv geweckt wird. Durch die Hemmungswirkung, die der Affekt nach ganz bestimmten Richtungen hin im seelischen Zusammenhange erzeugt, kommt es, daß ein derartiger Komplex vielfach nur an ganz wenigen Stellen eine Brücke zu anderen seelischen Vorgängen, zu anderen Komplexen aufweist, sonst aber „abgespalten" und losgelöst vom Strome des übrigen Seelengeschehens für sich besteht. Auch wenn er längst nicht mehr aktuell ist und keine Beziehungsbrücke vom aktuellen Seelengeschehen zu ihm hinführt, kann er scheinbar plötzlich, wenn er doch durch irgendeine auftauchende Vorstellung oder Wahrnehmung reproduktiv berührt wird, außerordentlich starke Wirkungen aufs aktuelle Seelenleben entwickeln. Er kann störend in den aktuellen Ablauf sich hineinschieben, die mit ihm verbundenen Vorstellungen können mit den aktuellen Bewußtseinsinhalten irgendwelche eigenartige Amalgamierungen eingehen; oder er kann, ohne selber wieder ins aktuelle Bewußtsein zu treten, diejenigen seelischen Zusammenhänge aktuell werden lassen, die durch ihn gebahnt werden, hingegen die aktuellen Bewußtseinsvorgänge hemmen und unterbrechen. Derartige Wirkungen eines affektbetonten Komplexes auf das aktuelle Seelenleben heißen katathym.

Eine derartige Nachwirkung von Komplexen auf das aktuelle Bewußtseinsgeschehen tritt, wie erwähnt, auch dann ein, wenn der Komplex selber gar nicht ins Bewußtsein tritt. Dies aber ist dadurch möglich, daß ein Komplex neben seinen bahnenden Zusammenhangswirkungen auch hemmende entfaltet. Insbesondere peinliche oder unangenehme Komplexe hemmen durch ihr bloßes Dasein jede mögliche Beziehung zu den aktuellen, ihrer vitalen Tendenz nach auf Lust gerichteten seelischen Abläufen. So bleiben sie, schon wenn sie selber aktuell erlebt werden, peinliche Fremdkörper innerhalb des seelischen Stromes, ohne Zusammenhang mit der übrigen seelischen Vitalität.

Und wenn sie nicht mehr aktuell sind, bleiben sie unberuhigt, in ihrer ursprünglichen Gestalt bestehen, außerhalb des Bewußtseinsblickfeldes, und können oft nur noch sehr schwer oder mühsam ins Bewußtsein zurückgehoben werden. Sie sind „verdrängt" (FREUD). Aus ihrer Verdrängung aber entfalten sie dennoch, unerledigt wie sie sind, eine starke Nachwirkung bahnender oder hemmender Art auf den aktuellen seelischen Zusammenhang.

Als Spannung bezeichnen wir die Intensität, mit welcher aktuelle oder frühere Komplexe und Affekte eine derartige Nachwirkung entfalten. Diese Spannung kann gelöst werden durch eine psychomotorische Entladung, welche sich vorgebildeter oder gelegentlich bereitstehender Wege und Mechanismen, die wir noch kennenlernen werden, bedient. Daß eine psychomotorische Entladung mindestens momentan einen solchen Ausgleich affektiver Spannungen bewirkt, liegt ebenfalls in der vitalen Natur der Affekte, die als elementare Anzeichen des Zustandes im Gesamtorganismus dahin abzielen, sich körperlich in Veränderungen der Lage des Organismus durch diesen selber so auszuwirken, daß der Organismus dadurch Unlust abwehrt oder Lust gewinnt. Die motorischen Ausdrucks- und Entladungserscheinungen sind nichts anderes als Symbole dieser ursprünglichen biologischen Bedeutung der Affekte. Ferner aber kann affektive Spannung auch dadurch ausgeglichen werden, daß möglichst viele seelische Zugangswege und Beziehungsbrücken zu dem betreffenden Komplex eröffnet werden. Dadurch treten seine Teilinhalte in innige seelische Nähe von andersgefärbten Bewußtseinsinhalten, sie verlieren allmählich ihr affektives Band und damit die „Komplexwirkung". Diese innerseelische Lösung von Komplexen bezeichnen wir als das Abreagieren. Von ihm wird in der Psychotherapie noch genauer die Rede sein.

Affektives Erleben und Reagieren als entwicklungspsychologische Präformationen.

Die Affektivität ist zwar der vor dem Bewußtsein am leichtesten faßliche, aber keineswegs der einzige Motor des seelischen Tiefengeschehens. In diesen Tiefen spielt — das werden wir unter entwicklungspsychologischen Gesichtspunkten voraussetzen dürfen — ganz allgemein aller ältere Bestand psychischer Verarbeitungs- und Reaktionsweisen, er sei einzelgeschichtlich entstanden oder stammesgeschichtlich überkommen, eine besondere Rolle in der Gestaltung des Charakters. Es ist dabei nicht wichtig, ob dieser entwicklungspsychologisch vorgebildete ältere Bestand seelischer Möglichkeiten im Bewußtsein erscheinen kann, oder ob er nur ins Bewußtsein hineinwirkt, ohne selber bewußt zu werden. Die verschiedenartigsten Dispositionen, Tendenzen und Bereitschaften zum Erleben und zum Reagieren, zur Rückwirkung auf die verarbeitenden Funktionen und auf die seelischen Reaktionsbildungen werden ja im Laufe des Einzellebens von frühester Kindheit an erworben, vorgebildet, in Bereitschaft gestellt und determiniert, und wir dürfen auch annehmen, daß jede einzelne Individualität ein Erbe derartiger Dispositionen, einen Niederschlag stammesgeschichtlichen Werdegangs der Seele, präformiert in sich trägt. Alle diese seelischen Faktoren der Tiefenschicht liegen gleichsam auf der Lauer, um in den stetigen Vollzug der funktionalen Zusammenhänge des seelischen Oberbaues einzubrechen und an der Gestaltung seiner psychischen Gebilde mitzuwirken: an der Art ihres erlebnismäßigen Erscheinens, an ihrer Abfolge — und an ihrer Ausschaltung und Abspaltung. Mitunter wird durch die Kraft dieser präformierten Seelenmechanismen ihr Einbruch ins wachbewußte seelische Geschehen erzwungen, so daß der Zusammenhang des wachbewußten Seelengeschehens zerreißt. So beispielsweise im Traum oder bei spontanen Bewußtseinsveränderungen, wie etwa affektiv bedingten Dämmerzuständen oder hypnotischen Einwirkungen. Es geschieht dies ferner bei bestimmten Psychosen, vor allem bei der Schizophrenie. In solchen Fällen leben sich dann jene tieferen seelischen Schichten in eigentümlichen primitiven Formen des Erlebens und der Motorik unmittelbar aus. Die wachbewußte Oberstufe des Seelengeschehens geht auf eine klare, objektive, gegenstandsgemäße Auffassung und Wertung der umweltlichen Sachverhalte und der innenweltlichen Vorgänge, und auf eine reinliche Scheidung und Trennung beider aus. Sie geht aus auf ein zweckvolles, bedachtes, überlegtes Stellungnehmen und auf ein Handeln gemäß der Überlegung. Auf primitiveren, stammesgeschichtlich älteren Entwicklungsstufen des Seelischen ist alles dies noch nicht beherrschend ausgebildet. Da werden Ich und Außenwelt im Erleben noch keineswegs scharf getrennt. Obwohl die Funktionswege dazu bereits angelegt sind, so finden wir doch in dieser primitiven Entwicklung z. B. des Kindes eine Zeit, in welcher das Kind ein Bewußtsein seines Ich noch nicht besitzt; es spricht von sich in der dritten Person. Andererseits betrachtet das Kind dieser Entwicklungsstufe seine Umwelt nicht in ihrem objektiven Sachbestande, sondern in belebter Verknüpfung mit sich selber. Die Umweltgegenstände sind belebte Wesen mit geheimnisvollen Einflüssen und Kräften, untrennbar mit ihm selber in wechselseitiger Abhängigkeitsbeziehung. Stößt es sich z. B. an einem Stuhl, so bestraft es ihn durch Schläge. Ähnliche Einstellungen finden wir in der stammesgeschichtlichen Menschenentwicklung; der primitive Wilde erlebt von allen Dingen der Umwelt geheimnisvolle Einflüsse zauberischer oder magischer Art auf sein unmittelbares Ergehen, und er verhält sich dementsprechend auch selbst. Die höchste Blüte hat diese archaische Einstellung des Umwelterlebens etwa in den hellenischen Religionsüberzeugungen, in der magischen Durchgötterung der Natur, im sogenannten Animismus primitiver Völker erreicht, in Einstellungen, die z. B. im modernen Spiritismus noch heute nachwirken. Ganz ist diese Labilität des Ichbewußtseins auch aus dem wachbewußten Denken der Oberstufe nicht verschwunden; auch hier schwanken noch die Grenzen zwischen Ich und Umwelt: „Ich" fühle mich berührt, wenn jemand meine Kleidung berührt; „Ich" bin krank, wenn bestimmte Stellen meines Leibes erkrankt sind; „Ich" denke — wobei ganz gewiß weder mein Leib noch meine Kleidung mit diesem Ich gemeint ist. Auch die äußere Wahrnehmungswelt ist im primitiven Seelengeschehen der gleichen Schwankung und Labilität ausgesetzt. Oft ist beschrieben worden, wie der Primitive ganz andere Wahrnehmungs- und Verarbeitungsweisen besitzt als etwa der Forscher, mit welchem er durch den Urwald reist. In seiner primitiven räumlich-optischen Orientierung haftet nie die Umwelt als gegenständliches Ganzes, sondern immer nur herausgehobene affektiv bedeutsame Einzelheiten; solche Einzelheiten, von denen jenes zauberische Kräftespiel ausgeht, durch welches sie mit seinem Ich untrennbar verwoben sind. Das gleiche gilt auch von seiner Art zu denken und überhaupt von allen jenen Vollzügen, welche sich zwischen Erleben und Reagieren einschalten. Wir beobachten diese archaischen Färbungen und Umformungen des Verarbeitens und Reagierens durch die Affektivität besonders beim katathymen Reagieren. Und wir können solche katathyme Entstellungen der gegenständlichen Umwelt und unseres Urteils über Sachverhalte auch in unserem Wachbewußtsein noch gelegentlich bei uns selber feststellen: überall da, wo ein Affekt uns beherrscht. Wenn derartige überwältigende Einbrüche der Affektivität in die Objektwelt überwiegen, so ist uns das ein Kennzeichen abnormer Charakterbeschaffenheit — in welcher eben die Nachwirkung primitiverer seelischer Schichten die wachbewußte Oberstufe überwuchert. Am stärksten begegnen wir katathymen Vollzügen im psychotischen Erleben und Reagieren, besonders in der Schizophrenie.

Aus dem Gesagten geht bereits hervor, daß die Affektivität sich häufig mit jenen anderen primitiven Weisen des Auffassens, Verarbeitens und Reagierens verbindet, und daß sie sich besonders dann in ihnen auswirkt, wenn sie die Schranken des wachbewußten seelischen Lebens niederreißt. So sind wir geneigt, auch affektiv bedingte motorische Auswirkungen, sobald sie sich typisch wiederholen, als präformierte archaische Mechanismen aufzufassen: wir werden motorische Schreck-, Zorn-, Furcht-, Angst-, Geschlechtstrieb- und andere Trieb- und Instinktreaktionen, ferner sogenannte psychische Reflexe, und auch den motorischen Krampfanfall als irgendwie in der Region der vorgebildeten Mechanismen bedingt zu suchen haben. Wichtiger ist uns aber die rein innerseelische Auswirkung primitiver Mechanismen: indem sie zwischen Objektwelt und Ich die Grenzen verwischen und magische oder sonstige zauberische Wechselbeziehungen im Erleben stiften. Derartigen primitiven Dispositionen magisch-katathymer Art begegnen wir in den Erlebnissen der Entrückung, der Beeinflussung, in spiritistischen Erlebnissen, in mystischen und anderen evidenten Offenbarungen, z. B. etwa hellseherischer Art. Hierher rechnet auch die Suggestibilität und ihre Folgeerlebnisse, wovon, bei der großen psychotherapeutischen Bedeutung derselben, noch ausführlich gesprochen werden wird. Hierher rechnen aber auch die Stimmungs- und Erlebensfundamente von Wahnvorstellungen mit Tendenz zur Erhöhung oder Veränderung oder Infragestellung des eigenen Ich. Hier liegt auch der seelische Kern der abergläubischen und mythischen Gefühlsüberzeugungen. Wir werden später noch sehen, daß auch die sogenannten FREUDschen Komplexe und Mechanismen, welche die Psychoanalyse aufdeckt, unter den hier gemeinten primitiven seelischen Tendenzen ihre Stelle haben. Vielleicht gehören auch diesem Gebiete die Erlebnisweisen an, welche die künstlerische Produktivität letzten Endes anregen und beflügeln. Für unsere Zwecke fassen wir in dem Chaos dieser seelischen Tiefenschicht ohne weitere Beschreibung nur die wenigen Züge an, welche allen Regungen derselben gemeinsam sind: die primitive, präformierte Eigenart, die Katathymie, die unbewußte gestaltende Ausstrahlung der Affekte in die Dingwelt und in das Ichgeschehen hinein, und die Einwirkung dieser Mechanismen auf die Seelenvorgänge in der funktionalen seelischen Oberschicht des Bewußtseins. In all diesen Regungen seelischen Tiefenlebens herrscht das Unbewußte; richtiger gesagt, das dem Wachbewußtsein Ferne, nur an seinen Grenzen wie in einem Randschleier vage Auftauchende, im Gegensatz zu dem Seelengeschehen des gerichteten, zentrierten Bewußtseinsblickpunktes. In diesem Gebiete ist Ich und Außenwelt im Erleben noch nicht scharf getrennt, keinerlei gegenstandsmäßige Reflexion formt die Auffassung, das Urteil und die Wertung, keinerlei klarer Zweckwille leitet die Reaktionen.

Trieb, Gefühl, Temperament.

Unter all den Geschehnissen und Dispositionen dieser seelischen Tiefenschichten stellt die Affektivität die besondere Seite dar, die auch das einzelne Ich in sich zu bewußter Selbstwahrnehmung zu bringen vermag. Und sie spielt im seelischen Gesamtgeschehen stets eine solche Rolle, daß durch sie der Zusammenhang und das Gleichmaß des vollbewußten Stellungnehmens und Handelns gestört, beeinträchtigt, verschoben wird. Hinsichtlich der Reaktionsfähigkeit lassen sich aus der Affektivität noch besondere, unmittelbar wirksame Motoren und Tendenzen herauslösen, welche die Sprache als Triebe bezeichnet. Ihre Wurzeln entspringen unmittelbar dem Nichtpsychischen, nämlich biologischen oder körperlichen Grundlagen; und so definieren wir sie auch:

als den unmittelbaren, vor allem Bewußtsein vorhandenen seelischen Ausdruck von Bedürfnissen der Gesamtorganisation. Sie sind somit etwas psychologisch Letztes, nicht weiter Zurückführbares. Hier sind wir an der Grenze zwischen dem Reich des Seelischen und dem auch über das Seelische souveränen Reich des psychisch-physischen Gesamtorganismus. Gerade weil dies so ist, so ermöglicht sich auch nur mühsam eine beschreibend psychologische Ordnung der Triebe. Daß sie mit seelischen Spannungen auftreten und mit einem starken Lustgefühl abklingen, daß sie direkt auf den Gewinn dieser Lust hinzielen, ist das einzige, was man psychologisch von ihnen gemeinsam aussagen kann. Sonst kann man nur insofern die Triebe voneinander abgrenzen, als sie auf bestimmte Entscheidungen und Reaktionen hindrängen. Man kann hier diejenigen Triebe unterscheiden, welche an die reaktiven Gesamtfunktionen des Organismus anknüpfen: die Ichtriebe im weitesten Sinne, ferner diejenigen Triebe, die an einzelne körperlich-seelische Sonderfunktionen gebunden sind: den Nahrungstrieb, den Geschlechtstrieb usw. Die Triebe stehen in starker elementarer Beziehung zur Körperfühlsphäre, zu den Organ- und Tätigkeitsempfindungen. Sie gehen ebenso wie die Stimmungen und Affekte in den Begriff der Affektivität ein. Von ihnen unterscheiden wir nicht grundsätzlich, aber beschreibend die ihnen verwandten Drang-, Sucht- und Zwangsimpulse; und zwar an den Erlebensqualitäten der Passivität des Ich und seiner unlustvollen Überwältigung. Viel schärfer trennen wir hiervon die Gefühle im engeren Sinne als stärker differenzierte seelische Regungen, welche eine Stellungnahme des Ich zu bestimmten äußeren oder inneren Ereignissen erlebnismäßig darstellen. Sie teilen mit der Affektivität die polare Zweiteilung nach Lust und Unlust, Spannung und Lösung, Erregung und Beruhigung und vielleicht noch nach anderen Ebenen. Sie ragen aber aus der Affektivität insofern heraus, als sie nicht mehr bloß die seelische Widerspiegelung von Lebenszuständen und Vorgängen des Gesamtorganismus sind, sondern funktionale Vollzüge von besonderer Qualität, und darin den Wahrnehmungen, Urteilen und Willensentscheidungen gleichgestellt. Die Dispositionen der Gefühlsstärke, des Gefühlsreichtums, der Gefühlsdifferenzierung, der Gefühlsansprechbarkeit und Gefühlsnachwirkung sind zwar eng mit dem Verhalten der Affektivität verknüpft, aber doch noch etwas anderes als bloße Erscheinungen derselben. So kann z. B. ein Mensch mit sehr starker und unbeherrschter Affektivität dennoch ein sehr ärmliches und undifferenziertes Gefühlsleben aufweisen.

Das Verhalten der Affektivität, insbesondere des Trieblebens und der Stimmungen, zum seelischen Gesamtgeschehen, besonders hinsichtlich der Nachwirkung und der zeitlichen Eigenschaften, bezeichnen wir als Temperament. Es gibt hier verschiedene typische Verhaltensweisen, die psychologisch nur beschrieben, aber genetisch nicht aufgelöst werden können. Ihre Wurzeln liegen unmittelbar im Biologischen. Und es scheint vor allem die innersekretorische Drüsenfunktion zu sein, welche die Eigenart und Typik des jeweiligen Temperamentes bestimmt. Bereits die alten Hellenen haben mit unübertrefflicher Sicherheit etwas grundsätzlich Richtiges erfaßt, als sie ihre vier Temperamentsformeln mit ebenso verschiedenen Weisen humoraler Vorgänge im Organismus verknüpften. Abermals verlassen wir hier das Gebiet des Psychischen, um in dasjenige der biologischen Gesamtorganisation hinüberzuschreiten, welches von dem hier gewählten Standpunkte aus als fundierend angesehen werden muß. Von ihm aus werden wir nicht nur den Temperamentstypen, sondern auch den anderen psychologisch nicht aufspaltbaren Grundlagen der Persönlichkeitsdifferenzierung näherzukommen suchen.

Literatur.

BLEULER: Affektivität, Suggestibilität, Paranoia. Halle 1906.

BLEULER und JUNG: Komplexe und Krankheitsursachen bei Dementia praecox. Zentralbl. f. Nervenheilkunde 1908.

DARWIN: Der Ausdruck der Gemütsbewegungen usw. Halle 1872.

EWALD: Temperament und Charakter. Berlin 1924.

FANKHAUSER: Über Wesen und Bedeutung der Affektivität. Berlin 1919.

FORSTER: Über die Affekte. Monatsschr. f. Psychiatrie Bd. 19.

FRANK: Affektstörungen. Berlin 1913.

FREUD (und BREUER): Studien über Hysterie, 4. Aufl. Leipzig u. Wien 1922.

HOFFMANN: Über Temperamentsvererbung. München 1923.

JUNG: Diagnostische Assoziationsstudien. Journ. f. Psychol. u. Neurol. Bd. 3ff. (Dort auch die für die Komplexlehre grundlegenden Arbeiten seiner Mitarbeiter.)

KRONFELD: Zur Phänomenologie des Triebhaften. Zeitschr. f. d. ges. Neurol. u. Psychiatrie Bd. 92.

LAEHR: Trieb und Gefühl. Zeitschr. f. Psychiatrie Bd. 74.

LANGE, C.: Über Gemütsbewegungen. Leipzig 1882.

LEHMANN, A.: Die Hauptgesetze des Gefühlslebens. Leipzig 1892.

MAIER, H. W.: Über katathyme Wahnbildung. Zeitschr. f. d. ges. Neurol. u. Psychiatrie Bd. 13. 1912.

SCHOLL: Versuche über die Einführung von Komplexen usw. SOMMERS Klinik f. psychische u. nervöse Krankheiten Bd. 3.

STOERRING: Psychologie des menschlichen Gefühlslebens, 2. Aufl. Bonn 1922.

THALBITZER: Stimmungen, Gefühle und Gemütsbewegungen. Berlin 1920.

II. Die Anlagen der Charaktere.

4. Psychophysische Zuordnungen in der Charakter- und Krankheitsgestaltung.

Die Leib-Seelen-Frage.

Wir haben nunmehr diejenigen körperlichen und biologischen Faktoren herauszugreifen, welche besonderen seelischen Dispositionen zugeordnet sind und daher für deren Erklärung bedeutsam erscheinen. Es ist dabei nicht beabsichtigt, die tiefe Frage des Zusammenhanges von Leib und Seele in ihrer Grundsätzlichkeit auch nur zu streifen. Ob ein Parallelismus, ob eine Wechselwirkung besteht, diese Entscheidung überlassen wir den Philosophen. Ebensowenig legen wir hier besonderen Wert darauf, daß den einzelnen seelischen Funktionen, Tendenzen und Zusammenhängen irgendwelche cerebralen Daten und Verknüpfungen entsprechen. Die Beziehung des seelischen Lebens zum Gehirn nehmen wir als allgemeine Voraussetzung vorweg; und mit ihr werden wir für die besonderen Aufgaben der Charakterologie und der Psychotherapie nicht gerade viel anfangen können. Natürlich muß der Psychotherapeut imstande sein, die psychischen Folgen organischer Gehirnveränderungen sorgsam von den psychogenen Seelenstörungen und den sogenannten funktionellen Symptomen abzugrenzen, um nicht in gröbste therapeutische Fehler zu verfallen. Indessen greift, wie wir immer mehr erkennen, selbst in den organischen Psychosen und den diffusen und den lokalisierbaren Defektzuständen seelisch-reaktives Geschehen sehr tief und im einzelnen Falle oft kaum isolierbar in die Textur der organischen Grundstörung ein und verwebt sich mit ihr zum Teppich der manifesten Symptome: sucht man seine Fäden herauszulösen, so bleibt oft kein psychologisch-faßbares Gebilde übrig. Und auch die organische Störung selber besteht keineswegs immer in umschriebenen „Ausfällen", sondern viel häufiger darin, daß latente Dispositionen der Tiefenschicht ans Tageslicht gerissen werden und symptomebildend wirken. Die Beziehung des Psychischen zum Hirn nutzt uns grundsätzlich wenig, und praktisch noch weniger.

Konstitution und Erblichkeit seelischer Anlagen.

Wichtiger sind uns die Einblicke in die psychophysische Organisation, welche wir der Konstitutionsforschung verdanken. Auch ihr Gebiet kann hier nicht einmal andeutungsweise abgehandelt werden. Für unsere besonderen Zwecke sei nur einiges Wenige herausgegriffen. Nicht ohne Grund sind wir gewohnt, bei unseren Kranken nach der „erblichen Belastung" zu fragen. Seelische Abwegigkeiten der verschiedensten Art können in jeweils verschiedener Valenz erblich bedingt sein. Dies gilt nicht nur von seelisch Abwegigem, sondern auch von solchen Eigenarten des Aufbaus und der Struktur der Persönlichkeit, von solchen Dispositionen und „Begabungen", die wir beim völlig Gesunden antreffen. Die Regeln des Erbganges kennen wir nur allgemein, und in ihrer gesetzmäßigen Reinheit überhaupt nur für morphologische Merkmale bei Pflanzen und Tieren. Wir führen aber — mindestens hypothetisch — auch die seelischen Dispositionen, welche etwa die Geschlechter und die Rassen voneinander unterscheiden, letzthin auf ererbte biologische Eigenarten zurück, auf Einheiten der „genotypischen Reaktionsnorm“, deren Art uns freilich noch recht ungeklärt ist. Noch ist die Wissenschaft nicht weit genug, um mit einiger Sicherheit aus der seelischen Eigenart des Stammbaumes auf diejenigen Eigenarten des Deszendenten schließen zu können, welche wir als ererbt betrachten müßten; immerhin gibt es verheißungsvolle Ansätze nach dieser Richtung. So können wir insbesondere bei der Gruppe der manisch-depressiven Psychosen im weitesten Sinne eine gleichartige Vererbung feststellen, und ebenso deren Dominanz gegenüber anderen psychotischen Anlagen. Es braucht dabei nicht immer die eigentliche Psychose im Erbgange neu aufzutauchen. Neuere Untersuchungen gehen wohl nicht fehl in der Annahme, daß die eigentlichen manischen oder depressiven Psychosen lediglich einen Spezialfall oder Kulminationspunkt einer besonderen Disposition darstellen, einer besonderen Charaktergrundlage oder Temperamentskurve, aus welcher sie herauswachsen. Auch in der nichtpsychotischen Blutsverwandtschaft solcher Menschen trifft man nicht selten Fälle, bei denen diese Charakter- und Temperamentsgrundlagen der „manisch-depressiven Anlage“ sich deutlich abzeichnen. Ähnlich liegen die Erblichkeitsverhältnisse im Bereiche des schizophrenen Seelenlebens. Freilich ist das Bild hier ein bunteres. Immerhin aber lassen sich die psychologischen Eigenarten schizophrener Erlebens- und Reaktionsdispositionen im Erbgang von Schizophrenen immer wieder in mannigfachen Varianten antreffen, auch ohne daß es zu manifester Psychose kommt. Hierdurch entstehen viele der eigenartigen, seltsamen, verschrobenen Charaktere und Eigenschaften, die man bisher den psychopathischen Persönlichkeiten zurechnete. Dunkler liegen die Verhältnisse bei diesen sogenannten degenerativen und psychopathischen Persönlichkeitsformen — soweit sie nicht nur larvierte Äußerungen einer manisch-depressiven oder einer schizothymen Erbanlage sind. Aber auch in ihnen gibt es erbliche Eigenarten und damit die Nötigung, eine biologische Grundlage für sie anzunehmen. Ähnliches scheint auch für manche Epilepsiegruppen zu gelten.

Zeigt sich nun die biologisch-konstitutionelle Wurzel seelischer Dispositionen auch noch in körperlichen Merkmalen? Die Beantwortung dieser Frage ist trivial, sobald es sich etwa um die Verschiedenheit der Geschlechter handelt. Die Geschlechter werden — trotz gewisser Bedenken führender Konstitutionsbiologen — bis auf ein kleines Grenzgebiet mit absoluter Selbstverständlichkeit nach morphologischen Merkmalen unterschieden; und die seelischen Differenzen sind völlig sekundär. Die morphologische Merkmalsdifferenzierung beider Geschlechter aber führen wir auf die Verschiedenheit des endokrinen Systems, besonders wohl der Keimdrüsen zurück. Und deren Verschiedenheit ist ihrerseits in den geschlechtsbestimmenden Faktoren des Erbganges begründet, die man wenigstens bei manchen Tierklassen schon recht genau kennt, bei einzelnen sogar unmittelbar mit den MENDELschen Regeln verknüpft.

Ähnlich, wenn auch nicht so durchsichtig, liegt die Sache bei den Rassenverschiedenheiten.

Hierdurch ist für die individuelle Konstitution bereits ein allgemeiner Rahmen biologischer Bedingungen gesetzt. Diese engen sich weiterhin auf die persönliche Konstitution in ihrer Spezifität ein durch den Hinzutritt weiterer konstitutiv-biologischer Einflüsse.

Körperliche Vorgänge als Ausdruck, Begleitung, Symbol von Seelischem.

Im folgenden werden natürlich nicht im entferntesten alle psychophysischen Zuordnungen ins Spiel kommen können, die in der individuellen Konstitution von Bedeutung sind. Einige allbekannte Streiflichter genügen vorerst.

Körperliche Funktionsänderungen sind einmal Ausdruckserscheinungen für etwas dahinterstehendes Psychisches; neben Mimik, Gestik und Physiognomik gehören, auf pathologischem Gebiete, hierher jene vorgebildeten dispositionellen Mechanismen, deren „atavistische" Belebung wir seit KRAEPELIN im Krampfanfall, in gewissen anderen „spasmodischen" Erscheinungen, in den „Fluchtreflexen", im Stupor vorfinden — überhaupt in jenem Durchbruch und Überwuchern der „tieferen" Schichten der Sensomotilität innerhalb des Gesamt-„Wurfes" von gestalteter Handlung, als die wir — dank neuerer Forschungen — auch die einfache und elementare Bewegung zu sehen gelernt haben.

Körperliche Zustandsänderungen eingreifender Art sind ferner Begleiterscheinungen emotionaler Vorgänge. Diese beeinflussen die Funktionen des Kreislaufs, der Herzaktion und des Zwerchfells, sie modifizieren die Atmung und in gewissem Umfang die intestinalen Funktionen. Umgekehrt setzen funktionelle Störungen dieser vegetativen Apparate die entsprechenden psychischen Begleitvorgänge — z. B. Angstzustände bei bestimmten Atmungs- und Kreislaufstörungen. Auch die reflektorische Erregbarkeit des Zentralnervensystems verändert sich gleichlaufend der emotionalen Erregbarkeit. Die sensible Schwelle sinkt; hierauf sind vielfach zum Teil funktionelle Schmerzen, insbesondere des Kopfes, zurückzuführen — freilich kaum je restlos. Die psychischen Einstellungen, welche die Einleitung des Schlafes erzielen, können emotional gestört sein, und die Schlaftiefe verringert sich bei Steigerung der Gemütserregbarkeit. Die Erschwerung von Dauerspannungen der Aufmerksamkeit durch emotive Einflüsse führt zu erhöhter Ermüdbarkeit und weitgehender Beeinträchtigung der Arbeitskurve. Alle oder fast alle diese psychophysischen Begleiterscheinungen vollziehen sich über den neuroglandulären Apparat; man denke etwa an die emotionale Vasomotorik (CANNON und seine Mitarbeiter; Adrenalinämie im Zorn usw.).

In der Ausbildung des neuroglandulären Apparats äußern sich auch jeweilig vorgebildete Dispositionen, die einen ganz bestimmten Typus psychosomatischer Reaktivität bedingen. Wir sprechen dann von der vegetativ-nervösen Stigmatisierung eines Menschen. Bei einer „vagotonischen" Disposition etwa — richtiger: bei dem Vorwiegen vagal-parasympathischer Reaktivität — werden emotive Alterationen ihre körperlichen Begleiterscheinungen in der Richtung einer Bradykardie, einer Hyperacidität, eines „asthmatischen" Respirationssyndroms usw. finden; bei einer „Sympathicotonie" — besser: bei vorwiegend sympathischer Reaktivität — werden ganz die gleichen emotiven Alterationen etwa mit einer Tachykardie, einer Anacidität, einer Obstipation usw. einhergehen. Diese Dinge weisen bereits auf den engen Zusammenhang psychophysischer Reaktionsweisen mit der individuellen Konstitution hin. Ebenso tun dies die umgekehrten Tatbestände, bei denen funktionelle Abweichungen einzelner endokriner Apparate mit spezifischen emotiven Alterationen sich verbinden; es sei etwa an die psychischen Begleiterscheinungen des Basedow und an die oft außerordentlich einschneidenden seelischen Veränderungen bei gestörter Gonadenfunktion erinnert (Eunuchoid, Chlorose, Menstruation, Gravidität, teilweise auch Klimakterium usw.).

Ferner ordnen sich körperliche Funktionsstörungen zu seelischen im Sinne einer Symbolisierung, die von den Grenzen des Ausdrucksmäßigen („Ausdruck" ist nichts als Symbolisierung eines aktuellen seelischen Geschehens in einem aktuellen körperlichen) zu fast ausdruckswidrigen Verbindungen zu gehen vermag, aus denen erst die Psychoanalyse den symbolischen Sinnbezug herauslöst. Es symbolisieren sich Erinnerungen bewußter und „unbewußter" Art in körperlichen „Niederschlägen" — man denke an das Psychogeniegebiet und JANETS Satz, daß der Hysterische an Reminiszenzen leide. Unter diesen Erinnerungen fungieren nicht nur „traumatische" Einzelfälle, sondern in höherem Grade noch die latent gewordenen früheren Organisationsstufen der psychophysischen Individualität, ihre ontogenetischen Unterschichtungen. „Instinkt", „Gewohnheit", Automatismus, Übung sind nichts als Einzelfälle dieser allgemeinen Gesetzmäßigkeit; es ist FREUDS großes Verdienst, dieselbe psychodynamisch fruchtbar gemacht zu haben. Aber auch diese Symbolisierungsform ist nur eine Teilerscheinung jener allgemeineren Symbolisierung der Individualität in ihren seelisch-körperlichen Zuordnungen, bei der sich gleichsam die immanente Tendenz, die „Leitlinie" (ADLER), die teleologische Synthesis der Person in ihnen abdrückt. Diese finale Form der Symbolisierung kann subjektiv erlebt oder doch mindestens repräsentiert sein: Triebregungen, Wunschtendenzen, das „Ichideal", die Konfliktsüberwindung usw. können sich psychophysisch symbolisieren, in funktionellen Symptomen wie im charakterologischen Ausbau der Persönlichkeit. Die gesamte Neurosenlehre — um diesen unglücklichen nosologischen Begriff anzuwenden — gibt eine Fülle von Belegen. Die teleologische Tendenz dieser Symbolisierung kann aber auch nur objektiv bestehen, ohne sich dem erlebenden Ich zu äußern: als biologische Zweckmäßigkeit, als Anpassungs-, Schutz- und Kompensationsvorgang, als Erfüllung organischen Bedürfnisses. In diesem Sinne sprechen die funktionell gestörten psychophysischen Apparate tatsächlich einen sinnvollen „Organdialekt" (ADLER).

Psychophysische Eigenarten der endokrinen Konstitutionsstigmen.

Von all diesen Problemen wird später zu handeln sein. Nicht diesen Gedanken sei hier weiter nachgegangen, sondern der konkreteren Frage: Auf welche spezifischen psychophysischen Zuordnungen treffen pathogenetische Faktoren auf — mögen diese seelisch oder körperlich sein? Wieweit bestehen solche vorgebildet im Sinne von Krankheits- oder Syndrombereitschaften oder fester symptomatischer Kuppelungen? Konstitutionelle biologische Einflüsse, insbesondere des endokrinen Apparates, spielen hier innerhalb des allgemeineren Rahmens von Rasse und Geschlecht eine bekannte differenzierende Rolle. Wiederum seien nur einzelne Streiflichter geworfen. Es ist z. B. der Zusammenhang der *hyperthyreotischen Konstitution* mit lebhaften, beweglich-cholerischen Temperamentseigenarten präformiert: der „coq maigre", der Mensch mit gesteigertem Stoffumsatz und schlechter Futterverwertung, aufgerissenen Lidspalten und Neigung zu Schweißausbrüchen, hastig, hochfahrend, beweglich, zu zorniger wie zu heiterer Explosion geneigt. Deutliche Brücken führen von hier zu den „sympathicotonischen" Dispositionen. Auch der entgegengesetzte psychophysische Typ ist allbekannt: die *Hypothyreose*, das Myxoedème fruste, mit kleinem, korpulentem Körper, Neigung zu Haarausfall, zu frühzeitiger Arteriosklerose und allerlei Neuralgien. Es sind nüchterne, wenig regsame Naturen, von phlemgatischer Ruhe — bis zur stumpfen Schweransprechbarkeit des echten Myxödems hin, leicht ermüdbar und zu Organneurosen disponiert. Auch von den temporär-toxischen Schädigungen durch Schilddrüsen-Dysfunktion, wie wir sie im Basedow finden und nach EWALD in Verbindung mit depressiv-manischen Phasen vermuten, wissen wir um die gleichzeitige Beeinflussung des Körperhaushalts und der Körperfunktionen wie der psychischen Reaktivität.

Bedeutsamer noch für die psychophysische Prägung umfassender Funktionsgebiete sind die Epithelkörper. Der Kalkstoffwechsel, die *spasmophile Diathese* mit ihren myoelektrischen Stigmen, Krampfneigung und reflektorische Reizsymptome knüpfen sich hier ebenso an Hypofunktionen, wie dies auch psychische Dispositionen weitgreifender Art tun — von ihnen ist wenigstens eine bei Kindern genauer studiert (JAENSCH): die „eidetische", die Fähigkeit zur plastisch-sinnlichen, optischen Vorstellungsbildung ohne Aufwand aktiver geistiger Arbeit. An psychologischen Kriterien läßt sich hierbei vielleicht noch eine basedowoide Typik von der eigentlichen tetanoiden trennen! Auf dieser psychophysischen Präformation beruhen vielleicht die Begabungen zur Inspiration — dazu, bestimmte Erlebnisse in halluzinatorischer Struktur und Evidenz zu haben, sei es in Ausnahmezuständen des Bewußtseins, sei es in Psychosen, die sonst nicht mit Halluzinationen einhergehen. Zu gewissen Gruppen der Epilepsie bestehen unklare, aber sichtbare Beziehungen. Nach PERITZ geht ein Teil der schizothymen Dispositionen BLEULERS und KRETSCHMERS auf spasmophile Dynamik des Organismus zurück.

Ein weiteres Gebiet mannigfacher, konstitutionell vorgebildeter psychophysischer Zuordnungen stellen die *Infantilismen.* Die Fülle körperlicher Erscheinungsformen und Bedingtheiten ganz außer acht lassend, finden wir ihr Gemeinsames in der Tendenz, die Reifeentwicklung des Organismus im ganzen oder auf einem funktionellen Teilgebiet nicht über einen bestimmten Punkt hinaus fortschreiten zu lassen. Der Teilhemmung (und ihrem endoglandulären, jeweiligen Substrat) entsprechen Sonderformen partieller Infantilität (Beispiele: Myxinfantilismus BRISSAUD, Eunuchoid und hypophysär-eunuchoider Formenkreis, Status thymicus und thymico-lymphaticus usw.). Die infantilistischen Typen weisen im Körperbau meist allgemeine Hypoplasie, graziles Äußeres, Ausbleiben der Gesichtsbehaarung, Zurückbleiben der Terminalbehaarung auf; sie weisen häufig die spezifischen Stigmata derjenigen Blutdrüsenwirkung auf, deren Einfluß im Vordergrunde ihrer konstitutionellen Abweichung steht. So zeigt z. B. der Eunuchoide häufig ein relativ erhöhtes Längenwachstum der Extremitäten und genitale Hypoplasie. Insbesondere gewisse mit hypophysären Störungen verbundene Formen infantilistisch-eunuchoider Art imponieren als Hochwuchskümmerform, andere wiederum als Fettsucht. Der Grad des Infantilismus erstreckt sich in fließenden Übergängen vom normalen Durchschnitt bis zu extrem infantilistischen Habitusformen. Jedoch die der Norm angenäherten Fälle überwiegen an Zahl. Der Arzt muß deshalb auf diese konstitutionellen Erscheinungen des Körperbaus achten, weil sie ihm wichtige Anzeichen für die geistige Beschaffenheit dieser Fälle zu liefern vermögen. Auch die seelische Reifeentwicklung ist nämlich bei ihnen oft gehemmt; sie stehen mehr oder weniger auf kindlicher Stufe. Sie zeigen eine erhöhte Ablenkbarkeit und Affektflüchtigkeit, eine spielerische Phantasie, eine gesteigerte Suggestibilität; sie besitzen eine geringe Willenskonstanz bei starkem momentanem Aufwallen von Impulsen. Zielstrebigkeit, geistige und soziale Selbständigkeit und Lebensernst fehlt meistens. Die geistige Beanlagung kann eine gute sein, steht jedoch in der Regel der Beschränktheit näher. Es ergeben sich fließende Übergänge auf geistigem Gebiete zu den eigentlichen angeborenen Schwachsinnsformen, auf seelischem Gebiete zu den sozial haltlosen, unbeständigen Psychopathen. Fassen wir doch diese beiden letzteren Kategorien mit KRAEPELIN als Entwicklungsmißbildungen psychischer Art auf, in denen also ebenfalls eine Komponente von Entwicklungshemmung vorhanden ist.

Auch das Triebleben, insbesondere in sexueller Hinsicht, gelangt bei den infantilen Konstitutionen nicht zur Reife und zur endgültigen zielstrebigen Zusammenfassung. Ohne daß seine Stärke in der Entwicklung zu leiden braucht, und ohne daß es durch die reife Willenskraft — welche diesen Leuten ja fehlt — beherrschbar wird, lebt es sich in den Spuren äußerer Einwirkungen und Erlebnisse aus, welche bei seinem Erwachen von besonderer Vorherrschaft waren. So kommt es zu einem Schillern und einer Unsicherheit in der gegenständlichen Richtung und den Ausdrucksweisen des Geschlechtstriebes; und allerhand fetischistische und exhibitionistische Abbiegungen des Triebes, Neigung zu ganz unreifen Kindern (Erinnerung an kindliche Spielgefährten!), zu Tieren kann die Folge sein. Auch kann der Trieb noch so weit in der Entwicklung gehemmt sein, daß er als sexueller gar nicht erlebnismäßig zum Bewußtsein gelangt, sondern in unklaren allgemeineren Entladungsweisen: als Angst, als Lust am Quälen, am Besudeln usw.

Eine andere abwegige Form, in welcher die biologische Gesamtorganisation gewisse psychophysische Ausprägungen anlagemäßig vorbedingt, ist die Reihe der *Intersexualitäten*. Wir stellen uns diese, auf Grund biologisch-experimenteller und klinischer Erfahrung, teils durch die genotypischen Geschlechtsfaktoren, teils durch die endokrine Formel bedingt vor, an deren Aufbau außer den Keimdrüsen Nebenniere und Hypophyse sowie wahrscheinlich auch Epiphyse und Thymus Anteil haben. Wir wissen, daß sich mit sexueller Triebumkehrung — und seltener auch ohne diese — häufig nicht nur eine allgemeine Umstellung psychischer Reaktivität entwickelt: bei Männern im Sinne des Feminismus, bei Frauen in dem der Virilität — sondern daß auch die körperlichen Merkmale, insbesondere die sekundär-sexuellen, sich vielfach teils intersexuell, teils vereinzelt auch gegensinnig gestalten. Ohne in theoretische Vorwegnahmen einer Erklärung zu verfallen, legen wir hier auch ein biologisch-konstitutionelles Radikal zugrunde, das zu solchen präformierten psychophysischen Zuordnungen führt (WEIL). So sehen wir bei femininen Männern z. B. die W. LIEPMANNsche Trias erhöhter Vulnerabilität, einer gewissen Verzögerung der geistigen Differenzierung und eines verallgemeinerten Gefühlserotismus sich seelisch gestalten.

Besonders bedeutsam für die Erfassung der individuellen Konstitution sind die Forschungen geworden, welche KRETSCHMER über die Zusammenhänge von Körperbau und Charakter angestellt hat. KRETSCHMER findet bei den „*zyklothymischen*" Menschen, welche biologisch und in ihrem Lebensverlauf dazu disponiert sind, in depressive und manische Phasen psychotischer Art zu verfallen, oder mit depressiven Stimmungen besonderer, lang anhaltender Art zu reagieren, eine bestimmte Charaktergrundlage: Bei aller Mannigfaltigkeit der individuellen Spielformen ist ihnen ein ruhiges, warmherziges, zwischen traurig und heiter schwankendes Temperament mit starker Anteilnahme an realen Vorgängen und Interessen und starkem Wirklichkeitssinn zu eigen. Dieser Menschenschlag weist auch einen gleichartigen Körperbautypus in vorwiegender Häufigkeit auf: In die Tiefe gehende, geräumige Höhlungen des Leibes und der Brust, vollen runden Schädel, relativ grazilen Schulter- und Beckengürtel, turgescente gut behaarte Haut, gleichmäßig proportioniertes Gesicht (Stirnanteil, Mittelgesicht und Kinnanteil gleich groß). Ihnen gegenüber stehen die „*schizothymischen*" Menschen, welche erbbiologisch dazu disponiert sind, in eine schizophrene Psychose zu verfallen, sowie deren Blutsverwandte. Hier finden wir eine viel größere Mannigfaltigkeit seelischer Spielformen; und KRETSCHMER hat einige Mühe, auch für diese eine gemeinsame Temperamentsgrundlage herauszuabstrahieren: ein jähes, springendes Temperament von schwerer Berechenbarkeit, ein Schwanken der Gefühlsberührbarkeit zwischen Überempfindlichkeit und Stumpfheit, eine kühle Bewußtheit und Unberührtheit neben jähen Anwandlungen und Impulsen, eine Neigung, sich aufs eigene Ich zurückzuziehen, zu analysieren und zu abstrahieren: die gemeinsamen elementaren Grundlagen alles dessen, was sowohl — innerhalb der Breite des Pathologischen — als schizopathisch und schizophren gilt, als auch — innerhalb des Gesunden — als Anzeichen eines „ungewöhnlichen" Menschen, — des Menschen mit starkem verschlossenem Innenleben, der metaphysisch-abstrakten Denkrichtungen, der intuitiven, mystischen und religiösen Erlebensweisen. Der Fanatiker, der Tyrann, der Rigorist und der Pedant des täglichen Lebens rechnen ebenso hierher, wie der moralisch Gefühllose und der Verschrobene. Zunächst mag sicherlich die psychologische Vereinheitlichung dieser so verschiedenen Menschentypen etwas Befremdendes haben; und tatsächlich ist die Formulierung der gemeinsam zugrunde liegenden konstitutionellen Temperamentsspannung notgedrungen von einer zu großen Allgemeinheit. Andererseits ist zu bedenken, daß tatsächlich alle diese Persönlichkeitstypen und Charakterstrukturen sich in erbbiologischer und konstitutioneller

Verwandtschaft mit der Disposition zum Verfall in Schizophrenie nachweisen lassen. Hierin liegt gewiß eine biologische Einheitlichkeit, wenn auch allgemeiner Art. Diesen „unausgeglichenen" Temperamentsgrundlagen entsprechen nach KRETSCHMERS Feststellungen ebenfalls bestimmte, immer wiederkehrende Körperbautypen: der asthenische Habitus, der athletische, muskulär derbe Typ, infantilistische Hochwuchsformen und Hypoplastische, sowie Mischungen dieser Körperbauformen. Wir finden bei diesen Formen vielfältige endokrine Einzelstigmen: Fehlbildungen in der Behaarung, in der genitalen Bildung, im Fettpolster, in der Haut. Wir finden Disproportionen der einzelnen Gesichtsteile zueinander, Haken- und Winkelprofile, Kindernasen und kleines Mittelgesicht, oder große gezogene Nasen mit Höckern und Buckeln. Die KRETSCHMERschen Feststellungen verdienen ganz besondere praktische Berücksichtigung; oftmals sind sie dem Arzt bei seiner ersten Einstellung auf den Kranken ein wenn auch unklarer so doch wertvoller Hinweis darauf, jene besonderen Charkteranlagen und Temperamentsgrundlagen zu vermuten, denen die Körperbaumerkmale zugeordnet sind. Freilich können viele erbbiologische Überschneidungen und Mischungen der Formen die individuelle Gestalt und den individuellen Charakter des Gesunden wie des Kranken entscheidend wandeln.

Psychophysische Eigenarten der biologischen Entwicklungskurve.

Innerhalb der bisher genannten, letzten Endes erbbiologisch festgelegten Bestimmungsstücke der individuellen Gesamtorganisation muß die ärztliche Analyse des Aufbaus der Persönlichkeit noch ein weiteres Bereich körperlich-biologischer Determinanten berücksichtigen, die wir allgemein als biologisch-evolutive zusammenfassen können. Vergessen wir nicht, daß unser ganzer seelischer Lebensverlauf unterhalb des seelischen In- und Nacheinander von Erlebniswirkungen und psychischen Zusammenhängen noch einem anderen Faktor gehorcht: Wir wachsen von der Kindlichkeit über das Jünglingsalter zur Reife und werden alt und sterben. Dieser Verlauf ist an biologische Daten geknüpft. Wir sind biologisch spezifisch auf diesen Lebensverlauf angelegt; und jedem Stadium desselben ist eine bestimmte, für dasselbe normative psychische Ausprägung zugeordnet. Die Übergänge eines Stadiums in das andere knüpfen sich an biologische Prozesse, während deren sich eine prozessiv verlaufende psychische Umstellung, ein biologischer „Schub", in uns durchsetzt, ganz unabhängig von dem, was wir als Individualität sind und erleben, wie wir dazu Stellung nehmen, was wir wollen. Umgekehrt vielmehr determiniert diese biologisch bedingte seelische Umstellung in den Phasen der Pubertät, des Klimakteriums und der Involution unmittelbar die individuellen Erlebens- und Verhaltensweisen. Der einzelne erlebt und reagiert auch während dieser Stadien natürlich immer mit seiner ganzen, vielfältig aufgebauten Persönlichkeit; für ihn stellt sich sein Seelengeschehen immer als eine lediglich erlebnismäßig bedingte und ihm angemessene seelische Reihe dar; und so ist es sehr schwer, aus diesen Entwicklungsstadien der biologischen Organisation diejenigen psychischen Auswirkungen herauszuarbeiten und zu verallgemeinern, welche jenseits der seelischen Individualität rein im Biologischen wurzeln. Immerhin wissen wir, daß das Kind lebhaft, überanregbar, von hemmungsloser Affektivität, starkem und jähem, aber flüchtigem Gefühlsleben und mangelndem Wirklichkeitssinn ist, daß sich bei ihm die körperlichen Begleiterscheinungen seiner Affektivität motorisch jäh und hemmungslos ausbreiten und ebenso rasch von außen her, durch neue Eindrücke, unterdrückbar sind. Wir wissen ferner, daß die Pubertät, ganz ungeachtet aller der mit ihr verbundenen Erlebnisse, von denen noch zu sprechen sein wird, rein biologisch ein Aktuellwerden bisher unbekannter Triebe ins Spiel bringt, daß sie auf die intellektuelle Entwicklung bestimmte Einflüsse ausübt — beim Mädchen fördernde, beim Knaben hemmende —, und daß sie dem Hemmungsapparat für die bis dahin nur durch äußere Erziehung eingedämmten Gefühls- und Willensschwankungen der Kindheit zur Herrschaft verhilft. Wir wissen ferner zwar, daß es eine rein biologisch bedingte Pubertätspsychopathie oder -psychose spezifischer Art nicht gibt, wohl aber daß in diesem Stadium anderweitig vorgebildete Dispositionen zu psychopathischen Abwegigkeiten und zu psychotischen Entwicklungen, insbesondere hebephrener und schizophrener Art, besonders leicht zum Durchbruch gelangen. Schieben wir alle übrigen Pubertätseinflüsse auf das rein Psychologische ab: auf das Bewußtwerden der geschlechtlichen Besonderheit und seine Folgen — so liegen schon in dem Gesagten genügende Anhaltspunkte dafür, in der Pubertät eine biologische Determinante der individuellen Persönlichkeitsentwicklung zu erblicken. Beim Weibe gilt das gleiche von den biologischen Veränderungen, welche insbesondere Eierstock und Hypophyse während der Schwangerschaft erfahren. Auch in diesem Stadium der biologischen Entwicklung findet jene Lockerung fester seelischer Verbände und Zusammenhänge in der Persönlichkeit statt, welche den Durchbruch ungehemmter Affektivität und präformierter abwegiger Dispositionen der seelischen Reaktivität erleichtert. Der weitere biologische Lebensverlauf in der Reife bewirkt eine zunehmende habituelle Erstarrung und Automatisierung dessen, was im psychischen Leben an Funktionen und Tätigkeiten, Einstellungen und Wertungen dominant geworden ist, bis das Klimakterium, insbesondere des Weibes, aber auch des Mannes, einen neuen prozessiven biologischen Schub darstellt, in welchem die Persönlichkeit eine nicht lediglich erlebnismäßig erklärbare Veränderung erfährt. Sie ist sehr schwer und nur von außen zu fassen. Es ist die Verfallstendenz des Organismus, die sich anbahnt und auch auf seelischem Gebiet in unklaren Bewußtseinsweisen des Versagens, der „Neurasthenie" sich erlebnismäßig äußert. Gesteigerte Reizempfindlichkeit, verringerte seelische Beanspruchbarkeit, erhöhte Erschöpfbarkeit, geringere Beherrschbarkeit der Affektivität, Einengung des Interessenkreises, Mangel an Konsequenz sind die äußeren Anzeichen dieses Stadiums, in welchem ebenfalls die noch zu erörternden präformierten Einstellungen abwegiger Art des Seelenlebens einen erhöhten Spielraum gewinnen. Mit der zunehmenden Alters-Involution verändert sich das Bild ebenfalls aus rein biologischem Grunde: Die Stärke der Affektivität tritt gegenüber einem gewissen Schwächlichwerden derselben zurück, die „Aufmerksamkeit" und die reproduktiven Funktionen leiden, die geistige Spannkraft läßt nach, das Interessengebiet schnürt sich immer mehr und mehr ein und zentriert sich um das eigene Ich. Zuletzt bleibt in extremen Fällen stumpfe Erstarrung und Verfall. So sind auch die Leidenszustände, denen der ärztliche Psychotherapeut gegenübersteht, durch die Altersstufe eines Patienten wesentlich in ihrer Spezifität gefärbt.

Psychische Zuordnungen zu körperlichen Krankheiten.

Die unmittelbare Zuordnung seelischer Dispositionen zu körperlichen Vorgängen zeigt nicht nur das Beispiel des involutiven Faktors; sie tritt auch an erworbenen Modifikationen des Organismus hervor. Hier werden nicht jene Tatsachen gemeint, daß die Selbstwahrnehmungen körperlicher Schwächen und Mängel seelisch verarbeitet werden und affektive psychophysische Nachwirkungen haben; das ist eine Sache für sich. Eine jedem Arzte vertraute Fülle von Tatsachen weist darauf hin, daß körperliche Zustandsänderungen direkt mit mehr oder minder spezifischen Änderungen des psychischen Bildes, der „Stimmung", der Erregbarkeit usw. verknüpft sein können. Viele körperliche Erkrankungen setzen Schmerzen und dysphorische Zustände, die ihrerseits erst Anstöße zu weiterer seelischer Verarbeitung bilden, aber dem körperlichen Vorgang unmittelbar und spezifisch entsprechen. Kachektische Zustände und besonders Phthisen in bestimmten Stadien sind von einer Euphorie begleitet, deren Entstehung nur künstlich durch psychologische Konstruktionen erklärbar wäre. Kopftraumen und bisweilen auch andere Traumen zeitigen seelische Zustände dysphorisch-mürrischer Art mit gesteigerter Erschöpfbarkeit, verringerter reproduktiver Haftfähigkeit und herabgesetzter „Konzentration". Es wäre ebensoweit hergeholt, diese typischen Befunde lediglich durch seelische Verarbeitungsweisen vermittelt zu erklären, als anzunehmen, es handele sich dabei nur um die Auslösung bereitstehender vorgebildeter Stimmungsfaktoren. Vielmehr liegt hier doch wohl eine unmittelbare, nicht weiter auflösliche psychophysische Zuordnung vor — von der eine kontinuierliche Brücke zum eigentlichen KORSSAKOW-Syndrom führen dürfte. Derartige Zuordnungen können freilich dann außerdem psychogen sowohl nachgeahmt als auch ausgebaut als auch überlagert werden. Merkwürdige euphorische Zustände findet man nicht selten beim Fortschreiten der multiplen Sklerose — auch ohne Rindenherde; ähnliches zeigt sich bei rein striären Prozessen zuweilen, wo dem Rigor und der psychomotorischen Versteifung ein völlig analoges, rein psychisches Verhalten ebenso entspricht wie andererseits etwa der SYDENHAMschen Chorea eine seelische Zuordnung von übertriebener Anregbarkeit und Ablenkbarkeit. Hierher gehört auch die seelische Unausgeglichenheit und Unruhe mancher Folgezustände von Grippe = Encephalitis, besonders bei Jugendlichen.

In anderen Fällen heben akute Infektionen oder chronische Erschöpfung bestimmte latente Charakterdispositionen heraus: so erklärt sich zum Teil der Reichtum individueller Einzelgestaltungen der symptomatischen Begleitpsychosen. Auch bei vorübergehenden oder chronischen Erkrankungen im endokrinen Apparat tritt Ähnliches unmittelbar zutage; man denke an die Vielheit neurotischer Bilder beim Diabetes, an die abulischen Willenserschlaffungen beim Addison, bei der Fettsucht, an die vielgestaltigen psychischen Begleiterscheinungen bei Basedow, bei Akromegalie, bei weiblichen Adnexerkrankungen. Es ist fast unmöglich zu trennen, wieviel bei diesen überhaupt schwer abgrenzbaren seelischen Veränderungen auf direkter Zuordnung zur körperlichen Störung, wieviel auf seelischer Verarbeitung beruht. Von der Arteriosklerose der Aorta und großen Gefäße war schon die Rede: die direkt zugeordneten psychischen Korrelate ängstlich-unlustvoller aufregbarer Dysphorie wirken ihrerseits vasomotorisch-konstringierend; dadurch erhöht sich wiederum die Kreislaufbeanspruchung, und so entsteht ein vitiöser Zirkel (HEYER), jene „verhängnisvolle Spirale" (DUBOIS), die eine Krankheitsgestaltung immer tiefer einschleift. Zu den unmittelbaren psychophysischen Zuordnungen gehören endlich auch jene im Kriege beobachteten „reflektorischen" Schußneuralgien bei Nervenverletzungen, wo der Schmerzanfall sich gar nicht auf das verletzte Nervengebiet erstreckte: es handelt sich nach der Auffassung sehr erfahrener Beobachter nicht etwa um psychogene oder psychisch-reaktive Bildungen, sondern um eigenartige direkte Synästhesien (FOERSTER, KEHRER, POPPER).

Psychische Gestaltungen physiopathischer Bereitschaften.

Mit dem letzten Beispiel stehen wir bereits am Übergang zu jener letzten und häufigsten psychophysischen Zuordnungsform, deren zahllose Beispiele den Gebieten der „Organneurosen", „Hysterien" und „Neurasthenien" entstammen: also seelisch-reaktiv oder „psychogen" vermittelten und festgelegten Betriebsstörungen der Organisation. Eine fast unerschöpfliche Literatur hat dies Problembereich durcharbeitet und teilweise auch aufgehellt; am tiefsten und eindringlichsten in den letzten Jahren wohl BIRNBAUM, GAUPP, HEYER, KRETSCHMER und vor allem KEHRER, dessen letzte große Zusammenfassung (im Ergänzungsbande des Handbuchs der Neurologie) an Präzision gewissermaßen einen Forschungsabschluß darstellt. Einzelheiten zu geben, müssen wir späteren Stellen dieses Buches vorbehalten; Materialsammlungen an dieser Stelle erscheinen überflüssig; ebenso braucht hier noch nicht begründet zu werden, daß jene klinische Gruppierung in Hysterie, Neurasthenie und Organneurosen bloß noch ein äußerliches Verständigungsmittel ist, durch welches weder Krankheitsentitäten noch auch nur Symptome verschiedener Dignität konkret getrennt würden. Vielmehr handelt es sich immer um psychisch-reaktive Wirkungsweisen, durch welche physiopathologische Dispositionen ins Spiel gebracht werden. Die „organneurotische" Tendenz erwächst (meist!) aus örtlichen physiopathischen Bereitschaften, die „neurasthenische" aus einem — seelisch erst sekundär bearbeiteten — Versagen neurochemischer Regulationen im Gesamtorganismus, bei bestimmten Lagen und Stadien desselben, mit vorwiegend innervatorischen Wirkungen; über die „hysterische" vgl. nachher. Was die physiopathologischen Bereitschaften anlangt, so liegen diese entweder in früheren oder in noch bestehenden organischen Erkrankungen des Apparates, dessen sich die seelische Bearbeitung bemächtigt, oder auch nur in einer latenten Disposition zum bevorzugten Befallenwerden, einem Locus minoris resistentiae, einem „körperlichen Entgegenkommen", einer „Organminderwertigkeit" (ADLER) — KEHRER beschreibt etwa eine psychogene Ptosis, deren Ausgangspunkt eine habituelle Schielneigung der Kindheit war. Oder sie können auch objektiv fehlen und erst durch den jeweiligen psychogenen Mechanismus erzeugt werden — entweder weil situative äußere Momente gerade auf dieses Organ hinweisen (Unfall!); oder weil es einen mehr oder minder erlebnismäßigen subjektiven Sinn oder Symbolwert für die Gesamtpersönlichkeit besitzt (Beispiele: „Kopfschmerz", „Sexualneurosen", viele weibliche Obstipationen). Wichtiger ist uns die seelische Zuordnungsweise in diesen Krankheitsgestaltungen.

Wir unterscheiden hier zweckmäßig zwei große Gruppen. Einmal werden physiopathische Zustände in ihrem Verlaufe in psychische Regie übernommen. Die organisch bedingte Störung bleibt auch nach dem Abklingen in ihren Äußerungen bestehen — Schmerzen, die eine Neuritis überdauern; oder geheilte traumatische Lähmungen, bei denen sich der Impuls zur Innervation nicht mehr einstellt; oder „reflektorische" Lähmungen, die über das organisch betroffene Gebiet hinausgehen auf solche Gebiete, die in habitueller Synergie mit ihm standen. Oder organische Symptome treten auch ohne adäquate Auslösung habituell hervor: etwa beim Epileptiker tritt der vorgebildete Anfallsmechanismus bei allen möglichen Gelegenheiten habituell-reaktiv auf. Oder — am häufigsten: organische Krankheiten werden „funktionell" ausgebaut, überlagert, durch Aufpfropfungen abgerundet — am bekanntesten ist dies bei der multiplen Sklerose, es findet sich aber auch tausendfach anderwärts. Die Art der Superpositionen kann etwas Tendenziöses, von instinktiver Zwecklichkeit oder Willensrichtung Geleitetes haben; sie braucht das keineswegs. In den häufigeren Fällen wird sie eine reine emotionale Ausdrucksfunktion zum Ausgangspunkt nehmen: etwa erwartungsmäßige, ängstliche Einstellungen, der Zustand sei schwer, verschlimmere sich, „die Flinte wird ins Korn geworfen" (HEYER); unterwühlt von dieser Affektivität, erlischt die regulierende Beherrschung höherer psychophysischer Instanzen. Zwischen der bloßen, affektiven „Steuerschwäche" und der tendenziösen Zuspitzung finden sich alle möglichen Zwischenformen, je nach den weiteren vorgebildeten Dispositionen — man denke etwa an die Vielgestaltigkeit der Anfälle von den vagovasal- (GOWERS) „affektepileptischen" bis zu den rein hysterischen. Bisweilen finden sich seltsame Sonderformen, in denen sich seelische Reaktivität einer somatischen Situation bemächtigt: so haben z. B. UHTHOFF, GOLDSTEIN und SCHILDER Fälle von halluzinatorischen Syndromen bei Menschen mit retinalen Defekten berichtet: letztere wurden in charakteristischer Weise in die Halluzinationen hineinprojiziert und -verarbeitet. Ähnliches gilt von den subjektiven wie den Leistungsstörungen bei akustischen Ausfällen. Hier herrscht überall evidente Notwendigkeit. Daß stets vorgebildete Dynamismen der psychophysischen Organisation gleichsam den Schienenweg für das Psychisch-Reaktive bilden, zeigen etwa die Versuche BAUERS und SCHILDERS bei suggestiv erzeugtem Drehschwindel, wobei der Zeigeversuch fast stets gemäß den organisch-labyrinthären Gesetzmäßigkeiten ausfiel; ebenso zeigen es Untersuchungen über die Erlebnisbeziehungen des Schwindels zu otologischen und allgemein-psychophysischen Beschaffenheiten.

Die zweite Gruppe bildet das Gebiet der rein psychogenen Provokationen und Fixierungen psychophysischer Betriebsstörungen. Für alle die Schlagworte des „suggestiven", „autosuggestiven", „ideagenen" oder „thymogenen" Momentes, des „Tendenziösen", des „negativen Willens" usw. stehen uns zur Zeit nur anschauliche Schemata ein, noch kein eindeutiger Zentralbegriff. Das ungelöste Problem liegt nicht in der Entstehung, sondern in der Festhaltung einer einmal gesetzten Störung. Neuerdings haben uns hier die willkürliche Reflexverstärkung — illustriert am Beispiel der Kriegszitterer — und die Objektivierung — die Loslösung eines Syndroms von seinem psychogenen Mutterboden, seine Verselbständigung gegenüber seelischer Einwirkung — etwas weitergebracht. Noch aber ist dies Gerüst ebenso schwankend wie der Umfang psychogener Wirkungsmöglichkeiten in somatopsychischer Hinsicht. Davon wird im folgenden noch mancherlei zu sagen sein.

Literatur.

Zur Leib- und Seelenfrage.

BECHER: Gehirn und Seele. Heidelberg 1911.

BERGSON: Matière et Mémoire. Essai sur la relation du corps à l'esprit, 8. Aufl. Paris 1912.

BUSSE: Die Wechselwirkung zwischen Leib und Seele usw. Festschr. f. SIGWART. Tübingen 1900.

v. KRIES: Über die materiellen Grundlagen der Bewußtseinserscheinungen. Tübingen 1901.

PRANDTL: Die Koordination der Gehirn- und der Bewußtseinsvorgänge. Zeitschr. f. Psychol. Bd. 94. 1924.

REININGER: Das psychophysische Problem. Wien u. Leipzig 1916.

SCHULTZ: Gehirn und Seele. Leipzig 1906.

Über psychische Erbanlagen, Rasse- und Geschlechtsdispositionen.

BERZE: Die hereditären Beziehungen der Dementia praecox. Leipzig u. Wien 1910.

BLEULER: Körperliche und geistige Konstitution. Die Naturwissenschaft Bd. 9. 1921.

EWALD: Charakter, Konstitution und der Aufbau der manisch-melancholischen Psychosen. Zeitschr. f. d. ges. Neurol. u. Psychiatrie Bd. 21. — Derselbe: Schizophrenie, Schizoid, Schizothym. Ebenda Bd. 77.

FISCHER, H.: Zur Biologie der Degenerationszeichen und der Charakterforschung. Ebenda Bd. 62.

GAUPP: Über paranoische Veranlagung. Zentralbl. f. Nervenheilkunde Bd. 33. 1910.

GÜNTHER: Rassenkunde des Deutschen Volkes, 5. Aufl. 1924.

HOFFMANN, H.: Die Nachkommen bei endogenen Psychosen. Berlin 1922. — Derselbe: Vererbung und Seelenleben. Berlin 1922. — Derselbe: Die individuelle Entwicklungskurve des Menschen. Berlin 1922.

JOLLY: Die Heredität der Psychosen. Arch. f. Psychiatrie Bd. 52. 1913.

KAHN: Erbbiologisch-klinische Betrachtungen usw. Zeitschr. f. d. ges. Neurol. u. Psychiatrie Bd. 61. — Derselbe: Schizoid und Schizophrenie im Erbgang. Berlin 1923.

KEHRER und KRETSCHMER: Die Veranlagung zu seelischen Störungen. Berlin 1924.

KRETSCHMER: Das Konstitutionsproblem in der Psychiatrie. Klin. Wochenschr. Bd. 1. 1922. — Derselbe: Körperbau und Charakter, 4. Aufl. Berlin 1924.

LIEPMANN, W.: Psychologie der Frau, 2. Aufl. Berlin u. Wien 1922. — Derselbe: Psychoorganische Korrelationen in der Gynäkologie. Zentralbl. f. Gynäkol. 1923.

MEDOW: Zur Erblichkeitsfrage in der Psychiatrie. Zeitschr. f. d. ges. Neurol. u. Psychiatrie Bd. 26.
MINKOWSKI: Das Problem der Vererbung von Geisteskrankheiten. Zeitschr. f. d. ges. Neurol. u. Psychiatrie Bd. 12. 1923.
OBERHOLZER: Erbgang und Regeneration in einer Epileptikerfamilie. Zeitschr. f. d. ges. Neurol. u. Psychiatrie Bd. 6.
PERNET: Über die Bedeutung von Erblichkeit und Vorgeschichte für die progressive Paralyse. Berlin 1917.
PFUHL: Die Beziehungen zwischen Rassen- und Konstitutionsforschung. Zeitschr. f. d. ges. Anat. 2. Abt. Bd. 9. 1923.
REICHARDT: Die Anlageforschung in der Psychiatrie. Zeitschr. f. d. ges. Neurol. u. Psychiatrie Bd. 84.
REISS: Konstitutionelle Verstimmung und manisch-depressives Irresein. Ebenda Bd. 2.
RÖMER: Zur Symptomatologie und Genealogie der psychischen Epilepsie und der epileptischen Anlage. Allg. Zeitschr. f. Psychiatrie Bd. 67.
RÜDIN: Zur Vererbung und Neuentstehung der Dementia praecox. Berlin 1916. — Derselbe: Über die Vererbung geistiger Störungen. Zeitschr. f. d. ges. Neurol. u. Psychiatrie Bd. 81.
SCHNEIDER, A.: Über Psychopathen in Dementia praecox-Familien. Allg. Zeitschr. f. Psychiatrie Bd. 79.
SCHNEIDER, K.: Die psychopathischen Persönlichkeiten. Leipzig u. Wien 1923.
SIEMENS: Einführung in die allgemeine Konstitutions- und Vererbungspathologie. Berlin 1923.
SNELL: Die Belastungsverhältnisse bei der genuinen Epilepsie. Zeitschr. f. d. ges. Neurol. u. Psychiatrie Bd. 70.
STEINER: Über die familiäre Anlage zur Epilepsie. Ebenda Bd. 23.
STERN-PIPER: KRETSCHMERS psychophysische Typen und die Rassenformen in Deutschland. Arch. f. Psychiatrie Bd. 67.

Endokrine Funktionen und seelische Eigenart.

ASCHNER: Die Blutdrüsenerkrankungen des Weibes. Wiesbaden 1922.
ANTON: Vier Vorträge über Entwicklungsstörungen beim Kinde. Berlin 1908.
BAUER: Die konstitutionelle Disposition zu inneren Krankheiten, 3. Aufl. Berlin 1925.
BIEDL: Innere Sekretion, 4. Aufl. Berlin 1922ff.
BORCHARDT: Über Abgrenzung und Entstehungsursachen des Infantilismus. Dtsch. Arch. f. klin. Med. 1922.
BRISSAUD: L'infantilisme vrai. Nouv. iconographie de la salpêtrière 1907.
CANNON: Bodily changes in pain, hunger, fear and rage. Researches into the function of emotional excitement. New York 1915.
CURSCHMANN: Hyperthyreoidismus und Konstitution. Dtsch. Zeitschr. f. Nervenheilkunde Bd. 68, 69.
EPPINGER und HESS: Die Vagotonie. Berlin 1910.
EPPINGER, FALTA und RUDINGER: Über die Wechselwirkungen der Drüsen mit innerer Sekretion. Zeitschr. f. klin. Med. Bd. 66, 67.
FALTA: Die Erkrankungen der Blutdrüsen. Berlin 1913.
FISCHER, B.: Hypophyse, Akromegalie und Fettsucht. Wiesbaden 1910.
FISCHER, H.: Eunuchoidismus. Dtsch. med. Wochenschr. 1916. — Derselbe: Über Eunuchoidismus, insbesondere über seine Genese und seine Beziehungen zur Reifung und zum Altern. Zeitschr. f. d. ges. Neurol. u. Psychiatrie Bd. 87.

FRAENKEL: Der psychopathologische Formenreichtum der Eunuchoiden. Ebenda Bd. 80.
FREUND: Über die Beziehungen der Tetanie zur Epilepsie und Hysterie. Arch. f. klin. Med. Bd. 76.
DI GASPERO: Der psychische Infantilismus. Arch. f. Psychiatrie Bd. 43.
HALBAN: Die Entstehung der sekundären Geschlechtscharaktere. Wien. klin. Wochenschr. 1903.
HART: Zum Wesen und Wirken der endokrinen Drüsen. Berl. klin. Wochenschr. 1921.
HIRSCHFELD: Über Geschlechtsdrüsenausfall. Neurol. Zentralbl. 1916. — Derselbe: Sexualpathologie. Bonn 1921.
KASSOWITZ: Infantiles Myxödem, Mongolismus und Mikromelie. Wien. med. Wochenschr. 1902.
KOCHER, A.: Kropf. Handb. d. spez. Pathol. u. Ther. von KRAUS usw 1919.
KOCHER, TH.: Über Morbus Basedowii. Grenzgeb. d. Med. u. Chir. Bd. 9.
KRAUS: Krankheiten der Drüsen mit innerer Sekretion. In MERING-KREHL, Lehrb. d. inn. Med. Jena 1920.
KRISCH: Die psychischen Erscheinungen der Eunuchoiden. Zeitschr. f. d. ges. Neurol. u. Psychiatrie Bd. 45.
KRONFELD: Über psychosexuellen Infantilismus. Leipzig u. Bern 1921.
MATHES: Die Konstitutionstypen des Weibes, insbesondere der intersexuelle Typus. In Handb. d. Biol. u. Pathol. des Weibes. Berlin u. Wien 1924.
PERITZ: Über Eunuchoide. Neurol. Zentralbl. 1910. — Derselbe: Infantilismus. Im Handb. d. spez. Pathol. u. Ther. von KRAUS 1919. — Derselbe: Einführung in die Klinik der inneren Sekretion. Berlin 1923.
SATTLER: Die Basedowsche Krankheit. Leipzig 1909.
TANDLER und GROSS: Die biologischen Grundlagen der sekundären Geschlechtscharaktere. Berlin 1913.
WAGNER VON JAUREGG: Myxödem und Kretinismus. Im Handb. d. Psychiatrie. Leipzig u. Wien 1912.
WEIL: Die innere Sekretion, 3. Aufl. Berlin 1923.
ZONDEK: Die Krankheiten der endokrinen Drüsen. Berlin 1923.

Psychische Eigenarten der biologischen Entwicklungsphasen.

ANTON: Über krankhafte moralische Abartung im Kindesalter. Halle 1910.
BINSWANGER: Präsenile Demenz. Münch. med. Wochenschr. 1898.
CRAMER: Pubertät und Schule. Leipzig 1911.
DOEBLIN: Zur Wahnbildung im Senium. Arch. f. Psychiatrie Bd. 46.
GAUPP: Die Depressionszustände des höheren Lebensalters. Münch. med. Wochenschr. 1905.
HOFFMANN: Die individuelle Entwicklungskurve des Menschen. Berlin 1922.
HÜBNER: Zur Psychologie und Psychopathologie des Greisenalters. Med. Klinik 1910.
KLIENEBERGER: Über Pubertät und Psychopathie. Wiesbaden 1914.
LOEWENFELD: Sexualleben und Nervenleiden, 6. Aufl. München u. Wiesbaden 1922.
LORAND: Über das Altern, 3. Aufl. Leipzig 1910.
MARCUSE: Zur Kenntnis des Climacterium virile. Neurol. Zentralbl. 1916.
MENDEL: Die Wechseljahre des Mannes. Neurol. Zentralbl. 1910.
PAPPENHEIM und GROSS: Die Neurosen und Psychosen des Pubertätsalters. Berlin 1914.
RAECKE: Über Schwangerschaftspsychosen. Med. Klinik 1912.

RUNGE: Die Generationspsychosen des Weibes. Arch. f. Nervenkrankheiten Bd. 48.
SIEMERLING: Über nervöse und psychische Störungen der Jugend. Berlin 1909. — Derselbe: Geistes- und Nervenkrankheiten des Greisenalters. In Krankheiten des Greisenalters, herausgeg. von SCHWALBE. Leipzig 1909. — Derselbe: Nervöse und psychische Störungen während Schwangerschaft, Geburt und Wochenbett. Wiesbaden 1916.
SPIELMEYER: Die Psychosen des Rückbildungs- und Greisenalters. Im Handb. d. Psychiatrie. Leipzig u. Wien 1912.
STROHMAYER: Die Psychopathologie des Kindesalters, 2. Aufl. München 1923.
WILLE: Die Psychosen des Pubertätsalters. Leipzig u. Wien 1898. — Derselbe: Die Psychosen des Greisenalters. Allg. Zeitschr. f. Psychiatrie Bd. 30.

Körperliche Funktionen als Begleitung, Ausdruck und Symbol seelischen Geschehens.

ADLER, A.: Studie über Minderwertigkeit von Organen. Berlin u. Wien 1907. — Derselbe: Über den nervösen Charakter, 3. Aufl. München u. Wiesbaden 1922.
BAUER und SCHILDER: Über einige psychophysiologische Mechanismen funktioneller Neurosen. Dtsch. Zeitschr. f. Nervenheilkunde Bd. 64.
BERGMANN: Zur Pathologie des chronischen Ulcus pepticum. Berl. klin. Wochenschr. 1916.
BIRNBAUM: Der Aufbau der Psychose. Berlin 1923. — Derselbe: Klinische Schwierigkeiten im Psychogeniegebiet. Monatsschr. f. Psychiatrie Bd. 41.
BONHÖFFER: Granatfernwirkung und Kriegshysterie. Ebenda Bd. 42. — Derselbe: Zur Frage der Schreckpsychosen. Ebenda Bd. 46.
BUNNEMANN: Der Begriff des Mittels in der Hysterielehre. Arch. f. Psychiatrie Bd. 59.
COLEMANN: Die Ursache des Schlafes. Pflügers Arch. 1909.
DUBOIS: Die Psychoneurosen und ihre seelische Behandlung, 2. Aufl. Bern 1910.
FÖRSTER: Symptomatologie und Therapie der Kriegsverletzungen der peripheren Nerven. Dtsch. Zeitschr. f. Nervenheilkunde Bd. 59.
FREUD: Sammlung kleiner Schriften zur Neurosenlehre, 1. Folge, 2. Aufl. 1911.
GAUPP: Neurosen nach Kriegsverletzungen. Referat auf d. 8. Jahresvers. d. Gesellsch. Dtsch. Nervenärzte 1916.
GENT: Volumpulskurven bei Gefühlen und Affekten. WUNDTS Philosoph. Studien Bd. 18.
GERSTMANN: Grundsätzliches zur Frage der Akinesen, Hyperkinesen usw. Monatsschr. f. Psychiatrie Bd. 55.
GERSTMANN und KAUDERS: Über den Mechanismus der postencephalitischen „psychopathieähnlichen" Zustandsbilder usw. Arch. f. Psychiatrie Bd. 71.
GERSTMANN und SCHILDER: Studien über Bewegungsstörungen. Zeitschr. f. d. ges. Neurol. u. Psychiatrie Bd. 58 ff.
GOLDSTEIN: Das röhrenförmige Gesichtsfeld usw. Neurol. Zentralbl. 1918.
GOWERS: Epilepsie, 3. Aufl. Leipzig u. Wien 1902.
HEYER: Psychische Faktoren bei organischen Krankheiten. Münch. med. Wochenschr. 1922.
JAENSCH: Über den Aufbau der Wahrnehmungswelt und ihre Struktur im Jugendalter. Leipzig 1923.

JANET: Der Geisteszustand der Hysterischen. Leipzig u. Wien 1894.
KEHRER: Spezielle Symptomatologie der Hysterie und Neurasthenie. Handb. d. Neurol. Berlin 1923. — Derselbe: Psychogene Störungen des Auges und des Ohres. Arch. f. Psychiatrie Bd. 58. — Derselbe: Über funktionelle Störungen traumatisch geschädigter Extremitäten. Dtsch. Zeitschr. f. Nervenheilkunde Bd. 65.
KRAEPELIN: Die Erscheinungsformen des Irreseins. Zeitschr. f. d. ges. Neurol. u. Psychiatrie Bd. 62.
KRETSCHMER: Die Willensapparate des Hysterischen. Ebenda Bd. 54. — Derselbe: Die Gesetze der willkürlichen Reflexverstärkung. Ebenda Bd. 41. — Derselbe: Hysterische Erkrankung und hysterische Gewöhnung. Ebenda Bd. 37.
KRUKENBERG: Der Gesichtsausdruck des Menschen, 2. Aufl. Stuttgart 1920.
LANGE, C.: Über Gemütsbewegungen. Leipzig 1882.
LANGLEY: Das autonome Nervensystem. Berlin 1922.
LEHMANN: Körperliche Äußerungen psychischer Zustände. Leipzig 1899 bis 1905.
LEWY, F. H.: Zur Lehre vom Tonus und von der Bewegung. Berlin 1923.
LOBEDANK: Anleitung zur Erkennung aller Formen des Kopfschmerzes. Würzburg 1914.
LÖWENSTEIN: Experimentelle Hysterielehre. Bonn 1923.
MOSSO: Die Furcht. Leipzig 1889.
MÜLLER, L. R.: Das vegetative Nervensystem. Berlin 1920.
OPPENHEIM: Zur Kenntnis der Epilepsie und ihrer Randgebilde. Zeitschr. f. d. ges. Neurol. u. Psychiatrie Bd. 42.
POPPER: Über psychische Schmerzen nach Nervenverletzung. Wien. klin. Wochenschr. Bd. 32.
ROSENHAIN: Über psychogenes Hinken im epileptischen Dämmerzustand. Zeitschr. f. d. ges. Neurol. u. Psychiatrie Bd. 64.
SCHILDER: Psychogene Parästhesien. Dtsch. Zeitschr. f. Nervenheilkunde Bd. 64. — Derselbe: Über monokuläre Polyopie bei Hysterie. Ebenda Bd. 66.
SOMMER: Die dreidimensionale Analyse der Ausdrucksbewegungen. Zeitschr. f. Psychol. Bd. 16.
STEPP: Über nervöse Darmerscheinungen und ihre Beziehungen zur Vagotonie. Med. Klinik Bd. 15.
UHTHOFF: Augensymptome bei Hysterie. GRAEFE-SÄMISCHS Handb. Bd. 9. 1915.
VERAGUTH: Das psycho-galvanische Reflexphänomen. Berlin 1908.
WEBER: Der Einfluß psychischer Vorgänge auf den Körper. Berlin 1910.
ZONEFF und MEUMANN: Über Begleiterscheinungen psychischer Vorgänge usw. WUNDTS Philosoph. Studien Bd. 18.

5. Seelische Dispositionen.

A. Rezeptive Dispositionen.

Die Aufbaulehre hat mit den bisherigen körperlichen und biologischen Bedingungen der individuellen Konstitution nur ein sehr weitmaschiges Netz geknüpft. Es gilt nunmehr, innerhalb desselben die engeren Maschen zu ziehen. Die eigentlichen Grundlagen der seelischen Dynamik, die Charaktergrundlagen, müssen an dem Punkte gefaßt werden, wo sie unmittelbar aus vorgebildeten Dispositionen hervorgehen. Vollständigkeit ist hierbei weder möglich noch auch nur erstrebenswert. Unsere Feststellungen sollen nur dazu dienen, Hilfen bei der einfühlenden Erfassung und der Analyse zu bilden.

Begabungs- und Auffassungstypen.

Es gibt Begabungen, welche konstitutionell angelegt sind — obwohl es nicht angängig ist, sie in einen vereinzelten Hirnanteil zu verlegen. Sowohl die Fähigkeit, überhaupt ein mehr oder weniger hohes intellektuelles Niveau zu erreichen, als auch die Umstände, welche die Erreichung des Durchschnittes hindern, müssen in besonders angelegten konstitutionellen Dispositionen begründet sein. Innerhalb der allgemeinen geistigen Anlagen scheinen nun die einzelnen Sonderbegabungen in weitem Umfang einer individuellen Variation fähig zu sein. Sowohl die Anlage zur Mathematik als auch diejenige zur Musik als auch die sprachlichen und sonstigen Ausdrucksbegabungen als auch reproduktive Begabungen besonderer Art können sich mit den verschiedensten Typen nicht nur des Charakters, sondern auch des geistigen Gesamtniveaus verbinden.

Wir unterscheiden den Vorstellungsreichtum und die Vorstellungsarmut; die Fähigkeit, einen Schatz von Inhalten anzuhäufen, ist eine Teilbedingung der Phantasie und der Kombinationsgabe. Die Bewußtseinsinhalte können mit besonderer sinnlicher Deutlichkeit auftreten, oder in kalter unsinnlicher Abstraktheit. Sie können beweglich wechseln; oder eine Neigung zum Haften, zum Verweilen beim einzelnen erlebten Inhalt steht dem entgegen. Dieser „Geist der Schwere", und ebenso diese Beweglichkeit, sind mindestens teilweise auch in besonderen Dispositionen begründet. Der bewegliche, an Vorstellungen reiche Mensch, dessen Erleben und Reproduzieren mit Inhalten von sinnlicher Deutlichkeit auftritt, wird dazu disponiert sein, Phantasie und Erfindungsgabe vorwalten zu lassen, glückliche Einfälle zu haben usw. Andererseits wird bei ihm Unüberlegtheit, Unachtsamkeit sich eher im Charakter geltend machen als bei anderen Typen. Der ruhige oder schwere, unsinnliche Vorstellungstypus wird gewisse Bedingungen für das Vorwiegen des abstrakten Denkens, der Umsicht und Achtsamkeit aufweisen (Klages).

Eine tiefwurzelnde Eigenart scheint in der Disposition zu liegen, Außenvorgänge und Eigenvorgänge „kognitiv" zu verwerten, sie zu rationalisieren. Sie wirkt in der Regel einer Anlage entgegen, an intellektuelle Verarbeitungsweisen die besondere Entfaltung eines emotiven Geschehens zu binden, oder letzteres stark über die rationalisierende Note der Verarbeitung überwuchern zu lassen. Daß es sich hierbei tatsächlich um Verschiedenheiten allgemeinerer seelischer Anlagen handelt, zeigt sich in der für uns besonders deutlichen Verzerrung, welche derartige Anlagen bei der Gestaltung psychotischer Bilder annehmen. Ein Mensch mit vorwiegender Rationalisierungstendenz wird z. B. in der schizophrenen Psychose besonders zu kombinatorisch-paranoiden Symptomen neigen, während ein Mensch mit vorwiegend emotiven Verarbeitungsweisen von Erlebnissen aus einer Fülle schizophrener Gefühlszustände und ihrer bildhaften (halluzinatorischen) Projektion nicht herausfinden wird.

Auf vorgebildeten Dispositionen beruhen bestimmte Wahrnehmungs- und Auffassungstypen; diese haben einen spezifischen Einfluß auch auf die Gestaltung des Erinnerungsmaterials und seines Wiederauftauchens. Bekannt sind die von der experimentellen Psychologie entdeckten verschiedenen Reproduktionstypen: der akustisch-motorische und der visuelle; und es handelt sich gewiß dabei um Anlagen, welche die Vorstellungsbildung überhaupt, den reproduktiven Zusammenhang und die intellektuelle Tätigkeit recht verschieden beeinflussen. Die Einflüsse dieser geistigen Anlagetypen sind auch von symptomgestaltender Bedeutung. Man kann z. B. nicht bloß die halluzinatorischen Symptome überhaupt, sondern auch ihre einzelnen Formen damit in Zusammenhang bringen. Auch die Reproduktion und ihre einzelnen Teilfunktionen: Merkfähigkeit, Haftungsfähigkeit, Wiederholungsbereitschaft usw. beruhen wohl auf entsprechenden besonderen dynamischen Anlagen. Aber natürlich entwickelt erst die gelebte Wirklichkeit und der äußere Einfluß diese vorgebildeten Anlagen aus der Persönlichkeit heraus, er fördert sie, verbindet sie oder hemmt sie.

Auch die Intensität der einzelnen geistigen oder seelischen Fähigkeiten kann anlagemäßig vorgebildet sein: der Affektivität, der Gefühlsansprechbarkeit und Gefühlsstärke, der Unterschiedsempfindlichkeiten, der Entschlußbereitschaft, der Willensenergie. Nur muß man sich davor hüten, diesen Gedanken in der Psychotherapie zu überspannen, um nicht in einen psychotherapeutischen Nihilismus zu verfallen. Gefühlsreichtum, Gefühlsdifferenzierung, Gefühlsnachwirkung sind ebenso in der persönlichen Anlage vorgebildet wie die Fähigkeit zum Erreichen eines bestimmten intellektuellen Niveaus.

Erlebenstypen; Introversion und Extroversion.

Das gleiche gilt auch vom Typus des Erlebens und Erlebenkönnens im allgemeinen. Verstehen wir hier unter Erlebnis nicht bloß den Eindruck, sondern die Verknüpfung desselben mit seelischen Verarbeitungsweisen und Stellungnahmen, also die „Interessierbarkeit“, so gilt auch von ihr, daß sie unabhängig vom intellektuellen Niveau, unabhängig von der Bildung und von der Gefühlsdifferenzierung individuell schwankt: von der vulgären Neugier bis zum Universalismus des wissenschaftlichen Geistes oder des verstehenden Künstlers. Es gibt aber auch das Gegenteil: den stark auf sein besonderes Problemgebiet eingeengten produktiven Forscher, und den Künstler, dessen Schaffen und Persönlichkeit ganz erfüllt ist von einem einzigen großen Erleben, neben welchem sonst nichts besteht. Derartige Unterschiede sind zwar häufiger das Ergebnis einer seelischen Entwicklung, sie bestehen aber oft auch von Hause aus. Man kann hier den „weiten" Erlebnistypus von dem „eingeengten" Erlebnistypus als anlagemäßig begründet unterscheiden. Freilich verändert sich mit der biologischen Phase des Lebensverlaufes auch die Weite des Erlebnistypus (Rorschach).

Die Tendenz der aktiven Hinwendungen, des Aufnahmebedürfnisses, der Aufmerksamkeit, der Interessen und des Reagierens geht je nach der einzelnen Individualität entweder mehr auf die Gegenstände der Außenwelt, auf die selbstverständliche Anknüpfung an die Wirklichkeit und auf das Wirken in die Wirklichkeit hinein; oder diese Tendenzen haften mehr an dem eigenen Ich und seinen Entwicklungsgängen und wirken sich im Ausbau eines reichen, von der Realität abgesonderten Innenlebens aus. Ganz gewiß ist das Vorwiegen der einen oder der anderen Gesamteinstellung dieser aktiven seelischen Tendenzen in einem ganz besonders großen Umfang das Produkt äußerer Erlebnisse und ihrer Nachwirkungen, das Produkt von seelischen Entwicklungen und Reifungsvorgängen — sie seien nun gesunder oder krankhafter Art. Aber es läßt sich doch, besonders bei extremen Fällen, nicht verkennen, daß auch diesen allgemeinen Tendenzen ein Anlagefaktor zugrunde liegt. Es kann eine vorwiegend objektive Auffassungsrichtung, eine vorwiegend konkrete Auffassungsform, eine vorwiegende Wahrnehmungsbereitschaft und -fähigkeit als natürliche Gabe im Menschen ruhen: immer ergibt sich aus derartigen Dispositionen die „nach außen gewandte" Charaktereigenart. Umgekehrt kann die Auffassungsrichtung vorherrschend subjektiv oder auch die Auffassungsform vorherrschend abstrakt sein; und seelische Inhalte können sich vorwiegend im Gebiete der Vorstellungen abspielen. Aus solcher Anlage geht der „in sich gekehrte" Charakter zwanglos hervor. Wir sprechen also von vorbedingten — angeborenen oder erworbenen Tendenzen zur Introversion oder zur Extroversion des Erlebens und Reagierens (Jung). Diese vorgebildeten Tendenzen sind gewiß nicht einfacher Art. Sie hängen eng zusammen mit Fähigkeiten, die wir „Wirklichkeitssinn" (Extroversion) oder „Phantasie" (Introversion), Rationalisierungstendenz (Extroversion) oder Emotionalisierungstendenz (Introversion) nennen. Man könnte noch andere Zuordnungen zu ihnen aufweisen. An anderer Stelle wurde schon gesagt, daß sie sich mit bestimmten biologisch fundierten allgemeinen Temperamentsgrundlagen verknüpfen lassen: die Extroversionsneigung mit dem zyklothymen Schwanken zwischen heiter und traurig, die Introversionsneigung mit dem schizothymen Springen der

Affektivität zwischen Hyperästhesie und kühler Bewußtheit. Dennoch sind sie in gewissem Umfang von diesen Temperamentsgrundlagen unabhängig: es gibt z. B. depressive Psychosen mit starker Erlebnisintroversion, und ebenso gibt es schizophrene Psychosen mit vorwiegender Extroversion, wenn auch selten, so insbesondere querulatorische Paranoide mit großem Selbstbewußtsein.

B. Dispositionen der affektiven Dynamik.

Affektive Eindrucks-, Ausgleichungs-, Abfuhr- und Verhaltungsfähigkeit.

Auf dem Wege vom Erlebnis über die seelische Verarbeitung bis zur Reaktion finden sich besonders wichtige gestaltende Dispositionen. Es sind die Dispositionen, welche das Tempo des Seelenlebens, seine Temperamentseigenarten, die dispositionelle Willensschwungkraft, die Affektbereitschaft, sowie gewisse Farben und Nachwirkungen der Affekte und Stimmungen von innen heraus bestimmen. Es handelt sich um jenes — letztlich in der biologischen Konstitution begründete — dynamische Eigenkleid, welches jedem Charakter zukommt, ganz unabhängig von seinen Fähigkeiten und seinen Strebungen und Strebenszielen. So wenig oder viel, als vom biologischen Blickfelde her über diese „Struktur"-Anlagen des Charakters (KLAGES) zu sagen war, wurde bereits an früherer Stelle gesagt. Es gibt jedoch innerhalb dieses weitmaschigen Netzes noch ein engeres Gewebe, und aus diesem wollen wir wenigstens einige Fäden herausgreifen. Da schwankt zunächst die Fähigkeit, von Eindrücken und Erlebnissen, Vorstellungen und Ideen affektiv ergriffen zu werden, beeindruckt zu werden. Diese Eindrucksfähigkeit (KRETSCHMER) oder Affizierbarkeit (KLAGES) kann gering sein: Unempfänglichkeit, Stumpfheit, Gelassenheit des seelischen Tempos sind die Folge. Sie kann erheblich sein und leicht ansprechen: Feinfühligkeit und Bestimmbarkeit, auch leichte Ablenkbarkeit bauen sich darauf auf. Sie kann die spontane Aktivität der Reaktionen gewaltig beflügeln: diese Menschen sind leicht hingerissen bis zur Zügellosigkeit und zur unbeständigen, wankelmütigen, stets erneuten Anfangsbegeisterung. Denkt man sich die Eindrucksfähigkeit noch erheblicher, so ist Reizbarkeit und unberechenbare Laune ihr Überbau.

In ähnlicher Weise kann auch die Affektbereitschaft anlagemäßig vorbedingt sein, und eine bestimmte Stimmungsherrschaft erzeugen. Wo dies nicht der Fall ist, herrscht gleichmütige Beschaulichkeit und Phlegma. Wo dies hingegen der Fall ist, besteht die expansive Erregbarkeit des Gefühls- und Stimmungslebens. Wir können innerhalb desselben mit KLAGES zwei Gruppen unterscheiden: eine leicht bewegliche affektive Reaktionsfähigkeit und ausdrucksmäßige Anregbarkeit, die sich als Geschäftigkeit, Planlust, Abwechselungsbedürfnis bis zur Unstete, Überablenkbarkeit und Zerfahrenheit kundgeben kann. Und eine schwerbewegliche, zum Verharren und Verhalten der Affektivität neigende Gruppe, aus welcher Gefühlsablehnungen, Gereiztheit und Mißmut hervorgehen.

Statt der expansiven Stimmungsherrschaft kann auch eine schwächliche, apathische, asthenische Affektivität anlagemäßig vorgegeben sein. Auch hier wieder können wir leichtbewegliche Affekte, Verstimmbarkeit, mißmutige Unruhe und wehrlose Reizbarkeit — unterscheiden von einer schwerreagiblen Ansprechbarkeit der Affektivität: von grämlicher Trägheit an bis zur Indolenz und Gefühlsapathie. Auch in bezug auf den Willenstypus können wir mit KLAGES Schwäche und Stärke unterscheiden, soweit ihre Dispositionen anlagemäßig vorbedingt sind. Auf der einen Seite Willensschwäche und Energielosigkeit, mangelnde Widerstandskraft gegen äußere Einwirkungen; auf der anderen Seite Tatkraft, Entschiedenheit, Festigkeit und Beharrlichkeit bis zum Starrsinn.

Diese Färbungen der Eigenart und des Tempos in allen Charaktergebilden lassen sich für unsere Zwecke aus dieser deskriptiven Überschau zweckmäßig in bestimmte dynamische Relationen umformen, wie dies KRETSCHMER zuerst versucht hat. Wir unterscheiden als dynamische Fähigkeiten, welche den Weg vom Erlebnis über die seelische Verarbeitung bis zur Reaktion entscheidend färben, im wesentlichen vier.

Erstens die Fähigkeit, Erlebnisse zu haben, von ihnen beeindruckt zu werden, berührt zu werden. Ihrer wurde schon gedacht. Zweitens die Fähigkeit, diese Erlebnisse durch innerseelische Arbeit in das Ganze der Seele aufzunehmen, sie mit vielen anderen Bewußtseinsinhalten zu verknüpfen und in das Ich einzuordnen. Es ist dies der Inbegriff aller jener seelischen Funktionen urteilender, reproduzierender und stellungnehmender Art, durch die das betreffende Erlebnis zum festen seelischen Besitz wird. Drittens gehört hierher die Summe der Dispositionen, die dazu führen, daß das Erlebnis in die Reaktion übergleitet, daß es rasch durch das Ganze des seelischen Apparates hindurchgeht und sich in motorischen Reaktionsweisen entlädt; FREUD hat diese Disposition sehr präzise mit dem Begriff der Abfuhrfähigkeit von Erlebnissen umschrieben. Ihnen stehen viertens Dispositionen gegenüber, welche das Hindurchgleiten des Erlebnisses zur reaktiven Auswirkung verhindern und hemmen, welche das Erlebnis im Innern der Seele unerledigt verhalten; welche weder seine Beruhigung und Eindämmung durch innerseelische Arbeit noch seine Entladung in motorischen Auswirkungen zulassen. Den Inbegriff dieser in sich verschiedenartigen Dispositionen können wir mit KRETSCHMER als Retentionsfähigkeit bezeichnen. Jede dieser vier Gruppen von Dispositionen kann ihrer Stärke und Bedeutsamkeit nach individuell vorgebildet sein. Natürlich haben auf die Wirksamkeit von jeder dieser vier Gruppen auch wieder seelische Entwicklungsumstände und psychologische Faktoren sekundärer Art einen sehr bedeutenden Einfluß; es läßt sich aber nicht von der Hand weisen, daß der wesentliche Anteil an ihrer dynamischen Stellung innerhalb der gesamten seelischen Organisation von Hause aus vorgebildet ist. Sie tragen also zur Charaktergestaltung entscheidend bei, ohne im wesentlichen erst ein Produkt derselben zu sein. Zwei dieser Gruppen dynamischer Dispositionen sind ziemlich unbestritten: die innerseelische Arbeit, um mit einem Erlebnis urteilend und wertend fertig zu werden, ist in weitem Umfang abhängig von den intellektuellen Dispositionen, die wir schon erwähnt haben. Die Eindrucksfähigkeit andererseits, die Fähigkeit, Erlebnisse als solche zu haben und aufzunehmen, die Affizierbarkeit im Sinne von KLAGES, ist ebenfalls schon in ihrem dispositionellen Charakter erwähnt worden. Die innerseelische Arbeit gestaltet das charakterologische Bild nach der Seite des geistigen Niveaus, die Eindrucksfähigkeit gestaltet es vorwiegend nach der Richtung der Differenzierbarkeit und des inhaltlichen Reichtums aus.

In bezug auf die eigentliche Charakterdiffenrenzierung sind nun von diesen dynamischen Dispositionen die beiden gegeneinander wirksamen Gruppen der Abfuhrfähigkeit und der Retentionsfähigkeit von Erlebnissen besonders wichtig, weil sie die entsprechende innerseelische Verarbeitung und Einordnung von Erlebnissen in die Gesamtpersönlichkeit in charakterologisch spezifischer Weise beeinträchtigen und modifizieren können. In extremen Fällen führen sie zu abartigen oder krankhaften Reaktionen. Wir können diese beiden Gruppen von Dynamismen nur in ihrem relativen Verhältnis zueinander entwickeln. Da gibt es zwei Möglichkeiten. Erstens kann die Retentionsfähigkeit der Erlebnisse im Verhältnis zur Abfuhrfähigkeit stark herabgesetzt — oder auch umgekehrt, die Abfuhrfähigkeit im Verhältnis zur Verhaltung stark gesteigert sein. Die Folge wird sein, daß die Erlebnisse rasch und hastig zur reaktiven Entladung drängen, noch bevor sie recht eigentlich im seelischen Ganzen der Persönlichkeit verarbeitet und eingeordnet sind. Zweitens kann die Retentionsfähigkeit im Verhältnis zur Abfuhrfähigkeit stark gesteigert oder die Abfuhrfähigkeit relativ verringert sein: Dann werden die Erlebnisse im Innern der Seele unverarbeitet und unausgeglichen in ihrer ganzen ursprünglichen Stärke und affektiven Kraft verhalten; sie gelangen niemals zum Abklingen, das Seelenleben wird über sie niemals ganz beruhigt hinwegkommen; und so können sie ständig und erneut als seelische Wunde, als Fremdkörper, kurz gewissermaßen pathogen wirken. Es ist wohl kaum nötig, zu erwähnen, daß dies in erster Linie von den besonders eindrucksvollen, in ihrer Beziehung zum Ich bedeutsamen, affektiven Erlebnissen gilt, deren Typik später noch zu besprechen sein wird. An diesen werden sich derartige charakterologische Besonderheiten der Reaktionsdisposition in erster Linie kundgeben.

Grundtypen der affektiven Reaktion und ihre krankheitsgestaltende Bedeutung.

Wir können damit bereits eine Reihe von charakterologischen Reaktionsformen vorgebildeter Art dynamisch verstehen, deren stärkste Ausprägung wir im Bereich des abnormen und krankhaften Seelengeschehens vorfinden. Damit gelangen wir einen Schritt weiter auf dem Wege, auch das abnorme Seelengeschehen aus der Struktur des Charakters überhaupt zwanglos zu erfassen. Aus der Herabsetzung der Retentionsfähigkeit und der entsprechenden Steigerung der Abfuhrfähigkeit von Erlebnissen leiten wir in erster Linie *die affektiven Entladungsformen,* alle die primitiven, unwillkürlichen, triebmäßigen oder instinkthaften Flucht- und Abwehrreaktionen ab, von denen wir Gebrauch machen, noch ehe wir überhaupt das auslösende Erlebnis recht in uns aufgenommen, geschweige denn seelisch verarbeitet haben. Diese Reaktionsweisen sind ihrerseits selber vielfach motorisch vorbedingt; sind sie einmal durch diese Entladungsvorgänge aktuell geworden, so pflegen sie sich leicht zu automatisieren und liegen dann oft in habitueller Bereitschaft. Auf dem eigentlich pathologischen Gebiet gehören hierher mannigfaltige motorische Anfallssymptome, beispielsweise die des sogenannten habituellen „hysterischen" Anfalls. Es gehören hierher manche Ticformen, manche andere motorische Unruhezustände, Hyperkinesen und Parakinesen. Im gewissen Sinne rechnet überhaupt die Labilität der physischen funktionellen Begleitäußerungen von Seelenvorgängen und die besondere individuelle Art, sich zu äußern, hierher. Aber auch rein seelische Entladungstendenzen von dieser Dynamik kennen wir vielfach. Und es ist dieselbe Grundstörung von Reaktionsdispositionen, welche den motorischen wie den innerseelischen Erleichterungen der Entladung zugrunde liegt. Wir rechnen hierher beispielsweise alle jene vielfältigen explosiven Affektreaktionen bei Kleinigkeiten, welche wir so typisch bei der sogenannten „nervösen Überreiztheit" vorfinden. Auch die expansive Reaktivität bei gesteigerter Ansprechbarkeit einzelner Affekte und Triebe gehört hierher, z. B. in geschlechtlicher Hinsicht. Wir rechnen ferner hierher die Reaktionsweisen des naiv gesteigerten Selbstgefühls, den charakterologischen Unterbau des „manischen" Verhaltens im Sinne von Specht. Aber auch gewisse Erscheinungen des empfindlich überreizten Selbstgefühls, wie Eitelkeit, Gehässigkeit, triebhafte Rachsucht, haben hier das gleiche Fundament. Aus diesen Dispositionen heraus verstehen wir auch die Neigung zu lügnerischer phantastischer

Entgleisung, sobald dieselbe mit einer gewissen Selbstverständlichkeit und Naivität wie beim pathologischen Lügner gleichsam triebhaft aufsprießt und nicht erst ein sekundäres Produkt von „Verdrängungen" und „Ressentiment" ist.

Die umgekehrte Gruppierung dieser beiden Dispositionsgruppen, also das relative Überwiegen der Retentionsfähigkeit, führt zur *affektiven Verhaltung und Sperrung* der mit dem Ich in besonderer Beziehung stehenden Erlebnisse. Ihre verminderte Stärke und Nachwirkung tritt in Widerspruch mit den übrigen Lebenstendenzen und mit den Forderungen der Umwelt. Dieser Widerspruch wird nicht selten als Konflikt erlebt. Und so hat sich die gewiß zu enge wissenschaftliche Meinung bilden können, daß die Psychotherapie lediglich in dem Ausgleich seelischer Konflikte bestehe, oder daß alle subjektiven Leidenszustände nur Spiegelungen seelischer Konflikte seien. In dies Gebiet gehören die spezifischen Tendenzen zum Verfall in die verschiedenen Formen von Konfliktsneurose. Die einzelnen Reaktionstypen bei solchen affektiven Verhaltungen und Konfliktseinstellungen sind voneinander durch sonstige seelische Anlagen und Entwicklungen mannigfaltig unterschieden. Hier nur wenige Beispiele: Es gibt Tendenzen, die dahin drängen, bestimmte Schädigungen des Selbstgefühls durch Übersteigerung desselben auszugleichen. Bei solcher Steigerung und Überkompensierung eines unsicheren, verwundbaren oder als ohnmächtig erlebten Selbstbewußtseins bildet sich eine Sonderform der Erlebnisverhaltung: die mißtrauisch-paranoide. Sie bildet sich unter den genannten Voraussetzungen dann, wenn eine starke, kraftvolle Affektivität und starker Drang zur Selbstbejahung eine Verletzung erfuhr. Wir sehen in dieser paranoiden Einstellung also reaktive Auswirkungen besonderer Charakterdispositionen: so etwa beim Querulanten, dessen verwundetes Rechtsgefühl (in bezug auf ihn selber), beim Eifersüchtigen, dessen gefährdete erotische Wertanerkennung unter dem Druck einer ohnmächtigen Überreizung steht und sich nicht zu beruhigen vermag; beim rücksichtslos ehrgeizigen Intriganten, dessen ohnmächtig überreiztes Machtbedürfnis auf Umwegen zu einer nie erreichten Befriedigung strebt; beim „Apostel" irgendeiner Gemeinschaft oder beim ewig mißverstandenen Erfinder von einer scheinbaren und angemaßten unbeirrbaren Selbstsicherheit, den alle im Leben erfahrenen Rückschläge nur tiefer in seine Reaktionsform hineindrängen.

Eine andere Gruppe von seelischen Reaktionsdispositionen entspringt aus der gleichen allgemeinen Vorbedingung wie die eben genannten, und ist doch in vieler Hinsicht wesensverschieden. Trifft nämlich die erhöhte Verhaltung von Erlebnissen auf solche Persönlichkeiten zu, bei denen von Hause aus eine geringe Selbstsicherheit und kein starker Drang nach Extroversion besteht, sondern ein mehr passives, leidentliches Hinnehmen des Erlebens anlagemäßig oder entwicklungsmäßig vorgebildet ist, so entstehen die verschiedenen Spielformen des sensitiven Verhaltens und Reagierens. Es entstehen Einstellungen, bei denen aus der Nachwirkung bestimmter Erlebnisse ein ängstliches Zurückscheuen vor der Außenwelt folgt, welches sich bis zum Überbau sensitiver Beziehungsvorstellungen zu steigern vermag. Hierher gehören jene Fälle von „Liebeswahn", die sich auf charakterogener Basis von der Norm der Liebessehnsucht und -gläubigkeit an bis zur Psychose hin entwickeln können. Hierher gehört auch die sensitive Verachtung alles Geschlechtlichen und der Glaube, um seiner Geschlechtlichkeit willen verachtet zu werden. Hierher gehören dann die bis zum Zwang gesteigerten sensitiven Reaktionsweisen der Errötungsfurcht, der Beachtungsfurcht, auch im fließenden Übergang die echten zwangsneurotischen Reaktionen. Hierher gehören ferner die Zustände sensitiver Angst, die erwartungsneurotischen Einstellungen hypochondrischer Art, die hypochondrischneurasthenischen Zustände im allgemeinen, besonders wenn präformierte Organminderwertigkeiten oder -besonderheiten funktioneller Art der Bildung von organneurotischen Symptomen Vorschub leisten. Wahrscheinlich gehört auch ein großer Teil der sexuellen Triebanomalien zu den derartig vorbedingten Reaktionsformen der sensitiven Erlebnisverhaltung: so die psychische Impotenz, Frigidität und ähnliches, in Mittelstellung zwischen den Organneurosen und der allgemeinen Sensitivität; wahrscheinlich aber auch gewisse Fetischismen. In der sensitiven Reaktivität gleichen sich fast alle echten Neurastheniker, insbesondere darin, daß sie ihre Insuffizienzen nach außen projizieren und deren Grund in die Organschädigungen verlegen, die durch das traumatische Erlebnis angeblich gesetzt sind. So ist diesem Typ mit sensitiver Erlebnisverhaltung jene Attitüde gemeinsam, die FREUD als „Flucht in die Krankheit", als „Abwehr" sehr glücklich bezeichnet hat, auch wenn irgendein Zweckwillen hierbei gar nicht ins Spiel kommt. Die zwangshafte Reaktivität begibt sich jedes willensmäßigen Einflusses auf die Gestaltung und den Ausbau der Erlebniswirkung; sie steht ihr wehrlos gegenüber: die Verarbeitung des Erlebnisses kommt nie zu Ende. Unter allen möglichen Denkformen und Symbolen wird sie immer wieder aufgenommen, während das Ich demgegenüber ohnmächtig scheint. So kommt es zur Grübelsucht, zum Zwangsdenken und zu den jeweiligen zwangsneurotischen Zuspitzungen.

Eine eigenartige Stellung innerhalb dieser Gruppe von Reaktivitätsdispositionen nimmt die dynamische Grundlage derjenigen Reaktivität ein, die man gern als spezifisch hysterische bezeichnet. Bei ihr sind erstens die körperlichen Entladungsweisen und Umsetzungen erleichtert und pathologisch vervielfacht. Zweitens aber findet trotzdem das Erlebnis in ihnen keine definitive Erledigung und Beruhigung, sondern behält seine affektive Wirksamkeit und fortzeugende Kraft. Dabei ist es als solches oft gar nicht im Bewußtsein, sondern wirkt aus dem „Unbewußten", wohin es versunken ist, weiter. Wir nehmen in diesem Falle an, daß es trotz seines Versinkens im „Unbewußten" keine Erledigung und kein Aufgehen in der Gesamtpersönlichkeit gefunden hat, sondern als „abgespaltener Komplex" im Unbewußten verharrt und von dort aus weiterwirkt.

C. Dispositionen der Reaktivität.

Allgemeines.

Die bisherigen seelischen Dispositionen beeinflussen zwar die Charaktergestaltung in entscheidender Weise. Aber schon in unserer Schilderung haben wir etwas von den Anlagen vorweg nehmen müssen, welche aus dem Erleben und aus Tempo und Stimmung und ihrer jeweiligen Dynamik die Reaktion herausquellen lassen. Die Reaktionsfähigkeit aber ist durch die bisher beschriebenen Dispositionen keineswegs schon in ihrer jeweiligen anlagemäßigen Bestimmtheit voll erfaßt. Sie besteht vielmehr, unabhängig von dem schon Gesagten, aus aktiven Tendenzen, Strebungen, Triebfedern, Reaktionsbereitschaften, die in ihrer Gänze und Eigenart dem Charakter seine besonderen Qualitäten verleihen. Wollten wir hier beschreibend vorgehen, so kämen wir nicht über ein gröberes Schema hinaus. Und ferner ist klar, daß das Wesentliche an den Strebungen und Triebfedern eines Charakters nicht vorgebildet und anlagemäßig gegeben ist, sondern das Produkt eines Werdens, das Produkt von Bildung und Erziehung und gelebter Wirklichkeit. Einer genetischen und biologischen Psychologie steht es schlecht an, für diesen Inbegriff von Triebfedern, Strebungen und Tendenzen im Charakter ein deduktives Schema zu erklügeln. Vorweg wollen wir daher nur soviel sagen: Aus dem Selbsterhaltungstrieb müssen die wesentlichen Bestimmungen und Erscheinungen des Strebens und seiner Tönungen genetisch entflossen sein. Die Qualität des Charakters wird sich danach gruppieren lassen, inwieweit dieser Selbsterhaltungstrieb roh und schrankenlos herrscht, inwieweit er durch hingebende, „altruistische" Fähigkeiten in der Reaktion gedämpft und verfeinert ist, oder inwieweit er überhaupt mangelt und hinter Selbsthingabe und Selbstvernachlässigung zurücktritt. Wir könnten uns denken, daß aus dem ungehemmten Selbsterhaltungstriebe Anlagen herauswachsen, welche Eigennutz, Herrschsucht und Ehrgeiz, Eitelkeit und Geltungsbedürfnis begünstigen. Statt dieser aktiven Strebungen könnten wir auch Tendenzen eines passiven Egoismus vorwalten sehen: Vorsicht, Berechnung, Ängstlichkeit, Argwohn und Mißtrauen bis zur Heuchelei würden aus ihnen entfließen. Neid, Rachsucht und Schadenfreude — Triebe, die wir niemals für angeboren, sondern stets für individuelle Entwicklungsprodukte halten — könnten hier mindestens doch teilweise aus angeborenen Anlagen vorbedingt sein.

Werden diese egoistischen Triebe durch vernünftige Selbstherrschaft gemildert und zum Teil in Fähigkeiten der Hingabe oder Neigung zum Mitmenschen transformiert, so entstehen alle jenen gesunden Charaktergrundlagen, über welche die Dispositionslehre nicht viel zu bemerken hat. Geschieht dies nicht und fehlen Züge der Hingabe und der Liebesfähigkeit, so entstehen Härte, Mitleidlosigkeit, Unduldsamkeit und Grausamkeit.

Herrschen hingegen — teils durch Erziehung und Ausbildung, teils auf Grund besonderer struktureller Eigenarten der Charakterdispositionen — die Triebfedern der Hingabe, der Selbstlosigkeit: so entstehen Leidensfähigkeit, Inbrunst, Aufopferungsfähigkeit, — kurz jene Qualitäten, die wir im engeren Sinne als „Gemüt" bezeichnen. Tritt die vernünftige Selbsterhaltung hinter der Leidenschaftlichkeit der Selbsthingabe ganz zurück, so wird der Mensch ein sich selbst nicht bewahrendes Opfer eben dessen, was wir seine Leidenschaften nennen: die Begierden beherrschen ihn, Habsucht, Geiz, Trunk und Spiel und sexuelle Triebe machen ihn zu ihrem Spielball. Sprunghaftigkeit, Mangel an Wirklichkeitssinn, Unordnung bis zur Phantastik im Vorstellungsleben, zur Gewissenlosigkeit im willentlichen Leben reißen ihn fort. Fehlen die aktiven Züge in diesem Bilde, fehlt aber auch gleichzeitig jener passive Selbstbewahrungstrieb, der einen Teil des angeborenen Egoismus bildet, so entstehen jene leichtsinnigen, arglosen, sorglosen und unachtsamen Charaktere, die dem Einfall der Situation und des Augenblickes mehr oder minder impulsiv folgen.

Aber, wie schon gesagt; diese Qualitäten des Strebens, der Reaktionstendenzen und Triebfedern wehren sich gegen eine deduktiv orientierte Dispositionslehre. Und ganz besonders der Psychotherapeut, der es mit den abnormen und krankhaften Erscheinungen des Charakters zu tun hat, kann mit diesen allgemeinen Erwägungen nicht allzuviel anfangen. Es muß uns daher genügen, von diesem Berirk der Charaktergrundlagen bestimmte Seiten genetisch zu erfassen. Es gibt vorgebildete Charakterdispositionen, welche seelisches und motorisches Reagieren in die Form eines bestimmten Mechanismus pressen, und welche, in einem ganz bestimmten Zusammenwirken, einer Vielzahl von Menschen gemeinsam sind. Diese Mechanismen, in denen sich diese vorgebildeten Reaktionsdispositionen kundgeben, sind gerade diejenigen, die den ärztlichen Psychotherapeuten in erster Linie interessieren. Denn aus ihnen entstehen abnorme und krankhafte Reaktionsweisen verschiedenster Art. Wir begreifen diese Dispositionen entwicklungspsychologisch, als primitive Vorstadien und Grundlagen unseres seelischen Aufbaues, als wesentlichste Gestaltungen jener psychischen Tiefenschichten, von denen wir insbesondere bei der Erörterung der Affektivität bereits gesprochen haben. Insoweit sie der Reaktionsweise eine besondere Eigenart und Qualität verleihen, sollen sie um ihrer Bedeutung willen hier angereiht werden. KRETSCHMER hat sie als die Gruppe der hyponoischen und hypobulischen Mechanismen bezeichnet. Die hyponoischen Dispositionen fundieren ein rein innerseelisches Verhalten, die hypobulischen fundieren gewisse psychomotorische Äußerungsweisen.

Betrachten wir die tätigen Verhaltungsweisen eines Menschen in Reaktion auf innerseelische Zustände oder auf äußere Eindrücke unter dem Gesichtspunkt ihres Zustandekommens, so ist deutlich, daß die durch bewußte Willensentscheidung gelenkten Handlungen sozusagen nur einen Grenzfall darstellen. Denn selbst bei ihnen ist, wenigstens in der Motorik, schon fast alles durch vorgebildete Einstellungen unterlegt: Die Zusammenfassung und Verknüpfung der Muskelinnervationen, die Zusammenordnung der Muskelgruppen, die „Praxie", diese und noch manche andere Vorbedingungen einer jeden willkürlichen Bewegungshandlung müssen wir als schon vor der Intention zur Handlung, als dispositionell vorgegeben voraussetzen. Wir kennen die Phänomene der Übung, der „Einschleifung" und der Automatisierung speziell auf sensomotorischem Gebiet und wissen, daß in ihnen wesentliche Grundlagen von allen Zweckbewegungen liegen. Ob es sich immer nur um einen Erwerb des individuellen Lebens, ob es sich nicht — gerade im Praxiegebiet im weitesten Sinne — auch um anlagemäßige Präformationen handelt, darüber geht im einzelnen noch die wissenschaftliche Diskussion. Ebenso wissen wir, daß die Reflexe und die sogenannten „psychischen Reflexe" auf anlagemäßig vorgebildeten funktionellen Mechanismen beruhen. Zwischen die bewußt intendierte Zweckhandlung und den einfachen spinalen Reflex lassen sich gleichsam wie Glieder einer Kette nun noch eine Reihe von Bewegungsmechanismen zwischenschalten: die striopallidäre und myostatische Motilität, darüber die sogenannten Instinkthandlungen, die wahrscheinlich aus phylogenetisch alten und individuell ererbten automatisierten Zweckhandlungen entstandene, mehr oder weniger rudimentäre Bewegungsdispositionen sind; und die Ausdrucksbewegungen „unwillkürlicher" Art, in Mimik und Gestik, die wahrscheinlich zum größeren Teil individueller Erwerb sind, aber doch in ihren allgemeinen Äußerungsweisen auf stammesgeschichtlich ererbte Dispositionen zurückgehen. An dieser Stelle interessieren uns nicht so sehr diese verschiedenartigen dispositionellen Grundlagen der Motilität überhaupt, als vielmehr ganz bestimmte Einzelmechanismen innerhalb derselben, die zur individuellen Charakterisierung wesentlich sind. Sowohl die reflektorischen Dispositionen schwanken individuell als auch in noch viel höherem Grade die auf striäre Dispositionen zurückgehenden, die als Ausdrucksbewegungen und die als instinktive Motilität zu wertenden Bewegungserscheinungen. Sie schwanken in ihrer Stärke, Beherrschbarkeit, Auslösbarkeit, Ausbreitung über nicht dazu gehörige Muskelgebiete (Mitbewegungen) und Qualität. Dieses Schwanken muß auf zugrunde liegenden, jeweils besonderen Einstellungen und Bereitschaften beruhen. Wir finden nun gerade bei abnormen Bewegungserscheinungen, insbesondere solchen pathologischer, neurotischer und „hysterischer" und auch psychotischer Art, das Aktuellwerden von dispositionellen Besonderheiten, die uns auch charakterologisch bezeichnend sind. Wir finden abnorm gesteigerte psychische Reflexe, insbesondere Fluchtreflexe. Wir finden abnorme psychische Rückwirkungen auf die Peristaltik und die Sekretionen. Wir finden psychisch bedingtes Erbrechen usw. Wir finden die phylogenetisch alte Dynamik des „Sich-Totstellens" in der Disposition zu synkopalen Anfällen, zu Ohnmachten und — vielleicht — zum Stupor, mit und ohne psychische Auslösung. Wir finden die allgemeine psychische Disposition zum Krampfanfall — phylogenetisch alten Erwerb einer über die gesamte Motilität ausgebreiteten motorischen Entladungstendenz. Wir finden „spasmodische" Mechanismen im Sinne einer Disposition zu Tics und zu muskulär-mechanischer Übererregbarkeit. Wir finden eine Disposition zum Verfall in Zittern, zum Verfall in kataleptische und katatonische Muskelzustände sowohl auf psychische Reize hin als ohne dieselben, also Dispositionen aus der striären Schicht. Alle diese motorischen Dispositonen sind nicht etwa einzelnen klinischen Krankheiten zugeordnet, sondern der individuellen Konstitution. Sie werden bei verschiedenen unspezifischen Reizen aktuell und äußern sich stets in enger Wechselwirkung mit der gesamten innerseelischen Reaktivität. Wie stark die Fülle der Ausdrucksbewegungen für den individuellen Charakter kennzeichnend werden kann, wird ja am besten durch die auf sie gegründete Physiognomik bewiesen.

Den hypobulischen Mechanismus ließen sich noch andere psychophysische Mechanismen der gleichen Rangstufe zuordnen, von denen nur einige wenige erwähnt seien: die Ansprechbarkeit der den Schlaf herbeiführenden seelischen Einstellungen und psychophysischen Apparate. Manche Menschen werden auf jeden seelischen Eindruck hin schlaflos, andere schlafen selbst unter dem Drucke starker Erregungen ungestört. Ferner die von Kraepelin als „encephalopathische" Disposition beschriebene Neigung zur Reaktion mit Kopfschmerz auf alle möglichen Reize usw. Wir streben hier keinerlei Vollständigkeit an. Es sei aber darauf hingewiesen, wie wichtig diese hypobulischen Dispositionen der Motorik zur Erklärung gewisser kataleptischer Erscheinungen in der Hypnose werden können. Darüber hinaus hat der hypobulische Mechanismus des Sichabsperrens gegen alle Außenreize auch noch eine wichtige psychologische Folge. Er fundiert diejenige seelische Situation, in welcher das Ich sich gegen die Außenwelt mehr oder weniger vollständig absperrt: den Autismus (BLEULER). Im Autismus ist das schizophrene Ich mit sich und seinen Innenvorgängen allein, völlig abgeschlossen gegen alle dem Nichtich zugehörigen Vorgänge und Einwirkungen. Wir hatten in der Introversionsneigung bereits eine begünstigende Vorbedingung für den Eintritt derartiger autistischer Zustände vorgefunden. Ebenso bewirkten beherrschende Komplexe eine solche Einstellung des Ich, daß nur die dem Komplex zugehörigen Bewußtseinsinhalte das Bewußtsein ausfüllten, im übrigen aber Bewußtseinsleere bestand. In dem Absperrmechanismus der Hypobulik finden wir eine weitere Disposition, um derartige Bewußtseinszustände herbeizuführen.

Primitive seelisch-reaktive Einzelmechanismen der individuellen Konstitution.

Wesenticher sind bei weitem die in der Gruppe der hyponoischen Mechanismen zusammenzufassenden, sehr heterogenen dynamischen Dispositionen des rein seelischen Verhaltens. Wir haben schon weiter oben darauf hingewiesen, daß wir uns diese Dispositionen zum Teil als stammesgeschichtliches Erbe des Seelenlebens vorzustellen haben, das beim Kind und bei primitiven Völkern in seiner Aktualität vorwiegt, das aber auch beim erwachsenen Menschen vom zweckbewußten Verstandesleben lediglich überbaut ist. Wir haben ferner darauf hingewiesen, daß es immer die Affektivität und die Triebe sind, welche diese präformierten archaischen Dynamismen zum Durchbruch bringen, und haben von der Katathymie als deren Merkmal gesprochen.

a) **Symbolisierend-gestaltende Tendenzen.** So müssen wir denjenigen seelischen Tatbeständen, in welchen Erlebnisse oder Erlebnisnachwirkungen in der Struktur von Halluzinationen, von Sinnestruggebilden im weitesten Sinne auftreten, noch abgesehen von den vorher genannten allgemeineren Dispositionen, einen spezifischen Dynamismus der wahrnehmungsartigen Projektion psychischer Inhalte zugrunde legen. Jene Reaktivitätsdispositionen des visuellen Typs geben dafür nur einen allgemeinen Rahmen ab, innerhalb dessen erst eine spezielle Disposition zum Erleben in Form von Sinnestruggebilden wirksam wird. Es ist klar, daß sie ihrer Artung nach gewissen anderen Funktionsdispositionen nahesteht, und daß diese oft mit ihr zusammenwirken werden: so die „schöpferische Einbildungskraft“, die „Phantasie“ und gewisse Primitivismen, die wir als symbolisierende Funktionen noch zu besprechen haben werden. Diese Dispositionen können aber natürlich auch ohne eine spezifische Anlage zu halluzinatorischer Projektion wirksam sein. Sie sind sicher schon etwas psychologisch ziemlich Zusammengesetztes und aus den ihnen zugrunde liegenden allgemeineren Dispositionen Zugespitztes. Allein es ist doch charakteristisch, daß z. B. der Maler Blake die Gegenstände seiner Bilder halluzinatorisch vor sich sah, nach ihnen visierte und sie gewissermaßen von den Halluzinationen abzeichnete (Birnbaum). Die „schöpferische Einbildungskraft" und die „Phantasie" zergliedern wir hier nicht weiter; an dieser Stelle genügt uns, daß der Sprachgebrauch auf die relative Einheitlichkeit dieser seelischen Begabungen oder Dispositionen hinweist. In pathologischer Hinsicht wichtiger ist die Fähigkeit zu symbolisierendem Denken und Vergegenwärtigen. Durch Schilder wissen wir, daß die Entwicklung der Gedanken aus den Vorstellungen und ebenso die Entwicklung der Klarheit von Vorstellungen aus unklaren Erinnerungen sich meist vermittelst symbolischer Hilfen vollzieht, welche halb und flüchtig bewußt auf dem Wege zur endgültigen Formulierung des unanschaulichen psychischen Inhaltes auftauchen. Diese symbolischen Hilfen sind fast immer mit anschaulichen Elementen durchsetzt, optischen Erinnerungsteilen, motorischen Remanenzen, und sie erlangen ihre Bedeutung für das Zustandekommen des Denkinhaltes durch ihre „ichnahe" Herleitung, nämlich dadurch, daß sie die Beziehungen zwischen dem Gegenstande, auf den das seelische Geschehen sich richtet, und dem Ich des Erlebenden wieder anklingen lassen. In gewissem Sinne hat Lipps alles Denken als letzthin symbolisch bezeichnet und in der immer größer werdenden Strenge der Abstraktion eine immer stärker werdende Loslösung des Denkens von der zufälligen Subjektivität des Erlebenden gesehen. Die Neigung zu symbolisierender Vergegenwärtigung und Darstellung im Denkerleben ist bei manchen Menschen in besonderer Bereitschaft. Der primitive Mensch denkt niemals objektiv, sondern immer nur unter Einfluß dieser Ichbeziehung auf das Gedachte, also stets in symbolischen Spiegelungen und Abbildern. Freud hat diesen Tatbestand zur Grundlage dafür genommen, daß auch bei dem Kulturmenschen überall da, wo die strengen objektivierenden Tendenzen des Denkens ausgeschaltet sind, jene archaischen Symbolisierungstendenzen des Erlebens durchbrechen: bei den Mythenbildungen primitiver Völker, im Märchen, im Traum, im bewußtseinsgetrübten Erleben, im schizophrenen Erleben usw. Wir finden Symbolisierungstendenzen auch bei der Symptombildung von Neurosen in sehr charakteristischer Form. Die Symbolisierung vollzieht sich durch das Hineinweben von Erinnerungsbildern und Assoziationen in den eigentlichen Denkvollzug. Freud hat diese beiden Vorgänge in den zwei Mechanismen der „Verschiebung" und der „Verdichtung" psychischer Inhalte zusammengefaßt. Bei dem ersten, der Verschiebung, wird die erlebnismäßige Darstellung eines psychischen Inhaltes durch einen assoziativ mit ihm in Beziehung stehenden ersetzt, gleichsam symbolisch vertreten. Bei dem letzteren, der Verdichtung, verschmelzen mehrere psychische Inhalte vor dem erlebenden Bewußtsein zu einem einzigen symbolischen Kompromißgebilde.

b) **Magisch-katathyme Tendenzen.** Mit diesem Mechanismus eng zusammen hängen die eigentlichen dynamischen Grundlagen der mystisch-magischen Erlebnisdarstellung: Innenvorgänge werden nicht rationell motiviert, sondern als magisch-zauberische Wirkungen der Außenwelt, als unerklärliche geheimnisvolle Einflüsse des Nichtich erlebt; oder sie werden direkt in die Außenwelt hineinprojiziert. Oder Außenvorgänge werden in solchen Einstellungen erlebt, die durch die überwuchernde Affektivität, das katathyme Moment und die „magische" Erlebnisdisposition selber vorgegeben sind. Von diesen Dingen war weiter oben schon die Rede. Für die verschiedenartigen religiösen Ekstasen und Entrückungen, die okkultistischen und spiritistischen Erlebnisweisen, die spezifischen Grundlagen des Aberglaubens, aber auch für diejenigen bestimmter wahnhafter Erlebnisse finden wir hier das seelisch-dynamische Gerüst. Des weiteren findet in diesem Erleben keine Trennung zwischen Ich und Nichtich statt; beide haben in unklarer erlebnismäßiger Weise aneinander Anteil und verfließen ineinander. Das Erleben der Ichsteigerung, der Ichausweitung, der Loslösung des Ich vom Leibe, des Verschmelzens zwischen Ich und Gott, Ich und Natur, der besonderen Ichfähigkeiten, aber auch die Projektion des Ich in einen anderen (wie wir es bei Schizophrenen und in spiritistischen Erlebnissen zuweilen sehen) bedürfen dieser Grundlage. Ebenso bedarf ihrer die Neigung zu bestimmten Philosophien und Weltanschauungen: zur echten Religiosität, zum subjektiven Idealismus, zum Solipsismus usw. Auch die Fähigkeit zur Einfühlung, besonders zur psychologischen und künstlerischen Einfühlung, hat hier ihr dynamisches Fundament. Auch die entgegengesetzt gerichteten Icherlebnisse, die Entselbstung, die Entfremdung der Umwelt, der Einbruch der Umwelt in das Ich und seine Vernichtung, die Aufhebung seiner Aktivität usw. gehören mindestens zum Teil zu diesen präformierten Mechanismen. Hier liegen einzelne Grundformen der Suggestibilität verankert (siehe später).

c) **Emotionale Fixierungs-, Verdrängungs-, Sperrungs- und Spaltungstendenzen.** Andere dynamische Grundlagen hierher gehöriger Art sind die Mechanismen, durch welche im Einzelfalle emotive Reaktionserscheinungen von besonderer Stärke oder Nachwirkung in Bereitschaft gestellt werden: Angst, Wut, reizbare oder traurige Verstimmungen. Bei den mit Erlebnisverhaltung einhergehenden Dispositionen finden wir verschiedene besondere Fixationsmechanismen der verhaltenen Erlebnisse: entweder innerhalb des Seelischen selber, als dauernde Festlegung von Komplexen. oder im Körperlichen als Fixationsweisen der körperlichen Entladung, des Ausdrucks, oder als Tendenzen zu periodischer Wiederholung (FREUDs „Wiederholungszwang") der Komplexwirkung in Anfällen, anderen vorübergehenden Symptomentladungen, oder im Psychischen in Dämmerzuständen, Träumen usw. Die dauernde Fixierung der Komplexe in Wunschmechanismen, Erwartungseinstellungen, insbesondere Befürchtungen und anderen Tendenzen hat die Entstehung von überwertigen Ideen, Zwangszuständen und Erinnerungsfälschungen zur Folge. Auch die halluzinatorische Vergegenwärtigung bestimmter Erlebniswirkungen, insofern sie eine Komplexwirkung oder im engeren Sinne eine „Wunscherfüllung" darstellt, ist nicht denkbar ohne eine derartig vorgebildete Komplexfixierung.

Die wichtigste hierher gehörige dynamische Tendenz ist aber die ebenfalls von FREUD zuerst mit Meisterschaft erkannte und beschriebene Verdrängung, besser Abspaltung ins „Unbewußte". Derartige Verdrängungstendenzen zur Ausschaltung von Funktionen wie von psychischen Inhalten kann man insbesondere am „hysterischen" Material direkt beobachten, in der Hypnose experimentell darstellen. Auf ihre Wirksamkeit kann man aber auch in vielen anderen Fällen indirekt zurückschließen. In den direkt beobachtbaren Fällen sehen wir auf psychischem Wege Ausfälle auftreten, motorische und sensorische Ausschaltungen und Störungen. Wir sehen Amnesien eintreten, die nach JANETs Analyse lediglich solche der Reproduktionsbereitschaft sind. In einem gewissen Sinne können wir alle jene Ausschaltungen als „Funktionsamnesien" auffassen. Wir sehen ferner Einengungen des Bewußtseins und Umstellungen der Bewußtseinsgegebenheiten auf einen ganz bestimmten engen Kreis von Inhalten, neben welchen nichts anderes im Bewußtsein Platz hat und haben kann. Alles andere scheint „bewußtseinsunfähig" geworden zu sein. Mit dieser Formulierung sind wir der eigentlichen Definition der FREUDschen Verdrängung gleich der Setzung einer Bewußtseinsunfähigkeit nahe.

Aus dieser Verdrängungstendenz gehen, im Zusammenwirken mit den Tendenzen zur funktionellen Ausgleichung von Schädigungen und zur Wunscherfüllung, jene Dynamismen hervor, die als Ressentiment, Trotz-, Protest- und Sicherungsreaktionen (ADLER) eine bedeutende charaktergestaltende Rolle spielten, z. B. die Überkompensation eines verdrängten Mangels in sein Gegenteil.

Eine weitere Gruppe von dynamischen Dispositionen ist diejenige, welche Sperrungen im Geschehensablauf, sowohl im innerseelischen wie im psychophysischen, setzt oder in Bereitschaft stellt, oder welche die Kontinuität des seelischen Ablaufens bedroht oder ausschaltet.

Erscheinungen wie Stupor und Mutismus, das Aktuellwerden von vorgebildeten Perseverationen, Negativismen, die Apathie, die psychogene Pseudodemenz und andere müssen auf eine besondere Anlage zu derartigen seelischen Ablaufsperrungen zurückgehen. In wieder anderen Fällen bewirkt diese Anlage zur Sperrung oder zur Zerreißung der seelischen Kontinuität Verwirrtheit, Ratlosigkeit und Amenzsymptome.

Es gibt eine dynamische Tendenz zur Zwiespältigkeit in der affektiven Tönung von Erlebnissen. Sie ist eine allgemeine seelische Erscheinung, deren Grundlage dieser Schicht angehört. Kein Erlebnis hat nur einen Gefühlston. Wie die Gefühlstöne ineinander umschlagen, so ist auch bei jedem Erlebnis die seiner aktuellen Gefühlsbindung entgegengesetzte emotive Färbung mindestens erlebnismäßig möglich. Nun ist zwar im allgemeinen nur eine Gefühlsbetonung von Erlebnissen dominant. Aber bei bestimmten Menschen werden beide Pole der Gefühlstönung wechselnd oder gleichzeitig erlebt, oft mit allen ihren Nachwirkungen in bezug auf Strebung und Willen. Diese Tendenz zur polaren Gefühlsspaltung, zur Ambivalenz, ist ebenfalls vorgebildet und je nach der Individualität in verschieden starker Bereitschaft. Stärkste und früheste Erlebnisse werden von ihr am stärksten ambivalent gestaltet.

d) **Emotionale Wunscherfüllungstendenzen.** Endlich gehört noch eine letzte Gruppe von Mechanismen in dieses Gebiet. Es sind diejenigen, welche nicht bloß die Affekte und Triebe vorstellen, darstellen, projizieren und symbolisieren, sondern die Befriedigung der Triebe in eine erlebnismäßige Bereitschaft stellen. Auch hier handelt es sich um den Durchbruch der Affektivität in die Wirklichkeit, aber in der engeren Form der vorgestellten oder erlebten Erfüllung und Triebbefriedigung, der Realisierung. Es gibt hier fließende Übergänge von den erwartungsneurotischen Einstellungen, bei welchen eine Vorstellung oder Befürchtung sich in objektiven Leidenszuständen oder sonstigen Gebilden verwirklicht, bis zu den eigentlichen Wunscherfüllungen im Wachtraum und im Haftdämmerzustand. Die Realisierungsvorgänge knüpfen oft an Verdrängungen an und bedienen sich der früher erörterten symbolisierenden Tendenzen zu ihrer eigenen Wirksamkeit. So ergeben Verdrängung und Wunscherfüllung zusammen jene Verfälschungen der Bewußtseinsinhalte, die der FREUDschen Psychoanalyse zum Ausgangspunkte gedient haben. Sie ermöglichen gemeinsam mit anderen Dispositionen jene Flucht in die Krankheit, jene Abwehr der Wirklichkeit und ihrer Forderungen durch den Leidenszustand; sie ermöglichen damit auch alle jene Erscheinungen der Selbstentlastung und Lebenslüge, durch welche auch außerhalb der eigentlichen Krankheit der einzelne Charakter sich in seiner Besonderheit vor sich selber rechtfertigt und gutzuheißen vermag. In ihnen fundiert sich auch jenes tendenziöse Moment, welches gerade den sogenannten hysterischen Erscheinungen so oft seinen Stempel aufdrückt.

Über psychogene Mechanismen und den Begriff Hysterie.

Unter den vorstehend beschriebenen Dispositionen — sie erschöpfen weder die Fülle der möglichen noch sind sie bis ins letzte zergliedert — wird man unschwer einen Teil als diejenigen Anlagen erkennen, welche man in der Hysterielehre unter dem Begriff der psychogenen Mechanismen zusammenfaßt. Wieder andere wird man als spezifisch schizophrene Mechanismen erkennen. Sie wurden absichtlich nicht von den übrigen psychischen Tendenzen abgehoben und getrennt. Denn im konkreten Einzelfalle trennen sie sich eben wirklich nicht von diesen; jeder Mensch enthält verschiedene Kombinationen all dieser Dispositionen in seinem Charakteraufbau, und die Natur kümmert sich nicht um unsere künstlichen klinischen Einteilungen.

Der Begriff des Psychogenen ist heute ein so schillernder und unsicherer, daß es zweckmäßig ist, wenigstens diejenige Anwendung zu bezeichnen, welche wir ausschließlich von ihm machen wollen. Der Oberbegriff ist, für körperliche und psychische Erscheinungen irgendwelcher Art, derjenige der seelischen Bedingtheit. Seelisch bedingt sind alle Erscheinungen, bei denen ein psychischer Vorgang als Voraussetzung ihres Zustandekommens feststeht. Soweit körperliche Phänomene als seelisch bedingt in Frage kommen, ordnet sich der Begriff der psychischen Bedingtheit demjenigen der funktionellen Bedingtheit unter. Innerhalb der psychischen Bedingtheit unterscheiden wir wiederum seelische Auslösungen und seelische Reaktivwirkungen. Bei der seelischen Auslösung setzt ein seelischer Vorgang eine Reihe von psychischen oder psychophysischen Mechanismen in Bereitschaft, ohne daß er selber dabei mehr ist als ein äußerer Anstoß. Die ausgelösten Mechanismen verlaufen völlig nach ihrem eigenen Gesetz; und unabhängig von seiner weiteren Verarbeitung wirkt der seelisch auslösende Vorgang gewissermaßen als der Tropfen, der ein gefülltes Glas zum Überlaufen bringt. Bei der seelischen Reaktivwirkung wird hingegen der bewirkende seelische Inhalt erlebt und verarbeitet, und die entstehenden seelischen Bildungen sind nichts anderes als diese Aufnahme und Verarbeitung des erlebten seelischen Inhaltes. Was man Motivierung nennt, ist ein Unterbegriff dieser letztgenannten seelischen Reaktivwirkung, welcher sich auf das Erleben von Willensentscheidungen und aktiven Stellungnahmen bezieht.

In beiden Gruppen, der seelischen Auslösung wie der seelischen Reaktivwirkung, können psychogene Gebilde im engeren Sinne entstehen. Dies ist Sache der jeweiligen besonderen psychogenen Dispositionen. Wir verstehen unter psychogenen oder hysterischen Bildungen solche, die vermittels seelischer Auslösung oder seelischer Reaktivität zu pathologischen Erscheinungen führen, denen eine bestimmte immanente Tendenz innewohnt. Dies tendenziöse Moment eines Selbstschutzes, einer Selbsterhöhung, einer Selbstsicherung, einer Flucht vor Unangenehmem, einer Abwehr von Schädlichem kann bewußt und willensmäßig erstrebt, es kann aber auch nur instinktiv zu erreichen gesucht werden. In jedem Falle bedient sich die Tendenz jener von uns geschilderten Mechanismen und Dispositionen, die ihrer Erfüllung am stärksten entsprechen. Diese Dispositionen verselbständigen sich und schleifen sich mehr und mehr ein, und so entstehen gleichsam automatische Ablaufsweisen tendenziöser Art, hysterischer Art, ohne daß die Persönlichkeit imstande ist, willensmäßig in sie einzugreifen, ja ohne daß sie überhaupt noch durch seelische Bande mit dem habituellen Ablauf dieser Mechanismen verbunden ist. Es gibt also keine klinische Krankheitseinheit Hysterie, sondern nur hysterische Zustände und Zusammenhangsweisen auf Grund vorgebildeter Dispositionen und Dynamismen. Wir leugnen aber natürlich nicht, daß die Bereitschaft zu psychogenen Reaktionen im weitesten Sinne auf der besonderen dispositionellen Zuspitzung einzelner entsprechender Charaktergrundlagen beruhen kann. Tut sie das, so sprechen wir vom hysterischen Charakter. Jedoch sind psychogene Reaktionen nicht bloß an diese Häufung hysterischer Mechanismen im hysterischen Charakter gebunden. Wir finden ihr Vorkommen in abgeschwächter Vereinzelung auch bei anderen Charkteren, bei welchen Entwicklung, Schicksal und Erlebnis einzelne der psychogenen Mechanismen ins Spiel bringen.

Literatur.

Adler: Studie über Minderwertigkeit von Organen. Berlin 1907. — Derselbe: Über den nervösen Charakter, 3. Aufl. München 1923.

Baerwald: Zur Psychologie der Vorstellungstypen mit besonderer Berücksichtigung der motorischen und musikalischen Anlagen. Leipzig 1916.

Behn-Eschenburg: Psychische Schüleruntersuchungen mit dem Formdeutversuch. Bern u. Leipzig 1921.

Berze: Die primäre Insuffizienz der psychischen Aktivität. Leipzig u. Wien 1914.

Birnbaum: Der Aufbau der Psychose. Berlin 1923.

Bleuler: Dementia praecox oder Gruppe der Schizophrenien. Im Handb. d. Psychiatrie. Leipzig u. Wien 1911. — Derselbe: Das autistische Denken. Jahrb. f. psycho-analytische Forschung Bd. 4. 1912.

Bychowski: Metaphysik und Schizophrenie. Berlin 1923.

Freud: Sammlung kleiner Schriften zur Neurosenlehre, 1.—5. Folge. Wien seit 1911. — Derselbe: Totem und Tabu. Einige Übereinstimmungen im Seelenleben der Wilden und der Neurotiker. Leipzig u. Wien 1913. — Derselbe: Massenpsychologie und Ichanalyse, 2. Aufl. Wien 1923.

HAECKER und ZIEHEN: Zur Vererbung und Entwicklung der musikalischen Begabung. Leipzig 1923.
HOMBURGER: Über die Entwicklung der menschlichen Motorik und ihre Beziehung zu den Bewegungsstörungen der Schizophrenen. Zeitschr. f. d. ges. Neurol. u. Psychiatrie Bd. 78.
JANET: Les médications psychologiques. Paris 1919.
JUNG: Psychologische Typen. Zürich 1921.
KLAGES: Ausdrucksbewegung und Gestaltungskraft. Leipzig 1913.
KLEIST: Untersuchungen zur Kenntnis der psychomotorischen Bewegungsstörungen bei Geisteskranken. Leipzig 1908. — Derselbe: Weitere Untersuchungen usw. Die hyperkinetischen Erscheinungen. Die Denkstörungen, hypochondrische und affektive Störungen usw. Leipzig 1909.
KRETSCHMER: Der sensitive Beziehungswahn. Berlin 1918. — Derselbe: Medizinische Psychologie. Leipzig 1920. — Derselbe: Über Hysterie. Leipzig 1923.
LIPMANN, O.: Über Begriff und Erforschung der natürlichen Intelligenz. Zeitschr. f. angew. Psychol. Bd. 13.
LIPPS: Grundtatsachen des Seelenlebens. Bonn 1883.
LOEWY: Dementia praecox usw. Berlin 1923.
MÖBIUS: Stachyologie. Leipzig 1901. — Derselbe: Über die Anlage zur Mathematik, 2. Aufl. 1907.
PETERS: Vererbung und Persönlichkeit. Bericht vom 8. Kongreß f. exp. Psychol. Jena 1922.
POENITZ: Die klinische Neuorientierung zum Hysterieproblem usw. Berlin 1921.
RORSCHACH: Psychodiagnostik. Bern u. Leipzig 1921.
SCHELER: Über Ressentiment und moralisches Werturteil. Leipzig 1912.
SCHILDER: Wahn und Erkenntnis. Berlin 1918. — Derselbe: Seele und Leben. Berlin 1923.
STERN: Die differentielle Psychologie in ihren methodischen Grundlagen. Leipzig 1911. Mit einem Nachwort zur 3. Aufl., Leipzig 1921 (enthält die gesamte einschlägige Literatur der Begabungs- und Leistungsunterschiede usw.).
STORCH: Über das archaische Denken in der Schizophrenie. Zeitschr. f. d. ges. Neurol. u. Psychiatrie Bd. 78.

III. Umwelt, Erlebnis und Persönlichkeitsgestaltung.

6. Umweltbedingungen der Charakterbildung.

Aktualisierende und inhaltsbestimmende Umweltwirkung.

Der Mensch, ausgestattet mit allen den Anlagen und Begabungen, Möglichkeiten und Gebundenheiten seelisch-geistiger Entwicklung, die in seiner Organisation vorgebildet liegen, ist vom Augenblick an, wo sein Bewußtsein überhaupt zu irgendwelcher Tätigkeit erwacht, hineingestellt in eine Umwelt, auf deren millionenfache, ewig wechselnde Eindrücke und Reize er anspricht und ansprechen muß, so wie es diese Umwelt und seine eigene organische Entwicklungs- und Erhaltungstendenz fordert. Alles Seelenleben in seinem ununterbrochenen Strömen und Zusammenhängen ist nichts anderes als dieses Ansprechen des

Organismus und seiner Eigenart auf die Umwelt. Die ruhenden Kräfte, gemäß denen sein Seelenleben ins Schwingen und Strömen gerät, sind, wie wir schon sahen, jene letzten geheimnisvollen, aus der Natur des Lebens stammenden psychophysischen Motoren, die wir Triebe nennen. Die Weisen, in denen das Seelenleben seine Struktur und Form und die formalen Gesetze seines Ablaufens findet, sind vorgegeben durch die dynamische Ordnung der Triebkräfte in den geschilderten Präformationen und Dispositionen. Umwelt und gelebte Wirklichkeit aber sind es, welche, in jedem Einzelfalle anders, diese Vorbedingungen individuellen Seelenlebens zur Entfaltung und Wirksamkeit bringen. Umwelt und Erlebnis sind es ferner, welche die Inhalte des seelischen Lebens in die einzelne Seele legen und in ihr nachwirken lassen. Je nach der Art der Inhalte, je nach der Art der ins Spiel gebrachten und zur Tätigkeit erweckten ruhenden Dispositionen formen Umwelt und Leben die Individualität, holen sie gleichsam bei jedem wirklichen Einzelmenschen aus seinen Keimen heraus und gestalten ihn so in seiner besonderen Eigenart. Unübersehbar mannigfaltig und bunt wie das Leben selber sind die Produkte dieses Wechselspiels. Und nichts ist schwieriger, als innerhalb derjenigen Bedingungsreihe für das Entstehen individueller Charaktere, welche Umwelt und Erlebnis umschließen, den Versuch einer Ordnung oder Typik aufzustellen.

Typisierende Umweltfaktoren.

Greifen wir zunächst ganz äußerlich eine Anzahl von Umweltfaktoren auf, die wir als typisierende Bedingungen individueller Seelenentwicklung in mehr oder minder hohem Grade wirksam finden, und versuchen wir dann, die durch die Entwicklung des Einzelnen innerhalb der zwischenmenschlichen Gemeinschaft gegebenen typischen Erlebniszusammenhänge und ihre persönlichkeitsgestaltenden Einflüsse zu skizzieren. Bei dem letzteren Versuch diene uns als Leitlinie die Triebbedingtheit, die bei jedem einzelnen Menschen als bestehend vorweggenommen werden muß, und die ihr innewohnende Zielstrebigkeit, ihr „Sinn“: nämlich die Erhaltung und Förderung der biologischen Individualität — die sich in den mannigfachsten körperlichen und seelischen Erscheinungsformen zu erfüllen vermag.

Äußere Umweltfaktoren von mehr oder weniger großer Dauerwirkung und einem gewissen persönlichkeitsgestaltenden Einfluß sind beispielsweise: das *Klima*. Freilich ist der Einfluß des Klimas schwer zu fassen, sobald es sich nicht um einen rassebildenden, sondern um einen die Individualität mitformenden Faktor handelt. Der Einfluß desselben kann aber, vor allem in der Kindheit, sowohl in bezug auf den Grad der geistigen Entwicklung als auch in bezug auf die Art der zur Entfaltung kommenden affektiven Dispositionen ein sehr mannigfaltiger sein. Wis wissen hierüber noch wenig; die experimentellen Studien BERLINERS und die Forschungen HELLPACHS haben in bezug auf diese Entwicklungsmöglichkeiten immerhin wertvolle Fingerzeige geliefert.

Wichtiger ist die Zugehörigkeit des einzelnen sich Entwickelnden zu einer bestimmten *sozial-wirtschaftlichen Klasse.* Das Proletarierkind zeigt heute in allen Kulturländern nicht nur in seiner physischen Entwicklung, sondern auch in seiner psychischen Individualisierung, sowohl in Hinsicht auf die in ihm vorherrschenden Bewußtseinsinhalte, Überzeugungen, geistigen Interessen und Stellungnahmen als auch in bezug auf einzelne charakterologische Gestaltungen — bei aller sonstigen Verschiedenheit der Individualitäten voneinander — doch gewisse gemeinsame Züge. Das gleiche gilt in allen Ländern mit einiger Zivilisation auch von den Angehörigen der ländlichen Bevölkerung, des Bauernstandes. Es genügt, diese Faktoren zu nennen, ohne ihre besondere Wirkung genauer zu schildern: eine solche Schilderung ihrer Wirkung würde in ihrer allgemeinsten Formulierung doch nur vage sein, während diese am konkreten Individuum jedesmal unverkennbar herauszuspüren ist. — Noch wichtiger ist der Einfluß der *nationalen* und *volklichen* Zugehörigkeit des einzelnen. Er wirkt im wesentlichen zwar auch nur auf die Bildung eines bestimmten Bereiches psychischer Inhalte: mit der Sprache der einzelnen Nation nimmt das Kind die Tradition und das Kulturerbe derselben auf, seine Überzeugungen und sein Denkstil werden durch die Sprache in gleicher Weise entwickelt, aber auch das Erlebnis der nationalen Zugehörigkeit wirkt, wie das der wirtschaftlichen Zugehörigkeit zu einer Klasse, in typischer Weise individualisierend ein. Auch hier muß diese Andeutung genügen. Wir finden in der Literatur, insbesondere in der kulturhistorischen, zahlreiche Versuche bedeutender Männer, die „Seele einer Nation" auf eine Formel zu bringen; wir fühlen auch ohnedies den Unterschied etwa der russischen Volksseele von der angelsächsischen heraus, ja wir unterscheiden sogar „den" Bayern, „den" Preußen usw. Aber es wäre schwer, diese Unterschiede abstrakt zu formulieren, die wir im konkreten Beispiel deutlich durch Einfühlung zu vergegenwärtigen vermögen.

Von gleicher Wichtigkeit ist die *Kulturschicht,* innerhalb deren der einzelne Mensch sich entfaltet. Wir erfassen ihren Einfluß am stärksten, wenn wir ein Volk in zwei Stadien seines historischen Wandels miteinander vergleichen. Obwohl es zweifellos eine historische Kontinuität gibt, so ist doch beispielsweise der deutsche Volkscharakter im Mittelalter, ja sogar noch vor hundert Jahren, in gewissen wesentlichen Zügen ein völlig anderer als etwa der deutsche Volkscharakter in unserer Epoche. Aber auch innerhalb der gleichen Zeitspanne wirkt die Zugehörigkeit des einzelnen zu einer bestimmten Kulturschicht in gewaltiger Weise charakterbildend. Das gilt nicht nur von der Gestaltung und der Bereicherung der Bewußtseinsinhalte. Es gilt auch von der Herausbildung und Entwicklung der Gefühlsansprechbarkeit und Gefühlsdifferenzierung, von dem, was man im allgemeinen „Lebensansprüche" nennt, von dem Interessengebiet, von der Art, zu anderen Menschen zu stehen usw. Wir finden diesen Einfluß selbst bei klinisch gleichartigen Psychosen noch in der Gestaltung ihrer Erlebnisinhalte und -zusammenhänge.

Ebenso wirkt ein aus diesem Faktorengebiet herausgegriffener Einzelfaktor: *die religiöse Glaubenszugehörigkeit.* Wenngleich ihre Wirksamkeit im letzten Jahrhundert in den Kulturländern wohl etwas abgenommen hat, so ist sie dennoch auch heute noch von gewaltigem charakterbildendem Einfluß. Auch diesen kann man sich am besten in concreto klarmachen; allgemeiner typischer Formulierungen abstrakter Art bedarf es nicht.

Noch weit wesentlicher ist in heutiger Zeit die Summe derjenigen Einflüsse, die wir im Gesamtbegriff der *Erziehung* zusammenfassen. Wir werden hiervon noch zu sprechen haben, wenn wir auf die typischen Erlebnisse und Erlebniszusammenhänge in ihrer charakterbildenden Wirkung eingehen. Es ist aber schon jetzt klar, daß das *Elternhaus* auf die Seele des einzelnen sich entwickelnden Kindes eine Wirkung entfaltet, die für das ganze Leben von einer gar nicht zu schildernden Bedeutung ist. Die wirtschaftliche Lage der Eltern, die Zahl und Art der Geschwister, die Charaktere der Eltern und der Geschwister, ferner die direkten seelischen Einwirkungen durch Anleitung und Verbot, Lohn und Strafe, Lehre und Anregung sind das erste Erlebnismaterial, auf welches das erwachende Bewußtsein des Kindes stößt; sie sind dasjenige Erlebnismaterial, welches die Lebensjahre bis zur Reife fast ausschließlich ausfüllt. Sie gestalten also den heranreifenden Menschen; sie machen ihn je nach seiner besonderen Artung und je nach ihren besonderen Einwirkungen vorbereitet für den Eintritt in die zwischenmenschliche Gemeinschaft überhaupt, in Arbeit und Beruf. Die praktische Menschenkenntnis, die sich in keinem wissenschaftlichen Werke einfangen läßt, weiß, welch ungeheure Mannigfaltigkeit von seelisch gestaltenden Wirkungen aus dieser Familienzugehörigkeit hervorgeht. Insbesondere sind es die Eltern und ihre Charaktere, von deren Einfluß kein einzelner Mensch zeit seines Lebens erlebnismäßig ganz loszukommen vermag, und die darüber hinaus — nur durch ihre bloße Existenz — die psychische Reaktivitätsform in typischer Weise festlegen. Der Vater ist das Vorbild des Knaben, der Inbegriff von Macht und Autorität und zugleich der Maßstab für das Selbstwertgefühl, welches sich an seinem Vorbilde mißt. Vaterlose Kinder werden anders als solche, die lange unter dem Einfluß der väterlichen Erziehung standen (JUNG). Ähnliches gilt von der Mutter. Wir werden diesen Fragen noch bei Erörterung der FREUDschen Lehre begegnen. Natürlich ist das Verhältnis zu Vater und Mutter bei jedem Kinde ein in typischer Weise anderes; ebenso ist das Verhältnis zu beiden Eltern beim Knaben anders als beim Mädchen. Auch der Umstand, ob ein Mensch einziges Kind, ob ältestes oder jüngstes usw. ist, ist für die Charakterwirkung von Bedeutung.

Zu dieser Gruppe von Einflüssen treten in den Kulturländern die bewußten Erziehungseinflüsse der *Schule*. Bildung und Lehre fördern den einzelnen nicht bloß in bezug auf den Reichtum seiner psychischen Inhalte, sie sind auch für seine Charakterentwicklung in individueller Richtung entscheidend. Das gleiche gilt späterhin von *Arbeit und Beruf*; jeder Beruf und jede Arbeitsart färbt, bei längerer Dauer, den Charakter des einzelnen in ihrem Sinne typisierend: wir kennen z. B. „den" Beamten, „den" Schulmeister, „den" Musiker und „den" Juristen usw. Erlebens- und Denkstil werden ebenso grundlegend umgemodelt wie Interessengebiet und Stellungnahmen, Bewußtseinsinhalte und Reaktivitätsform.

Je reifer der Mensch wird, mit um so mehr entwickelten individuellen Fähigkeiten und Bindungen steht er im Leben. Und doch holt das Leben zu jeder Stunde andere gestaltende Persönlichkeitsfaktoren aus ihm heraus. Es ist gewiß im einzelnen charakterologisch weitgehend begründet, ob er *ledig* bleibt oder sich *verehelicht*. Und doch wirkt der Ledigenstand und die Ehe, insbesondere die *Vater-* oder *Mutterschaft*, weitgehend auf die Charaktergestaltung zurück. In ähnlicher Weise modeln den Mensehen schwerwiegende äußere Einwirkungen einmaliger Art und auch vielleicht noch nachhaltiger der unmerkliche, aber dauernde Einfluß anhaltender *äußerer Situationen*. Unglück und Not, Krankheit des eigenen Körpers oder der Angehörigen, die Art der gesamten Lebenshaltung, ihrer Forderungen und Beschränkungen, der Verkehrskreis und einzelne hervorragende Persönlichkeiten desselben, die örtlichen und zeitlichen äußeren Umstände — Kriegsteilnahme, Revolution, Sicherheit oder Unsicherheit der eigenen wirtschaftlichen Zukunft — dies sind nur einige wenige der in Frage kommenden Milieumomente. Es wäre gewiß falsch, mit den französischen Milieutheoretikern im Einzelnen nichts anderes zu sehen als das Produkt umweltlicher Bedingungen. Und unsere ganzen vorherigen Einführungen dienten ja schon dem Zweck anzudeuten, was alles als Voraussetzungen für jede Milieuwirkung der individuellen Gestalt zugrunde zu legen sei. Aber es ist fast unmöglich, im Einzelfalle mit Sicherheit zu unterscheiden, welche der beiden Bedingungsreihen, die endogene oder die exogene, in ihrer individualisierenden Bedeutung den Vorrang erhält. Selbst für die wichtigsten sozialen Fragen, beispielsweise die Lehre vom

Verbrechen und seinen Bedingungen, ist dies Problem der Gegenstand immer erneuter unabgeschlossener Forschungen und Erörterungen. Wir werden es ganz gewiß nicht zu lösen vermögen; dem psychotherapeutischen Arzte muß es genügen, sich das Ineinandergreifen der dispositionellen Anlagen und Fähigkeiten jedes einzelnen Kranken und seines Schicksals einfühlungsmäßig so plastisch wie möglich zu vergegenwärtigen. Dann wird er am ehesten noch zu einem genetischen Erfassen des Charakters wie des Leidenszustandes im Einzelfalle zu gelangen vermögen.

Literatur.

Berliner: Beiträge zur Physiologie der Klimawirkung. Zentralstelle f. Balneologie Bd. 2. — Derselbe: Einige Richtlinien zur klimatopsychologischen Forschung. Zeitschr. f. Balneologie Bd. 6 (dort Literatur).
Bumke: Kultur und Entartung, 2. Aufl. Berlin 1922.
Freud: Drei Abhandlungen zur Sexualtheorie. Leipzig u. Wien 1905.
Gobineau: Versuch über die Ungleichheit der Menschenrassen. Stuttgart 1898—1901.
Hellpach: Die geopsychischen Erscheinungen. Leipzig 1911.
Hildebrandt: Der Gelehrte. Jahrb. d. Charakterologie. Bd. 1. 1924.
L'Hout: Zur Psychologie des Bauerntums. Tübingen 1906—1907.
James: Die religiöse Erfahrung in ihrer Mannigfaltigkeit. Leipzig 1907.
Jung: Die Bedeutung des Vaters für das Schicksal des Einzelnen. Jahrb. f. psychoanalytische Forschung Bd. 1. 1909.
Levenstein: Proletariers Jugendjahre. Berlin 1909. — Derselbe: Aus der Tiefe. Arbeiterbriefe. Berlin 1909. — Derselbe: Arbeiter-Philosophen und -Dichter. Berlin 1909.
Kolnai: Psychoanalyse und Soziologie. Wien 1920.
Simmel: Über soziale Differenzierung. Leipzig 1890. — Derselbe: Soziologie. Leipzig 1908.
Sommer: Anlage und Erziehung. Zeitschr. f. pädagog. Psychol. Bd. 11. 1910.
Stern, L.: Kulturkreis und Form der geistigen Erkrankungen. Halle 1913.
Taine: Studien zur Kritik und Geschichte. München 1898.
Woltmann: Die Germanen in Frankreich. Jena 1906.

7. Erlebnismäßige Gestaltungen des Selbstgefühls.

Die Umwelt als Bedrohung des Selbstgefühls und dessen Reaktionsbildungen.

Wir können dieses ganze Gebiet der „Charaktergestaltung von außen her" noch von einem ganz anderen Standpunkt aus betrachten; wir können uns fragen: Welches sind im Werdegang und der Entwicklung des einzelnen Menschen die typischen immer wiederkehrenden Erlebnisse, welches sind die gewissermaßen durch die Gesetze des Milieus überhaupt gegebenen Reize und Eindrücke, die an sein Erleben und Verarbeiten herantreten? Und in welchen typischen Weisen werden diese Erlebnisse verarbeitet und mit Reaktionen beantwortet?

Stellen wir uns die Frage auf diese Weise, dann erhalten wir abermals Bruchstücke einer genetischen Dynamik möglicher Charakterentfaltungen, und diese ergänzen die in der Dispositionslehre erhaltenen Bruchstücke. Wir bemühen uns ja, wie eingangs dargetan, gar nicht um ein beschreibendes Nebeneinanderstellen festgeprägter Charaktertypen. Nunmehr werden wir versuchen, gleichsam im natürlichen Werdegang die Entstehung typischer Charaktergestaltungen aus denjenigen Wirklichkeitsbedingungen heraus zu verstehen, unter denen — wenigstens in unserem Kulturkreise — mehr oder weniger jeder einzelne Mensch heranzureifen pflegt. Vergessen wir dabei nicht, daß es die Triebe und Bedürfnisse der Gesamtorganisation sind, welche den Menschen wie jedes Lebewesen zu aktiven Verhaltungsweisen und Stellungnahmen innerhalb seiner Lebensbedingungen drängen, und daß diese aktiven Tendenzen der psychischen Vitalität sich dann in bestimmten seelischen Erscheinungsweisen abdrücken und spiegeln.

Mit dem erwachenden Bewußtsein jedes einzelnen bildet sich mit allmählich immer größerer Entschiedenheit die Sonderung von Ich und Umwelt, und zwar im Sinne einer Entgegensetzung, erlebnismäßig heraus. Sie wird nicht abstrakt erlebt, sondern in konkreten Einzelbeziehungen und Verhältnissen mannigfacher und wechselnder Art. An dem Erleben der Umweltfaktoren erlangt das Kind allmählich das Bewußtsein seines Selbst, seines Ich und dessen, was zu ihm zugehört. Dieses Bewußtsein kann verschieden weit entwickelt sein. In der Regel wird das eigene Selbst zunächst in zwei grundlegenden Verhaltensweisen erlebt. Es hat Triebe und Bedürfnisse, die sich durchzusetzen drängen; es ist erfüllt von ruhender Aktivität, die schrankenlos nach Betätigung und Verwirklichung zielt. Und andererseits: In der Umwelt findet diese Summe aktiver Tendenzen und Einstellungen, Triebfedern und Bedürfnisse eine übermächtige Anzahl sehr konkreter Schranken. Aus dem Erlebnis dieser Schranken entstehen die ersten Gefühle und Bewußtseinsweisen der Ohnmacht, der Wehrlosigkeit, der Hilfsbedürftigkeit und des Anlehnungsbedürfnisses. Sie verbinden sich den aktiven Tendenzen und stellen diese in den Dienst ihrer eigenen Überwindung, des Selbstschutzes und der Kompensation. Nach den besonderen Dispositionen des einzelnen bilden sich so sehr frühe Verwirklichungen bestimmter vorherrschender charakterologischer Reaktionsformen: Der leichtverletzliche, sensitive, von schwachen Tendenzen und Impulsen getragene Mensch — oder auch der Mensch, dessen erste kindliche aktive Regungsweisen von der Umwelt eine übermäßig harte und schwere Beschränkung erfahren und der dadurch verwundbar und überempfindlich in seinem aktiven Selbstgefühl wird —, diese beiden Typen werden an den Erlebnissen ihrer ersten Kinderjahre bereits zu einer gefühlshaften Abwendung von der Wirklichkeit hingeleitet, zu einem Sichzurückziehen und Beharren in sich selber, zu Minderwertigkeitsgefühlen, die bisweilen den Charakter von Schuldgefühlen und Selbstentwertungen gewinnen können. Diese Entwicklungen vollziehen sich nicht bewußt. Von ihrem Vollzuge aber hängt die Gestaltung alles dessen ab, was die Grundlagen des Eigenwertes beim einzelnen Menschen ausmacht und in Frage stellt, inhaltlich erfüllt, sicher oder unsicher macht und zu verschiedenen spezifischen Äußerungsweisen bringt.

Die Typen der Unterwerfung.

Eine Gruppe der geschilderten Charakterdispositionen zieht aus der erlebten Übermacht der Umwelt das Fazit der restlosen *Anpassung*, des Aufgebens aller eigenen Aktivitäten, soweit sie mit der Umwelt in Reibung geraten könnten. Die Sicherung und Vervollkommnung des eigenen Wertes wird in besonderer Fügsamkeit, besonderer Anpassung an die von außen gestellten Forderungen und Gebote, in williger, als sittlich empfundener Beugung unter die konventionellen Autoritäten erlebt. So entstehen, im ersteren Beispiel, jene frühen Musterkinder, die Freude der Eltern und Erzieher, die später überkorrekten Konventionsmenschen. Ihre leichte und reibungslose Einfügung aber in den Rahmen ihrer Umwelt wird erkauft durch die Aufgabe der aktiven Fähigkeiten und Möglichkeiten: das Gefühlsleben kommt nicht zur Entfaltung und ebensowenig schöpferische Energien, nicht einmal eine freie, verantwortungsvolle und kühne Selbständigkeit: trockene philiströse Verkümmerungsformen individueller Anlagen, der Philister im weitesten Sinne, erlangt so, von charakterologischen Keimerlebnissen aus, Gestalt und Abrundung. Manche Typen sind schon konstitutionell zu dieser affektiven Lahmheit und Starre ihres künftigen Werdeganges angelegt. Zuweilen bleibt hinter dieser konventionellen und armen Form von Korrektheit eine vom Individuum selbst kaum bemerkte innere Weichheit und Verletzlichkeit, oder eine ziellose Sehnsucht und Unbefriedigtheit, oder ein seltsamer und leerer Stolz und eine Selbstzufriedenheit, die sich im reiferen Alter oftmals in herzlosen Despotismen und Ungerechtigkeiten gegen die Untergebenen oder abhängigen Angehörigen entlädt. Zuweilen flüchten die nicht ganz verdrängten und der Umwelt angepaßten aktiven Energien sich in irgendeine harmlose Marotte: in Sammelwut oder in symbolische Äußerungsweisen unsicheren Selbstwertgefühls, dessen Ursprung ja nicht wunderbar ist: in „Ästhetik", in das Bedürfnis nach Eleganz im Auftreten und Kleidung, in das Zurschautragen von Würde oder „Schneid", wie es gerade die Milieuschicht der Betreffenden vorschreiben mag, oder in Ängstlichkeit in bezug auf den eigenen Körper und Hypochondrie. Mut, innere Freiheit, selbständige Verantwortungsfreude, Phantasie gelangen nie recht zur Entwicklung.

Die Typen der Abwendung.

Eine zweite Gruppe flüchtet sich aus der wirklichen Umwelt, in der sie schüchtern und hilflos, in sich abgeschlossen und ohne Fähigkeit zu aktiven Stellungnahmen steht, in das Reich einer selbstgeschaffenen Phantasieumwelt. Die Phantasie wird zum Mittel, alle die Versagungen im Erleben des Eigenwertes, welche die ungemeisterte Wirklichkeit mit sich bringt, und welche immer erneut schmerzhaft erlebt werden, dadurch auszugleichen, daß in einem Reiche von Träumen, von selbstgeschaffenen Vorstellungen, das Ich sich um so stolzer erhöht und um so reicher erfüllt. Die Entwicklung dieser Reaktionsform ist für ein bestimmtes Jugendalter typisch und allgemein: für jene Zeit bis vor der Pubertät, in der das Kind spielt. Auch das „Schmökern" des jugendlichen Alters dient vielfach nur dazu, der Phantasietätigkeit das gierig ersehnte Material heranzuschaffen. Das Reich der Märchen, oder die Welt der edlen Indianer, oder auch das griechische oder germanische Altertum sind typische Phantasiewelten, welche diese Kinderjahre brauchen, und welche ihnen auch von einer vernünftigen Erziehung dargeboten werden, damit sich neben der übermächtigen und die aktiven Tendenzen und Gefühlsregungen des Kindes nicht befriedigenden Wirklichkeit, in welcher es nur ein hilfloses, zu Gehorsam und seinen subjektiven Bedürfnissen nicht entsprechender Schularbeit verpflichtetes Wesen ist, das Ich sein eigenes Reich erbauen kann. In diesem lebt es sich, durch Einfühlung in jeden einzelnen Helden, in der erstrebten Selbstwerterhöhung aus, und im Spiel stellt es jene Verwirklichung her, die diesem Bedürfnis entspricht. Wir finden in diesem Alter die Neigung zu Wachträumereien, die größtenteils das Leben der Seele in derartigen Phantasiewelten zum Inhalte haben. Später verschwindet im allgemeinen diese Reaktionsform vor den erhöhten Forderungen der Wirklichkeitsanpassung und der Reife. Aber bei manchen Typen bleibt sie erhalten; es sind die Träumer; es ist ferner ein bestimmter Typus der künstlerischen Tätigkeit; in besonders extremen Fällen sind es die Phantasten, die sich meist an eine einzige Idee klammern, die mit ihrer Selbstwerterhöhung verbunden ist, und dieser ihre ganze reale Existenz opfern.

Die Typen der Auflehnung.

Wieder andere Typen haben von Hause aus stärkere und schwerer verdrängbare aktive Tendenzen der Ichdurchsetzung. Und doch sind sie gegenüber der Umwelt von Kind auf die unterliegenden und schwächeren. Sie bemühen sich unbewußt, den Eigenwert, den sie der Umwelt nicht geradlinig aufzwingen können, auf Umwegen zu erreichen. Sie bemühen sich zu scheinen, was sie nicht sind. Sie stellen ihre Eigenwerterhöhung in allen möglichen Formen dar: Der Lügner, der Renommist, der Hysteriker, der Intrigant werden so im Keime geboren. Nicht selten ist es diese Reaktionsform, die sich vor der Übermacht der Umwelt im Gefühl ihrer Verwundung und Verletztheit in irgendeinen eingebildeten Leidenszustand hineinflüchtet, ganz besonders, wenn dies durch ein körperliches Entgegenkommen in bestimmter Weise präformiert ist.

Wieder eine andere Gruppe ist diejenige, bei der die ersten Schwierigkeiten und Wunden, die seitens der Umwelt gesetzt werden, eine ständige reizbare Erwartung ihrer Wiederholung setzen und wachhalten: aus ihnen entwickelt sich der Keim zu jenem Mißtrauen, zu jener Neigung, beleidigt und verletzt zu sein, zu jener reizbaren, mürrischen oder trotzig-eigensinnigen Ablehnung auch gutgemeinter Beschränkungen der eigenen Aktivitäten, die wir als Züge der Schwererziehbarkeit beim Kinde kennen. Beim Erwachsenen liegen in den gleichen Erlebniswirkungen die Gründe paranoider Einstellung, explosiv-neurasthenischer Auswege, oder vielfach sozialen Versagens: es sind die Menschen, die besonders zur Bildung überwertiger Ideen neigen.

Die Wehrlosen.

Eine letzte Gruppe findet sich in ihrem Verhältnis zur Umwelt überhaupt nicht zurecht. Auch sie büßt früh ihr Selbstvertrauen ein. Auch sie wird in der naiven Auswirkung aller ihrer seelischen Aktivitäten gehemmt. Aber sie nimmt dies mit ratlosem Erstaunen auf, sie gerät ins Grübeln, ihre Minderwertigkeitsgefühle werden bewußt. Oft legen sie selbst sich die Schuld an diesen Dingen zur Last. Ganz besonders wenn jene früher geschilderten zykloiden Temperamentsgrundlagen vorhanden sind, kann bei diesen Menschen der Keim zu depressiven Reaktionen bei jeder erhöhten Umweltanforderung charakterologisch entfaltet werden. In anderen Fällen resultieren die Grübel- und Zweifelsucht, Zwangsvorstellungen und Abulie in ihren charakterologischen Grundlagen.

Die erzieherische Gestaltung des Selbstgefühls beim Kinde.

Wir haben hier nur die Hemmungen des erwachenden Ichgefühls, nicht seine Förderung durch die Umwelt berücksichtigt — aus guten Gründen: erstere sind typisch und allgemein, letztere individuell und vereinzelt. Auch ist nun zu bedenken, daß die Umwelt niemals als ein Abstraktum oder ein Totum, sondern immer nur in konkreten Einzelbeziehungen erlebt wird. Und in der Regel sind es einzelne Persönlichkeiten, zu denen der sich entwickelnde Mensch Stellung zu nehmen hat. Er nimmt diese Persönlichkeiten nicht nur lediglich hin, und flüchtet sich vor ihnen in eine der genannten charakterologischen Auswegsformen. Er steht auch aktiv zu ihnen. Ihre Wirkung äußert sich zunächst in

Gebot, Verbot, Lehre, Vorbild und Beschränkung für das eigene Ich. Dies Ich aber wird getrieben, sich auszuleben. Alle seine organischen Funktionen wollen sich betätigen, ohne darin durch äußere Faktoren gehemmt zu werden. Wir wissen aus der FREUDschen Lehre, daß es ein Alter gibt — die ersten zwei oder drei Kinderjahre —, in denen jede Anregung der Vitalität des Kindes, sofern sie sich ungehemmt vollzieht, mit einer Lust verbunden ist. Die Wirkung der einzelnen konkreten Personen und Situationen in der Erziehung des Kindes, von der Reinlichkeitsgewöhnung an bis zur Schulerziehung, ist eine doppelte: jene naiven ungehemmten aktiven Tendenzen der Vitalität werden von außen her durch die persönlichen Einwirkungen der Vorbilder und Erzieher, ihrer Gebote und Verbote, gehemmt und gelenkt; und dadurch werden ferner die aktiven Stellungnahmen und gefühlsmäßigen Verhaltensweisen des Kindes zu den Personen seiner nächsten Umwelt beeinflußt und geformt. Dankbarkeit und freiwilliger Verzicht, Selbstzucht und Ausdauer und noch manche andere Qualität des Strebens sind Eigenschaften, die das Kind erst *lernen* muß, die ihm abgezwungen werden. Diese Eigenarten der Willensbildung sind in keiner Weise gleichmäßig zu erzielen. Das liegt sowohl an den präformierten Anlagen des einzelnen Kindes, als auch an den jeweiligen Situationen, in denen dasselbe aufwächst, und den Persönlichkeiten seiner Eltern und Erzieher. Die Erringung jeder einzelnen derartigen Eigenschaft, die mit einem Verzicht auf schrankenlose Ichdurchsetzung verknüpft wird, setzt zugleich eine Verwundung des Ichgefühls, erzeugt unbewußte Stellungnahmen gegen die Persönlichkeit desjenigen, dessen Erziehung jenen Verzicht fordert. Jedes Kind ist naiv selbstsüchtig, neidisch, eitel — und trägt demjenigen, der ihm den Spiegel vorhält, den Verzicht auf diese Eigenschaften nach. Auch dieses vollzieht sich natürlich völlig unbewußt: Aber auf solche Weise aktualisieren sich jene Dispositionen zur Gefühlszwiespältigkeit, zur *Ambivalenz*, gegenüber den Eltern, Geschwistern und Erziehern, am ersten und stärksten. Der Vater, das Vorbild und der Inbegriff der Autorität, wird zugleich insgeheim beneidet und schon um der Tendenz zur Erhöhung des Eigenwertes willen herabgesetzt. Dann aber wird dieser ganze Vorgang als unerlaubt und unwürdig empfunden und äußert sich häufig in Nachwirkung von Schuldgefühlen und erhöhter Liebe und Folgsamkeit. Der heranwachsende Jüngling gerät regelmäßig in inneren Konflikt mit dem Vater, dem Sinnbild all der unausgesprochenen Forderungen, die der Jüngling an seine eigene Vollkommenheit und seinen Eigenwert stellt, und deren Nichterreichung er schmerzhaft fühlt. Das unklare Schuldgefühl wird wenigstens zum Teil in Regungen der Ablehnung gegen den Vater verwandelt und auf diese Weise erlebt. Zugleich entsteht, aus der gleichen geheimen Rivalität heraus, der Ehrgeiz in all seinen äußeren Arten.

Wie der Vater, so werden auch alle diejenigen Institutionen, die ihn gewissermaßen vertreten, oder ersetzen, im späteren Leben mit jener zwiespältigen Gefühlseinstellung bedacht: der Lehrer, der Vorgesetzte, der Schwiegervater, der Beamte, der Staat usw., kurz alle Träger der Autorität in irgendeinem Sinne. Es hängt von den Dispositionen des einzelnen ab, von der Art väterlicher Einwirkung und von dem sonstigen Erleben, wie sich die endgültige Stellungnahme des einzelnen gegenüber diesen Umweltfaktoren dann erlebnismäßig gestaltet (JUNG). Der Mutter gegenüber sucht jeder Knabe unwillkürlich den Vater nachzuahmen, ohne um das Ohnmachtsgefühl herumzukommen, daß er dieses Ziel nie erreichen wird. Der Mutter, der Spenderin des Lebens und der Erfüllerin aller der kindlichen Lebensbedürfnisse, der ersten Frau, die in das Leben des männlichen Kindes tritt, werden die stärksten und innigsten Gefühlsbindungen aktiver Art entgegengetragen. Es hängt von ihr und ihrem Einfluß ab, wieweit sie in ihr Gegenteil umschlagen, oder wieweit sie zu fördernder Erziehungsarbeit verwendet werden. Mit den gleichen innigen sympathischen Gefühlsregungen aktiver Art wie die Mutter werden alle diejenigen Umweltfaktoren bedacht, welche in irgendeiner Weise die Mutterrolle ersetzen oder vertreten: beim Erwachsenen das Elternhaus, die Heimat, das Vaterland, die Natur, die „Mutter" Erde usw. Die Differenzierung der Charaktere ist hier vorwiegend ein Werk des Erlebens der Mutter. Sind Geschwister vorhanden, so verwickeln sich die Einflüsse des Familienlebens auf das Werden des Charakters. Das älteste Kind empfindet, sobald Liebe und Fürsorge der Eltern sich den neu zur Welt kommenden jüngeren Geschwistern zuwendet, Enttäuschung und unter Umständen Kränkung. Die Neugier, mit der es den jüngeren Geschwistern entgegensah, wandelt sich oft in Neid und Eifersucht. Diese Eigenschaften aber werden ausgeglichen und übertäubt durch den Trieb, den jüngeren Geschwistern gegenüber die Eltern und ihre Autorität nachzuahmen und fürs eigene Ich in Anspruch zu nehmen. Den älteren Geschwistern gegenüber besteht ein Gemisch von Anerkennung ihrer größeren Fähigkeiten und Kräfte — und von dem Bestreben, dieses Anlehnungsbedürfnis an ihre Vorbilder durch verstärkte Selbstbehauptung zu überbieten und zu überwinden. Am schwierigsten ist die Lage von Geschwistern, die mitten innerhalb einer Reihe von älteren und jüngeren Geschwistern aufwachsen. Sie fühlen, daß das älteste ihrer Geschwister durch Reife und Verantwortung, das jüngste durch Hilflosigkeit und Verwöhnung vor ihnen bevorzugt ist, und müssen innerlich mit beiden Seelenregungen gleichzeitig fertig werden.

In den kindlichen Gemeinschaften werden Selbstbehauptung, Selbstsicherheit und Selbstdarstellung in jeweils andere Bahnen gelenkt und dadurch zu individueller Spezialisierung getrieben. Auch die Schule züchtet ein verschiedenes Maß von Stolz und Trotz, Aufrichtigkeit und Lüge, Ehrgeiz und Bescheidenheit, Großherzigkeit und Rachsucht, Angst, Schüchternheit, Sanftmut, Stärke, Sicherheit und ihre Gegenteile aus jedem Einzelnen anders heraus. Sie bestimmt ferner besonders die Interessierbarkeit für geistige Dinge und das Interessengebiet, und ebenso das Gegenteil in weitem Ausmaß.

Aus der Fülle der so allmählich sich herausbildenden Charakterqualitäten der werdenden kindlichen Persönlichkeit betonen wir hier noch einmal die wichtigsten: es bildet sich in aller Heimlichkeit eine Reihe von Ichidealen, von Vorbildern eigenen Strebens und gleichen Wollens. Die einzelnen Vorbilder wechseln; und immer bestehen viele nebeneinander. Aber auch ihre Gefühlsbetonung ist keine eindeutige, rein positiv gerichtete; in jedes dieser Ichideale geht vielmehr ein Tropfen von Ressentiment mit ein, der dem eigenen Unzulänglichkeitsgefühl in der Selbstbehauptung entfließt. Das Verhältnis des erlebten Ich zu diesen Ichidealen gibt die Gefühlstöne und Tendenzen der Selbstdarstellung, der Selbstdurchsetzung, der Liebesfähigkeit und des Bedürfnisses nach Liebe und Anerkennung her. Es ergibt die gefühlsmäßige Selbstkritik und ihre verschiedenen Überbauungen durch Charaktere des Strebens und der Selbstbeschönigung. Aus diesen kindlichen Werdeprozessen gestaltet sich endlich der „Ichkreis“ heraus: dessen was man als dem eigenen Ich nahe oder fern erfühlt, wozu man seelische Beziehungsbrücken mit mehr oder minder großer Leichtigkeit zu schlagen vermag. Und aus allen diesen erlebnismäßig begründeten Charakterqualitäten und Materien folgen die wechselnden Einstellungen zur Umwelt, folgt die Charaktergestalt.

(Literatur vgl. Kap. 9.)

8. Die geistige Einstellung zur Wirklichkeit als Charaktergestaltung.

Das Erlebnis der Problematik von Wirklichkeit und Ich.

Typisch wird das Erlebnis der Beziehung zwischen Ich und Umwelt dann wieder zu dem Zeitpunkt, wo die geistige und willentliche Bewältigung der Beziehung von Ich und Welt vom Einzelnen zuerst als eigene Leistung gefordert wird. Dem Kinde werden, je nach der Kulturschicht und Milieuzugehörigkeit, Normen und Richtlinien überliefert, die ihm zu dieser Bewältigung der Subjekt-Objektbeziehung die Grundlagen schaffen sollen. Es sind dies die Richtlinien der Konvention, die Überzeugungen des Glaubens, die Normen der guten Sitte, kurz alle jene Imponderabilien, welche dem heranwachsenden Kinde durch die Erziehung im Elternhause und in der Schule imputiert werden. Bei allen Verschiedenheiten im einzelnen haben diese Normen miteinander gemeinsam, daß sie dem Subjekt eine feste Stellung zur Wirklichkeit ermöglichen, sowohl in der geistigen Bewältigung der Wirklichkeit und ihrer ewig offenen Fragen, als in der willensmäßigen Stellungnahme zu den Forderungen und Bindungen dieser Wirklichkeit im Sinne einer Einfügung und Einordnung. Die Wirkung dieser Normen ist eine außerordentliche: Dem unentwickelten und erst reifenden Charakter sich vorlagernd, formen sie dessen Werdegang und drücken ihm ihren Stempel in einer kaum je wieder zu verwischenden Weise auf. Unter ihrer Herrschaft werden die Eigenschaften, welche die soziale Einfügsamkeit ermöglichen, herausgeholt und gepflegt. Arbeitsausdauer, Selbständigkeit, Zuverlässigkeit, Selbstbescheidung, Streben nach der Erreichung äußerer Zwecke usw. werden unter dem Druck dieser Normen teils geweckt und gezüchtet, teils als Postulate des „Gewissens" in den Einzelnen gelegt, auch wo er ihnen nicht genügt. Die gleichsam weltanschauliche Folie für diese seelischen Eigenarten ist, wie gesagt, je nach Kulturschicht und Religionsbekenntnis ideologisch verschieden unterbaut: Das Ergebnis ist immer das gleiche. So bildet sich das Bewußtsein des Eigenwertes in seinen Grundlagen abermals um. Der Verbindlichkeitsgrund dieser Anforderungen und Normen für den Einzelnen liegt nicht nur in der Autorität der Traditionswerte, sondern zum großen Teile auch in der seelischen Einstellung zu den Personen, welche die Erfüllung dieser Normen fordern oder im Vorbild vorleben: den Eltern, den Lehrern.

Mit der geistigen Reifwerdung kommt, begünstigt durch die Pubertätslockerung der Charaktergrundlagen, der geistige Zweifel an den Rechtsgründen und der Verbindlichkeit dieser Normen. Die Gläubigkeit verliert sich. Oft wird sie in einer gewaltsamen Rebellionsstimmung beiseite geworfen; oft auch durchsetzt dieser Zweifel nur das dem äußeren Leben unsichtbare Reich der kaum eingestandenen Innenbezirke des seelischen Erlebens. Das Bedürfnis nach Norm und Haltpunkt wird stärker als je; und doch — die überkommenen Normen genügen den Ansprüchen geistiger Selbständigkeit nicht mehr. Fragen tauchen auf: *Wer bin ich? Was ist der Sinn meines Lebens? Was ist der Sinn der Welt? Worin liegt der Grund von Verpflichtungen und Verbindlichkeiten?*

Es sind die Ausgangspunkte alles Philosophierens, es ist jenes hellenische Staunen, welches den Anfang philosophischen Denkens bedeutet, was hier an der Schwelle vom Knaben zum Jüngling, vom Mädchen zum jungen Weibe sich im Erleben durchringt. Die Möglichkeit einer derartigen zum mindesten inneren Loslösung von allen zufälligen traditionellen Bindungen, die Möglichkeit, das eigene Ich in seinen Beziehungen zu den letzten Gründen des Seins dunkel ahnend und mit stärkster charakterbildender Nachwirkung zu erleben — dies macht den Reichtum der einzigen Lebensepoche aus, in welcher jeder Einzelne wahrhaft menschlich und dabei irgendwie vom Genius berührt, selbstzweckhaft und problematisch zugleich sich darstellt: des Jünglingsalters. Denn das Erlebnis dieses Ausgangsproblems aller Geistigkeit ist im höheren Maße dem männlichen Geschlechte verliehen als dem weiblichen. Freilich gibt es auch hier Ausnahmen. Die Jahre des Jünglingsalters sind der geistigen Bewältigung dieser Problematik anheimgegeben. In der willentlichen Stellungnahme und Entscheidung liegt der Schritt vom Jüngling zum Manne, der Schritt zur endgültigen Reife und Charakterfestigung. Es sind auch hier endogene Fundamente, welche in erster Linie die Bewältigung dieses Erlebens und damit die endgültige Formung des Charakters bedingen. Dennoch ist die Kontinuität des Erlebens und reaktiven Verhaltens gerade gegenüber diesem Problem mit rein psychologischen Mitteln fast ohne Rest im Einzelfalle verständlich zu machen. Und der psychotherapeutische Arzt muß sowohl die Art des Problems als auch die seiner Lösungsmöglichkeiten gleichsam spielend und souverän beherrschen, nicht bloß intellektuell, sondern auch erlebnismäßig, wenn er wahrhaft psychagogischer Helfer sein will. Er muß fähig sein, jedem einzelnen Erlebnistypus dieses weltanschaulichen Ausgangsproblems das Ziel der adäquaten Ausreifung zu geben und die Mittel zur Vollendung dieser Ausreifung bereitzustellen.

Das Jugendalter als seelische Voraussetzung der geistigen Problematik.

Jugend, die Zeitspanne der geistigen und körperlichen Reifung, jene sieben Jahre von der Pubertät bis zur Mündigkeit, ist in der Tat, und nicht irgendeinem Schema zuliebe, kraft der inneren Notwendigkeit menschlichen Werdens der Mutterboden aller geistigen Problematik. Und das ist nicht bloß so zu verstehen, daß die Physiologie der Pubertät ihre Rückwirkungen auch in bezug auf die geistige Entwicklung zeitigt. Wer das Reifwerden bloß vom Standpunkte der Geschlechtsfunktion aus betrachtet, sieht es einseitig an. Die Reifung ist ein Vorgang, der Seele und Geist mit genau der gleichen autonomen Werdekraft ergreift wie den Körper; und mag Körper und Seele auch durch die Keimdrüsenfunktionen mitgestaltet werden, so liegen dennoch die eigentlichen Reifungsvorgänge auf geistig-seelischem Gebiete in den Voraussetzungen des geistigen Lebens selber und vollziehen sich nach ihren eigenen Gesetzen. Wer, wie Verfasser, diese Meinung von jeher vertrat — wer auf diese Weise der biologischen Gesamterfassung näher zu kommen vermeinte als mit einseitiger Restriktion auf die Keimdrüsenfunktionen, und wer so zugleich auch dem Wesen des Geistigen angemessener genugzutun vermeinte, dem mußte eben deshalb das Jugendalter, als das erste

Erblühen des Geistes überhaupt, von einer ganz anderen und tieferen Bedeutung erscheinen, als sie die landläufige Biologie der Pubertät widerzuspiegeln vermag. Meiner Auffassung nun ist jüngst von einer Stelle aus eine Hilfe zuteil geworden, deren philosophische Weisheit und tiefe Menschenkenntnis man kaum zu überschätzen vermag. Und ich kann mir nicht versagen, zur Begründung meiner Position von dieser Hilfe Gebrauch zu machen und in kurzen Worten wiederzugeben, was EDUARD SPRANGER — sicherlich ganz ohne Kenntnis dieses Buches — jüngst in seiner meisterhaften Art über das Jugendalter als die seelische Voraussetzung geistiger Problematik überhaupt ausgeführt hat.

Er wendet sich gegen die eingeengte Deutung des Sinnes der Pubertät als der bloßen geschlechtlichen Reifung, der Fähigkeit zur Bereitung der Geschlechtsprodukte. „Wirklich — ein großer Aufwand für ein primitives Ziel! Es ist die reinste Laienphysiologie. Die neue medizinische Wissenschaft hat eingehende und wertvolle Feststellungen gemacht über die Bedeutung der inneren Sekretion für die Gesamtentwicklung des menschlichen Organismus, insbesondere für die Beschleunigung oder Verzögerung der Pubertät. Ich zweifle nicht im geringsten daran, daß diese physiologischen Vorgänge mit den seelischen Veränderungen in Beziehung stehen, sei es, daß sie sich als Teil eines Gesamtprozesses zueinander verhalten, oder daß sie ein und dieselbe Sache sind, von verschiedenen Seiten gesehen. Nur gegen zwei Theorien wehre ich mich: gegen die grob materialistische, daß die seelische Entwicklung ‚bloßer' Reflex, ‚bloßes' Begleitphänomen zu der allein wesentlichen und grundlegenden leiblichen Entwicklung sei; und gegen die etwas feinere, aber ebenso irrige Meinung, man könne die seelischen Veränderungen aus der neu einsetzenden oder verstärkten Drüsentätigkeit ‚verstehen'. Denn verständlich, d. h. aus Sinnzusammenhängen deutbar, wird alles Psychische erst, wenn es zuvor direkt oder vermittelt durch Reflexion Erlebnismoment geworden ist. Im übrigen aber enthält die seelische Seite schon für den Jugendlichen selbst einen ungeheuren Überschuß über die bloßen Begleitphänomene der sexuellen Veränderungen. Deshalb ist die bisherige Pubertätspsychologie in der Regel so eng oder so schief ausgefallen, weil sie in tiefer Bindung an materialistische Dogmen über das nicht hinauszugehen wagte, was durch leibliche Korrelatvorgänge gesichert schien." Und SPRANGER versucht die Kennzeichen der neuen seelischen Organisation an den entscheidenden Punkten zu fassen — den gleichen, wie wir dies taten. Es sind drei, und er bezeichnet sie (etwas schematisch) als die „Entdeckung des Ich", die „allmähliche Entstehung eines Lebensplanes", das „Hineinwachsen in die einzelnen Lebensgebiete".

„Das erste ist das metaphysische Grunderlebnis der Individuation, das zweite die Einwirkung dieses Eigenseins auf den Stoff des Lebens;

das dritte die Auseinandersetzung mit den einzelnen Seiten des Lebens, die anfangs noch unverbunden erfolgt, bis im günstigen Fall die individuelle Formkraft sich durchgesetzt hat."

Die Entdeckung des Fürsichseins ist nicht so aufzufassen, als ob es bis dahin kein Icherlebnis gegeben hätte. Auch das Kind hat Ichgefühle. Aber es hat es wie etwas selbstverständliches, wovon ihm gar kein Zweifel ausstrahlt, daß es auch nicht sein oder gelten könne. (Diese Meinung ist nur mit starken Einschränkungen aufzunehmen. Verf.) Auch wird in den Reifungsjahren das Ich noch nicht endgültig gefunden. Sondern gemeint ist als ein eigenartig Neues die Entwicklung des Ich als einer Welt für sich, „die auf immer inselhaft getrennt ist von allem anderen in der Welt, Dinge und Menschen — und damit das Erlebnis der großen Einsamkeit".

Wir müssen noch genauer sein und sagen: Dieses Selbst, dem sich der Blick zuwendet, ist noch gar nicht da. Es ist zum mindesten nicht sichtbar. Statt dessen geht zunächst ein inneres Fluktuieren vor sich, das zur Beschäftigung mit sich zwingt. Aus dieser Beschäftigung mit sich entstehen dann gewisse typische Erscheinungen, die wohl bei allen Jugendlichen festzustellen sind.

Und SPRANGER fährt fort: Derselbe Mensch findet die entgegengesetzten Züge in sich, wechselnd wie Wellenberge und Wellentäler. Auf Überenergie und Rekordbrechen folgt unsägliche Faulheit. Ausgelassener Frohsinn weicht tiefer Schwermut. Göttliche Frechheit und unüberwindliche Schüchternheit sind nur zwei verschiedene Ausdrucksformen für den einen Tatbestand, daß sich das wichtigste der Seele in völliger Zurückhaltung und Heimlichkeit vollzieht. Ebenso wechseln Selbstsucht und Selbstverleugnung, Geselligkeitstrieb und Hang zur Einsamkeit, Autoritätsglaube und umstürzlerischer Radikalismus. Mit einem Wort: je stärker die Stürme der Pubertät toben, um so mehr entsteht der Eindruck, daß eigentlich der Stoff zu allem in der Seele sei. Gleichviel nun, ob es so ist — eine sehr metaphysische Frage —: für den Jugendlichen selbst muß dieses Hin- und Hergeworfenwerden etwas unendlich Qualvolles haben. Die Natur schafft hier eine Art von Selektionsbasis für den künftigen Menschen; sie experimentiert mit sich selber, um zuletzt eine einzelne Form als bestimmtes Ergebnis stehen zu lassen. Es fehlt nicht an verwandten Erscheinungen auf anderen Gebieten der Entwicklungspsychologie. So gibt es ein Stadium frühester Willensentwicklung, in dem gewollt wird nicht um des Zieles willen, sondern um die neue Kraft der Selbstbejahung zu erproben. So ist auch das Spiel ein Durchexperimentieren der verschiedensten Situationen und Verhaltungsweisen. Aber diese Pubertätsstürme sind nicht mehr Spiel. Sie sind sehr ernst. Die Natur geht hier mit ihren plastischen Versuchen an den Kern der Person selbst heran. Sie wagt jetzt an der Wirklichkeit, was sie zuvor nur am Spiel getrieben hatte.

Feinsinnig bemerkt SPRANGER: Der junge Mensch in solchen inneren Schicksalen versteht sich selbst nicht. Deshalb die unendliche Sehnsucht gerade in dieser Zeit nach Verstandenwerden. Und wem es gelingt, hier zu verstehen, dessen Verständnis ist notwendig schon bildend, weil es aus der Fülle widerspruchsvoller Gestalten bestimmte Züge heraushebt, unterstreicht, bejaht. Die einzige Methode der Erziehung in diesen Jahren ist emporbildendes Verstehen.

Die Erlebnisse dieser Zeit sind insgesamt ungeheuer stark ichbezogen. Beim Kinde waren sie es auch, aber noch ganz naiv. (Hierin vermag ich, wie aus dem Vorangegangenen ersichtlich, dem hervorragenden Autor nicht ganz zu folgen.) Jetzt herrscht ein neues Ichgefühl vor: das Bewußtsein, daß sich eine tiefe Kluft zwischen dem Ich und allem Nichtich aufgetan hat, daß nicht nur alle Dinge, sondern auch alle Menschen unendlich fern und unendlich fremd sind, daß man mit sich im Tiefsten allein ist. Damit ist jener geistige „Sündenfall" vollzogen, durch den sich Subjekt und Objekt getrennt haben. Die Subjektivität wird nun zu einer Welt für sich. „Im Inneren ist ein Universum auch." Das Sichselbsterleben beginnt.

Es gibt in diesen Jahren einen Grübelzustand ohne Gedanken. Aber dieser Zustand kann sich verdichten bis zu der radikalen Existenzfrage: Warum lebe ich überhaupt? Das Kind fragt: „Wo war ich, als ich noch nicht geboren war?" Allenfalls: „Was war, als ich noch nicht war?" Der Jugendliche fragt: „Warum bin ich? Worin liegt mein Wert?" Die Ratlosigkeit dieses metaphysischen Kampfes und der rein metaphysische, nicht notwendig ethische Ekel an sich selbst kann in hochwertigen Fällen bis zum Selbstmord führen. Im allgemeinen aber äußert sich diese Versenkung in das Geheimnis der Individuation viel harmloser: Tagebücher werden angelegt. Lyrische Gedichte sollen Gefühlsentladung bringen. Freundschaften dienen in diesem Alter der subjektiven Selbstverständigung. Aber natürlich: man sieht sich durch einen Phantasieschleier, der alles im eigenen Ich sehr interessant, sehr bedeutsam macht. Man steht in diesen Jahren, bildlich gesprochen, ständig vor dem Spiegel. Man greift hastig nach allem, was sich zum Seelenspiegel eignet. Alle diese Erscheinungen können auftreten ohne die mindeste Beschäftigung mit dem Sexuellen. Sie wirken wie Ausstrahlungen aus einem Zentrum, das selbst noch schlummert: das erwachende Eigenleben mit seiner Selbstbejahung, seiner Erotik, seiner Sexualität kommt noch nicht an die Oberfläche: Es tastet nur durch eine ahnungsvolle noch halb spielerische Phantasie hindurch, in der freilich die Umrisse der ewigen Welt- und Lebensgesetze schon empordämmern.

Das Erwachen des Selbst äußert sich aber nicht nur in Selbstreflexion, sondern auch in großer Empfindlichkeit, die auf ein gesteigertes, noch höchst schonungsbedürftiges Selbstgefühl hinweist. Auch der erwachende Selbständigkeitsdrang ist ein Zeichen, daß sich in der Tiefe der Seele ein neues Ich gebildet hat. Emanzipationsbestrebungen sind daher in dieser Lebensepoche notwendig, nicht etwa Ausfluß von Ungehorsam oder Lieblosigkeit. Der junge Mensch beginnt sich selbst Ziele zu setzen. Minderwertigkeitsgefühle erzeugen von selbst Kompensationstendenzen; manchmal wirken sie sich auf dem Gebiete der Minderwertigkeit selbst aus; häufiger noch auf anderen Gebieten. Der Drang nach Fülle des Lebens und der Liebe, zu deren Realisierung ROUSSEAU die Kraft fehlte, ließ in ihm als poetische Kompensation die „Neue Heloise" entstehen. Darin zeigt sich die produktive Kraft der Sehnsucht. Beeinträchtigungsgefühle, d. h. Minderwertigkeitsgefühle, die durch Nichtanerkennung seitens der Umgebung veranlaßt sind, drängen die seelischen Energien in eine andere Richtung ab, in der der Weg nicht versperrt ist. Das Schwergewicht des Geltungsdranges wird in andere gesellschaftliche Kreise velegt, oder er äußert sich als Angriffstrieb oder Verneinungstrieb, er führt zum Selbstgenusse der Einsamkeit.

Gewiß handelt es sich, wie SPRANGER hervorhebt, bei all diesen erwachenden Seelenregungen um alles andere eher als um volle und klare geistige oder willentliche Zielsetzungen. Aber die Richtung, die das innere Leben nimmt, ist notwendig und von gesetzmäßiger Typik. „Es formt sich in der Tiefe der Mensch, aus der unbewußten oder unbedachten Labyrinthik des Inneren heraus." Und SPRANGER setzt das schöne Wort ALFRED ADLERS, des hervorragenden ärztlichen Psychotherapeuten, an dieser Stelle in sein eigenes Werk hinein: „Es gibt im Leben und in der Entwicklung des Menschen nichts, was mit solcher Heimlichkeit ins Werk gesetzt wird, wie die Errichtung des Persönlichkeitsideals."

Zweifel und Niederlage.

Ein Teil der Jünglinge und Mädchen kommt über das Erlebnis des Zweifels und seine Wirkungen niemals hinweg. Diese Menschen finden den Halt nicht wieder, den die ersten Regungen geistiger und willentlicher Selbständigkeit ihnen geraubt hatten. Die Fragen nach dem Sinn der eigenen Existenz, nach dem Sinne des Seins, der Welt und des Gebotes werden mit immer schmerzhafterer Eindringlichkeit erlebt, finden aber keine Antwort. Oder die Antwort ist eine Verneinung; und diese Verneinung wirkt noch quälender und zerreißender als der Mangel einer Antwort. Hierher gehört ein Teil der Motive des weltanschaulichen Pessimismus, ja zur Lebensflucht des Jünglingsalters, die zu den häufigen Selbstmordversuchen oder Selbstmorden dieser Periode führt. Ein anderer Teil schwankt haltlos und zerfahren, wechselt die äußeren Berufe und Lebensformen, bleibt in jedem gleich unbefriedigt und flüchtet sich in alle möglichen bizarren und unangemessenen Auswege: In einen ästhetisierenden Snobismus, der die Leere und das Leiden an der Leere nur mühsam überbaut. Oder in eine zynische Blasiertheit, oder in irgendwelche asozialen Posen der Bohème, oder in reizhungrigen erotischen oder noch äußerlicheren Lebensgenuß („so tauml' ich von Begierde zu Genuß") — oder, bei überwiegend ressentimenteller Einstellung, in direkt antisoziale Haltungen.

Es ist, wie gesagt, kein Zufall, sondern dispositionell und durch die Wirklichkeitsentwicklung vorbestimmt, wie der einzelne sich dem Erlebnis dieses Problems gegenüber verhält. Viele sind es, die überhaupt niemals zum Erleben dieses Problems gelangen — sei es, daß die geistigen Voraussetzungen dazu fehlen, sei es, daß eine glückliche Lebensheiterkeit und zweckgerichteter Realismus der Interessen sie gar nicht erst zum Fragen kommen lassen, sei es, daß die Traditionswerte der Erziehung zu machtvoll nachwirken, um das Erleben des Zweifels wirksam werden zu lassen. Dies sind die naiven, in ihrem Glück und ihrer Sicherheit wahrhaft ungetrübten Naturen. Andere sind zwar dieses Erlebens fähig, aber stehen davor mit ratlosem Staunen und kommen niemals geistig darüber hinaus. Insbesondere die zwangsneurotischen Dispositionen finden hier ein Hauptfeld ihrer Betätigung, Grübelsucht und Zweifelsucht erwachen, das Fragen und die geheime Angst kommen nie zu Ende. Eine Kranke dieser Art, ein 20jähriges Mädchen, fragte sich immer wieder: „Warum können die Menschen lachen?" „Warum rodeln die Menschen?" „Warum wächst hier ein Baum?" „Warum habe ich fünf Finger?" „Bin ich überhaupt?" Entfremdungsgefühle und Depersonalisation gewinnen Spielraum im Erleben, eigene Aktivität sperrt sich gänzlich ab. Andere wieder genießen im Zweifeln die Wollust des Zweifels, werden zynisch und protzen mit ihrem Zynismus. Aber das Erleben des Zweifels ist immer unheilvoll, trotz aller Ausflüchte. Sie verlassen Familie und Heimat, sie wirbeln haltlos und zerfahren durch die Welt und landen nicht selten bei pseudologistischer Hochstapelei, bei gewissenlosen Schiebungen, oder in einer mehr oder weniger tiefen Schicht berufslosen Abenteuerns.

Die Lebenslüge als Ausweg.

Unter den Auswegen, die sich einer stärkeren Aktivität aus dem Erleben des Zweifels bieten, sind vor allem die dogmatischen zu nennen. Ohne daß das Zweifelserlebnis wirklich geistig bewältigt wird, flüchten sich die Erlebenden in ihrer inneren Unsicherheit und Zerrissenheit zu dem starken Halt zurück, welchen die Traditionswerte und Normen ihrer Autorität zu verleihen vermögen. Sie erscheinen in dem neuen Lichte wirklicher, geglaubter Bedeutsamkeit. Diese ist als Gegenerlebnis der Überwindung der Skepsis dienstbar gemacht. Viel hängt hier von dem vorgebildeten Lebensgefühl des Erlebenden ab: sentimentale, schwärmerische, empfängliche und schwermütige Naturen gleiten leichter in diese Bahn als nüchterne, heitere, motorische, aktive. Es ist insbesondere der noch zu erörternde Druck der sexuellen und erotischen Fragen, die, bei solcher allgemeinen geistigen Situation, den einzelnen einer Kirche, insbesondere dem Katholizismus, in die Arme treiben. Hier findet er alles, dem sich der Geist und seine Seele allein nicht gewachsen fühlte, schön und in edler Beruhigung geordnet, machtvoll und ehrfurchtgebietend und von ewiger Geltung. Hier findet sein Zweifel Ruhe und Gebot, ja hier findet seine Selbstwertsuche den Ort ihrer Erfüllung und Einordnung. Von hier aus vermag er ins Leben hinein zu wirken, und fühlt sich dennoch den Relativitäten desselben enthoben und zeitlos wesenhaft. Oft ist es insbesondere die Liebe, in ihrer religiösen Ausprägung, die seinem vereinsamten Herzen sich öffnet und den Sohn der Kirche mütterlich umfängt. Andere Formen dogmatischer Erlebnisbewältigung dieser Periode sind Bekehrungen und Fluchtwege zu anderen Bekenntnissen, oder zu irgendeinem künstlerischen „Ismus", oder zu irgendeiner sozialen oder politischen Erlösungsidee, wie sie der Zeitgeist gerade auf Lager hält. Von dem Aufgehen in einen universell gedachten und verbindlichen Dogmatismus bis zu der Flucht in irgendeine individuell gültige „Lebenslüge" finden sich bei den Menschen dieses Schlages alle fließenden Übergänge. Je mehr der Mensch mit individuellen Präsumptionen und Darstellungsweisen seines Eigenwertes behaftet ist, wenn er in dies so grundlegende und revoltierende Erleben des Zweifelns geistig hineingerät, um so mehr wird er den individuellen Ausweg der Lebenslüge wandeln. Eine solche Lebenslüge kann Leitlinie des ganzen künftigen Lebens werden, sie kann je nach Schicksal und Situation temporär wechseln, wie bei dem berühmt gewordenen Vorbild dieses geistigen Reaktionstypus, Ibsens Hjalmar Ekdal in der „Wildente". Unter Lebenslüge verstehen wir hier nicht die aus innerer Notwendigkeit sich ergebende wesensmäßige Überwindung der Skepsis — selbst wenn sie rational anfechtbar wäre —, denn sie wäre von der Subjektivität des Erlebenden her gesehen keine „Lüge". Wir verstehen vielmehr darunter das Hineingleiten in eine mehr äußerlich und situativ aufgedrungene Rolle, die von dem Zweifelnden gierig ergriffen wird, weil sie die Grundlagen seines Eigenwertes wieder herzustellen und vom Zweifel zu reinigen vermag. Hierher gehört in erster Linie der „Künstler" — nicht der echte, aus innerem Gebot produktive Mensch, sondern der in seinen Gefühlen und Gefühlszerrissenheiten schwelgende Mensch, dem, seiner eigenen Autosuggestion zufolge, ein Gott zu sagen gab, was er leide. Hierher gehört auch der

Literat, dessen dialektisch leere Gewandtheit ohne Verantwortung ihn über die Gefahren des Zweifels an sich und allem in eine Scheinbedeutung für die Kultur hinübertragen soll. Hierher gehören aber auch alle jene Erfinder eigener Weltanschauungen und Menschenbeglükkungen, die sich von ihren geistigen Ausgeburten, ohne sie je auch nur auf die Probe zu stellen, geschweige denn zu vollenden, wie in einem schönen Rausch der Eitelkeit über das Gefühl ihres Nichts hinwegtragen lassen. Es sind die Menschen, die „morgen" die Welt durch eine besondere Leistung beglücken werden, die „morgen" ihren individuellen Wert verewigt haben werden, die „morgen" ihr Bild malen, ihren Roman schreiben, ihr Unternehmen beginnen werden.

Die realistische Bewältigung des Problems.

Wer ehrlich an die geistige Bewältigung der skeptischen Frage herantritt, für den ergeben sich zwei Wege. In einem philosophischen Schlagwort gesprochen, könnte man sie als den Weg des Idealismus und den des Realismus unterscheiden. Nämlich das Problem des Verhältnisses von Ich und Welt kann entweder unter dem Gesichtspunkt erfaßt werden, daß alle Objekte nur Phänomene meines Bewußtseins seien. Oder es kann unter dem Gesichtspunkt erfaßt werden, daß das Ich nichts anderes ist als eine Relation der Dingwelt. Beide Wege sind nur jeweils extreme heuristische Bahnen des Denkens zur Annäherung an eine gesamtphilosophische Lösung. Die Geschichte der Philosophie zeigt ihr Ineinanderwirken und die Möglichkeiten ihrer Synthese. Für uns handelt es sich hier nicht darum. Für uns handelt es sich vielmehr um die Tatsache, daß je nach den dispositionellen Voraussetzungen des einzelnen Menschen, der vor der Frage nach dem Sinn seines Lebens steht und an ihre geistige Bewältigung herantritt, die eine oder die andere Seite dieser Bewältigung als ihm angemessen erlebt wird. Die realistischen Naturen mit stärkerer Tendenz zur Extroversion, motorisch, nüchtern, aktiv, werkbildnerisch, legen den Akzent ihres Erlebens naturgemäß auf die Objektseite des Subjekt-Objektproblems. Sie erhoffen und erwarten die Behebung ihrer geistigen Unsicherheiten und Zweifel von einer Versenkung in die Dingwelt. Sie suchen sich dieser Dingwelt zu bemächtigen mit allen Mitteln, die ihrem geistigen Niveau und ihren sonstigen Vorbedingungen entsprechen: sie suchen in die Natur einzudringen, und die Natur — oder die Anschauung, die sie sich davon bilden — wird ihnen Führerin und Leitstern ihrer Weltanschauung. Dies gilt nicht nur von der bloß denkerischen Seite der Weltanschauung, es gilt auch von allem dem, was sie zur Norm ihres Verhaltens machen: Es sind die Menschen, die zur empirischen Forschung neigen, die sich mit den Naturwissenschaften und den Gesellschaftswissenschaften befassen, die Menschen, denen wir im Leben als den eigentlichen Realisten gegenübertreten, die sich, dem Gebot der Dinge folgend, bewußt und bodenständig in die Dinge einordnen, ihr eigenes Verhalten als einen Teil der Naturgesetzlichkeit betrachten und dadurch wieder in sich festen Halt und Sicherheit finden. Diese Menschen werden, wie wir noch später sehen werden, auch willentlich Menschen der Wirklichkeit und des Handelns: idealen oder metaphysischen Behauptungen und Forderungen werden sie gänzlich abhold; aufs Glauben oder Ahnen geben sie nichts. Wissen und Wissenkönnen und sich nach dem Gewußten richten — dies wird zu ihrer Lebensmaxime. Vielfach regeln sie auch ihre Lebensweisen, ihr hygienisches und sittliches Verhalten nach irgendwelchen von ihnen als „natürlich" empfundenen Gesichtspunkten. Über dieselben hinaus lassen sie sittliche Verbindlichkeiten nicht gelten. Ihre subjektiven Bedürfnisse religiöser Art treten nur verwandelt unter irgendwelchen ästhetischen oder sozialen Vorwänden in die Erscheinung oder verkrüppeln gänzlich, oder werden auch mit Stolz abgestritten.

Die subjektivistischen Idealismen.

Völlig anders verhält sich der Mensch, der auf Grund seiner inneren Voraussetzungen den zweiten Weg zur Bewältigung des Subjekt-Objektproblems geht, indem er den Akzent seines Erlebens in das eigene Ich und dessen Subjektivität verlegt.

Die Dingwelt kommt für ihn im Sinne einer Problematik überhaupt nur insofern in Betracht, als sie zum Inhalte seines Bewußtseins wird; darüber hinaus ist sie wesenlos. Von der Hinwendung zu den eigenen seelischen und geistigen Vorgängen und Zusammenhängen erhofft sich dieser Typus die Auffindung von Normen, Halt und Gebot. Er schafft sich im denkenden Erleben eine Idee seines eigenen Selbst; und die Erfüllung dieser Idee wird seinem Leben sittliche Norm. Er gestaltet die Welt nur als Abdruck und Spiegel seiner eigenen Seele und ihrer Regungen. Hier wurzeln die psychologischen Voraussetzungen aller idealistischen Philosopheme, aller metaphysischen Ordnungen; hier wurzeln die seelischen Voraussetzungen all jener künstlerischen Haltungen und Neigungen, denen „Verinnerlichung" und seelisch-geistige Vertiefung besondere Weihe gibt. Hier wurzeln aber auch die Bedürfnisse religiösen Erlebens und seiner Spezifität: des Sehnens nach einer wahren Wirklichkeit hinter der scheinbaren Realität, nach einem Jenseits, und des Glaubensbedürfnisses an das Göttliche im Menschen und an die persönliche Beziehung zu Gott. Diese Menschen leiden an der Welt — es ist ihre vorwiegende Einstellung zur dinglichen Wirklichkeit, daran zu leiden. Die Erlösung von der Leibbindung und der Wirklichkeitsbindung ihres Ich, der Drang ins Absolute in all seinen verschiedenen geistigen Ausprägungen und seelischen Haltungen sind Auswege aus dieser Einstellung. Es ist hierbei relativ gleichgültig, in welchen Sonderformen sich diese Auswege geistig darstellen. Dies hängt von persönlichen Vorbedingungen dispositioneller und erlebnismäßiger Art ab, die das Lebensgefühl beeinflussen: Schwungvolles oder zages Mitgehen, passive Empfänglichkeit oder gestaltende Aktivität, schwermütig-sentimentales oder hoffnungsreich-enthusiastisches Schwärmen. Nur auf einen Unterschied charakterologischer Art sei noch hingewiesen, welcher alle diese idealistischen Auswege aus der Dinggebundenheit, seien sie nun denkerischer, künstlerischer oder religiöser Art, durchzieht: den Gegensatz zwischen optimistischer und pessimistischer Weltauffassung. Es liegt nicht in der logischen Konsequenz irgendeines Weltbildes, weder der realistischen noch der idealistischen verschiedenen Möglichkeiten, im Sinne der Hoffnung oder der Hoffnungslosigkeit, der Freude oder der Resignation getönt zu sein: dies beruht auf denkerischen Selbsttäuschungen ihrer Schöpfer. Die Gefühlsführung entstammt vielmehr gänzlich den individuellen Voraussetzungen der Bekenner. Und jeder wählt das Philosophem zum Bekenntnis, welches diesen Gefühlsvoraussetzungen besonders entgegenkommt. Der sensitiv leidende und in sich verschlossene Astheniker und der Schwerblütig-Depressive wählen buddhistische oder schopenhauersche Gestaltungen ihrer pessimistischen Tendenz — wofern sie nicht temporär vorziehen, die eigene Leidenstendenz durch den Halt an dem optimistischen Weltbilde zu überwinden und auszuschalten. Je nach der Charaktervoraussetzung färben sich die Weltbilder mit Angst, Haß, sanfter Resignation und Güte, oder gesicherter früher Erwartung und innerem Beruhigtsein.

In seltenen Einzelfällen gelingt es genialen Menschen mit der Gabe schöpferisch-religiösen Erlebens und mystischer Versenkung oder künstlerischer Entrückung, in besonderen einzelnen Ausnahmezuständen ihres Geistes, eine Synthese zwischen Ich und Welt anschauend zu erleben und auf diese Weise der Idee Gottes in unmittelbarem Bewußtsein näherzugelangen. Neigungen und Anlagen zu dieser mystisch-ekstatischen Überwindung des Spaltes zwischen Ich und Nichtich sind aber in weit mehr Naturen vorhanden als in den wenigen Begnadeten, denen sie gelingt. Alle die Tendenzen zum Übersinnlichen, welche die okkultistischen und mystischen Erlebensneigungen und selbst bestimmte religiöse Erleuchtungen und Beglückungen zur Wirklichkeit werden lassen, trafen wir schon bei der Aufzählung der Charakterdispositionen in jenem Arsenal der Lebensformen an, welches auch beim rationalen Menschen in den tieferen Schichten seiner Seele ruht. So erklärt es sich, daß auch derartige weltanschauliche Erlebnisse aus dem Problem der Skepsis heraus geboren werden können und dann vielfach zu religiösen und mystischen Bekehrungen hinführen. Wir finden derartige Erlebensweisen besonders in der Schizophrenie und bei schizoiden Anlagen.

(Literatur vgl. Kap. 9.)

9. Die Willenseinstellung zur Wirklichkeit als Charaktergestaltung.

Der Konflikt zwischen Wille und Welt.

Mehr noch als die geistige Bewältigung und Ausgestaltung der Beziehung zwischen Ich und Welt stellt die willensmäßige Ordnung dieser Beziehungen ein Problem dar, das als größte Aufgabe dem Einzelnen gesetzt ist, und zwar durch die bloße Tatsache seines Existierens in der Welt, und das eine charaktergestaltende Kraft von geradezu entscheidender Bedeutung besitzt. Jeder einzelne Mensch gerät mit seinem Lebensgange unerbittlich in das Räderwerk dieser Aufgabe hinein. Er kann in und an dieser Aufgabe, das Leben zu meistern, zugrunde gehen; häufiger besteht er diese Aufgabe, aber immer nur auf Kosten von Enttäuschungen, Versagungen und Leiden. Und immer stempelt ihn die Bewältigung dieser Aufgabe bis in seine tiefsten Wesenseigenarten zu einem anderen, als er vorher war. Es ist natürlich nicht die abstrakte Fassung des Problems: Wie setze ich mein Ich in Welt und Leben durch, oder wie ordne ich mich in Welt und Leben ein, wie mache ich meinen Frieden mit Welt und Leben? — die in dieser Fassung als entscheidendes Erlebnis empfunden und willensmäßig beantwortet wird. Es sind vielmehr stets konkrete Einzelerscheinungen und konkrete Einzelfragen, vor welche die gelebte Wirklichkeit die Individualität jeweils immer erneut stellt: in typischer Weise Schule, Beruf und Gelderwerb, Mitmenschen und Milieuforderungen usw. Der einzelne braucht den gemeinsamen Sinn all dieser konkreten Aufgaben für seine Willensentscheidung gar nicht erlebnismäßig zu erfassen. Dennoch bleibt bestehen, daß sie alle diese gleichsinnige Bedeutung höherer Art an sich tragen, die wir in der Formel der Lebensbewältigung, der Willensaufgabe zusammenfassen. Diese Willensaufgabe wird an tausend konkreten Einzelfällen erlebt, sie kann aber auch als Ganzes, als Gesamtproblem, im Bewußtsein erscheinen; dem mag sein wie immer: stets geht von ihr der Inbegriff alles dessen aus, was wir Erziehung durchs Leben nennen, das Reifwerden und Festwerden des individuellen Charakters und seiner Reaktivitäten, Interessen, Auffassungen, Stellungnahmen und Gefühlseinstellungen. Eine große Richtung der gegenwärtigen Psychopathologie und Neurosenforschung sieht diese Beziehungen der Objektwelt zum Willens-Ich und seinen Triebgrundlagen unter dem Bilde eines Kampfes: Die Lebensansprüche und Triebforderungen der Individualität geraten an die Umweltbedingungen wie an eine Schranke. Die Beschränkung der Individualität und die Notwendigkeit dazu wird als Konflikt mit dem Leben erlebt und verarbeitet. Dies ist auch ganz sicher konkret richtig, wenn auch nicht grundsätzlich notwendig. Zweifellos schränkt sich die Individualität in ihren Triebforderungen an der konkreten Milieuaufgabe wie an einer übermächtigen Entgegensetzung ein; durch diese Einschränkung determiniert sie sich und gestaltet sie sich aus, setzt Maß und feste Form, wo vorher schrankenloses undifferenziertes Quellen organischer Bedürfnisse bestand. Zugleich aber paßt sich dadurch die Individualität, indem sie so zur „eigentlichen" ausgestalteten heranreift, ihren konkreten Milieubedingungen im einzelnen wie im allgemeinen immer besser und siegreicher an. Wenn also auch in der Regel die konkreten Beziehungen zwischen Wille und Welt als Konflikt erlebt werden, so brauchen sie doch keineswegs immer so erlebt zu werden; es hängt dies mindestens teilweise von individuellen Voraussetzungen ab, in denen auch die Grundlagen des Eigenwertes dispositionell liegen. Je nachdem einer selbstsicher, voll naiven Selbstvertrauens, ungebrochenen Optimismus und starker affektiver Anregbarkeit in seine konkreten Lebensbeziehungen eintritt, kann er den Einfluß der Welt auf seine Seele auch als Geschenk, als Bereicherung, als Folie der Selbstdarstellung und Selbstbewährung freudig-gespannt erleben. In der Regel freilich bleibt Zwang zur Zucht und Versagung nur selten aus.

Typen des Versagens und ihre charakterologischen Auswirkungen.

Fassen wir die willentliche Einordnung in Welt und Leben zunächst ganz allgemein — also so, wie sie nur von wenigen als Aufgabe erlebt wird, so ergeben sich folgende charakterologische Typisierungen dieser Erlebniswirkung: Erstens die Aufgabe als solche erscheint absolut unlösbar. Dies wird der Fall sein, wenn die individuelle konkrete Lebenssituation von vornherein eine abnorm schwierige ist und die Gefahr vieler Enttäuschungen und Versagungen in sich birgt. Oder dann, wenn der einzelne bei seinem ersten Schritt ins selbständig gelebte Leben die Anfangsschwierigkeiten der konkreten Bewältigung besonders hart und enttäuschend verspürt. Dazu kann es kommen, weil er von Haus aus oder durch Erziehung nicht genügend auf sie vorbereitet ist, depressiv, weich, willensschwach, oder sensitiv und verwöhnt, oder voll hemmungsloser Triebe, oder erfüllt von übersteigerten Hoffnungen und Erwartungen plötzlich mit dem Leben allein gelassen wurde. Auch kann er im Willentlichen nur die Folgerung aus der Unfähigkeit zur geistigen Bewältigung des Subjekt-Objektproblems ziehen. Sogleich wird an den ersten konkreten Enttäuschungen sein Eigenwertgefühl tief erschüttert, vielleicht unheilbar erschüttert. Und aus diesem überreizten Ohnmachtsgefühl folgt die falsche Verallgemeinerungstendenz. Die Ursache der erlebten Unfähigkeit, das Leben überhaupt zu meistern, kann dem Leben zugeschoben werden, sie kann auch im Ich gesucht werden. Im ersteren Falle entstehen jene hilflosen oder schwerblütigen oder kalt abweisenden Einstellungen zu den Forderungen der Wirklichkeit: Pessimismus, Lebenshaß, Menschenhaß, Menschenverachtung, Mißtrauen wachsen aus dieser Lösung heraus oder werden in ihr neu gekräftigt. Faulheit und Bequemlichkeit, gesellschaftliche Vernachlässigung und Eigenbrötelei, Versagen in allen Berufen bis zur Antisozialität finden hier ihre scheinphilosophische Begründung und ihren willkommenen Vorwand. Zugleich wird die gefährliche und enttäuschende Lebenswirklichkeit durch eine bewußte Abwendung äußerlich überwunden und innerlich kompensiert: Die Introversionsneigung erhält Vorschub, das Ich errichtet sich einen Bau wunschbedingter Scheinwirklichkeiten, hinter denen die Realität verblaßt. Mystik, Kunst und Literatur, Philosophie oder das Apostolat einer sonstigen Idee etwa sozial-utopischer Art müssen herhalten, um das Ich gegen das peinigende Gefühl unerbittlicher Niederlage vor dem Leben zu sichern und auf einem Umweg zu erhöhen. Oder das Ich wird auf andere Weise gleichsam wegen seiner Niederlage entschuldigt und gerechtfertigt: physiopathische Bereitschaften begünstigen diesen Ausweg, ein Heer von psychogenen und neurotischen Symptomen — am beliebtesten ist die sogenannte Neurasthenie — umgeben dies Versagen vor der Realität mit der beruhigenden Entschuldigung der Krankheit.

Oder in ehrlicherer Weise wird die Schuld an der mangelnden Fähigkeit zur Willensanpassung an die Wirklichkeitsforderungen dort gesucht, wo sie tatsächlich liegt: im Ich. Die Selbstbejahung wird in Zweifel gestellt, die allgemeine Grundlage für Selbstverwerfung und Schuldgefühle wird geschaffen. Diese Selbstverwerfung kann bei geeigneten sonstigen Dispositionen zur Quelle wollüstigen Schwelgens in der eigenen Ohnmacht werden, hinter philosophierenden oder zynischen Drapierungen. Sie kann aber auch in heftigen Konflikt mit der vitalen, jedem Menschen innewohnenden Tendenz zur Selbstbejahung geraten. Reaktive Depression, psychasthenische Entwicklungen mit Entfremdungs- und Depersonalisationsgefühlen, zwangsneurotische Autismen sind die Folge. Sehr oft tritt eine Rettung durch religiöse Bekehrung als Ausgleich auf — sei es in Form eines überwältigenden Offenbarungserlebnisses, sei es zur Herstellung jener Geborgenheitsgefühle und jener demütigen Resignation, welche die unüberwindliche Schwierigkeit des gegenwärtigen Lebens und die Unwürdigkeit des eigenen Ich durch die Hoffnung auf ein künftiges Erhöhtsein ausgleicht. Häufig auch projiziert sich die erlebte Willensinsuffizienz ins körperliche oder ins psychophysische Verhalten, also als Krankheit, als somatologischer Leidenszustand — ebenfalls je nach den vorgebildeten körperlichen Bereitschaften ausgestaltet.

So zeitigt die Unfähigkeit zur willentlichen Einordnung des Ich in die Welt die Aktualisierung aller derjenigen Dispositionen und Ansätze in der Individualität, die ein *Nebenherlaufen neben dem wirklichen Leben* erzeugen oder fördern.

Die Erlebnisweisen von Arbeit und Beruf. Die Rolle von Erwerb und Geld. Rausch- und Krankheitserleben als Selbstentlastungen.

Freilich entsteht im Einzelnen die Aufgabe der willentlichen Lebensbewältigung als Erlebnis nur selten in dieser Allgemeinheit, fast immer jedoch im Gelände der konkreten einzelnen Wirklichkeitssituation, in welche sein Lebensweg ihn führt. Schon in der Schule zeigen sich die charaktergestaltenden Einflüsse dieser Lebenssituation in bestimmter Richtung: der Draufgänger, der schwerfällige, nie zu Ende kommende Pedant, der unverdrossen fleißig Stille, der ängstlich Bescheidene mit dem Einschlag von rasch ergebener Resignation, der zaghaft oder zynisch Faule; ferner der leicht abgelenkte, Trieb und Interesse auf Nebendinge Zentrierende, der Träumer, der Phantast, aber auch der Typ, der sich unter allen Umständen und auf Umwegen zu bestätigen oder gar zu erhöhen sucht: der intrigante Lügner, der abenteuernde Schwätzer, der geltungssüchtige Mittelpunkt und Bandenführer, der trotzig Rebellische.

Viel reicher und vielfältiger differenziert die Charaktere das Erleben von Arbeit und Beruf. Mehrere Aufgaben stoßen hier konkret zusammen: Die soziale Einordnung und Geltung, die durch die Berufsausfüllung gewährleistet wird, ferner die im Vollzuge der Arbeit liegenden Tendenzen zur Selbstdurchsetzung und Selbstbestätigung, zur Bewältigung der vorgegebenen Materie, endlich die mit dem Erfolg der Arbeit gesetzte Möglichkeit des Gelderwerbs, das Problem des Geldes und der Lebensgestaltung durch das Geld. Der Einzelne wird diese verschiedenen Seiten des Berufsproblems selten gesondert bewußt erleben, freilich wird immer die eine oder die andere Seite daran eine wuchtigere Problematik enthalten als die übrigen. Und er tritt schon nicht mehr als seelische tabula rasa in die Bewältigung dieses Problemkomplexes hinein. Vielmehr fällt ihm diese in einer Lebensphase zu, in der bereits mannigfache Runen in die Tafel seiner Seele eingezeichnet sind. Die eigenen Anlagen und Dispositionen seines Charakters sind teils von selbst bereits zu Leben und Gestalt erwacht, teils durch die Beziehung zu Elternhaus und Schule, Mitmenschen und dem eigenen Selbst in bestimmte Bahnen hineingedrängt worden. Was sich in und am Beruf vollzieht, das ist die Entwicklung zur Starre und Geschlossenheit des „festen" Charakters, der gewohnheitsmäßig eingeschliffenen Reaktionsform, der „Schritt vom Jüngling zum Mann", aus der Fülle der Labilität auffassender und reaktiver Möglichkeiten zur habituellen Gleichförmigkeit und Zuverlässigkeit der reaktiven Begrenzung.

Es gibt Menschen, die am Beruf versagen oder an mehreren Berufen. Sie sind willensschwach und bequem, oder von starkem Triebleben und schwer auf sachliche Arbeit ablenkbar, oder für die Berufsarbeit schon verbildet durch früheres Erleben, Jugenderziehung und häusliche Verhältnisse. Oder sie passen ihrer seelischen Eigenart nach nicht zu dem Beruf, zu dem sie bestimmt werden, z. B. eigener Ehrgeiz steht im Mißverhältnis zur Begabung oder die körperliche Beschaffenheit genügt den Forderungen ihres Berufes nicht. Hier liegen Keime zu sozialer Entgleisung ebenso wie zur Flucht in neurotische Haltungen. Andere hassen ihren Beruf und sind widerwillig in ihm, weil er ihnen nicht diejenige Selbstbestätigung und innere Sicherheit gibt, deren sie auf Grund ihrer vitalen Triebanlagen bedürfen. Falscher und zielloser Ehrgeiz findet hier ebenso wie träumerisch-weiche Introversion eine Quelle von Konflikten. Andere wieder lieben ihren Beruf als das einzige, wodurch sie überhaupt zu einem gewissen Bewußtsein eigener Berechtigung und Sicherung gelangen; in ihm suchen sie Haltung, Würde und Sicherheit, die ihnen sonst versagt geblieben ist. Wieder andere hängen ihren Beruf wie einen Mantel um sich, in dem sie einherstolzieren; sie nehmen ihn sachlich weniger ernst als vielmehr als Folie ihrer Eigenliebe und Geltungssucht. Wieder andere sehen in Beruf und Arbeit lediglich Mittel des Erfolges, des Geldes und seines Erwerbes. Jede Stunde, die sie der Arbeit opfern, jeder Verzicht, den sie ihr bringen, jede Möglichkeit, um die sie ihre Lebensfähigkeit zugunsten der Berufsarbeit beschränken, setzt sich um in Liebe zum Gelde, Hang am Gelde, Erwerbsgier und Sparsucht. Auf dem Gipfel des Freiseins vom Beruf, des Entbundenseins von Pflicht und Hemmung schlägt oftmals diese Bindung in ihr Gegenteil um: schrankenlose Verschwendung, Gier nach „Lebensgenuß", nach Entlastung der allzu lange gestauten und in der Arbeit verhaltenen Triebe, Spielwut und Rauschsucht brechen hoch. Die *Rauschsucht* ist überhaupt einer jener immer erneut gesuchten Auswege aus der Last des Lebens, aus dem Druck des Berufs, aus dem Gefühl, von der Wirklichkeit überwältigt und gefesselt zu sein. Die Rauschsucht gibt dem Ich eine zentrale und strahlende Stellung in einer selbstgeschaffenen Augenblickswelt, alle Triebe sind lustvoll beruhigt, alle Niederlagen sind vergessen, auf welchem konkreten Lebensgebiete sie auch liegen mochten. Dennoch ist die Rauschsucht nicht immer nur eine allgemeine seelische Reaktion bei Leiden oder bei Triebverhaltungen; sie ist zugleich auch selber durch einen Trieb nach Lustgewinn fundiert, dessen letzte Wurzeln jenseits des Selbstwertes liegen; eine perverse Triebkomponente, die vermutlich irgendwie zur Sexualität gehört und da einsetzt, wo die normale, zusammengefaßte Sexualität unbefriedigt bleibt oder von ihren Zielen entfernt wird. Die Rauschmittel entstammen gänzlich der sozialen Sphäre des jeweiligen einzelnen. Der Arbeiter schlägt seine Mattigkeit und das gleichförmige Joch seiner Tage, seinen Hunger und seine ehelichen Sorgen mit Schnaps tot; der phantastisch entgleisende Psychastheniker anderer sozialer Schichten gerät ans Cocain oder ans Morphin, um in ihren Wirkungen zugleich mit der tiefen Dissoziation der regulierenden Oberschicht seiner Psyche auch die freie Auslösung seiner Komplexe in der Scheinwelt dieses Vergiftungszustandes zu erfahren.

Die Unlust an der Berufseintönigkeit, an der öden Stetigkeit des ständigen gleichen Gebundenseins in der Arbeit, oder das beginnende Gefühl geistigen oder körperlichen Versagens zeitigt, insbesondere bei sonstigen ungünstigen körperlichen oder seelischen Voraussetzungen, Sorgen, Verantwortungsflucht und sehr häufig *Krankheitsvorwände*. Wie viele der unter dem Bilde der sogenannten „Neurasthenie", der angeblichen „nervösen Erschöpfung" oder „chronisch-interner" funktioneller Störungen, oder der „Bleichsucht" bei weiblichen Arbeiterinnen, den Arzt aufsuchenden Kranken haben in ihrem Leiden gleichsam einen Ausweg aus dem Druck ihrer sozialen und beruflichen Situation oder aus den ökonomischen Lasten und Sorgen: einen Ausweg, der ihr Versagen vor ihnen selber entschuldigt und rechtfertigt, eigenes und fremdes Mitleid auf sie zieht und sich leicht zur dauernden Lebenslüge verfestigt. Dieser Ausweg wird je nach den physiopathischen Bereitschaften ausgebaut und gestaltet.

Daß der Beruf und das langjährige Wirken in einem bestimmten Beruf gewisse Charaktereigenschaften und Begabungen hochzüchtet, die er spezifisch erfordert, ist ein Übungseffekt, eine Gewohnheitswirkung, deren wir schon gedacht haben. Wir führten schon aus, daß jeder Mensch mehr oder minder die geistig-seelischen Physiognomien seiner Berufskategorie annimmt, besonders in höherem Alter. So tief dieses Arztsein, Juristsein, Kaufmannsein, Subalternbeamtersein, Künstlersein usw. usw. in all seine Auffassungen und Einstellungen zu Dingen und Menschen eingreift, so läßt es dennoch einen Teil der Individualität unberührt, der für den Seelenarzt gerade der wichtigere ist. Jeder Mensch ist mehr, als was der Beruf aus ihm macht. Und in diesem Mehr liegt erst eigentlich seine individuelle Eigenart. Und wenn er sich auf diese Eigenart auch nur in den „privaten" Lebensgebieten zuspitzt, die der einzelne sich „nebenberuflich" gestattet — Beschäftigung mit Literatur oder Kunst, Sammeln irgendwelcher Kuriositäten, Naturfreude oder Tierliebhaberei usw. —, oder in dem Eheleben oder der Familienfürsorge oder in der Beziehung zu Mitmenschen, Freundschaften, Gesellschaftsformen, politischen oder sozialen Bestrebungen usw.: so liegt doch gerade hier der Schwerpunkt seiner seelischen Bindungen und seelischen Gestalt.

Die Stellung zu den Mitmenschen.

Von noch ungleich bedeutsamerer Einwirkung auf die Charaktergestaltung sind die Erlebnisbeziehungen zu den Mitmenschen. Auch sie aktualisieren bereitliegende Dispositionen und hemmen andere, sie lösen Reaktionen aus und motivieren sie, sie begünstigen Entwicklungen und spitzen sie auf bestimmte immanente Ziele zu. In je früherem Lebensalter der Mitmensch in das einzelne Leben eintritt, um so entscheidender wird seine charaktergestaltende Wirkung. Wir sagten schon an anderer Stelle, daß an den Erlebnisfolgen, die mit der Wirkung der Eltern auf das Kind verbunden sind, eine große Anzahl von Charakterzügen ihre erste Prägung und Befestigung erhält. Aus Ohnmachtsgefühlen, Schutz- und Anlehnungsbedürfnis erwachsen die sozialen Triebe: Anerkennung der Überlegenheit und Autorität und Wunsch, durch dieselbe bestätigt zu werden, Einfügsamkeit, Gläubigkeit, Suggestibilität, Vertrauen, Arbeitseifer, Vervollkommnungsstreben, Anerkennung ethischer Verbindlichkeiten, Verantwortungen und Aufgaben. Die Wirkung der Autorität der Eltern wie ihrer Stellvertreter im Erleben (Lehrer, Erzieher, Vorgesetzte usw.) kann bis zur Knechtung individueller Freiheitsgefühle gehen, bis zur Demut und dem Schwelgen in der eigenen Bedeutungslosigkeit und Unzulänglichkeit. Andererseits findet das „Ideal", die selbstgesetzte Norm hier ihre ersten Inhalte und Vorbilder. Güte und Menschenliebe, weiches Mitgefühl und starke Erschütterungsfähigkeit durch mitmenschliches Unglück können hier ebenso ihre Ursprungsstellen haben wie Trotz, innere Auflehnung, ohnmächtiger Haß oder schüchterne Angst. Verschlossene, abwehrende Kälte gegen Mitmenschen, heimlicher Neid, uneingestandene schwärmerische Bewunderung erwachsen aus den mitmenschlichen Erfahrungen der Kindheit mit Geschwistern, Schulkameraden, Freunden. Vereinsamung wird zur Qual und Sehnsucht infolge erfahrener Ablehnungen, an denen man dem eigenen Ich und seiner Unzulänglichkeit die Schuld beimißt; öfter freilich erwächst aus solchen Ablehnungen Ressentiment, übersteigerter Stolz und ungestillte Geltungssucht. Man kann direkt sagen, daß das Maß von positiv getönten Gefühlsbindungen, die für Mitmenschen disponibel sind, aus der Sicherheit des Eigenwertes einerseits, den von Mitmenschen der frühen Kindheit ausgehenden Eindrücken andererseits bestimmt wird. Insbesondere alle sittlichen Einstellungen erwachsen und bewähren sich an den mitmenschlichen Beziehungen von früh an.

Literatur zu Kapitel 7, 8, und 9.

Buehler, Ch.: Das Seelenleben des Jugendlichen, 2. Aufl. Jena 1923.

Friedjung: Die kindliche Sexualität und ihre Bedeutung für Erziehung und ärztliche Praxis. Berlin 1923.

Giese, F.: Der romantische Charakter Bd. 1. Langensalza 1919. — Derselbe: Das freie literarische Schaffen bei Kindern und Jugendlichen. Leipzig 1914.

Hoffmann: Die Reifezeit. Probleme der Entwicklungspsychologie und Sexualpädagogik. Leipzig 1922.

JAENSCH: Über den Aufbau der Wahrnehmungswelt und ihre Struktur im Jugendalter. Leipzig 1923.
JASPERS: Psychologie der Weltanschauungen. Berlin 1919.
KOHL: Pubertät und Sexualität. Leipzig 1911.
KOFFKA: Die Grundlagen der psychischen Entwicklung. Osterwieck 1921.
KRONFELD: Der Verstandesmensch. Jahrb. d. Charakterologie Bd. 1. 1924. — Derselbe: Das seelisch Abnorme und die Gemeinschaft. Stuttgart 1923. — Derselbe: Zur Phänomenologie und theoretischen Psychologie der individuellen Kultur. Festschr. f. LIEPMANN. Berlin 1922.
SPRANGER: Psychologie des Jugendalters, 3. Aufl. Leipzig 1925. — Derselbe: Lebensformen, 3. Aufl. Halle 1922.
STERN, W.: Vom Ichbewußtsein des Jugendlichen. Zeitschr. f. pädagog. Psychol. 1922.
STRASSER: Psychologie der Zusammenhänge und Beziehungen. Berlin 1922.
TUMLIRZ: Jugendkunde. Leipzig 1923. — Derselbe: Die Reifejahre. Leipzig 1924.
ZIEHEN: Das Seelenleben der Jugendlichen. Langensalza 1923.
Ferner die Schriften von ADLER, FREUD und KLAGES. Siehe weiter vorn.

10. Das sexuelle und erotische Erleben als Charaktergestaltung.

Trieb und Erleben der Triebhaftigkeit als charaktergestaltende Momente.

Am nachhaltigsten gestalten sich diese mitmenschlichen Gefühlsbeziehungen in ihrer charakterologischen Einwirkung dort, wo sie unmittelbar auf den Triebgrundlagen sich auferbauen: hier gibt es eine besonders determinierende Typik der Nachwirkung sexueller und erotischer Erlebnisse, sexueller Triebentwicklung und Reife, erotischer und liebender Zuwendung usw. FREUD und seine Schule sind geneigt, den gesamten Aufbau des Charakters, die gesamte Dynamik der Neurosen und Psychosen, das gesamte psychische Fundament aller Leidenszustände aus der sexuellen Triebentwicklung, der „Organisation der Libido" und ihrem Schicksal im weiteren Lebensverlauf, zu erklären. Wir halten diese Forschungseinstellung für heuristisch berechtigt, aber für sachlich einseitig. An späterer Stelle wird Gelegenheit sein, auf sie zurückzukommen. Auch wer aber FREUDs Standpunkt nicht teilt, weiß, daß die seelische Verarbeitung der Geschlechtlichkeit eine besonders große und langwierige Aufgabe darstellt, an deren Bewältigung sich der einzelne Charakter sowohl formt als auch bewährt. Auch stellen die Reibungen der sexuellen Bedürfnisse jeder einzelnen Organisation mit den Normen, Konventionen und Beschränkungen des Milieus ein unerschöpfliches Reservoir latenter und offener Konflikte dar. Endlich sind die sexuellen Triebe und ihre seelischen Derivate von entscheidender Nachwirkung auf die zwischenmenschlichen Beziehungen, in denen jeder einzelne steht; sie determinieren hier weit über die Grenzen dessen, wovon bewußtes Erleben Rechenschaft zu geben vermag, Einstellungen und Haltungen, „Sympathien" und „Antipathien", Zu- und Abwendungen, Sehnsucht, Verheißung, Erfüllung, Erfolg, Versagen, Verzicht und Resignation. In bezug auf dieses Gesamtgebiet werden Menschen mit einer Disharmonie zwischen Triebleben und sonstiger seelischer Persönlichkeit ihre Eigenart besonders in Leidenszuständen manifestieren. Diese Disharmonie kann entstehen aus konstitutionell perversen Trieben, oder aus unausgereiftem, schillerndem, unfestem, vielfältig erregbarem Triebleben — sei es, daß diese Eigenschafschaften des Trieblebens sich auch in der sonstigen seelischen Persönlichkeit vorfinden, sei es, daß der infantile, labile oder abgebogene Trieb in seiner Unreife gegen die sonstige seelische Persönlichkeit kontrastiert. Die Disharmonie, von der wir sprechen, kann aber auch durch die seelische Verarbeitung der Geschlechtlichkeit mit abnormen Gefühlsqualitäten erst gesetzt werden. Hierbei können einzelne Erlebnisse und ihre Nachwirkungen traumatische Anstöße und Auslösungen solcher disharmonischen „neurotischen" Entwicklung abgeben. Die Reaktionsdispositionen allgemein seelischer Art können in solchen Fällen festliegend vorgegeben sein, sie können sich aber auch aus dieser psychosexuellen Gesamtentwicklung allmählich herauskrystallisieren. Es werden in der Regel drei Zentralpunkte sein, um welche sich die sexuelle Problematik der Individualität mehr oder weniger bewußt herumlagert: das Bewußtsein, überhaupt sexuell zu sein — das Selbsterlebnis der Geschlechtlichkeit an sich; ferner das geschlechtliche Verhalten als Aufgabe; endlich die sexuellen, erotischen und liebenden Beziehungen zum anderen Menschen, die Rolle und der Wert des anderen in dieser Beziehung für das eigene Ich.

Geschlechtlichkeit und Selbstwerterleben. Der perverse Mensch.

Alle Problematik des sexuellen Erlebens läßt sich auch zugleich als eine solche des Erlebens des Eigenwertes darstellen. Die Bewährung oder Nichtbewährung in den sexuellen Aufgaben und Haltungen ist ja zugleich der starke Prüfstein für das Bewußtsein eigenen Wertes, für Sicherheit oder Unsicherheit des Ichgefühls, der Selbstdarstellung und Selbstbestätigung — und zugleich wirkt sie auf letztere formend und gestaltend zurück. Häufiger, als man denken möchte, sind Perversionen des sexuellen Triebes. Sie manifestieren sich — wie auch immer sie beschaffen sein mögen — in der Phase der Formung und Ausreifung des Triebes zuerst; dann färben sie das erwachende Bewußtsein sexueller Eigenart in einer besonderen Weise. Zweifel am eigenen Wert, das Gefühl des Anderssein, das Bewußtsein unbestimmter, verschieden eingekleideter Schuldhaftigkeit, Kampf um Ausschaltung und Unterdrückung des Triebhaften und zugleich Lockung und Versuchung, aus den Bedürfnissen der Organisation immer neu gespeist, bewirken eine sehr charakteristische Persönlichkeitsentwicklung. Selbstbefriedigung unter perversen Vorstellungen bricht durch, bisweilen auch ein volles Erliegen des Sexualverhaltens unter den perversen Trieben; und daraus folgt gesteigerte Selbstverwerfung, oder es lockert sich überhaupt das Bedürfnis nach Selbstzucht und Selbstbeherrschung. Der perverse Mensch erlebt hier nur intensiver und leidentlicher ein Stadium, welches jeder sexuell heranreifende Mensch zu durchlaufen hat: das erwachende Bewußtsein der sexuellen Artung. Die Nachpubertätszeit bis Mitte der zwanziger Jahre ist davon erfüllt, zuweilen noch um Jahre und selbst Jahrzehnte länger. Aus der sich erst formenden zielstrebigen Differenzierung folgt in diesem Stadium eine erhöhte Ansprechbarkeitsbreite des Triebes und der Sehnsucht, ein Schillern — und daraus eine größere Unsicherheit in bezug auf die seelische Verarbeitung. Manch einer wird jählings und blind vom Triebe überfallen, andere wieder lauern gleichsam auf sein Kommen und seinen seelischen Einbruch ins Kühlbewußte. Für manchen ist die Selbstbefriedigung das Mittel, vor dem Triebe Ruhe zu finden; für manche, ihn bewußt und raffiniert zu genießen; für manche, sich damit ebenso zu quälen wie mit dem ungestillten Triebe. Immer wieder wird verkannt, daß dies für beide Geschlechter gilt, nicht bloß für das männliche; nur die weibliche Schamschranke hindert offene Geständnisse an den Arzt. Es ist diesem Stadium eigentümlich, daß das bloße Vorhandensein des Triebes als eine Wertverminderung des Ich erlebt wird, daß das Selbstgefühl und die Selbstsicherheit sich an jedem Nachgeben gegenüber dem Triebe erschüttern, ohne jemals aus einem Sieg Verfestigung zu gewinnen. Ob diese Einstellung zum Triebhaftsein, zur Naturgebundenheit in sexueller Hinsicht wirklich nur die Folge unserer „verfehlten Erziehung“ und unserer Konventionen ist, und ob nicht vielmehr diese in tiefen seelischen Ursachen begründet sind, den gleichen, in denen auch das Verhalten der Nachpubertätszeit wurzelt: darüber sind nur theoretische Konstruktionen möglich. Es ist möglich, daß sexuelle Verdrängungen der frühkindlichen Zeit, die „Inzestschranke“ und ähnliche FREUDschen Konstruktionen diese Einstellung zum erwachenden Bewußtsein des geschlechtlichen Fühlens determinieren. Es ist auch möglich, daß ganz andere Fundamente das Nachgeben des Geistigen vor dem Triebhaften als Niederlage erscheinen lassen; es ist jedoch auch möglich, daß im Wesen des Triebes selber, der den eigenen Körper und den Körper des erstrebten Partners lediglich zu Mitteln seiner Befriedigung herabdrückt, psychologische Anstöße zur Selbstverwerfung des Unterliegenden enthalten sind. Die Onanie der Pubertätszeit und der Nachpubertätszeit halten wir mit ERB für eine typisch wiederkehrende Erscheinung, die zwischen der Szylla der körperlichen Reife und Triebgebundenheit und der Charybdis der vom Milieu erzwungenen Enthaltsamkeit vom Geschlechtsverkehr hindurchführt. Aber dies Ventil öffnet zugleich den Kessel der angestauten Komplexe, aus denen selbstverneinende Einstellungen und ihre verschiedenen Symbolisierungen hervorbrechen. An die Selbstbefriedigung knüpfen diejenigen seelischen Verarbeitungen an, die zur sexuellen oder allgemeinen Hypochondrie, zur sogenannten Neurasthenie, zu mannigfachen Angst- und „Schwäche"zuständen hinführen.

Späterhin, wenn der normalsexuelle Mensch sich längst mit dem Bewußtsein seines geschlechtlichen Fühlens innerlich abgefunden hat, wird der perverse Mensch immer noch vor seiner Perversion stehen wie vor einem Alpdruck, der auf ihm liegt und von dem er sich nicht befreien kann. Er wird diese Befreiung ersehnen, teils weil ihm das Bewußtsein, pervers zu sein, eine seelische Last ist, teils weil seine soziale Rolle und Einordnung durch die Gefahr der Perversion jederzeit in Frage gestellt werden kann, weil er an einem Abgrund einhergeht, in den er hinabstürzen kann, sobald die Tatsache seines perversen Sexuallebens ruchbar wird. Häufig wird er die Perversion nicht bloß zu dämmen, sondern zu verdrängen und in andere seelische Regungen umzuwandeln suchen, oder auch sie durch solche zu kompensieren bemüht sein — ohne ihrer jemals ganz ledig zu werden. Hier kommt jede Auswegstendenz zum Durchbruch, von der Rauschsucht bis zu symbolischen Ersetzungen der Perversion durch neurotische Symptome oder durch soziale, ethische, künstlerische Sublimierungen (FREUD) usw.

Diese Umwandlungen formen den Charakter. Verschlossenheit, äußere Haltung, Sühnebedürfnisse in besonders pedantischer Pflichterfüllung, der Ausbau eines nach außen sorgfältig verhüllten Innenlebens in religiöser oder künstlerischer oder philosophischer Hinsicht, übersteigerter ethischer Rigorismus usw. finden hier ihre ständig sich erneuernden Entwicklungsanstöße.

Oder aber die Perversion wird manifest, und der Mensch gibt sich vor ihr geschlagen. Dann reißen nicht selten sämtliche Dämme ein; sie tritt geradezu ins Zentrum der Interessen. Die Menschen leben nur noch ihrer Perversion, sie übersteigern ihre perversen Ausdruckserscheinungen auch auf nichtsexuellem Gebiet bis zum Grotesken. Gewisse Übertriebenheiten des Feminismus bei homosexuellen Männern, des Virilismus bei homosexuellen Frauen, des Transvestitismus und des Exhibitionismus gehören hierher. Auch der habituelle Onanist des reifen Alters ist eine Entwicklung aus diesem Ursprung.

Geschlechtlichkeit als konkrete Lebensaufgabe.

Auch diese letzten Lebensgestaltungen stellen nur einen Sonderfall in der allgemeinen Problematik vor, in welche jeder Mensch, Mann und Weib, hineingeraten, sobald sie der geschlechtlichen Vereinigung als einer Aufgabe gegenübertreten. Beim Weibe, dem passiven, hingebenden, duldenden Geschlechtswesen, ist diese Aufgabe von geringerer Bedeutung. Aber auch hier knüpfen Ausbauten und Sonderzüge der Seelenentwicklung an, sobald Hemmung und geheimes Schuldgefühl, ängstliche Erwartung oder brutales Überfallenwerden von der Situation die gefühlsmäßigen Verarbeitungen der geschlechtlichen Vereinigung ambivalent gestalten. Angstzustände aller Art, Zwangsbefürchtungen, Frigidität, Hypochondrie, Vaginismus und symbolisierende Zwangsvorstellungen können hier ebenso anknüpfen wie allgemeine Hysterismen in präformierten oder situativ bedingten Bahnen. Die Spaltung zwischen vergebens verdrängter sexueller Bedürftigkeit und dem seelischen Insult der unangemessenen Erfüllungserlebnisse kann gefährliche Bereitschaften zu Reaktionen setzen, die sich entweder in allgemeinen psychogenen Krankheitssymptomen ausleben, oder in dem unbewußten „koketten" Aufsuchen neuer Liebesbeziehungen, deren bloßes Bestehen alsbald neue selbstquälerische Konflikte schafft. — Beim Manne sind diese Verhältnisse besser gekannt und bewegen sich in typischeren Bahnen. Der sexuelle Verkehr wird insbesondere bei schüchternen, wenig sicheren Naturen als unlösbare Aufgabe empfunden, und die resignierende Tendenz vor dieser Aufgabe verkleidet sich in allerhand funktionelle Objektivierungen: als erektive Hemmung, oder — bei bestimmten physiopathischen Dispositionen — als Ejaculatio praecox, oder als Aspermatismus. Oder ebenfalls in allerhand Angstzuständen und larvierten Angstzuständen, in Hypochondrien sexueller und nichtsexueller Art. Sehr häufig wird auch der vollzogene Sexualverkehr zum Vorwand und zur Quelle neurotischer Verarbeitungen (vor allem von Phobien), insbesondere bei Vorsichtsmaßnahmen in bezug auf Verhinderung der Fortpflanzung, Coitus interruptus usw.

Das Erleben des Anderen in Erotik und Sexualität und der Ausbau der Charaktere.

Endlich ist das Erleben des anderen Menschen in der erotischen und liebenden Zuwendung eine unversiegliche Quelle charakterologischer Entwicklungen und Ausgestaltungen. Der geliebte Mensch ist in besonderer Weise Träger höchster Erlebenswerte. Diese Werte wurzeln nicht im Sexuellen, und so ergibt sich nicht selten von vornherein eine Trennung des Liebesideals von den erotisch-sexuellen Wunschtypen.

Am stärksten ausgeprägt ist diese Trennung in dem auf die Pubertät folgenden Lebensjahrzehnt. Das Objekt liebender Zuwendungen wird idealisiert und erscheint in dem Glanze, den Sehnsucht, Bewunderung und stille Schwärmerei zu verleihen vermögen. Körperliche Vereinigung erschiene dem Liebenden wie eine Entweihung dieses Ideals und wie ein Flecken auf der Reinheit der Liebesempfindung selber. Das Geschlechtliche lebt sich, soweit es nicht in den oben geschilderten Konfliktsgründen und seelischen Kämpfen verfangen ist, in einer ganz anderen Sphäre von Objekten und Erlebnisschichten aus. Erst dem gereiften Menschen gelingt die Verschmelzung triebhafter und liebender Zuwendungen und Wunschobjekte. Aber auch ihm keineswegs immer. Viele Umstände begünstigen das Bestehenbleiben dieser Trennung für die Dauer: sensitive und schwärmerische Charakterzüge, besondere ethische und weltanschauliche Einstellungen, ein geringes Maß sexuell-erotischer Selbstsicherheit — und vielfach auch perverse Triebrichtungen.

Wo diese Trennung vorliegt, besteht auch bei sexueller Entspannung die unbefriedigte Sehnsucht, das Gefühl des Eigenwertes leidet unter ihr und unter der Tatsache dieser Spaltung; es leidet oft bis zu Selbstverwerfung, Selbstquälerei und Selbstzerstörung. Verwirklicht sich das Liebesgefühl bei Menschen, die zugleich Ziel sexueller Einstellungen sind, so werden nicht selten diese sexuellen Zuwendungen als unwürdig des geliebten Wesens empfunden und verarbeitet. Auch die einzelnen Einstellungen zum geliebten Wesen können besonders charakterologisch gefärbt und ausgestaltet werden, insbesondere wenn die geeigneten seelischen Dispositionen im Erlebenden dahin drängen: Anbetende Sehnsucht wunschloser Art, die aus dem Gefühl der eigenen Wertlosigkeit im Vergleich zum geliebten Wesen entspringt, kann in Konflikt geraten mit den Triebforderungen der Natur. Und umgekehrt kann die Beziehung zu einem Partner sexueller und erotischer Wünsche ebenso wie dieser Partner selber zugleich als unwürdig abgelehnt, ja gehaßt — und doch immer wieder gesucht werden. Oder der Liebespartner wird nach der ersten Vereinigung verworfen und durch einen neuen ersetzt, ohne daß jemals wahre Erfüllung und Beruhigung eintritt. Diese erotisch-sexuelle Abenteurerei ist zuweilen von dem Bewußtsein starker Unwürdigkeit getönt. Auf einer höheren Stufe kann auch das Ideal liebender Zuwendung jedesmal mit dem Moment scheinbarer Erfüllung in Enttäuschung umschlagen. Dann entsteht jenes Don-Juantum, welches sich in immer neuen ohnmächtigen Versuchen vergeblicher Liebeserfülltheit tragisch erschöpft. Oder es herrscht — und diese Haltung ist besonders für das Weib charakteristisch — bei unausgereiftem oder ungewecktem sexuell-erotischem Triebleben oder auch bei unechter Sucht nach Geltung und Selbstbestätigung (insbesondere in Reaktion auf vorangegangene Enttäuschungen und Verletzungen des Ichgefühls) überhaupt keine Sehnsucht nach der erotischen oder liebenden Erfülltheit durch ein verwirklichtes Wunschideal. Auch die erotisch-liebenden Beziehungen dienen vielmehr nur der eigenen Selbstliebe, Eitelkeit und Geltungssucht als Folie der Bestätigung: so entstehen die koketten, spielerisch „herzlosen" Liebesunfähigen, die ständig fordern, ohne sich zu geben, und deren Hingebung ohne Verantwortungsgefühl ist. Verbindet sich diese Einstellung mit Faulheit, Putzsucht, dumpfer debiler Passivität gegen soziale Stellung und Lage oder mit Geldgier und Vergnügungsbedürfnis, so entstehen jeweils die verschiedenen Prostituiertencharaktere — wobei hier nur vom psychologischen, nicht vom sozialen Faktor gesprochen wird.

Erfüllt sich aber die Liebesbeziehung zum geliebten Menschen konkret, dann wird ihre Verfestigung und Aufrechterhaltung erlebnismäßig zum Problem. Auch bei diesem Problem quellen viele Ansätze lediglich aus der — oft nur zu berechtigten — Unsicherheit des erotischen Eigenwertes. Die Hörigkeit in der Liebesbeziehung findet hier eine ihrer Hauptquellen. Ihr Negativ ist die Eifersucht. Es gibt eine Eifersucht, die einfach Angst und Sorge um den drohenden Verlust des Liebeszieles darstellt und sich in vergeblichen Vorbeugungsmaßnahmen gegen diese seelische Gefährdung nicht genugzutun vermag. Meist wird sie unterlagert von dem drohenden dunkeln Gefühl: das geliebte Wesen sei begehrter oder begehrungswürdiger als der Liebende selbst. Sie ist dann bereits mit Ressentiment, mit überreiztem ohnmächtigem erotischem Selbstgefühl versetzt. Abwegiger noch wird sie, wenn sich hinter ihr uneingestandene Schuldgefühle wegen eigener erotischer Versuchungen verbergen: man hat ihnen zwar widerstanden, aber das so versagtgebliebene Erlebenkönnen und die verdrängte Beschämung wegen der Versuchung setzt sich als Ressentiment gegen den geliebten Menschen als „eigentliche Ursache“ in eine Eifersucht um, die nur symbolisch ist, und in welcher man lediglich die Schuld an den eigenen erotischen Versuchungen dem anderen zuschiebt. Der geheime Zweifel an der Fähigkeit, dem anderen noch alles sein zu können, in geistiger, sexueller, erotischer Hinsicht, oder gar das Bewußtsein, ihn unwürdig behandelt zu haben, wie etwa beim Alkoholiker, wird zusammen mit Insuffizienzen des eigenen Machttriebes und des Bedürfnisses nach Selbstbestätigung in Eifersucht umgesetzt. Die wahnhafte Eifersucht ist nichts anderes als eine dieser gleichsam natürlichen Formen, aus denen sie fließend erwächst, wenn geeignete Dispositionen sie begünstigen.

Das Nachlassen erotischer Begehrungswürdigkeit bei lang ertragener sexueller Unbefriedigung führt ebenso wie einzelne psychisch-traumatische Momente zu allerhand allgemeinen Hysterismen, zu chronisch neurasthenischen Einstellungen, zu Angst- und Zwangszuständen mit oft symbolischen Symptomen. Klimakterische Umsetzungen in der physischen Verfassung wirken begünstigend oder auslösend. In bestimmten Situationen und bei bestimmten Dispositionen führt es zum Liebeswahn, zum überwertigen Glauben an die heimliche Liebe irgendeines bedeutenden insgeheim erstrebten Mannes; eine Welt der Wunschverwirklichung tritt an die Stelle der Realität. Auch andere Wahnformen — der sensitive Beziehungswahn KRETSCHMERS und der Sexualverachtungswahn KEHRERS — wie überhaupt beziehungswahnhafte Einstellungen können hier abgeleitet werden. Nach FREUD ist aller Verfolgungswahn nichts anderes als die projizierende Verwandlung enttäuschter Liebebedürftigkeit, insbesondere verdrängt-homosexueller Art.

Es ist hier insbesondere noch eines Faktors zu gedenken, der von nachhaltiger Kraft charakterologischer Gestaltung und Bewährung ist — jenes Faktors, der wie kaum ein anderer Form und Ordnung des Gemeinschaftslebens bestimmt und zugleich das wichtigste Regulativ geistig-erotischer und seelischer Auswirkungen darstellt: der Ehe und des Familienlebens. Das Thema wäre unerschöpflich, auch im Hinblick auf den Anteil, den der psychotherapeutische Arzt daran hat. Ihm treten von dem Eheproblem vorwiegend diejenigen Seiten entgegen, welche mit Trübungen und Störungen des Eheverlaufs verbunden sind, mit Gefahren, die aus der Ehe als Zustand für die Persönlichkeiten der Ehegatten, mindestens für einen derselben folgen, oder die aus Charaktereigenschaften des einen oder beider Ehegatten auf das Ehe- und Familienleben, den Nachwuchs und seine Aufzucht sich herleiten. Ganz weniges nur kann hier herausgegriffen werden. Die Ehe als soziale Einrichtung kümmert sich nicht um die seelischen Voraussetzungen, unter denen der einzelne sie schließt. So ist Enttäuschung von Lebenshoffnungen durch die Ehe und seitens des andern Ehegatten auch dort möglich, wo keineswegs hochgespannte Sehnsucht und unreale Schwärmerei oder Leidenschaft beim Eheschluß vorgelegen hatten. Es ist eine triviale Weisheit, die wir nicht erst von STRINDBERG zu lernen brauchten, daß Gewohnheit abstumpft, daß Sorge zermürbt, und daß jede Erfüllung zugleich ein Erlöschen der Sehnsucht bedeutet, somit nicht mehr als Erfüllung wirkt. Mit solchen Lebenserfahrungen findet sich der gereifte Wirklichkeitsmensch leicht ab, ohne über ihnen die Werte aus dem Auge zu verlieren, die der frei gewählte Lebenspartner aufweist. Und die Einigkeit gemeinschaftlichen sozialen Strebens und Erlebens, vor allem aber die gemeinschaftliche Elternschaft und die neuen und großen Aufgaben und Interessen, welche die Verantwortung für das Ergehen und das Glück der Kinder mit sich bringt, können jene unausbleiblichen Desillusionen überreich ersetzen. Sie können den Charakter des Menschen tief beeinflussen: sie erzeugen noch späte Wendungen zum Lebensrealismus, zur entsagungsvollen Unterordnung unter soziale und berufliche Zwecke beim Manne, zum selbstlosen Abschluß der Frau in ihre Bezirke der Häuslichkeit und Mütterlichkeit, selbst unter Verzicht auf liebgewonnene, seelisch wertvollste Interessen und Auswirkungen. Der vielbelächelte Stolz des Vaters auf seine Kinder ist häufig nur das Anzeichen dafür, daß dieser Verzicht auf aktiv-egoistische Eigenauswirkung siegreich und ohne jedes Resignationsgefühl gelungen ist: das Kind ist der vollwertige Ersatz und Lohn dafür. Beim Weibe kommen die biologisch vorbedingten tiefen Grundlagen der Mütterlichkeit diesem Zurücktreten der geistig-seelischen Individualität hinter den Gattungszwecken noch weit mehr entgegen. Aber nicht jeder und jede ist dieser Abfolge von Enttäuschung, Resignation, Umorientierung nach neuen gattungsmäßigen und sozialen Zielen und bereichernder Erfolgsfreude seelisch gewachsen. Vielen fällt es und aus den verschiedendsten Voraussetzungen, schwer, ein solches Stück individueller Möglichkeiten und Strebungen zu opfern. Sie tragen die Vorbedingung für eine verfehlte Ehe in die eheliche Gemeinschaft hinein, oft ohne es zu wissen und ohne eigene Schuldhaftigkeit. Dazu kommt nicht selten eine Komplizierung in den Beziehungen beider Ehegatten zueinander. Auch sie ist bedingt durch den Enttäuschungsfaktor in der Gewohnheit; nicht umsonst sagt eine alte Kirchenweisheit — und zwar in der tiefen Meinung, einen Lobspruch zu tun —, die Ehe sei ein Grab der Liebe. Mit der Erfüllung schwindet die Voraussetzung: der Wunsch. Verschiedenheiten des geistigen Gesichtskreises und der Interessensphäre, Entgegensetzungen von Charakterzügen, traditionellen, ethischen und gesellschaftlichen Einstellungen konnten durch den Wunsch, solange er unerfüllt bestand, verdunkelt oder übersehen oder überbrückt werden. Diese Befangenheit währt nicht auf die Dauer. Anpassungsschwierigkeiten ergeben sich; und jedes Opfer an Eigenheit und Eigenart kann als „Schuld" des andern Eheteiles erlebt werden, gleichviel ob es gebracht wird oder nicht. Auch hier ergibt sich eine unübersehbare Fülle charakterologischer Rückwirkungen. Man wird ihnen im Einzelfall therapeutisch mit größtem individuellem Verständnis nachzugehen haben; sie hier aufzuführen erübrigt sich. Die Gefahren des Ehebruches — nicht in einem äußeren Sinne, sondern in jenem tieferen und innerlichen vom Bruche des Willens zur Ehe — liegen auf der Hand: von der „unverstandenen Frau" bis zur gereizt-neurasthenischen Explosion, dem ohnmächtigen, überreizten oder kalten Haß, den hysterischen Abwehrmaßnahmen und allen Fluchttendenzen in Auswege der Sucht und des Krankheitsvorwandes. Insofern ist „enttäuschte Liebe" tatsächlich ein auslösender Faktor allzuvieler seelischer oder psychophysischer Alterationen, denen der Arzt gegenübersteht, ohne daß er — bei Fortdauer der Ehe als Schicksal des Leidenden, als sozialer Institution für dessen weiteres Leben — fähig wäre, kausal zu helfen.

Es mag paradox klingen, entspricht aber der Erfahrung, daß neben diesen geistig-seelischen Momenten die sexuellen im allgemeinen keine so ausschlaggebende Bedeutung für die Gestaltung der Ehe und des Menschen in der Ehe einnehmen, wie dies eine allzu medizinische Biologie gerne in den Vordergrund stellt. Immerhin färben auch sie stark ab, und zwar mehr bei der — an sich naturhafteren — Frau als beim

Manne. Die Einspannung der geschlechtlichen Eigenart mit ihren nicht selten polygamischen Tendenzen und zuweilen perversen Regungen in die Dauerinstitution der ehelichen Geschlechtsgemeinschaft, Differenzen in geschlechtlicher Ansprechbarkeit und Bedürftigkeit, endlich sexuelle Unfähigkeit oder mangelndes sexuelles Interesse seitens des Ehepartners trüben allmählich auch die geistig-seelische Einstellung der Ehegatten zueinander. Insbesondere drängt sich der Frau aus sexueller Vernachlässigung auf die Dauer jenes Gefühl mangelnden Geliebtwerdens auf, welches das Fundament ihres Eigenwertes um so stärker zu erschüttern vermag, je mehr sie zugunsten der Häuslichkeit und Ehegemeinschaft auf andere seelische Güter ihrer Individualität Verzicht geleistet hatte.

Literatur.

ELLIS: Moderne Gedanken über Liebe und Ehe. Leipzig 1924.

FREUD: Über einige neurotische Mechanismen bei Eifersucht, Paranoia und Homosexualität. Intern. Zeitschr. f. Psychoanalyse, Jahrg. 8. 1922.

HIRSCHFELD: Sexualpathologie. Bonn 1918ff. — Derselbe: Geschlechtskunde. Stuttgart 1924ff.

HÜBNER: Psychiatrische Beratung bei Eheschließungen und Adoptionen. Dtsch. med. Wochenschr., Jahrg. 49, H. 25. 1923.

JASPERS: Eifersuchtswahn. Zeitschr. f. d. ges. Neurol. u. Psychiatrie Bd. 1.

KEHRER: Erotische Wahnbildungen sexuell unbefriedigter weiblicher Wesen. Arch. f. Psychiatrie u. Nervenkrankheiten Bd. 65, H. 1/3. 1922.

KRAFFT-EBING: Psychopathia sexualis, 17. Aufl. Stuttgart 1924.

KRETSCHMER: Der sensitive Beziehungswahn. Berlin 1918.

KRONFELD: Sexualpathologie. Leipzig u. Wien 1923. — Derselbe: Über Gleichgeschlechtlichkeit. Stuttgart 1921.

LIEPMANN: Psychologie der Frau, 2. Aufl. Berlin 1922.

LOEWY: Vergleichende Betrachtung einiger Fälle erotischer Wahnbildung (Gouvernantenwahn, sexuelle Eigenbeziehung, Paraphrenie). Monatsschr. f. Psychiatrie u. Neurol. Bd. 53.

MARCUSE: Handwörterbuch der Sexualwissenschaft. Bonn 1923.

MEYER, E.: Über Eifersuchtswahn, insbesondere seine Beziehung zum manisch-depressiven Irresein. Dtsch. Verein f. Psychiatrie, Jahresversammlung 1921.

SCHELER: Zur Phänomenologie und Theorie der Sympathiegefühle, und von Liebe und Haß. Halle 1913.

SCHNEIDER: Studien über Persönlichkeit und Schicksal eingeschriebener Prostituierter. Berlin 1921.

STOPES: Das Liebesleben in der Ehe. Zürich 1920.

STEKEL: Nervöse Angstzustände und deren Behandlung. Berlin u. Wien 1918. — Derselbe: Onanie und Homosexualität, 2. Aufl. Berlin 1923.

Onanie. 14 Beiträge zu einer Diskussion der Wiener analytischen Vereinigung. Wiesbaden.

Dazu die Schriften von FREUD und ADLER und ihren Schülern (vgl. weiter vorn).

11. Traumatische Erlebnisse und Charaktergestaltung.

Traumatische Momente situativen Erlebens.

Eine letzte Gruppe von Erlebnissen sei hier angereiht. Sie unterscheidet sich von den vorangegangenen dadurch, daß sie alle Erlebnisse von akuter Einmaligkeit in sich schließt, deren plötzliches Eintreten, verbunden mit überstarker Affekterregung, ausgeprägte seelische Nachwirkungen im Gefolge hat. Es sind die im weitesten Sinne „traumatischen“ Erlebnisse, die in das Leben des einzelnen eingreifen. Entweder setzen sie längst vorbereitete Tendenzen, Komplexbereitschaften, Triebwünsche in aktuelles Spiel, oder sie erzwingen eine eigene adäquate reaktive Beantwortung. In beiden Fällen wirken sie dadurch, daß ihre emotive Begleitmusik die regulierende Oberschicht bewußter Einstellungen und Haltungen übertäubt und das Durchbrechen der Tiefenschichten des seelischen Apparates erzwingt oder doch begünstigt. Deren Auswirkung kann sich dann, von unbewußten Willens- und Wunschtendenzen getragen, fixieren und dauernd stärker bleiben als die wachbewußte Oberstufe. Am besten studiert sind die traumatischen Erlebnisse und ihre Wirkungen im Psychogeniegebiet sowie nach akutem emotivem Schock. Wir müssen sie hier aber in einem weiteren Sinne fassen als in dem, der etwa aus der Lehre von den fälschlich so genannten „traumatischen“ Neurosen bekannt ist.

Was zunächst die als traumatisch wirksam in Frage kommenden Erlebnisse anlangt, so genügt zu ihrer zusammenfassenden Kennzeichnung das eine Merkmal, daß sie insgesamt mit einem heftig erregten Affektstoß einhergehen, und daß ihr Ablauf in der Regel ein plötzlicher ist, mindestens aber, daß er etwas Neues, Ungewohntes, dem Lebenslauf und der Situation sich von außen Aufzwingendes im Gefolge hat. Das individuelle Leben ist reich an derartigen Momenten, und dadurch wird es nicht leicht, aus all diesen einmaligen äußeren Zufällen typische Verallgemeinerungen zu bilden. Jedes Erleben, welches einen heftigen plötzlichen Schrecken erzeugt, gehört hierher; zweitens ferner jedes Erleben, welches die Grundlagen des Eigenwertes heftig erschüttert; drittens jedes Erleben, welches das plötzliche Bewußtsein einer vitalen Gefährdung des Erlebenden in sich schließt. Endlich gehören viertens hierher jene Erlebnisse, auf deren Eintritt affektive Einstellungen des Erlebenden schon seit einer gewissen Zeit wie auf ein unabwendbares Unheil mit angstvoller Erwartung zugespitzt sind, in bezug auf deren Eintritt also eine erwartungsneurotische Spannung besteht. Nächst dieser besonderen erwartungsmäßigen Bereitschaft geht ein seelischer Schock anscheinend dann besonders tief, wenn der Betroffene von dem Ereignis in einem Zustande „verminderten geistigen Wachseins“, verringerter Abwehrhaltung erfaßt wird. Bei Tage sind wir meist fähig und darauf eingestellt, Störungen oder Schädigungen abzuwehren, in Distanz zu halten Bisweilen aber ist diese Einstellung fast oder völlig aufgehoben: nachts, beim Träumen, beim Alleinsein usw. Trifft den Menschen in dieser Verfassung ein plötzlicher Fremdeindruck, so scheint dieser ungehindert bis in die tiefen Seelenschichten durchzudringen und in seinen Folgewirkungen viel schwerer verwischbar zu sein als sonst. Zur ersten Gruppe, teilweise aber auch zur dritten und vierten gehören all die Unfälle, insbesondere die Kopftraumen, die unvorhergesehen und plötzlich eintreten; es gehören hierher die Erlebnisse bei Eisenbahnkatastrophen, bei gewaltigen entladungsartigen Naturerscheinungen (Gewitter, Erdbeben usw.). Zur zweiten und vierten Gruppe gehören jene Erlebnisse, bei denen der Erlebende in seinem Selbstvertrauen und seiner inneren Selbstsicherheit einen sich tief einprägenden affektiven Schaden erleidet: jede brutale Züchtigung des Kindes durch einen Erwachsenen, jedes rohe Hinwegschreiten über die Würde der eigenen Person seitens eines anderen, sei er Vorgesetzter oder Angehöriger oder sonst jemand; insbesondere plötzliches Erleben langbefürchteter eigener Unzulänglichkeit in einer Prüfung, angesichts einer Gefahr, in der Hochzeitsnacht, vor einer Aufgabe des Berufs gehört hierher. Zu allen vier Gruppen gehört das Erleben des eigenen Krankseins, wovon noch besonders gesprochen wird.

Der emotionale Schock und seine Fixationserscheinungen.

Die Wirkung derartiger Erlebnisse ist in der Regel zunächst die des akuten emotionalen Schocks. Dieser kann in seltenen Fällen bis zur Bewußtseinseinengung oder -trübung gehen; die dann hochbrechenden, psychischen oder psychomotorischen Phänomene sind gestempelt durch die jeweils in besonderer Bereitschaft liegenden psychischen und physiopathischen Dispositionen tieferer Schichten. Sie tragen in ihrer Symptomatik und Lokalisation lediglich deren Gepräge, ohne daß ein auch nur symbolischer Zusammenhang mit der Art des emotionalen Ereignisses zunächst sichtbar zu sein braucht. Und sie klingen unter Umständen, d. h. bei robusten Naturen ohne Tendenz zur seelischen Nachwirkung des Erlebnisses, rasch und spurlos ab. Aber in der weitaus überwiegenden Mehrzahl der Fälle tritt eine Nachwirkung des Schockerlebens und seiner unmittelbaren psychophysischen Wirkungen auf. Diese besteht zum Teil in mehr oder minder bewußter seelischer Verarbeitung. Ängstliche und unruhige Affekte, Ratlosigkeit, erwartungsmäßige Spannung auf den Ausgang der plötzlichen Erschütterung melden sich; und zugleich melden sich häufig auch jene halbbewußten und „unbewußten" Tendenzen der Flucht, der Abwehr, des Ausweges aus der durch den Einbruch des Erlebens geschaffenen neuen seelischen

Lage sowie aus der Gesamtsituation, in welcher dieses Erleben Wirklichkeit wurde. Neben dieser seelisch-reaktiven Verarbeitung findet aber noch eine dem Bewußtsein des Erlebenden so gut wie gänzlich entzogene direkte Nachwirkung des traumatischen Erlebnisses statt; es klingt nicht ab; es hinterläßt eine Disposition zum erneuten Verfall in seine Folgezustände, wie etwa ein Pferd, welches einmal gescheut hat, noch eine ganze Zeit lang unruhig bleibt. Oder bei erhöhter Reaktionsfähigkeit affektiver Ereignisse bleibt das traumatische Erleben mit der ursprünglichen Gefühlsstärke unberuhigt und verhalten, wenn auch außerhalb des Bewußtseinsfeldes, bestehen wie ein Komplex, und entfaltet dessen Wirkungen. So kommt es zu Fixationserscheinungen symptomatologischer Art. Diese sind entweder an das symptomatische Bild geknüpft, welches die unmittelbaren Zustände des ersten emotiven Schocks begleiteten, oder an andere, symbolisierende psychophysische Tendenzen, oder an sonstige physiopathische Dispositionen, die durch die spezielle endokrine, motorische und vasomotorische Konstitution begünstigt werden. Zur psychischen Reaktion treten unter Umständen noch psychogene Momente hinzu, von der Art, wie wir sie an früherer Stelle besprochen haben. Sie steigern und verfestigen die symptomatologischen Nachwirkungen weiter in eine Art von tendenziösen Zuspitzungen hinein. Symbolisierende und rekapitulierende sowie psychomotorische und innerseelische Entladungszustände periodischer Art bilden hier die Regel.

Die habituelle Verselbständigung der Symptome.

Allmählich wird der so geschaffene jeweilige Zustand habituell, sowohl in seinen innerseelischen Zusammenhängen als auch in seinen somatischen lokalisierten und allgemeinen funktionellen Auswirkungen und Symbolisierungen. Er macht sich gleichsam von seiner affektiven Genese selbständig und unabhängig, er wird wie eine objektivierte Versteinerung; er folgt lediglich seinem eigenen Ablaufgesetz. So entstehen die Bilder vieler chronisch-funktioneller Nervenkrankheiten.

Es sei noch einmal hervorgehoben, daß die so entstehenden Bilder der Erlebniswirkung traumatischer Einzelfakte zwar charakterologische und psychopathologische Eigenarten aktualisieren, daß aber die Art der so entstehenden Gestaltungen aufbaumäßig nur zum geringsten Teil durch den traumatischen Faktor bestimmt wird (höchstens insofern sich seine Besonderheit in ihnen zu symbolisieren vermag). Alles Material, was zum Aufbau derartiger Folgezustände, Fixierungen und Objektivierungen dient, liegt vielmehr vorgebildet und in Bereitschaft schon in der Individualität. Und auch die fixierenden Tendenzen entstammen in der Regel vorwiegend der seelischen und sozialen Gesamtsituation des einzelnen, seinen Trieb- und Wunscheinstellungen — und weit weniger der bloßen Reaktionswirkung des seelischen Traumas. Im Gebiet des rein Psychogenen fällt die letztere oft überhaupt fort.

Das Erlebnis des Krankseins und die erlebnismäßige Krankheitsgestaltung.

Zu diesen traumatischen Erlebnissen gehört nun auch das für den Arzt wichtigste Erlebnisgebiet: das Erlebnis des Krankseins durch den Kranken. Das allmähliche oder plötzliche Erwachen des Bewußtseins, krank zu sein, die Selbstwahrnehmung des Krankheitsbildes und -verlaufes, die hieran geknüpften emotionalen und gedanklichen Verarbeitungen, ihre psychophysischen Folgen und deren Verschmelzung mit dem jeweiligen Krankheitssyndrom, die Verflechtung dieses Gesamtkomplexes mit den dominierenden Inhalten der sonstigen Persönlichkeit, ihren familiären, sozialen, ökonomischen, und ihrem elementaren Selbstgefühl und Lebensgefühl, und dessen Erschütterungen: dies alles enthält die Grundlinien der erlebnismäßigen Krankheitsgestaltung, des „autoplastischen" Krankheitsbildes (GOLDSCHEIDER). Hier gibt es soviel Bilder, wie es menschliche Charaktere gibt — wobei man nur dies nicht vergessen darf, daß der Mensch unserer Kultur im allgemeinen dazu erzogen und gewöhnt ist, mit seinem eigentlichen Seelenleben zurückzuhalten und es hinter einer Maske von Gefaßtheit auch dann zu verbergen, wenn diese eine Lüge ist. Unsere Feststellungen gelten von allen Krankheiten, von körperlichen sogar in wahrscheinlich noch höherem Grade als von psychischen.

Verfolgen wir von dieser autoplastischen Krankheitsgestaltung bloß einige wenige Weisen dynamischer Typik, die zu ärztlich besonders wichtigen und psychotherapeutisch zugänglichen symptomatologischen Wirkungen führen. Wir bewegen uns hier in dem Gebiete eines organischen und funktionellen Miteinander und Übereinander von Symptombildungen.

Einmal kann die Sonderart der organischen Erkrankungen periodische Symptome einschleifen, deren Bahn dann habituell von allen möglichen, mit dem Leidenszustand oft gar nicht zusammenhängenden affektiven Entladungen in Anspruch genommen wird. Man denke etwa an den Epileptiker, dessen Anfälle bei allen möglichen Gelegenheiten habituell auftreten, auch wo organische Voraussetzungen der Hervorrufung des einzelnen Anfalles ermangeln. Ähnliches findet sich häufiger bei allen möglichen psychischen Erkrankungen. Aber auch bei organischen spinalen Erkrankungen und bei den verschiedensten chronisch-internen Erkrankungen beobachtet man häufig, daß die Symptome sich vorübergehend verstärken, wenn eine mit dem Krankheitserleben nicht zusammenhängende affektive Ursache dazwischenkommt. Ferner aber können alle organischen Erkrankungen, insbesondere schmerzhafte, chronische und schwere, ferner solche mit einem Kommen und Gehen von Symptomen, überlagert sein von seelisch-reaktiven Ausbauten. Diese können sich darauf beschränken, das jeweilige Symptom der organischen Erkrankung mindestens für die subjektive Selbstwahrnehmung zu verstärken; aufgewühlt von dem Gefühl, „daß doch alles verloren ist", von dem Gefühl der Unheilbarkeit, der Schmerzen, der mangelnden Brauchbarkeit im Leben usw. wird jede Fassung und Hoffnung verloren. Oder die Symptome werden durch ängstliche Selbstbeobachtung funktionell sichtbarer und eingeschliffener. Zuweilen werden sie auch im Sinne des vermuteten oder erwarteten Fortschreitens der Erkrankung funktionell ausgebaut.

Ferner aber begünstigt die seelische Verarbeitung organischer Erkrankungen in ihrer affektiven Folgewirkung das Freiwerden psychogener Mechanismen im anderen Sinne. Selbst da, wo in gesunden Tagen jede Andeutung psychogener Reaktionsformen fehlte, ja dem Charakter zu widersprechen schien, kann sich das Krankheitserleben als der Stärkere gegenüber dem Charakter erweisen. Diese psychogenen Mechanismen können vielfach ihre eigenen Wege gehen, unabhängig von der Symptomatik der jeweiligen organischen Erkrankung: der Kranke wird hysterisch reizbar und launisch, eigensüchtig und unduldsam, theatralisch hilflos, von brutaler Undankbarkeit. Sein Bewußtsein sperrt sich gegen alle früheren Interessen und aktuellen Eindrücke ab und engt sich gleichsam röhrenförmig auf die Krankheit ein. In der Regel werden gleichzeitig vorgebildete Bereitschaften der jeweiligen Konstitution auch zu mehr oder weniger ausgesprochener körperlich-funktioneller und lokalisierbarer hysterischer Symptombildung ausgenützt. Endlich werden die hysterischen Symptome vielfach die Wunschtendenzen und die Einstellung des Kranken zu seiner Krankheit symbolisch ausdrücken. In der Regel wird sich dieses Verhalten der Symptome mit ihrer funktionellen Ausgestaltung durch die organischen Krankheitssymptome kombinieren. Derartige hysterische Bearbeitungsweisen des Krankheitsbildes finden wir bei allen organischen Erkrankungen, von der Herzmuskelerkrankung bis zur Schizophrenie. Bei manchen sind sie erfahrungsmäßig besonders häufig und typisch: so bei (oft bereits abgelaufenen) weiblichen Adnexerkrankungen, multipler Sklerose, Neuritiden, Erkrankungen des Ohres und des Kehlkopfes.

Hierzu kommt endlich als letztes Gebiet dasjenige, wo bestimmte allgemeine oder örtliche physiopathische Bereitschaften, seien es solche konstitutioneller Art, seien es solche früherer oder abgelaufener lokaler Erkrankungen, von irgendwelchen psychisch-traumatischen Anlässen benützt werden, um deren Folgewirkungen in psychologischem Wege zu symbolisieren und zu objektivieren. Dies kann rein seelisch-reaktiv aus den Begleitzuständen der emotionalen Vorgänge erwachsen. Es kann aber auch von den Flucht- und Abwehrtendenzen psychogener Art, von dem, was man nicht sehr präzise als „Willen zur Krankheit" bezeichnet hat, ausgenützt werden. Insbesondere die vasomotorischen Dispositionen der Konstitution geben ein geradezu unerschöpfliches Feld für derartige Gestaltungen ab, ebenso die intestinalen Funktionseigenarten in ihrer konstitutionellen vegetativ-endoglandulären Bedingtheit. Über diese Dinge wurde schon an früheren Stellen gesprochen. Hieraus erwachsen die zahllosen Bilder der sogenannten Organneurosen und lokalisierten Hysterismen, die stets mit breiten Zonen in das allgemeine Gebiet des Neurotischseins, unter den besonderen jeweilig vorliegenden Bedingungen der psychophysischen Konstitution und Situation, hinüberleiten.

Literatur.

Vgl. Kap. 4: „Körperliche Funktionen als Begleitung, Ausdruck und Symbol seelischen Geschehens."

Außerdem:

Goldscheider: Krankheit und Mensch. Eine erkenntnistheoretische Betrachtung. Zeitschr. f. physik. u. diät. Ther. Bd. 26.

Hinrichsen: Über das „Abreagieren" beim Normalen und bei den Hysterischen. Zeitschr. f. d. ges. Neurol. u. Psychiatrie Bd. 16, H. 12. 1913.

Hübner: Über Kriegs- und Unfallpsychosen. Arch. f. Psychiatrie u. Nervenkrankh. Bd. 58.

Strümpell: Über die traumatischen Neurosen. Berlin 1888.

Wetzel: Ein Beitrag zu den Problemen der Unfallneurose. Arch. f. Sozialwiss. u. Sozialpol. Bd. 37, H. 2. Tübingen 1913. — Derselbe: Über Schockpsychosen. Ergebnisse von Untersuchungen an ganz frischen Fällen. Zeitschr. f. d. ges. Neurol. u. Psychiatrie Bd. 65, H. 3/5. 1921.

IV. Die ärztliche Charakterlehre und der Aufbau klinischer Krankheitsbilder.

Pathologische Persönlichkeiten.

Die Klinik ordnet die unübersehbaren Erscheinungsformen abartigen und kranken Seelengeschehens nach bestimmten, symptomatisch und verlaufsmäßig ähnlichen Grundformen. Diese klinischen Ordnungsformen haben wir als Befunde für unser psychopathologisches Verstehen und unsere psychotherapeutische Absicht vorauszusetzen — wenngleich nichts hindert und alles dazu drängt, die inneren Beziehungen zwischen Erscheinungsweisen, Erleben, dispositionellen Voraussetzungen und außerpsychischer Ätiologie mit möglichster Schärfe zu erfassen. Je individueller der Fall, um so besser ist dies in der Regel möglich; schwierig und anfechtbar bleiben nur die Verallgemeinerungen. Immerhin lassen sich auch hierfür wenigstens einige allgemeine schematische

Gesichtspunkte aufstellen; und diese erleichtern dann die Auffassung des einzelnen Falles und damit die ärztliche Stellungnahme.

Wir sondern zunächst alles ab, was in der Persönlichkeit eines Menschen von Haus aus da ist. Dies nennen wir im besonderen Sinne Merkmale seiner Persönlichkeit und ihres konstitutionellen Fundamentes. Seine körperlichen und seine psychisch-dispositionellen erblichen Überkommenheiten, sein Geschlecht und dessen psychische Rückwirkung, seine Rassenzugehörigkeit, das besondere Hervortreten einzelner von jenen atavistischen Reaktionsdispositionen, die wir oben erwähnten, die Besonderheiten im Habitus seines neuroglandulären Systems usw. gehören hierher. Die dynamischen Grundlagen seiner Reaktivität: das Verhältnis von Affizierbarkeit, Retentionsfähigkeit, intellektuellem Niveau und Abfuhrfähigkeit, können präformiert festliegen oder evolutiv bestimmt sein. Auf diese Grundlagen lassen sich all jene deskriptiven Typen abnormer Charaktere zurückführen, die wir im Leben und in der Sprechstunde vorfinden. Das Geschäft dieser systematischen Zurückführung soll hier nicht unsere Aufgabe sein. Wir unterscheiden vorerst rein äußerlich mit der Klinik — von der Norm an erwachsend und bis tief ins Krankhafte hinein sich ausweitend — den Erregbaren, den Haltlosen, Willensschwachen, die verschiedenen Spielarten gesteigerter Milieuabhängigkeit, den Triebmenschen, den „Epileptoiden", den Lügner (der die Umwelt über sich täuscht) und den Phantasten (der sich über die Umwelt täuscht), den von Haus aus Antisozialen, den konstitutionellen Pseudoquerulanten (der nicht nur bei einer, sondern bei jeder Gelegenheit queruliert), die verschiedenen Arten des Sonderlings (darunter die „schizoiden" Charaktere, von deren seelischer Basis bereits gesprochen wurde) usw. Auch die psychischen Mißbildungen und Entwicklungshemmungen, die Infantilismen und Oligophrenien, gehören herher — mögen sie auch in vielen Fällen durch frühe oder intrauterine organische Erkrankung des Zentralnervensystems „exogen" erworben sein.

Die Reaktivität dieser Persönlichkeiten ist eine von Haus aus festgelegte. Der Psychotherapeut kann zwar die vollzogene einzelne Reaktion bei manchem dieser Menschen rückgängig machen, er kann die Folgen der Reaktivität dieser abnormen Persönlichkeiten begrenzen und in ihrer Rückwirkung mildern: die Reaktivität selber entzieht sich seinem ärztlichen Zugriff.

Pathologische Reaktionen.

Hinter die pathologischen Persönlichkeiten stellen wir die pathologischen Reaktionen. Der Vollzug derartiger pathologischer Reaktionen ist keineswegs immer an einen einzelnen Persönlichkeitstypus gebunden; auf ihn hat vielmehr der exogene Faktor, das Erleben, einen beherrschenden Einfluß. Damit wird dieses Gebiet zum Kerngebiete psychotherapeutischen Eingreifens und Könnens. Wir unterscheiden die pathologischen akuten Reaktionen und die pathologischen Dauerreaktionen. Als Beispiele der akuten Reaktionen seien hier nur angeführt der psychische Schock und seine Wirkungen, die sogenannte Schreckneurose, die psychogenen Dämmerzustände, die hysterischen Entladungen, die reaktiven Psychosen der Untersuchungshaft und ähnliches. Bedeutungsvoller sind die pathologischen Dauerreaktionen. Zu ihnen rechnen all jene Folgen der affektiven Verhaltung und Sperrung vor Erlebnissen, welche die Konfliktsneurosen im weitesten Sinne konstituieren. Zu ihnen rechnen die Unfall- und Rentenkampfneurosen, die Mehrzahl reaktiver Hysterien, die Erwartungsneurosen, sehr viele Organneurosen und Hypochondrien; zu ihnen rechnet ferner der Querulantenwahn, manche Formen der Eifersucht, die reaktive Schwermut, das krankhafte Heimweh und das induzierte Irresein. Zu ihnen rechnet auch das Leidenserlebnis bei körperlichen Krankheiten, welches die Mehrzahl der Fälle bildet, in denen der Arzt psychotherapeutisch wirken muß.

Pathologische Entwicklungen.

Nach den abartigen Persönlichkeiten und den abartigen Reaktionen folgt der Inbegriff der pathologischen Entwicklungen. Bei ihnen handelt es sich um Abbiegungen der Äußerungsweisen des Seelischen ins Krankhafte; und diese Abbiegungen entstehen folgerichtig und mit innerer Notwendigkeit aus dem vorausgesetzten psychologischen und biologischen Fundament der Persönlichkeit. Aber im Unterschiede von den Reaktionen ist zum Einsetzen einer derartigen Entwicklung der Erlebnisfaktor und seine psychische Nachwirkung nicht von entscheidendem Einfluß. Wohl bedarf es unter Umständen des äußeren Anstoßes, damit eine Entwicklung ins Pathologische eintritt; und fast immer bedarf es einer besonderen vital-biologischen oder auch psychologisch-dynamischen Gesamtlage mit inneren Spannungen und Unausgeglichenheiten latenter Art, damit aus ihr die pathologische Richtung des Seelengeschehens sich herausentwickelt. Aber eine über die exogene Auslösung hinausgehende Wirkung kommt diesem situativen Faktor nicht zu; es ist nicht so, daß die Psyche auf ihn mit ihrer Abbiegung reagierend antwortet; das pathogene Schwergewicht liegt in den früher erörterten latenten Präformationen endogener Art. Wir haben mehrere dieser Entwicklungsweisen pathologischer Züge aus einer Persönlichkeit heraus zu unterscheiden; gemeinsam bleibt ihnen allen, daß sie aus dem vorausgesetzten Persönlichkeitsfundament lückenlos herauswachsen, daß sie kein Anzeichen einer Zerstörung des Persönlichkeitszusammenhanges an sich tragen, wie etwa die Erscheinungen eines destruktiven Gehirnprozesses. Dementsprechend sind die pathologischen Entwicklungen ihrem Wesen nach wenigstens grundsätzlich rückbildungsfähig, ohne daß die Persönlichkeit nach ihrem Ablauf irgendwelche Anzeichen eines Verfalles oder Defektes bietet; und diese Rückbildung tritt bei manchen von ihnen ja auch tatsächlich ein.

Die Auslösung einer solchen Entwicklung ist in der Mehrzahl der Fälle eine psychische. Sie kann aber auch eine somatische sein. So gehen somatisch ausgelöste Durchbrüche präformierter pathologischer Dispositionen fließend über in die direkt durch somatische (toxische) Schädigungen bewirkten psychischen Folgezustände. Auch diese sind ja nur zu einem Teil prozessiv und destruktiv, d. h. in unmittelbaren Umstellungen oder Ausschaltungen einzelner spezifischer oder lokalisierbarer seelischer Funktionen gelegen; in der Mehrzahl akuter Fälle aber sind sie von allgemeiner Art; sie trüben das „Bewußtsein" und bringen nur die vorgebildeten pathologischen Anlagen der Persönlichkeit zur Manifestation. Infolgedessen können wir sie den Entwicklungen in dem hier gemeinten Sinne zurechnen.

Zu den akuten Entwicklungen pathologischer Art rechnen wir jene transitorischen symptomatischen Psychosen, deren Zustandsbilder unter dem Begriff der Amentia irgendwie zu vereinigen sind, und die bei den verschiedensten situativen Faktoren sich einstellen: in der Gravidität oder nach der Geburt oder bei sonstigen Geschlechtsfunktionen der Frau, bei verschiedenen toxischen Noxen, in der Erschöpfung usw. Da es stets einer exogenen Auslösung bei ihnen bedarf, die Syndrome aber bei den verschiedensten Auslösungsmomenten: Vergiftung, Erschöpfung, seelischem Trauma — gleichsinnig gestaltet sind, so sprechen wir von den zugrunde liegenden Psychismen als von exogen auslösbaren Entwicklungstypen — oder mit BONHOEFFER kurz von „exogenen Reaktionstypen". Ihr Wesen aber ist endogen; der Name darf nicht irreführen. Zu ihnen rechnen wir auch die seltenen einzelnen Spielarten des impulsiven Irreseins bei undifferenzierten Entwicklungszuständen.

Ihnen eng benachbart und verwandt sind diejenigen Persönlichkeitsentwicklungen, welche wenigstens grundsätzlich eine Tendenz zur Periodizität aufweisen: vor allem die Gruppe des manisch-depressiven Irreseins und der zyklothymen Schwankungen. Man wird gerade in dieser Gruppe noch viel Verschiedenes herausdifferenzieren (REISS, RITTERSHAUS, EWALD), ohne aber die klnische Einheitlichkeit dieser Gruppe aufgeben zu müssen.

Unter den pathologischen Dauerentwicklungen von Persönlichkeiten treffen wir ein Konvolut verschiedener klinischer Verlaufsformen an, aus dem wir hier nur weniges herausgreifen. Hierher rechnet die „Paranoia", oder vielmehr dasjenige, was KRAEPELINS sorgsame Forschung auf diesem Gebiet von ihr übrig gelassen hat. Der Erfinderwahn, der Eifersuchtswahn, viele Formen des Beziehungswahnes klären sich uns bei eindringender psychologischer Betrachtung als rein charakterogene Entwicklungen einseitiger Art, erwachsend aus dem pathogenen Keim, der in latenten Disharmonien der dynamischen Charaktergrundlagen präformiert war. Die „Monomanien" einer längst versunkenen Psychiatrie erstehen in dieser Rubrik endogener einseitiger pathologischer Charakterabbiegungen gleichsam aufs neue. Die Mehrzahl der sexuellen Perversionen gehört hierher, ebenso die Mehrzahl der Süchtigen. Aber auch viele Fälle von eigentlicher konstitutioneller Neurasthenie, von Zwangs- oder Angstneurosen ohne auslösendes Erlebnis, bei hereditär belasteten schwer psychopathischen Persönlichkeiten, finden hier ihre Stelle. Auch gibt es gewisse Formen von Organneurosen, z. B. von Basedow, von Asthma, von Intestinalneurosen, die wie hierher stellen müssen.

Dem Psychotherapeuten erwächst hier die schwierige, aber lösbare Aufgabe, die Reversibilität derartiger pathologischer Entwicklungen anzuregen und soweit als möglich zu fördern. Das Wie wird ausführlich besprochen werden.

Pathologische Zerstörungen.

In diesen ganzen Aufbau von Persönlichkeit, Disposition, Reaktivität und Entwicklung, beim gesunden wie beim abartigen Seelengeschehen, kann nun, vom Außerpsychischen her, gleichsam wie eine fremde Macht, ein destruierender Prozeß eingreifen. Dieser Prozeß, durch mechanische oder toxische Insulte des Gehirns im weitesten Maße gesetzt, zerreißt die innere Kontinuität des Persönlichkeitsaufbaus und bringt sie zum Zerfall. Die Persönlichkeit, die von einem derartigen Prozeß befallen ist, erlebt dessen subjektiv-psychische Erscheinungsweisen, sie beantwortet sie, verarbeitet sie und reagiert auf sie, aber nicht mehr mit ihrer früheren intakten Kontinuität, sondern zum Teil schon mit den zerfallenden oder zerfallenen seelischen Kräften und Dispositionen, an deren Zerstörung der Prozeß arbeitet. Jeder Prozeß hat bis zu einem gewissen Grade eine spezifische psychische Wirkungsweise, die ihn auch klinisch charakterisiert: die Zerfallserscheinungen des Seelengeschehens sehen bei der Paralyse anders aus als etwa bei der genuin-dementen Epilepsie oder bei der Alzheimerschen Krankheit. Aber diese Spezifität ist nur eine relative; der ganze mannigfaltige Reichtum der Zustandsbilder und Verlaufsformen bei den einzelnen Typen destruierender Prozesse ergibt sich erst aus dem Wechselspiel des Prozeßfaktors, seiner cerebralen Ausbreitung und Auswirkung und seinem Fortgeschrittensein einerseits, aus der befallenen Persönlichkeit, ihrer spezifischen Resistenz gegen das Prozeßgeschehen, ihrem Zerfallszustande, ihren dispositionellen Fundamenten und Reaktionsweisen und endlich ihrem Prozeßerleben andererseits. So entstehen die großen Psychosen, das engere Arbeitsgebiet des Psychiaters. In der psychotherapeutischen Sprechstunde des Arztes ist für diese Fälle im allgemeinen kein geeigneter Platz; wir übergehen daher mit Berechtigung dieses Kapitel. Lediglich einzelne jener Prozeßfaktoren erwähnen wir kurz, um den Grundriß unseres systematischen Aufbaues abzuschließen.

Da ist zunächst der involutive Faktor. Man könnte versucht sein, ihn den determinierenden Momenten pathologischer Entwicklung zuzuordnen, anstatt den destruktiven Prozeßmomenten. Und dies haben wir getan, soweit als die Involution zwar biologisch-entwicklungsmäßige Seelenveränderungen, aber keine Psychose und keinen Defekt setzt. Denn die Involution, die Altersrückbildung, ist ein dem Lebensprozeß immanent innewohnender Vorgang. Und wir wissen auch schon seit SCHÜLE, daß Geistesstörungen an sich gleicher Art anders verlaufen, je nachdem sie ein rüstiges oder ein in Involution begriffenes Gehirn befallen. D. h. also, der involutive Faktor kann sich in seiner Spezifität mit den eigentlichen Prozeßfaktoren destruktiver Art kombinieren. Dennoch müssen wir diese senile Rückbildung und den Altersverfall des Nervensystems, sobald er mit voller pathologischer Schwere auftritt, unter die zerstörenden Prozesse des Zentralnervensystems rechnen.

Die anderen Faktoren zerstörenden Gehirngeschehens sind klinisch bekannt. Wir kennen die luischen und metaluischen, die arteriosklerotischen und die organisch-traumatischen Gehirnzerstörungen in ihren psychischen Rückwirkungsweisen. Wir kennen ferner die zerstörende Wirkung von Giften, mögen diese aus dem Körperinnern stammen oder von außen zugeführt werden, bei dauernder Einwirkung auf den Organismus. Hierher gehören die Bilder des chronisch-alkoholischen Schwachsinns und der epileptischen Demenz. Die individuelle Mannigfaltigkeit der so entstehenden Krankheitsbilder ist nicht so groß, daß ihre einheitliche klinische Basis aus dieser Pathogenese nicht ohne weiteres hervorleuchtete. Schwieriger und dunkler ist die Gruppe jener pathogenen Prozeßfaktoren, welche in fast unübersehbarem Wechselspiel mit den befallenen Individualitäten die zahlreichen Zustandsbilder und Verlaufsformen der seit KRAEPELIN zusammengefaßten Dementia praecox-Gruppe erzeugen. Hier liegen die Dinge offenbar so, daß das Prozeßgeschehen, zumal im Beginne der Krankheit, nur vereinzelte Zerreißungen der Persönlichkeitskontinuität setzt, die sich in Primärstörungen des Erlebens (Trugwahrnehmungen, gestörtes Aktivitätsbewußtsein und andere Ichstörungen), der Verarbeitung (Wahngeschehen, pathologische Gefühle, sogenannte Dissoziationen in der funktionalen Abfolge) und des

Reagierens (psychomotorische und sprachmotorische Anomalien) äußern. Diese Primärstörungen aber werden ihrerseits von der befallenen Persönlichkeit verarbeitet; und aus diesem Erlebnis der eigenen Diskontinuitäten entspringt der ganze Reichtum schizophrener Sekundärsymptome. Eine Disposition zum Eintritt derartiger seelischer Spaltungen und Kontinuitätstrennungen, wie sie der schizophrene Prozeß setzt oder auch aktuell macht, ist bei manchen Menschen sicher auch schon konstitutionell präformiert. Diese erscheinen uns als originär Verschrobene, als Sonderlinge, und sind dabei entweder solche konstitutionell Schizoide, oder Abortivformen des schizophrenen Prozesses.

Die eigentliche Darstellung dieser Dinge muß der Klinik überlassen bleiben. Uns mag es genügen, aus diesem Grundriß ein Bild gewonnen zu haben von den leitenden Gesichtspunkten, unter welchen der Arzt sich auf die psychische Eigenart all der Patienten, die ihn als Psychotherapeuten in Anspruch nehmen, einstellen soll. Je nachdem es ihm gelingt, den einzelnen Kranken an die ihm zugehörige Stelle innerhalb dieses Grundrisses einzuordnen, wird der Arzt in der Lage sein, die psychotherapeutische Eignung des Falles und das anzuwendende Verfahren objektiv zu bestimmen.

Literatur.

Aschaffenburg: Die Einteilung der Psychosen. Handb. d. Psychiatrie. Leipzig u. Wien 1915.

Binswanger: Welche Aufgaben ergeben sich für die Psychiatrie aus den Fortschritten der neueren Psychologie? Zeitschr. f. d. ges. Neurol. u. Psychiatrie Bd. 91, H. 3/5.

Birnbaum: Grundgedanken zur klinischen Systematik. Zeitschr. f. d. ges. Neurol. u. Psychiatrie Bd. 74. — Derselbe: Konstitution, Charakter und Psychosen. Dtsch. med. Wochenschr. Nr. 38. 1924.

Bleuler: Lehrbuch der Psychiatrie, 5. Aufl. Leipzig u. Wien 1923.

Bumke: Lehrbuch der Geisteskrankheiten. München 1924.

Fuchs: Psychiatrisch-erbbiologische Korrelationsphänomenologie. Zeitschr. f. d. ges. Neurol. u. Psychiatrie Bd. 69.

Gaupp: Die Klassifikation in der Psychopathologie. Ebenda Bd. 28.

Hoche: Die Bedeutung der Symptomkomplexe in der Psychiatrie. Ebenda Bd. 12.

Hoffmann: Studie zum psychiatrischen Konstitutionsproblem. Ebenda Bd. 74.

Jaspers: Allgemeine Psychopathologie, 3. Aufl. Berlin 1924.

Körtke: Ein Dilemma in der Dementia praecox-Frage. Zeitschr. f. d. ges. Neurol. u. Psychiatrie Bd. 48.

Kraepelin: Psychiatrie, 8. Aufl. Leipzig 1909—1915.

Kretschmer: Gedanken über die Fortentwicklung der psychiatrischen Systematik. Zeitschr. f. d. ges. Neurol. u. Psychiatrie Bd. 48. — Derselbe: Zur psychopathologischen Forschung und ihrem Verhältnis zur heutigen klinischen Psychiatrie. Ebenda Bd. 57. — Derselbe: Das Konstitutionsproblem in der Psychiatrie. Klin. Wochenschr. Bd. 1. — Derselbe: Der heutige Stand der klinischen Psychiatrie. Dtsch. med. Wochenschr. Nr. 3. 1922.

KRONFELD: Das Wesen der psychiatrischen Erkenntnis. Berlin 1921. — Derselbe: Bemerkung zu den Ausführungen von KARL BIRNBAUM und die Strukturanalyse als klinisches Forschungsprinzip. Zeitschr. f. d. ges. Neurol. u. Psychiatrie Bd. 53.

LEWIN: Psychologie, Psychopathologie und Psychiatrie. Ebenda Bd. 53.

MARCUSE: Zur Begründung der energetischen Theorie der Psychosen. Ebenda Bd. 57.

MOLLWEIDE: Symptomenkomplexe und Krankheitsbilder in der Psychiatrie in ihren Beziehungen zu psychomotorischen und psychosensorischen Grundmechanismen. Ebenda Bd. 59.

PILCZ: Lehrbuch der speziellen Psychiatrie, 5. Aufl. Leipzig u. Wien 1920.

REICHARDT: Allgemeine und spezielle Psychiatrie, 2. Aufl. Jena 1918.

RÖMER: Eine Einteilung der Psychosen und Psychopathien. Zeitschr. f. d. ges. Neurol. u. Psychiatrie Bd. 11.

SCHILDER: Über den Wirkungswert psychischer Erlebnisse und über die Vielheit der Quellgebiete psychischer Energie. Arch. f. Psychiatrie Bd. 70. 1923.

SCHRÖDER, P.: Zur Systematik in der Psychiatrie. Monatsschr. f. Psychiatrie u. Neurol. Bd. 42.

SCHRÖDER: Über die Systematik der funktionellen Psychosen. Zentralbl. f. Nervenheilk. 1909.

SEROG: Krankheitsgruppe und Krankheitseinheit. Zeitschr. f. d. ges. Neurol. u. Psychiatrie Bd. 81.

STERN, F.: Über die Möglichkeit der psychiatrischen Diagnostik überhaupt. Ebenda Bd. 53.

WILMANNS: Zur Differentialdiagnostik der funktionellen Psychosen. Zentralbl. f. Nervenheilk. 1907.

Zweiter Teil.

Die seelische Einwirkung des Arztes auf Charakter und Krankheitsbild. (Ärztliche Psychotherapie.)

I. Grundlagen der Psychotherapie.

1. Sinn und Ziele der Psychotherapie.

Kausale und symptomatische Therapie.

Spricht man von der Heilung einer organischen Krankheit, so verbindet man unwillkürlich mit diesem Gedanken die ungefähre Vorstellung einer Norm, die für den Ablauf der physischen Funktionen und Zustände gültig ist. Man setzt die Erzielung dieser Norm, der „Gesundheit", zu Ziel und Zweck der therapeutischen Bestrebungen im einzelnen Falle. Und wenn man sich auch stets zu Kompromissen bereit finden muß, die irgendwo zwischen den konkreten Funktionen und Zuständen des organisch-kranken Einzelfalles und diesem angestrebten Ziele liegen, so zweifelt doch kein Mensch an der natürlichen Berechtigung und Notwendigkeit dieser Zielsetzung. Der Begriff des Heilens bei organischen Erkrankungen ist in dieser Hinsicht ein klarer und eindeutiger; seine teleologische Tendenz ist klar, bestimmt und unbezweifelbar; lediglich die Zweckmäßigkeit der Mittel und Wege, mit denen das Ziel der Heilung im Einzelfalle angestrebt wird, bildet ein Gebiet unübersehbarer Forschungen der kausalen Therapie, und das hier Erreichte zählt zu den wenigen wahrhaften Großtaten menschlicher Kulturleistung.

Dieser Großtaten sind wenige. In der Regel müssen wir uns mit Verfahrensweisen begnügen, welche die physiologischen Prozesse im Organismus bei organischen Krankheiten im wesentlichen sich selber überlassen, und sie höchstens insoweit anzuregen oder zu fördern suchen, als dies zu einer Besserung des allgemeinen Kräftezustandes, einer Steigerung der allgemeinen oder spezifischen Widerstandskraft des Organismus, einer Linderung der Symptome zu führen vermag. Diese symptomatische Therapie ist zwar auf das gleiche Ziel eingestellt wie die kausale, aber mit dem Vorwissen, es durch ihre eigenen Mittel nicht voll erreichen zu können. Ihre Grenzfälle und zugleich ihre häufigsten Anwendungsformen sind diejenigen, in welchen die „subjektiven Beschwerden", die die organische Krankheit verursacht, gemildert oder bekämpft werden.

Erinnern wir uns aber daran, daß zu diesen „subjektiven Beschwerden" die gesamte seelische Verarbeitung des organischen Krankseins hinzugehört, ja, daß die subjektiven Beschwerden in ihrem Wesen nichts anderes sind als Erscheinungsweisen des Leidenserlebnisses und seiner psychophysischen Ausstrahlungen. Der Begriff des „autoplastischen Krankheitsbildes" ist mit dem Inbegriff der subjektiven Beschwerden insoweit identisch, als die Beschwerden derjenige Indikator sind, der uns die erlebnismäßigen Zusammenhänge zwischen organischer Krankheit und befallener Individualität unmittelbar ausdrückt.

Psychotherapie als symptomatische Therapie und das Problem einer kausalen Psychotherapie.

Angesichts dieser Tatsache kann, ja muß man diesen Teil der symptomatischen Therapie zur Psychotherapie hinzurechnen; und in diesem Sinne treibt jeder Arzt Psychotherapie, auch wenn er sich dessen nicht deutlich bewußt wird. Aber natürlich wäre es unbezeichnend für das Wesen der Psychotherapie, wenn man glaubte, mit dieser Kennzeichnung ihren eigentlichen Sinn eingefangen zu haben. Man kann sich dies mit unserm ärztlichen Denken daran klarmachen, daß es auch für die Behandlung oder Linderung subjektiver Beschwerden eigentlich zwei Wege geben müßte: entweder man bekämpft oder lindert symptomatisch jede einzelne subjektive Beschwerde, so wie sie konkret erscheint und sich darstellt (d. i. die mit Recht verurteilte Polypragmasie); oder man macht sich klar, daß die Erscheinungsweise der subjektiven Beschwerden einen Aufbau darstellt, in den das organische pathogenetische Fundament nur als letzter Anstoß eingeht, der von seelischer Selbstwahrnehmung und Reaktivität verarbeitet und individuell ausgestaltet wird. Wurde es unmöglich, den pathogenetischen Faktor selber therapeutisch anzugehen, so bleibt doch noch eine grundsätzlich mögliche Aufgabe: das Erlebenkönnen und Reagierenkönnen in bezug auf diesen Faktor zu beeinflussen und umzumodeln. Dies wäre nun bereits eine in anderem Sinne psychotherapeutische Aufgabe. Aber schon wenn wir sie betrachten, sehen wir, daß der Sinn des Begriffes „Heilung", wie wir ihn von der Behandlung organischer Krankheiten her mitbrachten, sich etwas verschoben hat. Die Befreiung vom Leidenszustande im Sinne eines Erlebnis- und Reaktionskomplexes mit allen seinen psychophysischen Auswirkungen wird zum Ziel genommen, obgleich das tatsächliche Bestehen organischer pathogenetischer Fundamente die Erreichung dieses Zieles nicht nur praktisch unmöglich macht, sondern auch grundsätzlich unwahrhaftig erscheinen läßt: denn gesetzt den Fall, die Lösung der psychologischen Aufgabe gelänge, so würde ihr Ergebnis der Tatsache der organischen Krankheit widersprechen. Wir hätten eine pessimistische Selbsttäuschung durch eine optimistische ersetzt; und als Ziel scheint hier der Psychotherapie tatsächlich etwas Ähnliches vorzuschweben.

Ist dies der Fall? Bewegt sich tatsächlich das Ziel der Psychotherapie nur in diesen trivialen Bahnen einer symptomatischen pia fraus? Zur Entscheidung über den Sinn und die Ziele der Psychotherapie wollen wir das große Gebiet der Fälle heranziehen, denen eine organisch-pathogenetische Grundlage ermangelt. Wir meinen hier alle jene Leidenszustände seelischer oder psychophysischer Art, die rein aus seelischen Reaktionen oder Persönlichkeitsentwicklungen angesichts des Problems konkreter Lebensschwierigkeiten sich herausbildeten; denken wir beispielsweise an die sogenannten Neurosen. Und wir meinen auch darüber hinaus alle jene Fälle eines Versagens der Anpassung an die konkreten Lebensbedingungen, die objektiv und für ihre Umgebung als „behandlungsbedürftig" erscheinen, ohne daß ihr eigenes Erleben ihnen dies kundgibt oder etwas von einem Leiden enthält. Denken wir als Beispiel etwa an jugendliche Psychopathen, welche soziale Schwierigkeiten machen. Wie liegen die Dinge hier? Was ist hier Sinn und Ziel der „Behandlung"?

Es ist leicht zu erwidern, auch diese Fälle alle sollen „gesund" werden. Bis zur Unlösbarkeit schwierig aber ist es, für diesen Begriff von „gesund" eindeutige Bestimmungsstücke zu finden. Bei den rein seelisch bedingten Leidenszuständen mag dies scheinbar noch gelingen; man könnte als Ziel ihrer Behandlung hinstellen, diese Menschen von ihren Leidenszuständen zu befreien. Allein vergessen wir nicht, daß auch diese Leidenszustände nur letzter Ausdruck und konkretes Ergebnis einer oftmals durchaus tendenziösen reaktiven Entwicklung aus bestimmten Persönlichkeitsfundamenten sind, die auf bestimmte Lebensanforderungen aufprallen. Diese Leidenszustände in ihrer zugespitzten Form sind nicht selten Produkte von Wunsch- und Triebtendenzen, von Ausflüchten, Abwehr- und Schutzvorgängen gegen unbequeme Opfer der Eigenliebe und Selbstsucht, Fluchterscheinungen schwächlicher Behaglichkeit und mangelnder Willenszucht. In allen Fällen aber sind sie Resultanten der in der jeweiligen Individualität vorgegebenen dispositionellen seelischen Strukturanlagen in ihrer Wechselwirkung mit dem konkreten Milieu. Sie sind als solche nicht nur von tiefer psychologischer Notwendigkeit und Determiniertheit, sondern auch von innerer Zweckmäßigkeit — so paradox dies klingen mag. Angenommen selbst, es ließe sich durchführen, den Menschen diese Leidenszustände völlig zu benehmen: so würden doch ihre individuellen Voraussetzungen, die objektiv mangelnde Angepaßtheit an die Lebensforderungen in ihrer jeweiligen besonderen psychologischen Ausgestaltung, bestehen bleiben. Und alsbald würde sich die immanente Teleologie der Persönlichkeit in einem seelisch-reaktiven oder entwicklungsmäßigen Verfall in Leidenszustände erneut darstellen.

Es ist die Frage, ob es in solchen Fällen überhaupt ethisch verantwortbar sei, Leidenszustände auszuschalten, ohne den ganzen Menschen in dieser immanenten Zuspitzung seiner Schwächen behandlungsmäßig auch nur zu berühren. Und zuvor bleibt noch das allgemeinere Problem: kann es nicht überhaupt das Ziel der Psychotherapie sein, eben diese Voraussetzungen des einzelnen Menschen, die ihn objektiv an den Lebensforderungen versagen lassen, therapeutisch anzugehen — gleichviel ob diese objektiven Anpassungsmängel in ihrer seelischen Selbstverarbeitung erkannt werden oder nicht, zu Leidenszuständen führen oder nicht, soziale Schwierigkeiten hervorrufen oder nicht?

Dieses Problem scheint nun also das eigentliche Ziel der Psychotherapie in sich zu schließen. Wir lassen hier die Möglichkeit seiner Verwirklichung noch ganz außer acht und fragen uns nur, ob dies schlechthin das Ziel der Psychotherapie sein könne. Es wird uns nicht schwer fallen, diese Frage zu verneinen.

Die soziale Anpassung ist keine Norm kausaler Psychotherapie. Der Wert der Individualität.

Wir reden hier von Anpassungsschwierigkeiten des einzelnen an die konkreten Lebensforderungen; wir reden davon, daß diese oft zu objektiven sozialen Schwierigkeiten, und daß sie noch häufiger zu subjektiven Leidenszuständen hinführen — sei es, daß der einzelne am Bewußtsein seiner eigenen seelischen Anpassungsschwierigkeiten, sei es, daß er an äußeren Bedingungen seines Lebenmüssens leidet. Mit welchem Recht kommen wir eigentlich dazu, diese Anpassungsschwierigkeiten an die sozialen Lebensbedingungen zum Kriterium des Unwertes und der Verbesserungsbedürftigkeit eines Menschen zu machen? Die Verhältnisse liegen hier doch ganz anders als bei organischen Krankheiten. Bei letzteren hat der Organismus in der Tat Beeinträchtigungen der Angepaßtheit an seine biologische Existenz als Organismus; seine Selbsterhaltung als Organismus ist biologisch gefährdet. Das Freisein von derartigen Gefährdungen oder ihre Überwindbarkeit durch die Ganzheitsbedingungen der Organisation ergibt eindeutige, nicht wegzudiskutierende immanente Prüfsteine seiner Norm. Hier hat der Therapeut Ziel und Maß für sein Vorgehen. Die Verhältnisse und Bedingungen jedoch, an die sich der einzelne Mensch im Leben seelisch anpassen muß, liegen außerhalb seiner selbst, sie gehören seinem Milieu an, sie sind im weitesten Sinne sozial und — vom Zentrum seiner individuellen Organisation aus gesehen — zufällig. In ihm selber in seiner biologisch-psychologischen Organisiertheit, in seiner Ganzheit, in deren immanenter sinnvoller Teleologie kommen sie nicht vor. In ihrer konkreten Einzelartung sind sie jeweils zufällig. Zufällig in einem statistischen Sinne, d. h. nicht wesensmäßig abgestimmt auf die organischen Bedürfnisse der psychisch-biologischen Einzelindividualität, sind sie auch in ihrer Gesamtheit. Die sozialen Ordnungsformen, Normen, Beschränkungen der Individualität sind nicht durch die Bedürfnisse und Einrichtungen der einzelnen biologischen Individualität motiviert; sie nehmen keinerlei Rücksicht auf diese. Wenn sie auch nicht sinnlos sind, so deckt sich doch ihr Sinn weder mit der Wesensbestimmung noch mit der Wertbestimmung der einzelnen Individualität. Ein geistreicher FREUDschüler, STÄRCKE, hat einmal das paradoxe und doch bezeichnende Bild gebraucht: Unsere gesamte Zivilisation mit ihren psychologischen Postulaten, Versagungen, Beschränkungen in bezug auf den Einzelnen schafft bei diesem eine Art Zwangsneurose. Alle diejenigen psychologischen Mechanismen, die ihn befähigen, den sozialen Konventionen usw. gemäß zu leben, bilden eine Art prophylaktisches oder symbolisches Zwangszeremoniell. Die Kräfte, mit denen dies durchgehalten wird, paaren sich mit denjenigen Kraftanstrengungen, durch welche die „Komplexe", die das eigentliche Wesen des jeweiligen Trieb-Ich ausmachen, also die wahre Persönlichkeit in Verdrängung gehalten werden, zugunsten des schematischen „Zwangszeremonielles" der sozialen Anpassung. Diese ist gefährdet oder mißlingt gerade da, wo die eigentliche organische Individualität nur mühsam oder gar nicht zugunsten des Zwangszeremonielles in ihrer Verdrängung zu halten ist, wo sie den Zwang der sozialen Anpassung durchbricht, sei es in den Kompromissen neurotischer Eigenarten und Leidenszustände, sei es außerhalb jedes Kompromisses in der echten konstitutionellen Psychose. Bedenkt man, daß die Reibungsflächen zwischen den Umweltforderungen und den Ansprüchen des Ich bei keinem Menschen ganz verschwinden, und bedenkt man weiter, daß diese Umweltforderungen, obwohl sie von weit gewaltigerer Kraft gestützt und durchgesetzt werden, als der Einzelne sie für seine Ansprüche aufwenden kann, doch zuletzt in bezug auf diesen Einzelnen psychologisch sinnlos sind, dann wird man nicht geneigt sein, in der Anpassungsfähigkeit an sie den eigentlichen Sinn und Wert und die Norm der Individualität zu erblicken.

Man kann sich dies noch zu konkreterer Klarheit bringen. Die Schwierigkeiten der Anpassung an die Lebensverhältnisse können z. B. in einer Volksgemeinschaft oder in einer Zeitepoche bis zur Unmöglichkeit der Bewältigung steigen, und zwar für die Mehrzahl der Menschen. Die Gründe hierfür liegen keineswegs in den Menschen; sie liegen in ökonomischen und sozialen Situationen und Kräften. Tritt ein solcher Zustand ein, so suchen wir auch ganz naiv und ohne tiefere Begründung die Ursache da, wo sie wirklich liegt. Wir halten nicht sowohl den Einzelnen, der sich den Lebensschwierigkeiten nicht gewachsen fühlt, für verbesserungsbedürftig, als vielmehr die sozialen und ökonomischen Zustände, unter denen diese Schwierigkeiten so überhand nehmen: Die politische Einstellung tritt an Stelle der ärztlichen. Wie wäre dies möglich, wenn der Begriff der „Lebensbedingungen“ für den Einzelnen gleichsam ein fester und absoluter wäre, nach welchem sich der Wert und Sinn des einzelnen Menschen bestimmt? Man denke auch daran, daß erfahrungsmäßig, wie die Kulturgeschichte aller Epochen zeigt, gerade diejenigen Persönlichkeiten, die aus ihrer geistig-seelischen Eigenart heraus besondere objektive Werte philosophischer, künstlerischer, religiöser Art geschaffen haben, weit mehr als andere am Leben überhaupt gelitten haben und in ihren konkreten Lebensbedingungen sozial versagten oder gefährdet waren. Es hat sich zwar auch hier ein Forscher gefunden, der die Meinung vertreten hat, das Pathologische (das ist wörtlich das Leidentliche, die Ergriffenheit — so gebraucht noch KANT diesen Ausdruck für Seelisches) dieser Persönlichkeiten beweise ihre „Minderwertigkeit“, die soziale Unfähigkeit sei deren Maß, und die von ihnen geschaffenen Werte bewiesen mindestens psychiatrisch nichts gegen dieselbe. Allein eine derartige Einstellung der Wissenschaft erinnert allzu stark an den platten Bourgeoisstandpunkt, der sich zwar an den beglaubigten Werten künstlerischer Schöpfung zu erfreuen erlaubt, mit den Künstlern selber aber zu verkehren für unangemessen hält. Würde man Ernst machen mit dem Gedanken, daß es ärztliche Aufgabe sei, jeden einzelnen Menschen unter allen Umständen restlos in die Forderungen und Bedingungen der konkreten Sozialität hineinzupressen, so wäre dies nur um den Preis des Verzichts auf die individuelle seelische Persönlichkeit jedes einzelnen möglich. Es würde eine große schematische Domestikation geben, ein Mensch würde aussehen wie der andere; der Ameisenhaufen wäre das getreuste Bild einer derartigen Zielsetzung, die schon NIETZSCHE im Zarathustra, da wo er vom letzten Menschen redet, bitter verspottet hat.

Der Arzt, und insbesondere der Psychotherapeut, ist nicht der kritiklose Büttel der sozialen Institutionen und Normen. Der Wert des Menschen mag auch in seinen Fähigkeiten zur Anpassung an diese anklingen: sein Grund aber, sein Fundament — dasjenige, welches jedem Menschen seine eigene Würde gibt, dies liegt nicht in der Einfügung des einzelnen in diese sozialen Beziehungen. Jede Zeitepoche destilliert freilich einen anderen menschlichen Wertmesser aus ihren ökonomischen und geistigen Gesamttendenzen heraus und neigt dazu, ihn zu verallgemeinern und ihn zu verabsolutieren. So hat unser Zeitalter das sozial Nützliche mit dem an sich Wertvollen verwechselt, und immer mehr wird die Arbeitsfähigkeit nicht bloß zum Maßstab der äußerlichen Brauchbarkeit, sondern sogar des Guten, Sittlichen und Hygienischen („Ertüchtigung"). Auch der Arzt wird fast zwangsläufig unbewußt auf die Anwendung dieses Maßstabes hingelenkt. Die soziale Anpassungsfähigkeit ist nur eine Erweiterung dieser spezielleren ökonomisch-sozialen Bewertung. Es ist Sache des Gutdünkens, ob ihre Erreichung dem einzelnen Arzte als absolutes Ziel der Psychotherapie vorschweben solle. Daß es, sozial gesehen und oft auch vom leidenden Menschen selber aus, ein wichtiges Ziel sein kann, wird gewiß zu bejahen sein. Aber es gibt andere und tiefere Wertmaßstäbe, und zu anderen Kulturzeiten waren andere herrschend. KLAGES hat einmal sehr schön darauf hingewiesen, daß die hellenische Norm für den Wert eines Menschen, die Kalokagathie, in der Glücksfähigkeit des einzelnen lag: in der Gabe, glücklich zu sein und Glück zu verbreiten. Was wir ferner mit einer ästhetischen Intuition als die „Harmonie" eines Menschen empfinden, das Ideal SCHILLERS, die „schöne Seele", ist wieder eine andere Norm, die in der möglichst konkreten Verwirklichung der Idee des eigenen Typus liegt. Hier relativiert sich das Material, nach welchem wir den Wert eines Menschen bestimmen, durch das Zurückgreifen auf die in ihm jeweils vorhandenen Möglichkeiten der Gestaltung. Wieder eine andere Norm ist die in unserm Sinne sittliche des guten Willens (KANT) oder der Vollkommenheit, in der möglichsten Angleichung an ein ethisches Ideal, sei es heteronomer (religiöser) oder autonomer Art.

Die Unmöglichkeit einer deskriptiven Norm des Seelischen als eines psychotherapeutischen Zieles.

Es zeigt sich hier, daß die Zielsetzung für eine Psychotherapie, die Normsetzung für die seelische Gestaltung einer Individualität, eine Wertbestimmung in sich schließt. Diese Wertbestimmung war bei unsern scheinbar rein naturwissenschaftlich-biologischen Ausgangspunkten ebenso schon vorhanden: da war es eine letzten Endes soziale, in der sozialen Angepaßtheit fundierte; wir haben aber gesehen, daß sie nur relative Geltung hat, daß sie das eigentliche Wesen der Individualität nicht berührt, sondern eher verletzt, kurz daß ihre Absolutheit auch vom biologischen, naturwissenschaftlichen Standpunkt aus ungültig war. Die absoluten Wertsetzungen hingegen, die eudämonistische der Hellenen, die ästhetische etwa SCHILLERS, oder die ethisch-religiöse und ethisch-autonome, haben in ihrer Begründung und Haltung mit den naturwissenschaftlichen und ärztlichen Einstellungen nichts mehr zu schaffen. Sie sind Bekenntnissache.

Eine rein deskriptive Norm des Seelischen, der geistig-seelischen Individualität, etwa in demselben Sinn, in dem wir sie für das physische Funktionieren des Organismus mindestens relativ gültig anerkennen konnten, existiert nicht. Man kann natürlich einen deskriptiven Begriff von Durchschnittlichkeit festlegen und sogar testmäßig profilieren, ähnlich wie man nach GALTON Durchschnittstypen des menschlichen Gesichts dadurch erzielen kann, daß man viele Tausende von Gesichtern übereinander photographiert. Mit dem Wesen der Norm aber hat ein derartiges Verfahren nichts zu schaffen. Norm im Seelischen und Geistigen enthält immer den Gedanken des Vorbildes, des Ideals, der Vollkommenheit, des Kanons (HILDEBRANDT); dessen Inhaltsbestimmung mit rein beschreibenden Mitteln ist nicht möglich: seit KANT wissen wir, daß aus dem bloßen Seienden niemals eine Bestimmung über das, was sein soll, begründet werden kann. Norm ist Wertsetzung; Wertsetzung ist nicht Sache naturwissenschaftlicher Beschreibung.

Hier zeigt es sich, daß unsere biologisch-naturwissenschaftliche Seelenlehre — so wichtig sie uns als charakterologisches Orientierungsmittel war — einseitig ist, nicht ausreicht und in ihrer tiefsten Wurzel eine Fiktion enthält. Ohne die Idee einer Norm, einer das Deskriptive überschreitenden geistigen Forderung vermag die Psychotherapie sich keinen Inhalt zu geben. Aber es steht unserm Standpunkt nicht an, hier das Geschäft der Philosophie zu besorgen. In klarer Erkenntnis der geschilderten Sachlage jedoch ist noch jede Erziehungskunst und Erziehungslehre letzten Endes an philosophischen Ideen und Normen orientiert gewesen. Und die Erziehungskunst ist auch für die Psychotherapie der übergeordnete Begriff; in sie geht die Psychotherapie als ärztliche Lehre von der Erziehung der Kranken ein.

Die Heteronomie ethisch-ästhetischer Ziele für eine Psychotherapie.

Was folgt nun aber daraus für unsere konkrete psychotherapeutische Zielsetzung? Soll sie wirklich ihr oberstes Prinzip in etwas Nichtärztlichem suchen, in irgendeiner ästhetischen Idee oder sittlichen Wertnorm? Und soll ihre Aufgabe darin bestehen, den ihr unterworfenen Menschen dazu fähig zu machen, dieser ethischen oder ästhetischen Norm in seinem Erleben und Reagieren zu genügen? Warnt uns nicht vor einer derartigen Einstellung immer wieder die praktische Lebenserfahrung, die mit Recht an jeden Arzt die Aufgabe stellt, in seinem Patienten nur den Leidenden und Hilfsbedürftigen zu sehen und sich freizuhalten von sittlichen oder ästhetischen Voreingenommenheiten?

Gewiß wäre eine Psychotherapie, deren zielsetzendes Prinzip ein sittlicher Wertmaßstab oder eine ästhetische Norm des Menschen wäre, in ihrem Ziel heteronom fundiert, und dieses wäre ein Schönheitsfehler. Hierauf wäre weniger Gewicht zu legen als auf die weit bedenklichere Erscheinung, daß der einzelne Psychotherapeut freien Spielraum hätte, eigene sittliche oder ästhetische Begrenztheiten, Vorurteile oder Irrtümer nicht nur zur Norm seines eigenen Verhaltens, sondern auch zur Norm der Erziehung und Beeinflussung seiner Kranken zu machen. Auch dies wäre immerhin erträglich; der Erzieher, der Lehrer steht ganz in der gleichen Aporie, und noch niemand hat deswegen grundsätzlich den Beruf des Lehrers oder Erziehers in Frage gestellt. Was aber die völlige Freihaltung des Arztes von sittlichen oder ästhetischen Voreingenommenheiten gegenüber seinen Kranken anlangt, so liegt in dieser Verpflichtung eine der besten Kulturerrungenschaften, sie darf um keinen Preis gefährdet werden, so wenig wie die Schweigepflicht des Arztes. Wir werden noch sehen, inwiefern das Bewußtsein des Kranken um diese ärztliche Einstellung von ungemeiner psychotherapeutischer Bedeutung ist. Aber diese Verpflichtung besagt nicht, daß der Arzt unsittlich oder unästhetisch eingestellt sein solle. Vielmehr fordert sie nur, er solle in seinem Verständnis des Patienten und in seinem Helferwillen durch keine sittliche oder ästhetische Präsumption gehemmt sein. Diese Einstellung des Arztes hat nicht das geringste damit zu tun, daß die helfende Zielsetzung selber den Kranken zu sittlicher oder ästhetischer Vervollkommnung anhalten soll.

So sind wir also plötzlich in der Zielbestimmung alles therapeutischen Handelns in einer sehr schwierigen Lage. Entweder wir übernehmen aus einer lebensanschaulichen, philosophischen oder sonst bekenntnishaften übergeordneten Betrachtung Prinzip und Norm unseres psychotherapeutischen Handelns und drücken sie dem Kranken auf, mit genau der gleichen Verpflichtung, mit welcher wir die Geltung dieser Norm für unser eigenes Handeln anerkennen. Dann besteht die Gefahr des persönlichen Dogmatismus und der rigoristischen Vergewaltigung der Wesensart des Kranken durch unsere eigene. Oder wir tun dies nicht: woher nehmen wir dann aber das letzte Ziel und oberste Prinzip für unser psychotherapeutisches Eingestelltsein?

Die Unwahrhaftigkeit eines eudämonistischen Endziels der Psychotherapie.

Man könnte auf den Ausweg verfallen, den Sinn der psychotherapeutischen Arbeit darin zu suchen, daß man die Möglichkeiten zum Glück, soweit sie durch die Wesensart des Patienten und durch seine Leidenszustände eingeschränkt werden, durch ärztliche Einwirkung zu steigern und zu fördern sich vorsetzt. Man könnte also ein eudämonistisches Ideal für die Psychotherapie als letztes Ziel in Anspruch nehmen. Ähnliches geschieht auch tatsächlich häufig, meist unter irgendwelchen konstruktiven theoretischen Entgleisungen. Aber auch dieser Gedanke hält nicht stand. Am glücklichsten ist — wenn anders Glück als die vollkommene Erfüllung aller Wünsche und Bedürfnisse umschrieben werden kann — zweifellos der Mensch, der schrankenlos all seine Leidenschaften, Triebe, Suchten, Willensimpulse, Interessen auslebt. Die Annäherung hieran erkauft sich gerade der Neurotiker sehr häufig durch die Scheinberechtigung seiner Krankheit; und auch der sozial Entgleisende, der Psychopath, gerät in seine Entgleisungen, weil die einschränkenden Bedingungen und Forderungen des Gemeinschaftslebens ihm Trieb- und Wunschversagungen auferlegen, die er nicht zu leisten fähig oder gewillt ist. Es liegt in der tragischen Antinomik des Glücksbegriffes freilich, daß die vollständige Erfüllung aller unbefriedigten Regungen der Seele, also der Eintritt des Glückes, zugleich das Leben der Seele und damit das Glück ertötet. Dies aber bleibt auch ohnehin bestehen: daß jeder Mensch — um seines bloßen Existierenkönnens willen — Opfer bringen, Verzicht leisten, Versagungen in bezug auf den Glückszustand auf sich nehmen muß. Es kann unmöglich das Ziel einer Psychotherapie sein, den Menschen, der ihr unterworfen wird, in dieser Fähigkeit des Opfers, des Verzichtes zu schwächen oder ihn von diesem allgemeinen Gesetz des Gemeinschaftslebens auszunehmen. Wir machen tatsächlich sehr viele unserer Kranken „unglücklich", indem wir ihnen den Verzicht auf Triebe und Suchten zumuten, indem wir ihnen Befriedigungen versagen, von denen wir annehmen, daß sie mit ihrer Würde und mit den Forderungen des Gemeinschaftslebens nicht in Einklang stehen. Und wir tun das mit Recht; und in den meisten Fällen erreichen wir mit der Einsicht des Kranken in die Notwendigkeiten dieses Verzichtes auch ihre innere Zustimmung. Ein eudämonistisches Ziel schlechthin liegt also **nicht** im Wesen der Psychotherapie. Der Morphinist, der seiner Leidenschaft sinnlos nachgibt, oder die hysterische Intrigantin, die ohne Hemmung ihr Mütchen an den Menschen ihrer Umgebung kühlt, sind gewiß bei diesen Reaktionsweisen viel „glücklicher", als wenn man sie ihnen versperrt. Dies hat noch keinen Psychotherapeuten von dem berechtigten Kampf mit denselben abgehalten.

Die Idee des „Stärkerseins" und ihre psychologischen Gestaltungen

In dieser Verlegenheit besinnen wir uns auf die **praktische Bedeutung der Psychotherapie im konkreten Leben des einzelnen**, der sich ihr unterwirft. Wir besinnen uns auf ihre **Bindung an** das ärztliche Wirken überhaupt, die ganz gewiß keine zufällige ist. Vieles von dem, was heute dem Arzte an psychotherapeutischen Einwirkungen obliegt, war früher das Geschäft anderer Instanzen, vor allem des Seelsorgers; nicht ohne Grund und ohne tiefen Sinn ist es den Händen des Arztes überantwortet worden. Die Psychotherapie braucht vielleicht gar kein letztes objektives Ziel, wenn sie sich dieser ärztlichen Bindung bewußt und auf den jeweiligen konkreten Einzelfall eingestellt ist.

Man kann in jedem Menschen, er leide oder er leide nicht, er sei seelisch ausgeglichen oder unausgeglichen, er sei sich seiner Besonderheit bewußt oder nicht, die Idee eines „Stärkerseins" erwecken. Jeder Mensch wird mit dieser Idee bestimmte Inhalte verbinden, von denen er vermeint, daß sie ihr für seinen individuellen Fall Leben und Bedeutung geben. Insofern wird die Verwirklichung dieser Idee ihm als Ziel oder als Forderung vorschweben; er wird trachten, sich ihr anzunähern und sie in seinem Leben durchzusetzen, weil er vermeint, sich durch ihre Verwirklichung sicherer bejahen und bestätigen zu können. Nicht eine objektive Vervollkommnung nach irgendeinem heteronomen Ziel hin wird angestrebt, sondern aus den ganz individuellen Voraussetzungen eines jeden Einzelnen heraus wird diese Idee des Starkseinwollens erst inhaltlich bestimmt und erfüllt. Sie ist also — im Gegensatz zum eudämonistischen Ziel wie zum ethischen oder ästhetischen oder dem der „Harmonie" usw. — von subjektiver Geltung, allen Verhältnissen und Konflikten sich jeweils inhaltlich anpassend, relativ, und frei von einer sichtbaren Beziehung auf etwas dogmatisch Erscheinendes. In vielen Fällen ist sie überhaupt nur eine Illusion, eine Fiktion, eine „Lebenslüge". Und doch enthält sie, wenn sie im einzelnen Leben als Forderung auftritt, etwas tief Verbindliches und Verpflichtendes für die subjektiven Entwicklungstendenzen des Strebens und Wollens, aber auch der Selbstbeschränkung und Selbstzucht. Zu untersuchen, woher die Verbindlichkeit des Erlebens dieser Idee stamme, ist hier nicht der Ort. Sie wird letzten Endes sowohl ethisch als auch ästhetisch zu rechtfertigen sein; denn das „Starksein" ist ja eine Voraussetzung zu größerer Vollkommenheit in beiden Hinsichten. Sie wird ferner lebhafte Triebbejahung aller der Menschen finden, die unter der Unsicherheit ihrer Eigenwertgefühle leiden. Denn schon biologisch besteht eine Grundtendenz des Organismus, die sich im Seelischen als Selbstbejahung und Selbstbestätigung auslebt; der innerlich in sich unsichere Mensch leidet nicht daran, daß er diese Tendenz nicht hat, sondern daran, daß die vorhandene vitale Tendenz zur Selbstbejahung im Seelischen aus irgendwelchen Gründen nicht voll von ihm erfüllt oder erlebt zu werden vermag. Insofern ist die Forderung des

„Starkseins“ jedesmal auch im inneren Zusammenklang mit den affektiven oder illusionären Gedankenbildungen, die sich jeder einzelne Mensch von seinem Ichideal, seinem seelischen oder seelisch-körperlichen Normbilde oder Gesundheitsbegriff machen mag. Auch das soziale Gewachsensein geht, insbesondere bei Konflikten des Einzelnen mit der Gemeinschaft, zwanglos in das Schema dieser Idee oder Illusion ein. In der Forderung des „Starkseins“, welche die Psychotherapie an die Menschen richtet — an jeden einzelnen gemäß seiner Lage und seinen individuellen Voraussetzungen —, lassen sich also nicht nur ethische und ästhetische Normen, sondern auch hygienische, soziale und psychologische Ziele in ganz individuell bestimmter Weise unterbringen und ausgestalten.

Dazu ist natürlich notwendig, diese Idee vor dem erlebenden Bewußtsein des Einzelnen in ihrer ganzen relativen Jeweiligkeit psychologisch zu konkretisieren. Dieser Vorgang gestaltet sich anders, je nachdem der zu Behandelnde überhaupt erlebnismäßig leidet oder nur objektiv versagt, ohne ein Bewußtsein davon zu haben. Er gestaltet sich ferner anders, wenn der leidende Mensch sein Leiden als auf eigenen Schwächen beruhend oder zu ihnen in Beziehung stehend empfindet, oder wenn er sich als schuldloses Opfer seines Leidens fühlt. Er gestaltet sich anders, je nachdem es, in Ansehung der psychologischen Einzelsituation, eben aus dieser Idee heraus notwendig erscheint, dem Leidenden oder Versagenden ein wissendes Bewußtsein von Existenz und Art seiner Schwächen zu geben, oder je nachdem sich dies wegen der zu erwartenden seelischen Rückwirkungen verbietet. Über alle diese Einzelheiten und den durch sie bedingten Ausbau psychotherapeutischer Einwirkung werden wir an späteren Stellen im Zusammenhang ausführlich sprechen. Hier sollen nur wenige allgemeine Vorstellungen angeschlossen werden, die aus der Forderung des Stärkerseins als in jedem Falle verbindlich entfließen. Stärkersein, d. h. freier sein: dem Leiden gegenüber, den Aufgaben gegenüber, die Leben und Gemeinschaft konkret stellen, dem Verzicht und der Beschränkung gegenüber Gefühlsabstand haben, Sicherheits- und Überlegenheitsgefühl; Stellung außerhalb und jenseits der wirklichen Beziehungen einnehmen können, in denen man als Geschöpf, Spielball und Opfer verstrickt war. Es heißt nicht nur: Schickungen ertragen können; es heißt zugleich auch: fähig sein, ihnen auszuweichen oder sie nicht als Schickungen zu empfinden. Zugleich aber heißt Stärkersein in hohem Maße: sich selbst gegenüber erhöht verantwortlich sein, die Verantwortung für das eigene Ich ungebeugt, sicher und freien Blickes zu erkennen und auf sich zu nehmen. Stärkersein bedeutet also sowohl ein gesteigertes und gesichertes Wertbewußtsein des eigenen Wesens, der eigenen Würde in geistiger und körperlicher Hinsicht, als auch ein gesteigertes Bewußtsein der Verbindlichkeiten, die aus diesem Wertanspruch für seinen Träger folgen: Verbindlichkeiten gegen das eigene Ich und gegen die Dinge.

Natürlich genügt es nicht, etwa jedem psychotherapeutisch zu Behandelnden einfach diese Forderung zu stellen; es kommt vielmehr darauf an, sie mit oder ohne wissendes Bewußtsein des zu Behandelnden in seinem seelischen und sozialen Leben zu realisieren, und zwar in der ganzen Fülle und Mannigfaltigkeit jedes gelebten Einzellebens. Die psychologische Kunst besteht gerade darin, jeden einzelnen in seiner Weise zur Verwirklichung dieses Stärkerseins fähig zu machen. Mit dem abstrakt gezeigten Ziel ist noch keineswegs der Weg gewiesen. Und wenn es schon einer außerordentlich weitgehenden Relativierung bedarf, um das abstrakte Ziel jeweils mit konkreten lebendigen Inhalten zu erfüllen und in dieser Gestalt zum Ziel zu machen, nicht bloß zur leeren Forderung, sondern zu einem wirklichen elementaren Bedürfnis im einzelnen Leben: — so ist noch weit vielfältiger das Problem, jeder psychischen und psychophysischen Individualität nunmehr, mit oder ohne ihr wissendes Bewußtsein, die Möglichkeit zu verschaffen, sich diesem Ziel auch wirklich anzunähern. Von all diesen Dingen werden wir im folgenden handeln; in ihrer von mir für optimal gehaltenen Gestaltung findet sich diese ärztliche Kunstlehre der menschlichen Erziehung in dem Abschnitt über Psychagogik zusammengestellt. Wir haben das allgemeine Ziel; suchen wir zunächst unsere Wirkungsmittel ebenso allgemein kennenzulernen.

Literatur.

Bahnsen: Beiträge zur Charakterologie Bd. 1. Leipzig 1867.

Hildebrandt: Norm und Entartung des Menschen. Dresden 1920. — Derselbe: Medizin und Philosophie. Monatsschr. f. Psychiatrie u. Neurol. Bd. 53.

Hoppe: Zur logischen Grundlegung der Psychopathologie. Zeitschr. f. d. ges. Neurol. u. Psychiatrie Bd. 51.

Kern: Die psychische Krankenbehandlung. Berlin 1910.

Koch: Ärztliches Denken. Abhandlungen über die philosophischen Grundlagen der Medizin. München 1923.

Lazarus: Das Leben der Seele Bd. 3, 2. Aufl. Berlin 1882.

Meinong: Für die Psychologie und gegen den Psychologismus in der allgemeinen Werttheorie, Logos Bd. 3.

Nelson: Kritik der praktischen Vernunft. Leipzig 1917.

Prinzhorn: Der Psychiater und die Psychoanalyse. Zeitschr. f. d. ges. Neurol. u. Psychiatrie Bd. 80.

Spranger: Lebensformen. Geisteswissenschaftliche Psychologie und Ethik der Persönlichkeit, 3. Aufl. Halle 1923.

Staercke: Psychoanalyse und Psychiatrie. Leipzig, Wien u. Zürich 1921.

Über Psychiatrie und Seelsorge vergleiche die Darstellung der Kämpfe zwischen Medizin und theologisch-ethischer Philosophie im Jahre 1893. Insbesondere den „Bericht des Vereins Deutscher Irrenärzte“ mit Beschluß vom 25. Mai 1893. München 1893. Und „Psychiatrie und Seelsorge“ in der Zeitschrift für Psychiatrie Bd. 50.

2. Der seelische Einfluß des Arztes.

Die ersten affektiven Einstellungen des Leidenden zum Arzte.

Die Mittel, die dem Arzte gegeben sind, den Zustand seiner Kranken seelisch zu beeinflussen, sind keine anderen als diejenigen, durch die überhaupt ein Mensch auf einen anderen seelisch zu wirken vermag. Was sie von ihnen unterscheidet, ist lediglich die zielgerichtete Art ihrer Anwendung und die Konzentriertheit, mit der sie bei den besonderen Gelegenheiten, bei welchen der Kranke seinen Arzt erlebt, ins Spiel gebracht werden. Der eigentliche psychotherapeutisch wirksame Faktor liegt in der Art, wie der Kranke seinen Arzt erlebt und die von diesem ausgehenden Stellungnahmen zur eigenen Persönlichkeit verarbeitet. Dies Erleben zur höchsten Intensität zu gestalten und zur Zielsetzung und Zielerreichung für den Kranken wirksam zu machen, ist die psychotherapeutische Kunst. Bereits in dem Augenblick, wo der Kranke dem Arzte zum ersten Male gegenübertritt, ist er in starker affektiver Spannung. An seinen Leidenszustand oder seine Konflikte knüpfen sich Sorgen, Befürchtungen, Ängste. An das noch unsichere Verständnis und Wirken des Arztes binden sich Erwartungen, Hoffnungen und Zweifel. Beide Affektreihen stehen einander zunächst in unausgeglichener Spannung gegenüber. Schon das erste Erleben des Arztes bahnt zwar den Ausgleich dieser affektiven Spannungen an, setzt aber neue, und je nachdem der Kranke die Ausgleichung all dieser Spannungen in sich fühlt und zu seinen Leiden oder Konflikten in Beziehung bringt, knüpft er immer stärkere affektive Kräfte an die Person seines Helfers. Aus tiefen Schichten, reflexionell ganz unbeglaubigt und höchstens durch verstandesmäßige Vorwände nachträglich motiviert, brechen diese affektiven Bereitschaften hoch: sie kleiden sich in die Erlebnisweisen erwartungsvollen Vertrauens, oftmals getrübt und überwuchert von Rückfällen in die eigentlichen Leidenserlebnisse, und in die Anerkennung der ärztlichen Autorität und der von dieser ausgehenden wohltätigen Macht, die den Kranken entlastet und führt. Auch dieses Erleben wiederum wird nach den Selbstwertgefühlen des Kranken, nach seiner Anlehnungsbedürftigkeit, nach dem subjektiven Gewicht seines Leidens und nach dem geheimen Sinn desselben für ihn wechselnd als erwünscht oder unerwünscht empfunden. So werden die Beziehungen des Kranken zum Arzt sehr bald höchst verwickelte und von ihm selber schwer durchschaubare.

Folgen wir ihnen etwas näher und versuchen wir zugleich zu erkennen, inwiefern sie zu Mitteln der Einwirkung im Sinne des psychotherapeutischen Zieles auszuwerten sind. Wir wissen, daß jeder Affekt und jedes Gefühl seine unmittelbare Auswirkung auf die psychophysische Gesamtvitalität in mehrfacher Hinsicht bei sich hat, wir haben davon im ersten Teile gesprochen. Die typischen Affekt- und Gefühlsreihen, die jeder Arzt durch sein bloßes Dasein im Leben des Kranken zu erzeugen und auszuwerten vermag, mehr als dies anderen Menschen beschieden ist, äußern sich zunächst als Vertrauen. Vertrauen ist noch nicht Gläubigkeit, aber es ist eine Vorstufe der Gläubigkeit; es ist eine innere Bereitschaft zur Preisgabe von Positionen des Ichgefühls. Das Ichgefühl lebt sich aus, indem es seine unzugängliche Abgeschlossenheit aufgibt, indem es an seinen Seinsweisen, Erregungen und Darstellungsformen den Arzt teilhaben läßt. Der Vertrauende eröffnet sich dem, dem er vertraut; er lehnt sich an ihn an; er erwartet vom Anderen gleichsam den Vollzug einer seelischen Identifikation, einer verstehenden, billigenden, anerkennenden und fördernden. Diese Vorgänge vollziehen sich nicht abgesondert und bewußt; es sind urtümlichere, einer Unterschicht des seelischen Lebens entstammende Dynamismen, die an frühkindliche Einstellungen anknüpfen und sich erlebnismäßig in diesem Sich-aus-der-Hand-Geben, dieser Entselbstung, dem Sich-einem-andern-in-die-Hand-Geben äußern. Dieser Komplex von Gefühlsbewegungen wird in der nicht weiter differenzierten Form des Vertrauens erlebt. Damit liegen dem Arzte bereits Zugänge zu den psychischen Vorgängen des Vertrauenden offen; an ihm ist es, dies Vertrauen zur Gläubigkeit und Suggestibilität auszubauen, es aber auch zu rechtfertigen, indem er es zum Motor daran anknüpfender affektiver, katathymer, d. h. durch Affektgemeinschaft gegebener Umstellungen in diesen Tiefenschichten macht.

Das Erleben der ärztlichen Hilfsbereitschaft im Leidenden.

Der Arzt ist in der glücklichen Lage, diese vertrauenden Einstellungen des Kranken mit fast selbstverständlicher Leichtigkeit sich zuzuwenden — von vereinzelten hypomanischen und paranoiden Konstitutionstypen abgesehen. Seine Situation als vom Kranken aufgesuchter Helfer begünstigt ihn dabei. Stärker noch begünstigt ihn jene Atmosphäre, die den Kranken zu rückhaltloser Freimütigkeit auch in der Selbstschilderung hindrängt, und die durch zwei Umstände geschaffen wird: durch das Wissen des Patienten um die ärztliche Schweigepflicht und die völlig vorurteilslose, humane, lediglich auf Hilfsbereitschaft eingestellte Gesinnung des Arztes. Deshalb haben wir an früherer Stelle diese beiden Gebote als wichtigste psychotherapeutische Güter bezeichnet. Schwieriger ist es schon, das Vertrauen des

Kranken festzuhalten, gegen Kritik desselben zu sichern und zu steigern. Es beruht viel — mehr als nüchterner Verstand sich zugesteht — auf dem Nimbus, der den Arzt umgibt, der ihn als Träger besonderer Weisheiten, Fähigkeiten und Überlegenheiten erscheinen läßt — mindestens hinsichtlich der speziellen Not, in welcher der Kranke steht; ferner aber vor allem darauf, daß der ganze ärztliche Mensch mit all diesem Nimbus nur für den Kranken dazusein scheint und sich ganz in den Dienst von dessen Sorgen und Schwächen begibt; also auf dem Interesse, welches der Kranke bei seinem Arzte wahrnimmt. Dies Interesse erstrecke sich zunächst — zweckmäßigerweise für eine gewisse Zeit ausschließlich — auf die Krankheit des Kranken, auf seine Leidens- und Konflikterlebnisse; hier aber auf alle, auch die scheinbar nebensächlichsten, Einzelheiten. Es erstrecke sich auch auf solche Einzelheiten, die tatsächlich nebensächlich, ja selbst objektiv lächerlich sein mögen; und selbst wenn der Arzt derartige Dinge beim wahren Namen nennt oder mit systematischer Vernachlässigung „behandelt": selbst dann muß der Kranke noch hinter der Vernachlässigung derartiger Symptome das Interesse des Arztes an der Person des Leidenden herausfühlen. Den übrigen Verhältnissen des Kranken trete der Arzt nicht mit unziemlich scheinender Neugierde, sondern mit taktvoller Zurückhaltung entgegen, selbst wenn sie nicht ohne Bezug auf seine Konflikte und Leidenszustände sind; niemals darf er seinem vermeintlichen Nimbus in den Augen des Patienten hierin etwas vergeben; je mehr er darauf achtet, um so schneller und stärker wird der Kranke selber dahin drängen, dem Arzte alle Zusammenhänge seiner Persönlichkeit und seines Lebens mit seinen Leidenszuständen anzuvertrauen. Dann folge der Arzt, ohne seinerseits allzu aktiv zu werden, interessiert bis in die letzten Verzweigungen; ja er wende seine technischen Verfahrensweisen an (hypermnesierende Hypnose, Psychoanalyse usw.), um, wo es notwendig ist, den Bewußtseinskreis des Kranken um diese Zusammenhänge seinerseits zu erweitern. Der Arzt darf bei seinen Stellungnahmen in bezug auf das Leiden des Kranken weder bewußt noch unwillkürlich Anzeichen eines Pessimismus verraten; ebenso verfehlt ist aber ein allzu früh gezeigter Optimismus, der als oberflächliches Verständnis oper als Leichtfertigkeit gegenüber der erlebten Schwere seitens des Kranken ausgelegt werden könnte. Genau das gleiche gilt von einer allzu früh einsetzenden Aktivität der seelischen Therapie, womöglich in polypragmatischer Form. Die Haltung des Arztes im Beginn aller psychotherapeutischen Beziehungen muß darauf eingestellt sein, daß der Kranke das sichere Gefühl hat: der Arzt warte zunächst den entscheidenden Augenblick in der Auflösung der Leidens- und Konfliktszusammenhänge ab, um dann seine ganze aktive und überlegene Wucht in den Dienst der Beseitigung und Überwindung derselben zu stellen.

Es gibt Ausnahmen von dieser Regel. Ungeduldige, viel von anderen Behandelte, Eigensüchtig-Theatralische oder selbstquälerische Sensitive, oder solche mit akutem Symptom fordern energische ärztliche Eingriffe oder werden bei Zögern mißtrauisch. In solchen Fällen tut man gut, rasch irgend etwas dem Fall angepaßtes Therapeutisches zu unternehmen, um symptomatische Besserung zu schaffen; man betone aber auch dann sogleich, daß man diese Verfahrensweisen bei aller Wirksamkeit für vorläufig halte und der eigentlichen systematischen Behandlung im Interesse des Kranken lediglich vorwegnehme. Im übrigen verhalte man sich fürs erste wie ein mitfühlender, aber ziemlich neutraler Freund, den vom Kranken lediglich die umfassende Sachkenntnis und Erfahrung unterscheidet. Wir werden von den sich allmählich entwickelnden Gefühlsbindungen des Kranken an den Arzt noch zu sprechen haben; sie werden am zweckmäßigsten durch diese Haltung des Arztes eingeleitet, in der jedoch eine Unterschwingung von Autorität stets mitklingen muß, von welcher der Kranke das Gefühl haben soll, daß sie jederzeit bedeutsam bei ihm zur Geltung kommen kann. Auch in der Art, wie die Honorarfrage geregelt wird, muß diese Anerkennung des Autoritativen zum Ausdruck gelangen; es muß darin zum Ausdruck gelangen, daß der Arzt mit dieser hingebenden und interessierten Einstellung seine Überlegenheit in den Dienst einer Sache stellt, um den er ohne sein Zutun angegangen worden ist. Deshalb wird die Honorarabrede zweckmäßig bereits in diesem ersten Stadium der Beziehung von Kranken und Arzt definitiv getroffen. Sind erst die später in Frage kommenden Gefühlsbindungen eingetreten, so kann unter Umständen ihre psychotherapeutische Verwertung durch die Honorarfrage gestört werden. Niemals sollte der Kranke ein allzu sicheres Bild von der Selbstlosigkeit des Arztes bekommen; dann wird er nur geneigt, das autoritative Moment zu übersehen und die Leistung des Arztes zu gering anzuschlagen, was dem psychotherapeutischen Effekt naturgemäß abträglich ist.

Die seelische Selbstentlastung.

In dieser Atmosphäre von Vertrauen, rücksichtsloser Offenheit. gefühltem Interesse, erlebter Hilfsbereitschaft und „blind" anerkannter Autorität entwickelt der Kranke sich in einer seelischen Richtung, die von besonderer psychotherapeutischer Bedeutung ist: derjenigen der seelischen Selbstentlastung. Die gesamte in einem Leidens- oder Konfliktserlebnis angestaute Affektivität in ihren vielfältigen wechselseitigen Verhakungen und Verkrampfungen drängt auf eine Entlastung, auf ein Sichentladen. Durch das gesprochene Wort ist diese Affektentlastung schon rein motorisch möglich. Sie ist noch viel mehr psychologisch fördernd und befreiend. Indem der Leidende rückhaltlos „sein Herz ausschüttet“, gelangt er zu größerer Freiheit und Beruhigung gegenüber all dem, was er als ungelösten Konflikt, als unbewältigte Aufgabe, als verhaltenes Leiden in sich trug. Die psychologischen Gründe dieses Verhaltens sind ziemlich durchsichtig. Einmal enthält jede Affektentspannung ein Lustmoment und einen Ruhekoeffizienten schon psychophysisch bei sich. Ferner objektiviert der Kranke in der Aussprache seinen Zustand, d. h. er stellt sich ihm gegenüber, er löst ihn aus sich heraus, und dadurch tritt eine Art inneren Freiwerdens gegenüber dem vorigen Zustande ein. Endlich vollzieht er diese seelische Bewegung angesichts eines Menschen, dem er vertraut und von dem er Hilfe erwartet, von dem er erwartet, daß er den Problemen gewachsen sei, denen der Leidende bisher nicht gewachsen war; er legt seine Last gleichsam auf die Schulter des anderen und Stärkeren. Hierzu kommen noch in vielen Fällen Einstellungen der Eigenliebe, des Sichwichtignehmens, des Genusses an der Selbstdarstellung, wobei diese Fälle sich ihrer eigentlichen Motive aber keineswegs bewußt sind. Es geht das bis zu einem lustvollen Schwelgen „narzissistischer“ Art; und in solchen Fällen ist unter Umständen ein rasches Abbrechen der Selbstentlastung zweckmäßig. Das wesentliche ist aber immer, daß diese Selbstentlastung durch die Gesetze der Affektivität und durch primitive Selbstentlastungen archaischer Art fundiert ist, wie wir solche etwa im „Namens“- und „Benennungszauber“, in den magischen Vorstellungen der „Beladung eines anderen“ mit eigenem Leide oder eigener Sünde, und in dem Appell an eine höhere Instanz erblicken. Die Beichte hat von da ihre außergewöhnliche psychische Wirkung; und auch was die Engländer als „talking cure“ und was FREUD als Abreagieren bezeichnet haben, sind nur Wiederbelebungen der so fundierten Affektausgleichung und Beruhigung. Durch sein bloßes Zugegensein und Eingehen auf diese Abreaktion setzt der Arzt diese Mechanismen in Bewegung; er kann implizite oder besonders eine Art von „Absolution“ erteilen, indem er die Besserung des subjektiven Zustandes durch diese Art der Aussprache versichert und suggestiv verstärkt; ein Teil der psychotherapeutischen Wirkung der Psychoanalyse hat hier seine Wurzel.

Die Gläubigkeit des Leidenden und ihre Ausgestaltung.

Mit dem Bisherigen ist eine weitere Reihe von Gefühlsbewegungen im Kranken angeregt, die wir erlebensmäßig in den Einstellungen der Hoffnung auf Erfolg, der Gläubigkeit, der Suggestibilität im Leidenden vorfinden. In den durch diese Einstellung gesetzten Erlebensweisen wird ebenfalls „blind“, d. h. unabhängig von der Rechenschaft des Verstandes, in steigendem Maße an eine Reihe von Eigenschaften des Arztes appelliert. Indem der Arzt diese Eigenschaften bestätigt und bewährt — mindestens für das Erleben des Kranken —, verfestigt und vertieft er die Gefühlsbindung desselben an die Person des Arztes so, daß allmählich auch die „tiefsten" affektiven Schichten bewegt werden und damit die Persönlichkeitsgestaltung des Leidenden einer seelisch-dynamischen Umstellung durch den Arzt zugänglich wird. Diese Anerkennung der Bedeutsamkeit des Arztes für das eigene Ich zu erzielen und zu rechtfertigen, ohne zugleich das Selbstwertgefühl des Kranken unsicher zu machen und zu gefährden, ist der Sinn des nun anschließenden ärztlichen Verhaltens. Mit blinden, primitiven archaischen Affekteinstellungen aus der Sphäre des Zauberisch-Magischen wird an die überlegene Klugheit des Arztes geglaubt: er durchschaut, auch wenn er es nicht sagt und seine Kenntnisse nicht dem Leidenden preisgibt, doch genau die Ursachen des Leidens. Psychoanalyse und Persuasion sind die zwei technischen Verfahrensweisen, welche dem Leidenden dies Bewußtsein immer stärker vermitteln und ihn allmählich auch selbst an dieser überlegenen Klugheit dem eigenen Leiden gegenüber teilnehmen lassen, ihn zu aktivem geistigem Mitarbeiten an seiner Bewältigung mobilisieren, ihn dadurch in Distanz von demselben setzen und ihm so die ruhige Selbstbeherrschtheit dem Leiden und Leben gegenüber wiedergeben. Diese Einstellungen wenden sich ferner an die überlegene irrationale Macht des Arztes. Er vermag mit seinen geheimnisvollen Fähigkeiten (viele Patienten werden freilich bewußt niemals das „Geheimnisvolle" dieser Fähigkeiten als ihre Überzeugung eingestehen, obwohl sie primitiv-gefühlsmäßig in diesem Sinne reagieren) die Leidensmomente auszuschalten. Suggestion und Hypnose sind die Verfahrensweisen, mit welchen der Arzt diesen Einstellungen des Kranken entgegenkommt, und durch welche er sie zugleich so steigert, daß die von ihm ausgehenden Einflüsse die gleiche affektive Gestaltungskraft aufweisen, wie sie die pathogenen und pathoplastischen Momente seelischer Art in der Gestaltung des Leidenszustandes besaßen. Wir werden über Suggestibilität und Suggestion noch ausführlich an späterer Stelle sprechen. Diese Einstellungen appellieren endlich an die Hilfsbereitschaft, mit welcher der Arzt seine überlegene Klugheit und seine überlegene Macht so verwendet, daß der leidenden Persönlichkeit kein Schaden oder Abbruch geschieht, vielmehr eine Förderung und Bereicherung zuteil wird. Der Leidende weiß evident, daß der Arzt ihn mit seinen Behandlungsweisen nicht überwältigt und unnötig beschränkt oder quält; daß der Arzt nur solche Anwendungen seiner Klugheit und Macht verwirklicht, die in den seelischen und körperlichen Voraussetzungen des Leidenden tief begründet sind. Auch diese Einstellung, die schon die besonderen sich herausbildenden Gefühlsbindungen des Kranken an den Arzt deutlich verrät, ist eine primitive. Sie ist in der Suggestibilität fundiert, ist aber mehr als diese; sie ahmt die Einstellung des Kindes zu Vater und Mutter nach, aber befreit von den ambivalenten Gefühlsabspaltungen gegensinniger Art. Letzteres übrigens durchaus nicht immer: Wo der Leidende im Verhältnis zum Arzte rein passiv die bloße symbolische Wiederholung frühkindlicher Zustände und Gefühlsbindungen an seine Eltern erlebt, wie in der Psychoanalyse, da treten auch diese gegensinnigen Affekteinstellungen im Verhältnis zum Arzte mehr hervor. Dieser Einstellung gegenüber hat der Arzt ganz besonders und in konkreter Anwendung auf das ganze Lebensgebiet des einzelnen Falles seine „ideoplastische Kraft" (Durand de Gros), seine „Dynamogenie" (Maeder) zu bewähren. Die Psychagogik umfaßt diejenigen Verfahren, in welchen er dieser Forderung gerecht wird.

Formen der affektiven Übertragung.

Es zeigte sich, daß bestimmte Gefühls- und Affekteinstellungen von besonderer Art und Nachwirkung in inniger Beziehung zum Leidens- oder Konflikterleben durch die seelische Wechselbeziehung des Leidenden zu seinem Arzte mit Notwendigkeit in ihm entstehen und durch entsprechende Einstellungen des Arztes intensiviert werden. Diese geschilderten affektiven Bindungen ziehen weitere Gefühlsbindungen des Kranken an den Arzt nach sich. Und dieser Komplex affektiver Beziehungen des Leidenden zu seinem Arzt ist psychotherapeutisch deshalb so überaus bedeutsam, weil seine einzelnen emotiven Bestandteile fast durchweg nicht rational fundiert sind, sondern „blind". Sie sind nur der Index davon, daß seelische Vorgänge im Kranken durch seine Beziehungen zum Arzte angeregt sind, welche den tieferen primitiven Schichten frühkindlicher oder stammesgeschichtlich ererbter Bereitschaften entstammen. Es sind solche Bereitschaften, aus denen körperseelische Einflüsse und Reaktionstendenzen unmittelbar und ausdrucksmäßig folgen. Sie gehören ferner jenem Gebiete magisch zauberischen Erlebens und Reagierens an, welche die stärksten „suggestiven", katathymen Erfüllungen von Wünschen, Tendenzen usw. in körperlich-seelischer Objektivierung mit sich bringt. Der Inhalt des zu Realisierenden ist dabei den Eingebungen des Arztes anheimgestellt; die Selbstwahrnehmung der Kranken, an welcher die ganze Sicherheit des Ichgefühls hängt, ist mit stärkster Affektivität erwartungsmäßig und gläubig auf den Effekt gerichtet.

Daß diese Gefühlsbindung an den Arzt eine solche Intensivierung erfahren kann, ganz besonders auch in ihrer Nachwirkung, liegt natürlich nicht allein in dem aktuellen Erleben des Arztes begründet. Auch der hervorragendste Psychotherapeut könnte, wenn nicht Vorbedingungen anderer Art es ihm erleichterten, seine Wirksamkeit niemals zu einer so überwältigenden gestalten, daß diese Gefühlsbindungen für den Leidenden derart bedeutsam werden, wie sie es tatsächlich in der Regel für sein Leben sind. FREUD sagt einmal mit Recht ungefähr, daß der Arzt sich nicht etwa einbilden dürfe, diese Gefühlsbindungen seiner Kranken in ihrer Unmittelbarkeit, lebenausfüllenden Bedeutung und Nachwirkung seien lediglich durch seine konkrete Person erklärt. Vielmehr ist der Arzt, wenn sich diese Gefühlsbindungen auf ihn immer stärker konzentrieren, nur in zunehmendem Maße das vom Leidenden nicht als solches erkannte Symbol, an welchem sich vorgebildete, ganz tiefe Gefühlsbedürfnisse des Leidenden endlich verwirklichen können. Er ist der Statthalter, in einer Provinz allmächtig, die eigentlich nicht die seinige ist. Wir müssen uns darüber klar sein, daß die Kranken bereits in ihren ersten geschilderten Gefühlsbeziehungen zum Arzte nur reaktive Einstellungen und Bereitschaften zum gefühlsmäßigen Gebundenwerden wiederholen, die ihnen von frühester Kindheit als Bedürfnisse verblieben waren, ohne bis dahin jeweils wieder in dieser Weise Leben und Erfüllung zu gewinnen: Einstellungen zu Vater und Mutter, bei denen die ganze affektive Vitalität ungehemmt, schrankenlos und triebhaft ausgelebt wurde, unmittelbar herauswachsend aus den elementarsten organischen Bedürfnissen und ihrer Befriedigung. Wie Vater und Mutter dem Kind der ersten Lebensjahre die Vertreter letzter und höchster Macht, Vollkommenheit und Allwissenheit erscheinen (ohne daß das Kind dies bewußt erlebt) und zugleich diejenigen sind, von denen es alles zu erwarten hat, was zum ungehemmten Leben notwendig ist, so gehen die nie ganz erlöschenden „unbewußten" Spuren dieser Komplexeinstellung in den Leidens- und Konfliktzuständen elementar auf denjenigen über, der innerhalb der Vitalität des Leidenden eine symbolische Ersatzfunktion von Vater und Mutter einnimmt. Es kommt aber noch mehr hinzu. Alle Triebversagungen, alle gehemmten Bereitschaften von Gefühlen, die das Leben unterdrückte, die keinen Ort und keinen Menschen ihrer Erfüllung fanden, werden durch diese vorgegebene Komplexeinstellung auf den Arzt in mehr oder weniger großem Umfang irradiierend mitgeweckt, zu neuem Aufflackern gebracht, und wenden sich dann dem Arzt als schon bereitstehendem symbolischen Zielpunkt zu. Das geht bei jedem einzelnen Menschen und bei jeder psychotherapeutischen Verfahrensweise verschieden weit. Am weitesten geht es in der Psychoanalyse, weil, wie wir noch sehen werden, bei diesem Verfahren alle jene „unbewußten" Triebe und Wunschverdrängungen und -versagungen aufgedeckt werden, zur Wiederholung gebracht werden und in der „Übertragung" auf den Arzt symbolisch ausgelebt werden. Diese Übertragung remanenter Gefühlsbereitschaften auf den Arzt findet aber immer statt, bei jedem psychotherapeutischen Eingehen. Und nun ist noch zu bedenken, daß jeder Leidende mit seelischen Symptomen, jeder in einem Konflikt

Stehende deswegen leidet, weil in den Voraussetzungen und Bedingungen seines Leidenserlebnisses oder Konflikterlebens jeweils ganz besondere konkrete, teils aktuelle, teils frühere affektive Versagungen enthalten sind, die seine Selbstsicherheit — eben in den Gebilden des Leidenszustandes — gefährdet haben. Soweit er nicht kompensatorisch oder konstitutionell diese affektiven Bereitschaften durch eine Erhöhung des Eigenwertes, der Selbstdarstellung, des „Narzissismus" auszugleichen gesucht hat, liegen sie übertragungsbereit und oftmals in gesteigerter Spannung unter der Schwelle des aktuellen Leidensbildes oder Konfliktes und harren ihrer dynamischen Auslösung und Auswirkung. Diese Menschen sind nicht nur objektiv hilfsbedürftig, sondern sie fühlen sich auch hilfsbedürftig, darum gehen sie ja zum Arzt. Und in diesem Gefühl steckt die Bereitschaft affektiver Hingabe an denjenigen, der zum Helfer wird. Auch das subjektiv ersehnte Helfertum ist hier nur Symbol dessen, der kommen muß, um diese verhaltenen affektiven Energien an sich zu binden und durch irgendeine entlastende Verwendung zu glätten. Die Schrankenlosigkeit der affektiven Hingebung und Bindung hängt vom Maße ab, in dem der Helfer die geglaubte Eignung zu dieser Gefühlsbindung, die zugleich die geglaubte Eignung zu seinem Helfertum ist, im Erleben des Leidenden bestätigt. Es ist bekannt, daß FREUD diese Bindungen als libidinöse bezeichnet hat und in der Übertragung nur eine Form des Erotismus sieht. Ihre nähere Charakterisierung als erotisch oder nicht erotisch ist schließlich ein Streit um Worte; macht man die Libidotheorien FREUDS mit, so kann man die erotische Natur dieser Übertragung anerkennen, etwa im Sinne des platonischen Eros: derjenigen seelisch-vitalen Kräfte, die dem Logos entgegengesetzt sind, nämlich der vergeistigten reflektierenden Stellungnahme. Sicher kommt meist weder dem Leidenden noch dem Arzte irgend etwas von dem erotischen Charakter der Gefühlsbindungen im eigentlichen Sinne zum Bewußtsein. Die Analyse deutelt spezifisch Libidinöses dann vielfach in einer nicht mehr exakten und beweiskräftigen Form hinein. Diese Gefühlsbindungen entziehen sich aber, kraft ihres irrationalen und blinden Charakters, kraft ihrer Herkunft aus vorlogischen archaischen Schichten, einer beschreibenden Präzisierung. Sie äußern sich eigentlich mehr in ihrer Gesamtwirkung als im direkten gestalteten Erleben des Leidenden: als ein tieferes inneres Bedürfnis nach dem Arzte, ein Unentbehrlichsein desselben für den Leidenden (ohne daß der Grund dieser Unentbehrlichkeit erlebt würde, ja häufig wider den kühlen abwägenden Verstand), als eine Nachwirkung des Arztes und der von ihm ausgehenden Sphäre von Gefühlswirkungen auch ohne seine Anwesenheit, ja ohne daß dieser ganze Prozeß überhaupt ins Bewußtsein tritt (psychologisches Motiv der posthypnotischen Suggestivwirkung). In etwas anderer Weise treten einzelne ihrer Züge als Freundschaft, Bewunderung, Dankbarkeit, Geborgenheitsgefühl, Erfolgshoffnung usw. auf. Insbesondere aber hängt die Stellung zum eigenen Ich, die Werthaltung desselben und deren Sicherheit, gefühlsmäßig auf blinde und irrationale, aber ganz entscheidende Weise von dieser Gefühlsbindung an den Arzt ab. Es ist kein Wunder, wenn insbesondere beim weiblichen Geschlecht diese Gefühlshingabe, dieses irrationale Aufgehen in der Persönlichkeit des Arztes, und zugleich das Sich-Finden als Ich innerhalb dieser ärztlichen Persönlichkeitswirkung, zuweilen als Erotik im eigentlichen Sinne erscheint, erotisch gedeutet wird und wohl auch hier und da zu unerfreulichen erotischen Ausdruckserscheinungen gegen den Arzt Anlaß gibt. Dies wird am häufigsten in der Psychoanalyse eintreten, die sich ihrem Gange nach ja mindestens zeitweise auf derartige Einstellungen zuspitzt (dies betont auch FREUD selber), und dann bei disponierten Frauen, bei denen der „Narzissismus" im Vordergrunde ihrer seelischen Struktur steht: hysterischen, koketten, sexuell-erotisch unbefriedigten usw.

Verhalten des Arztes zur Übertragung.

Die Gefühlsbindung wird zum eigentlichen psychotherapeutischen Hebel des Arztes. Ihre Ausnützung zu seinen Zwecken und Zielsetzungen und ferner zur Befähigung des Leidenden, die gesteckten Ziele zu erreichen, ist seine eigentliche Aufgabe. Es ist daher keine Frage, daß diese Gefühlsbindung des Kranken an den Arzt von letzterem zunächst angenommen werden muß, und daß der Kranke, der dauernd immer bereiter wird, im Arzt und seinen Wirkungen eine Bestätigung und Berechtigung seiner Gefühlsbindung zu erleben, diese Bestätigung und Berechtigung seines Fühlens an seiner eigenen Besserung als dem Wirken des Arztes erleben soll. Die Gefühlsbindung soll angenommen, aber nicht erwidert werden, es sei denn durch jene sympathisierende Freundschaftlichkeit des Mitmenschen, hinter der immer erneut neutrale Überlegenheit durchzublicken hat, freilich ohne jede aggressive Tendenz gegen die Sicherheit des Eigenwertes beim Leidenden. Der Kranke muß also um den Arzt „werben", ohne in dieser Werbung anders vorwärts zu schreiten als durch seine Angleichung an die vom Arzte gesetzten Ziele. In diesem Sinne ist die Gefühlsbindung von seiten des Arztes auszunützen. Sind die Ziele schrittweise und progressiv bis zum Endeffekt erreicht, dann tritt der Arzt wieder schonungsvoll und allmählich in den Hintergrund des Erlebens, aus welchem Leiden und Konflikt des Behandelten ihn zeitweise in den Vordergrund geschoben haben. In dem Sinne, daß der Arzt sich niemals ganz gibt, und doch ständig den Behandelten als Ganzes in sich aufnimmt, ist die Gefühlsübertragung zur

Verwirklichung der Therapie fruchtbar zu machen. Allgemeine Regeln der Art, daß man die Gefühlsbindung überhaupt ablehnen oder analysieren soll, sind schematisch und daher falsch. Man kann und muß sogar unter Umständen, ganz besonders wenn eigentlich-erotische Züge auftreten, die Gefühlsbindung selber mindestens so weit analysieren, daß man dem leidenden Mitmenschen unter Schonung seines Selbstwertgefühls zeigt, der Arzt nehme in seiner Gefühlsbindung nur eine symbolische und vertretende Stellung ein und das eigentliche Ziel der unerfüllten Sehnsucht und Bindungsbereitschaft liege in der gelebten Wirklichkeit jenseits des Leidens und des Arztes in seiner Zweckstellung. Man muß unter Umständen auch auf die Ursprünge der erotischen Färbung der Gefühlsbindung analytisch eingehen. Eine Analyse der Gefühlsbindung darüber hinaus ist ihrer seelisch-therapeutischen Wirkungsfähigkeit abträglich. Sie unterbleibt besser. Immer und ständig muß man auf die Erhaltung der autoritären, schöpferisch-gebenden und nur um des Heilziels willen fordernden Stellung bedacht sein, die das Wesen des ärztlichen Helfertums in seinem erlebten Zusammenhang mit sich bringt. Daß hier, gerade in der systematischen Psychotherapie, auch für den Arzt seelische Schwierigkeiten liegen, und für den Kranken die Gefahr neuer seelischer Konflikte, wenn die Gefühlsbindung eine „falsche" wird, ist bisher nur von FREUD und neuerdings von HATTINGBERG tief und freimütig erörtert worden. Gefährlich ist in jedem Falle, in dem Leidenden ein Gefühl zur Herrschaft gelangen zu lassen, als werde er vom Arzt nicht wesensmäßig bejaht. Auf dem Boden dieser Bejahung kann man dann auch die „falsche", nämlich erotische Gefühlseinstellung weiblicher Kranker zum Arzte, als eine mit dem Leiden und seinen Voraussetzungen in der Persönlichkeit zusammenhängende Schwäche vom Kranken erleben lassen, deren Überwindung die Voraussetzung der Heilung durch den betreffenden Arzt ist. Mißlingt dies — es ist nicht immer ein Kunstfehler, wenn es mißlingt —, so ersetze er schleunigst die eigene Persönlichkeit durch die eines anderen Helfers.

Glücklicherweise sind diese Fälle, die der Erfahrene kennt, nur ein Bruchteil und eine Ausnahme; sie müssen nur deshalb erwähnt werden, weil sie nicht nur den Leidenden, sondern auch den Arzt in seelische Konflikte führen können. Die Mahnung FREUDS, sich stetig zu vergegenwärtigen, daß alle Gefühlsbindungen des Kranken an den Arzt nicht durch dessen hervorragende individuelle Qualitäten bedingt sind, sondern durch seine symbolische Funktion in der Gesamtsituation des Leidenden, ist das beste Schutzmittel beider; ein besseres jedenfalls als die oft empfohlene, bisweilen aber störende Anwesenheit eines Dritten bei den psychotherapeutischen Sitzungen.

Die Beruhigung.

Die Ausnützung der geschilderten Gefühlsbindung wird im einzelnen in der Psychagogik zu beschreiben sein. Hier erwähnen wir nur ihre ersten, ganz im allgemeinen zu durchlaufenden psychotherapeutischen Stadien. Der Arzt kann dem Kranken zunächst Beruhigung verschaffen, sowohl im allgemeinen, als in bezug auf die ihn quälenden Erlebnissituationen. Diese Beruhigung wird mit psychotherapeutischen Mitteln erstrebt, an deren Seite auch die pharmakologischen Beruhigungsmittel treten können, die ja auch zugleich oft wirklich wenigstens fürs erste eine seelische Beruhigung bringen. Nur in wenigen Fällen wird sie von Anfang an erreicht durch Aufklärung und Belehrung; weit häufiger geht sie suggestiv von der impliziten Stellungnahme des Arztes zum Leiden des Kranken aus. Die Beruhigung kann auch suggestiv gegeben und in gewisser Weise „geübt" werden, wobei aber nicht zu übersehen ist, daß ihre letzten Quellen niemals in den „Ruheübungen" selber, sondern immer in den Gefühlsqualitäten, die den Arzt umgeben, liegen. Diese Ruheübungen sind von Hirschlaff mit vielleicht allzu großer Systematik ausgebaut worden; sie dienen in der eigentlichen Psychotherapie mehr als Mittel zur Herstellung der eigentlichen psychotherapeutischen Situation wie selber als psychotherapeutische Verfahrensweisen.

Die Ruheübungen vollziehen sich so, daß der zu Behandelnde in stillem, halbverdunkeltem Zimmer auf einem Ruhebett Platz nimmt und durch ganz ruhige, leise Worte des neben ihm sitzenden Arztes angehalten wird, „sich zu entspannen". Man beginnt mit der Glieder- und Rumpfmuskulatur, dann geht man zur Atemfreqenz über, zuletzt zu den Augenlidern, die bei voller Entspannung „halb" über die Lidspalte fallen — tritt Schlaf ein, so schadet das gar nichts. Die Atmung macht man langsam und ruhig, man vertieft ihren Typus, vor allem aber macht man sie „bewußt": der Leidende folge mit dem Gefühl behaglicher Beruhigung jedem Atemzuge fortwährend mit der Aufmerksamkeit; er nehme wahr, wie die Atmung immer ruhiger und freier wird. Dadurch wird Ablenkung vom aktuellen Seelenleben mit seiner Unruhewirkung erzielt; zugleich steht ständig suggestiv hinter allem der Vorsatz: Du wirst jetzt wirklich ruhig. Der in wenigen Minuten eintretende Zustand läßt sich meist spielend in leichte hypnotische Einengung mit gesteigerter Willfähigkeit überführen; er ist aber auch für andere psychotherapeutische Verfahren das gegebene Ausgangsstadium.

Diese Ruheübungen sollten beim Arzte selber in einem geeigneten Raume, in steter Gegenwart des Arztes, stattfinden. Ihre Dauer braucht wenige Minuten nicht zu überschreiten. Überfallen den Patienten zu Hause unruhige oder quälende psychische Zustände, so soll er die beim Arzte erlebte Ruhesituation sogleich aufsuchen: die Erinnerung an dies Erlebnis und seinen Erfolg stellt alsbald die beim Arzte erreichte seelische Entspannung wieder her.

Die bewußte Verlangsamung und Vertiefung der Respiration wirkt tatsächlich, und nicht bloß suggestiv, durch ihre psychophysische Verknüpfung mit affektiver Entspannung — man denke an die JAMES-LANGEsche Theorie. Viele Kulte mystisch-magischer „Selbstversenkung" haben dies Vehikel benutzt: Buddhismus, Yogapraxis usw.

Die Sicherung des Selbstgefühls.

Die Beruhigung kann auch indirekt, und dann meist noch wirksamer erzielt werden, indem man sie als Folge psychotherapeutischer Maßnahmen umfassenderer Art auftreten läßt. Die ersten in Frage kommenden beiden, eng miteinander verbundenen Maßnahmen sind hier: Sicherung des Selbstvertrauens des Leidenden und Distanzerlebnis des Leidenden zu seinem Leiden. Die Sicherung des Selbstvertrauens kann auf mannigfaltige Weise je nach Lage des Falles erzielt werden. Man kann den in Ruhelage befindlichen, motorisch entspannten Patienten suggestiv oder auch hypnotisch zum Erleben wachsenden Selbstvertrauens, wachsender innerer Sicherheit bringen. Man kann ihm auch durch das ärztliche Verhalten zeigen, daß man seinen Eigenwert als Mensch und als Charakter bejaht und versteht; und aus dieser impliziten Würdigung seiner Persönlichkeit kann „suggestiv" die Sicherung seines Eigenwertes auf ihn hinüberstrahlen. Man kann auch an ihn appellieren: an seinen Stolz, seinen Ehrgeiz, sein Pflichtgefühl, an früher bestandene Proben seiner Charakterfestigkeit; je selbstverständlicher und unpathetischer solch ein Appell erfolgt, um so besser wirkt er. Man kann selbst bis zu hartem Tadel von Schwächen gehen und soll es sogar, wenn dahinter für den Erlebenden nur das Gefühl des Arztes sichtbar wird, welches ihn im Grunde bejaht. Alles hängt hier von Art und Niveau des einzelnen Falles ab. Sobald der Arzt ein klares Bewußtsein vom Umfang dessen hat, was er an Gefühlswirkungen am einzelnen Kranken erzielen kann, ist ihm der Weg freigestellt. Die Sicherung des Selbstgefühls des Leidenden bleibt während der ganzen Behandlungszeit eine unabhängig im Vordergrunde stehende Sonderaufgabe, gerade dann am meisten, wenn der Leidende auf Grund von Rückfällen oder Versagern in der Behandlung an sich und seinem Leben zu zweifeln beginnt.

Das Distanzerleben des Leidenden zu sich selbst.

Hiermit eng verbunden ist das Distanzerleben des Leidenden zu sich selbst und seinem Leiden. Die Art seiner Hervorbringung hängt natürlich von der Art des Leidens ab. Ruhe und sicheres Selbstbewußtsein sind die situativen Voraussetzungen für die psychotherapeutische Ermöglichung dieses Erlebens. Dies Erleben des Abstandes darf und muß sogar teilweise fundiert werden im Vertrauen auf die Macht des Arztes. Aber eben nur teilweise. Schon bei seiner Einleitung muß der Leidende das deutliche und starke Bewußtsein erleben, daß auch in ihm selber Kräfte und Möglichkeiten disponibel sind, um sein Leiden zu überwinden. Nur was dann noch fehlt vor seinem eigenen erlebenden Bewußtsein, das kann der Arzt gleichsam aus eigenen Kräften hinzugeben. Der Leidende erlebt damit in der Regel keine leere Fiktion, sondern etwas von lebendiger Tatsächlichkeit. Es liegen tatsächlich Kräfte und Tendenzen in ihm, die aus einer gesunden Sphäre stammen. Aber er vermag sie ohne die ärztliche Führung nicht zur Vorherrschaft zu bringen. Gleichviel ob körperliche Krankheit oder Neurasthenie — er schleppt sich hin. Erst durch das Erleben des Arztes empfängt er die Anleitung dazu, den Gegendruck dieser gesunden Sphäre gegen sein Leidenserleben zu verstärken und wirksam zu machen — seine Fähigkeit zur Selbsthilfe freizubekommen. Der Einfluß des Arztes mag selbst ein recht geringer sein: dennoch kann er ausreichen, um das labile Gleichgewicht ausschlaggebend zu stören zugunsten aller dieser gesunden Tendenzen im Organismus (HEYER). Leider ist — dank eines psychoanalytischen Fatalismus, der nur auf die psychischen Krankheitsdeterminanten eingestellt ist, ohne die Gesundungs- und Anpassungstendenzen zu beachten — die gegenteilige Auffassung lange Zeit hindurch Mode gewesen.

Mit dieser wichtigen Feststellung haben wir zugleich den Maßstab gefunden, gemäß welchem der Arzt den Kranken über die Natur seines Leidens und dessen Voraussetzungen und Heilungsmöglichkeiten aufklären soll. Es ist ein ebenso großer Fehler, von einer Pflicht des Arztes zur Wahrhaftigkeit in diesen Dingen zu sprechen, als von einer Pflicht zum frommen Betruge. Nicht häufig werden die Dinge so liegen, daß persuasive Analyse des Leidenszustandes ohne alles suggestive und affektive Hinzukommen genügt, um dem Leidenden dies Bewußtsein innerer Kraft und Möglichkeiten zur Leidensüberwindung oder Heilung, zum „Stärkersein" zu geben. In der Regel wird es der Einkleidung des Sachverhaltes und des suggestiven Beiwerkes bedürfen. Selten wird eine völlige Entstellung des Tatbestandes durch die Art des Leidens oder die Natur der befallenen Persönlichkeit erforderlich sein. Das Vertrauen auf die Macht des Arztes muß ergänzen, was durch Insuffizienzgefühle und durch tendenziöse Fixierungen des Leidenszustandes hindernd vor der Möglichkeit des Distanzerlebens liegt; steht der Leidende erst einmal gleichsam objektiv seinem Leiden gegenüber, hat er es so aus sich herausgelöst, daß er diesem Erleben gegenüber wirklich affektiv ruhig und überlegen sich verhält, dann ist der Grund zum Stärkersein bereits gelegt und die weitere psychologische Führung relativ einfach.

Die Verfahrensweisen, die man jeweils wählt, um dies Distanzerleben konkret zu gestalten, sind mehr zufällige; es wird später davon gesprochen werden. Hier ist uns der Inhalt die Hauptsache, und der Umstand, daß jedes Verfahren je nach dem einzelnen Falle geeignet ist, dies Ziel zu erreichen.

In dieser zielstrebigen Erziehung des Leidenden zum Distanzerleben liegt, wie hier noch erwähnt sei, zugleich die stärkste Gewähr gegen jede vom Verhalten des Arztes ausgelöste Verfestigung, tendenziöse Züchtung oder gar Setzung von Symptomen, die man bei hysterisch-suggestiblen Kranken zuweilen beobachten kann und die BABINSKI als Pithiatismus bezeichnet hat. Unserer Meinung nach wird das Vorkommen und die Bedeutung des Pithiatismus zur Zeit stark überschätzt, aus Selbstgerechtigkeit und geistiger Bequemlichkeit. Immerhin sei an dieser Stelle der Vollständigkeit halber ausdrücklich erwähnt, daß selbstverständlich der Arzt alles vermeiden muß, was beim Kranken eine Überwertung seines Zustandes und seiner Symptome sowie die Setzung neuer morbider Tendenzen begünstigen könnte. Es gilt jedes Wort abzuwägen, das zum Kranken und seinen Angehörigen gesprochen wird.

Einige Nebenfragen der psychotherapeutischen Praxis.

Wir sind mit diesen Dingen bereits in der ideoplastischen Gestaltung des psychotherapeutischen Verfahrens angelangt, die wir an anderer Stelle weiter verfolgen werden. Hier sei nur weniges aus der ebenfalls allgemein zutreffenden Einleitung dieser ideoplastischen Gestaltung herausgegriffen, welches die Vorbedingungen ihrer Wirksamkeit betrifft. Die Voraussetzungen der Wachhaltung von Konflikts- oder Leidenszuständen liegen vielfach im Milieu; darauf wird Rücksicht zu nehmen sein: Milieuveränderung bis zur völligen zeitweiligen Isolierung kann nötig werden; appellative und suggestive und zugleich verstehende Anleitungen zum Ertragenkönnen des Milieus, in enger Bindung an Steigerung des Selbstvertrauens, sind ständig am Platze. Bezüglich der Arbeit hängt die ärztliche Stellungnahme naturgemäß vom Einzelfall ab. Vor einem Verbot der Arbeit durch den Arzt in direkter Form aus psychischen Ursachen ist stets zu warnen. Ein Wechsel der Beschäftigung kann nötig werden. Bei Insuffizienzgefühlen gegenüber der Arbeitsfähigkeit überhaupt, innerhalb des neurotischen Syndroms usw. kann man nach GIESES und POPPELREUTERS Vorbild eine Art von larviert-suggestiver „Übung" der Arbeitsfähigkeit vornehmen. In der ärztlichen Sprechstunde hat sich mir folgendes Verfahren sehr bewährt: Ich lasse — bei entsprechenden Insuffizienzklagen — zunächst eine fortlaufende BOURDONsche Probe von 8 Minuten machen und werte sie aus. Nach einer gewissen Zeit meiner psychotherapeutischen Einwirkung — etwa nach einer Hypnose, oder nach einer Injektion eines Tonikums oder Roborans — wiederhole ich die BOURDONsche Probe (mit anderem Text): und meine Auswertung zeigt dem Leidenden alsbald, wie sehr er sich bereits gebessert hat. Diese „Kontrolle" begleitet mit ihrer suggestiven Wirkung auch weiterhin die Therapie (ohne daß der Kranke ahnt, in welchem Grade sie ein Teil der Therapie selber ist).

Im übrigen ist die Arbeitstherapie z. B. bei Psychopathen ein zwar zuweilen sehr wertvolles, wenn auch — ebenso wie die äußere Ablenkung — meist überschätztes psychotherapeutisches Mittel: aber der Arzt in der Sprechstunde kann sich ihrer kaum bedienen; sie verbleibt den Anstaltsbehandlungen. Man möge freilich die Tragweite dieser Feststellungen nicht mißverstehen. Ablenkung, und Ablenkung auf und vermittels Arbeit sind zwar noch keine positive psychologisch aufbauende Therapie — aber diese Einschränkung ist mehr eine theoretische als eine praktische. In der Praxis des Lebens kommt es doch nicht ganz unwesentlich darauf an, daß die Fähigkeiten und Möglichkeiten eines Menschen, so groß oder so gering sie sein mögen, für die Gemeinschaft nutzbar gemacht werden. Daraus, daß dies gelingt, können wiederum psychotherapeutisch wertvolle Sicherungen und Stärkungen des Eigenwertgefühls, des Selbstbewußtseins und der sozialen Einstellung erwachsen. Handelt es sich um träge, im eigenen Ich aufgehende, rücksichtslos egoistische oder hypochondrische Psychopathen, die mit sich selber ebensowenig etwas Vernünftiges anzufangen wissen wie die Mitmenschen, so soll man wenigstens dafür sorgen, daß sie arbeiten; in der Arbeit und der dadurch gesetzten Ablenkung vom eigenen Ich und dessen Schwierigkeiten kann dann durchaus auch ein hoher erzieherischer Wert liegen. Auf keinen Fall darf, wie wir schon oben gesagt haben, ein psychischer Leidenszustand vom Kranken zum Vorwand genommen werden, um den Arzt zum Verbot der Arbeit zu veranlassen. Eine Ausnahme bilden Depressionszustände mit Hemmung, die sich gegenüber allen Leistungsforderungen des täglichen Lebens zu steigern pflegen und die durch seelisch-körperliche Ruhigstellung einen Teil der Leidensanlässe einbüßen.

Das Arbeitsproblem bei Leidenszuständen hängt noch mit einer Reihe tieferer Fragen zusammen, die sich zum Problem der Willenszucht und Willensbildung verdichten. Von diesem Problem wird, soweit es über das bisher Gesagte hinaus geht, an späterer Stelle gesprochen werden.

Sollen bei der Regelung der Lebensweise Beschränkungen erfolgen, so kleidet man diese zweckmäßiger in die Form der Erlaubnis von

Zulässigem als in diejenige des Verbotes von Unzulässigem. Trotzdem bestehe man auf jeder Beschränkung, die man dem Leidenden auferlegt, als auf einer durch seinen Zustand gebotenen Notwendigkeit, die man zwar mitfühlend, aber ohne Nachsicht ihm abfordern muß. Aufhebung oder Milderung erfolgter Beschränkungen gewähre man als Lohn für erreichte Besserung, ohne daß der Kranke diesen Zusammenhang durchschaut. Gewisse Beschränkungen sind während der Behandlungszeit stets notwendig. Der Kranke soll seine Gefühlszustände außerhalb der ärztlichen Sprechstunde, soweit irgend angängig, nicht ausleben. Er soll sich versagen, den Trieben und Wünschen nachzugehen, die ihn zum Leiden bringen. Er soll außerhalb der Sprechstunde auch nicht mit seinem Leiden innerlich sich beschäftigen, oder doch nur insoweit und in denjenigen Richtungen, die der Arzt ihm aufgibt. Ebenso soll er über den Inhalt dessen, was sich in der Sprechstunde in ihm vollzieht, zu niemandem sonst sprechen. Diese Dinge sind natürlich nur unter individueller Anpassung an den Einzelfall erreichbar. Ihre Bedeutung liegt darin, daß die fundierenden Affekte durch dieses Verfahren zur Bindung an den Arzt und zur Lenkung durch ihn bereitet werden.

Literatur.

Cramer: Psychotherapie. In Psychologie und Psychiatrie. Herausgegeben vom Zentralkomitee für das ärztliche Fortbildungswesen in Preußen. Jena 1915.

Dubois: Die Einbildung als Krankheitsursache. Wiesbaden 1907. — Derselbe: Psychologie und Heilkunst. Berlin. klin. Wochenschr. 1909.

Eschle: Die krankhafte Willensschwäche und die Aufgabe der ärztlichen Therapie. Berlin 1904.

Ferenczi: Introjektion und Übertragung. Jahrb. f. psychoanalyt. Forsch. Bd. 1. 1909.

Flatau: Kursus der Psychotherapie und des Hypnotismus. Berlin 1918.

Forel: Zum heutigen Stande der Psychotherapie. Journ. f. Psychol. u. Neurol. Bd. 11.

Freud: Gesammelte Schriften Bd. 6 (Zur Technik). Leipzig, Wien u. Zürich 1922.

Friedlaender: Die Hypnose und die Hypnonarkose. Mit einem Anhang über die Stellung der Psychotherapie in der Medizin. Stuttgart 1920.

Giese: Das psychologische Übungszimmer. Zeitschr. f. d. ges. Neurol. u. Psychiatrie.

Gross: Drei Aufsätze über den inneren Konflikt. Bonn 1919—1920.

v. Hattingberg: Zur Analyse der analytischen Situation. Intern. Zeitschr. f. Psychoanalyse Bd. 10.

Hecker: Über die verschiedenen Methoden der psychischen Behandlung. Zeitschr. f. prakt. Ärzte. 1896.

Heyer: Der nervöse Mensch Bd. 6 u. 7. Prien 1924.

Hirschlaff: Über Ruheübungen und Ruheübungsapparate. Berlin 1911.

Isserlin: Über Psychotherapie und psychotherapeutische Methoden. Jahreskurse f. ärztl. Fortbildung 1913.

Janet: Les médications psychologiques. Paris 1919.

Jones: Therapie der Neurosen. Leipzig, Wien u. Zürich 1921.
Laehr: Beschäftigungstherapie für Nervenkranke. Wien. klin. Wochenschr. 1906.
Lévy: Die natürliche Willensbildung, 2. Aufl. Leipzig 1909.
Levy-Suhl: Die hypnotische Heilweise und ihre Technik. Stuttgart 1922.
Lichnitzky: Über die Grundlagen und Richtungen der jetzigen rationalistischen Psychotherapie. Zentralbl. f. Psychoanalyse Bd. 3.
Liepmann, W.: Gynäkologische Psychotherapie. Berlin 1924.
Löwenfeld: Lehrbuch der gesamten Psychotherapie. Wiesbaden 1897. — Derselbe: Zum gegenwärtigen Stande der Psychotherapie. Münch. med. Wochenschr. 1910.
Maeder: Der Arzt als therapeutischer Faktor in der Psychotherapie. Schweiz. med. Wochenschr. Bd. 54. — Derselbe: Sur la psychothérapie. Schweiz. Arch. f. Neurol. u. Psychiatrie Bd. 10.
Marcinowski: Die Bedeutung der Weltanschauungsprobleme in der Heilkunst. Zeitschr. f. Psychotherapie u. med. Psychol. Bd. 1.
Mohr: Psychotherapie. Im Handb. d. Neurol. Berlin 1910. — Derselbe: Die Entwicklung der Psychotherapie in den letzten Jahren. Journ. f. Psychol. u. Neurol. Bd. 13.
Rank: Zum Verständnis der Libidoentwicklung im Heilungsvorgang. Intern. Zeitschr. f. Psychoanalyse Bd. 9.
Rosenbach: Nervöse Zustände und ihre psychische Behandlung, 2. Aufl. Berlin 1903.
Schultz, I. H.: Die seelische Krankenbehandlung. Jena 1919.
Stegmann: Arbeit als Kurmittel in der Psychotherapie. Fortschr. d. Med. 1909.
Stransky: Direkte Psychotherapie bei Geisteskrankheiten. Jahreskurse f. ärztl. Fortbild. 1923.
Strümpell: Über die Entstehung und Heilung der Krankheiten durch Vorstellungen. Erlangen 1892. — Derselbe: Nervosität und Erziehung. Leipzig 1908.
Veraguth: Über den jetzigen Stand der Psychotherapie. Schweiz. Arch. f. Neurol. u. Psychiatrie Bd. 8.
Vogt: Die möglichen Formen seelischer Einwirkung in ihrer ärztlichen Bedeutung. Journ. f. Psychol. u. Neurol. Bd. 1.
Als Dokument ist lehrreich: Über das Angreifende einer psychotherapeutischen Behandlung und die Gefahren der Widersprüche auf diesem Gebiete. Von einer Patientin. Mitgeteilt durch Wiersma. Groningen 1922.

II. Psychoanalyse und Verwandtes.

3. Die Persuasion.

Sinn und Weg der Persuasion.

Unter dem Namen Persuasion und Psychoanalyse faßt man, wie vorhin erwähnt, diejenigen psychotherapeutischen Verfahrensweisen zusammen, welche dem Leidenden ein überlegenes Bewußtsein der Einsicht in Entstehung und Zusammenhang seines Leidens geben und dadurch seine geistigen Fähigkeiten zur aktiven Mitarbeit an der Bewältigung des Leidens mobilisieren. Es besteht hierbei die leitende Fiktion, daß die verstandesmäßige geistige Durchdringung des Mechanismus der Symptomentstehung auch irgendeinen notwendigen Einfluß auf die Verringerung oder Aufhebung des Leidenszustandes selber haben müsse. Unter dem Gesichtspunkt, daß eine „Rationalisierung" des Leidenserlebens von therapeutischer Wirkung sei, gehören Persuasion und Psychoanalyse zusammen, so sehr auch die letztere sich in bezug auf die Beurteilung ihrer therapeutischen Elemente gewandelt hat.

Wir beginnen mit der Darstellung dieser beiden Verfahrungsweisen, weil die Einleitung jeder Psychotherapie gewisse wichtige Bestandstücke aus ihnen übernehmen muß — zum mindesten so lange, bis die Übertragungsphänomene und die Lage des einzelnen Falles noch andere Verfahrensweisen zur Wahl stellen und erforderlich machen.

Die Persuasion, von DUBOIS, DÉJÉRINE und BABINSKI besonders gefördert, kann eigentlich kaum den Anspruch erheben, ein „Verfahren" im eigentlichen Sinne zu sein. Sie ist dasjenige, was jeder Arzt mit seinen Kranken vollzieht: eine belehrende Aussprache über Natur, Entstehung und Bedeutung des Leidens und die Art seiner Bekämpfung. Hierbei stellt sich der Arzt nicht als Autorität mit dem Nimbus des Wundertäters über den Patienten und seine Gläubigkeit, sondern er verzichtet auf jeden Suggestiveffekt, zum mindesten auf jeden gewollten. Er tritt dem Kranken als helfender und wissender Freund gegenüber. Sein Wissen erstreckt sich mit besonderer Eindringlichkeit auf den emotiven Charakter der Psychoneurosen und ihrer Symptome. In sorgsamer individueller Ausforschung zeigt der Arzt ihm die Art der Emotion und ihrer Entstehungsursachen und Anlässe. Und schon diese Aussprache und Besprechung der Leidensgeschichte in allen ihren erlebten Einzelheiten mit dem wissenden ärztlichen Helfer wirkt in vielen Fällen wie eine Erleichterung und Befreiung. Der Leidende gewinnt Abstand zu seinem Leiden, seine Einsicht in den Leidenszusammenhang wächst, er vermag das Leiden wie etwas Objektives aus sich herauszustellen; und damit ist ein Standpunkt gewonnen, von dem aus die Bewältigung des Leidenserlebens leichter fällt: der Mensch vermag eher „mit sich fertig zu werden". Der seelische Effekt des Abreagierens, von welchem im vorhergehenden Abschnitt gesprochen wurde, kann und soll nun vom ärztlichen Psychotherapeuten durch persuasive Erziehung weiter ausgenutzt werden. Es kann dem Leidenden einmal gezeigt werden, wie diese Beherrschung des Leidens ihn stärker und freier macht, ihn besser dem Leben anpaßt. Es kann ferner an seinen Willen appelliert werden, eine „moralische Orthopädie" kann einsetzen, eine „Willenserziehung" (LÉVY), welche zwischen moralischer Argumentation und Aufmunterung einerseits, verständiger Belehrung andererseits den subjektiven Zielen des Leidenden behutsam entgegensteuert. Hier hängt alles von der Einfühlungsfähigkeit, der psychologischen Intuition und der dialektischen Gewandtheit des psychotherapeutischen Helfers ab. Die methodischen Gesichtspunkte der Persuasion verlieren sich ins Individuelle; sie hört auf, eine besondere Methode zu sein, ehe sie es überhaupt geworden ist. Wirklich methodisch durchgebildet ist die Persuasion nur da, wo sie dem Leidenden die erste Distanzgewinnung zur Art seines Leidens ermöglicht. Sie tut dies, indem sie ihm einen Einblick in die Entstehung seiner Symptome und ihrer seelischen emotiven Vermittlung verschafft. Hierbei wird ganz verstandesgemäß belehrend vorgegangen, mit einer Art von populärmedizinischer Vorlesung, auf den einzelnen Fall zugeschnitten und an dessen Symptomen illustriert. Dem Leidenden wird der Parallelismus körperlicher Vorgänge mit emotiven Erlebnissen aufgewiesen. Ganz besonders die zirkulatorischen, respiratorischen und intestinalen Eigenarten psychophysischer Begleit- und Ausdruckserscheinungen werden ihm verständlich gemacht. Es wird ihm gezeigt, wie die Erwartung und die Furcht vor dem Eintritt irgendeines funktionellen Symptoms auf den genannten drei Gebieten diesen Eintritt des Symptoms verstärkt und beschleunigt, ja direkt herbeiführt; und warum das so sein muß. Es wird ihm gezeigt, wie die Selbstbeobachtung durch diese emotiven Einstellungen der Erwartung und der Furcht geweckt wird, und wie sie nun auch harmlose und unterschwellige körperliche Funktionen mit dem Nimbus einer besonderen Gefahr oder störenden Intensität zu umgeben vermag. So entsteht jene „verhängnisvolle Spirale": an die ersten emotionalen Begleitsymptome funktioneller Art knüpfen sich die pathogenen Einstellungen der Erwartung, der Furcht und der Selbstbeobachtung. Und sie widerum erneuern und steigern die funktionelle Labilität. Es wird dem Leidenden ferner deutlich gemacht, wie auch Erscheinungen der Ermüdung, der Erschöpfung und der subjektiven Leistungsschwäche nichts anderes sind als Gemütsbewegungen der Reizbarkeit, der erleichterten und gesteigerten Empfindlichkeit und Stimmungslabilität.

Grenzen und Schwächen der Persuasion.

All dies vollzieht sich in seinen Einzelheiten durch verstandesmäßige Belehrung, durch Appell an die Einsicht und den guten Willen. Die Kritik gegenüber diesem Verfahren wird sich dem nicht verschließen, daß die eigentlich wirksame Kraft desselben doch wohl in der Persönlichkeit des Arztes liegt, in seinem Einfluß als Vorbild und Autorität, also in einer suggestiven Komponente, für welche die verstandesmäßige Einkleidung bloß ein Rahmen und ein Mittel ist. Insbesondere DUBOIS hat sich gegen die Erklärung seiner therapeutischen Erfolge durch Suggestion heftig gewehrt. Aber sein und seiner Anhänger Kampf gegen die suggestive Deutung dieser Methode beruhte im wesentlichen darauf, daß er, ähnlich wie LIPPS, in der Suggestion lediglich die Wirkung „inadäquater Eingebungen" sah, nicht aber „adäquater", d. h. solcher, die gleichzeitig auch der verständigen Überlegung entsprechen. Soweit dies kein Streit um Bezeichnungen ist, sondern ein Suchen nach dem Kern der psychotherapeutischen Wirksamkeit, wird man ohne weiteres sagen müssen, daß die affektive und suggestible Bindung des Leidenden an seinen Arzt natürlich das eigentliche Vehikel für die Wirkung der ärztlichen Worte darstellt. Das bloße Wissen um eine Symptombewertung nutzt allein in der Regel therapeutisch wenig. Dies gilt insbesondere auch von den rein psychischen Symptomen. Die typische Klage der Zwangsneurotiker z. B. ist ja gerade: Ich weiß, daß meine Befürchtungen oder meine Gedanken unsinnig sind, aber ich kann mich ihrer dennoch nicht erwehren. Überhaupt ist die eigentliche Klage der in Frage kommenden Leidenden — mit Ausnahme vielleicht einer Anzahl von Neurasthenien — nicht so sehr diejenige, daß sie in unklarer Unwissenheit und Angst um sich leben, als vielmehr diejenige, daß sie trotz allem Wissen um ihren eigenen Zustand sich ihrem Leiden gegenüber machtlos und wehrlos fühlen. Es sind vielfach Schwächen des Willens und nicht des Verstandes, die es auszugleichen gilt, und deren Ausgleich die Persuasion nur unzulänglich versucht. Derartige Schwächen lassen sich im konkreten Einzelfalle suggestiv überwinden; und diese Suggestion kann als „verstandesmäßige Belehrung" oder auch als „Willensorthopädie" aufgeputzt sein, ohne daß der Wirkungsgrund in diesem Aufputz läge. Der suggestive Charakter derartiger psychotherapeutischer Verfahrensweisen ist besonders klar bei der eigentlichen „Willenserziehung". Der bloße Appell oder die moralisierende Predigt kann ja auch suggestiv wirken, wenn das Gefühlsband zwischen Leidendem und Arzt ein besonders festes ist. In der Regel aber wird so der Leidende mit Recht eher abgestoßen: Niemand weiß besser als er selber, wie er mit letzten Kräften gegen seine Symptome ankämpft; gerade die Erfolglosigkeit dieses Kampfes scheint ihm doch die Schwere seines Leidens darzutun; und der Arzt, anstatt ihm zu helfen, hält ihm Reden, daß er mehr Willenskraft haben müsse! Davor ist eher zu warnen. Über die Möglichkeit einer „indirekten" Willenserziehung wird in der Psychagogik gesprochen werden. Auch die sogenannte Ablenkung ist eine derartige zweischneidige Waffe. Die ablenkenden Kräfte können, wofern die Ablenkung gelingen soll, nur aus den affektiven Beziehungen des Leidenden zum Arzte erwachsen; sonst aber bleibt die Forderung, „nicht auf das Leiden zu achten", welches doch den Kranken emotional ständig beschäftigt und leiden macht, ein leeres Wort.

Des ferneren erschließt die Persuasion niemals in tieferer Weise die eigentliche Charakterstruktur der leidenden Individualität. Sie behandelt, ähnlich wie die Suggestionsverfahren, immer nur einzelne Symptome in ihrem psychophysischen Mechanismus; der ganze Mensch aber ist ihr nicht zugänglich. Lebensinhalte zu geben, Ziele zu setzen, Anpassungen zu erzeugen, die dem Leben des leidenden Einzelnen adäquat sind und aus seinem Wesen heraus entwickelt werden, — und den Leidenden zur Erreichung dieser Ziele zu befähigen: hinter dieser eigentlichen und schönsten Aufgabe der Psychotherapie bleibt die Persuasion ebenso zurück wie die Suggestion. Hier bedarf sie eines ergänzenden, psychagogischen Ausbaues.

Indikationen der Persuasion.

Somit wird das Gebiet der auf diese Weise behandelbaren Leidenszustände ein relativ enges. Es handelt sich vorwiegend um solche Symptome, die wir den Organneurosen zuzurechnen haben; und diese kommen vor allem insoweit in Frage, als sie erwartungsneurotisch entstanden oder Fixationen emotiver Schocks sind und noch keinen allzu starken Grad der habituellen Einschleifung erreicht haben. Und selbst in diesen Fällen wirkt die Persuasion allein. unter Ausschaltung gewollter Suggestionen, meist nicht sehr kraftvoll. Die Disposition zum Verfall in bestimmte Organneurosen, in vasolabile Symptome sympathischer oder vagotonischer Art, in respiratorische oder artikulatorisch-phonetische Funktionsstörungen, in nervöse Dysfunktionen der Eingeweide und des Urogenitalsystems — lassen sich durch verstandesmäßige Belehrung nicht um ihre Wirksamkeit bringen. Noch viel weniger gilt dies von den psychischen Symptomen im engeren Sinne, mit verschwindenden Ausnahmen.

Die Persuasion und Suggestion spielt in der ärztlichen Praxis, auch ohne daß der einzelne Arzt sich ihrer bewußt ist, fortwährend eine — oft gewohnheitsmäßig übersehene, aber dabei nicht minder wirksame — Rolle. Denken wir an die Fülle der Zustände „nervöser“ Art, die etwa zu den Internisten in die Sprechstunde kommen. Das verständnisvolle Eingehen des Arztes auf diese Kranken ist jenes Gemisch von Persuasion und Suggestion, dessen reine Methodik der eigentliche Psychotherapeut bewußt anwendet. Die verordneten Medikamente und physikalischen Kuren sind zu einem großen Anteil nichts anderes als unter persuasiver Einkleidung sich larvierende Suggestivmittel. Hat doch kein geringerer als LEWANDOWSKY nicht ohne gute Gründe behauptet, daß die gesamte Elektrotherapie auch nichts anderes wäre.

Neben diesem Gebiet spielt die Persuasion noch ihre besondere Rolle, wenn es sich darum handelt, die Überwindung des Leidenserlebens bei organischen Krankheiten durch gefaßte und überlegene Distanz herbeizuführen. Jede Psychotherapie aber hat ein Stadium im Anfang, in welchem sie die Herbeiführung der affektiven Bindung des Leidenden und die erste Distanzgewinnung zu erreichen sucht: in diesem Stadium ist ein persuasiver Einschlag des Vorgehens unumgänglich, selbst wenn der weitere Verlauf der psychotherapeutischen Arbeit nach diesem Anfangsstadium zu anderen und tiefergreifenden Verfahrensweisen übergehen muß.

Literatur über Persuasion.

BUNNEMANN: Worauf beruhen die psychotherapeutischen Erfolge DUBOIS'? Neurol. Zentralbl. 1914.

DÉJÉRINE und GAUCKLER: Les psychonévroses. Paris 1911.

DUBOIS: Die Psychoneurosen und ihre psychische Behandlung, 2. Aufl. Bern 1909. — Derselbe: Die Einbildung als Krankheitsursache. Wiesbaden 1909. — Derselbe: Psychologie und Heilkunst. Berlin. klin. Wochenschr. 1909.

JANET: Les médications psychologiques. Paris 1919.

OPPENHEIM: Zur Prognose und Therapie der schweren Neurosen. Halle 1902. — Derselbe: Pathologie und Therapie der nervösen Angstzustände. Zentralbl. f. Nervenheilk. Bd. 41.

VAN RENTERGHEM: La psychothérapie dans ses différents modes. Amsterdam 1907.

ROSENBACH: Nervöse Zustände und ihre psychische Behandlung, 2. Aufl. Berlin 1903.

4. Die Psychoanalyse.

Anspruch und Bedeutung der FREUDschen Lehre.

In der Rationalisierung des Leidenserlebens liegt die innere Verwandtschaft dieser Methode mit der nun zu besprechenden Psychoanalyse. Freilich ist die Psychoanalyse ihrem Anspruch nach weit mehr als eine psychotherapeutische Methode: sie ist eine Zusammenhangs- und Aufbaulehre des menschlichen Seelenlebens überhaupt, und zwar nicht nur in seinen allgemeinen und überall vorhandenen Mechanismen, sondern gerade auch in seiner individuellen Gestaltung zum Charakter, zum Leidenszustand, zum einmaligen zusammengesetzten Gebilde. Ihre Erkenntnisse erheben den Anspruch, gerade die Individualität des Seelenlebens zu durchleuchten, gerade das Irrationale auf Formeln zu bringen. Die Art des psychoanalytischen Denkens ist dabei bestimmten geistigen Strömungen der gegenwärtigen Zeit besonders konform; sie ist irgendwie für den „gebildeten Menschen der Gegenwart" der „moderne" Weg der Selbsterkenntnis und Gewissenserforschung, geheimnisvoll und doch verstandesmäßig zergliedernd, trocken-rabulistisch und doch voll mächtiger Anreize für die Phantasie, den verbotenen Boden uneingestandener Sexualwünsche unter dem Spaten der Wissenschaft umgrabend, Lockung und Beruhigung zugleich. Diese Eigenarten, die gewiß nichts mit der wissenschaftlichen Bedeutung der Psychoanalyse zu tun haben, erklären ihren beispiellosen Erfolg beim Publikum; sie erklären auch, mehr als die angeblichen persönlichen „Komplexe", die reservierte Abneigung der

Fachpsychologen und Psychopathologen. Aber weil eine Lehre sensationell wirkt, braucht sie noch nicht falsch zu sein; die falsche Einstellung liegt hier beim Rezipienten. Ehrlicherweise muß überdies gesagt werden: ein Hauptgrund für den Erfolg der Psychoanalyse als „der" Psychologie und als „der" Psychotherapie liegt in der Sterilität und Lebensferne des traditionellen Akademismus, der gerade auf diesen Gebieten im Begriffe war, alexandrinisch zu verdorren. Wenn in den letzten Jahren neues Leben auch hier erwacht ist, wenn charakterologische und dynamisch-psychologische Probleme begonnen haben, die Psychologie zu erfüllen und die registrierende Schematik der psychiatrischen Klinik zu beleben, so liegt das Verdienst in der bloßen Existenz der psychoanalytischen Bewegung. Auch hat die Psychopathologie und Psychiatrie mehr oder minder bewußt eine ganze Reihe grundlegender Gesichtspunkte und Anregungen von der Psychoanalyse übernommen; und es ist wohl nicht ganz gerecht, nachträglich zu behaupten, diese Gesichtspunkte seien schon immer in der Forschung vorhanden gewesen, bloß nicht mit der bewußten Betonung, welche FREUD ihnen erteilt habe (HOCHE). Es ist zweifellos, daß mit der Psychoanalyse eine neue Ära im Verständnis der neurotischen und psychotischen Erlebens- und Reaktionsweisen einsetzte, und daß auch die Psychiatrie von diesem Verständnis Gewinn gezogen hat. Insofern ist die Psychoanalyse ein außerordentlicher Fortschritt unserer Wissenschaft — weniger vielleicht in den durch sie vermittelten Erkenntnissen, über die noch zu sprechen sein wird, als vielmehr in ihren Gesichtspunkten und Einstellungen auf das menschliche Seelenleben. Dies gilt es vor allem anzuerkennen und auszusprechen, bevor man Stellung zu ihr und ihren Einzelheiten nimmt.

Es wäre dies vielleicht nicht so wichtig, wenn nicht der Entwicklungsgang der Psychoanalyse ein ständiger Kampf gegen herrschende und ablehnende Einflüsse im Wissenschaftsbetriebe gewesen wäre. Solch ein Kampf wirkt verbitternd. Es nimmt nicht wunder, daß sich die Anhänger der Psychoanalyse wie unter einem gemeinsamen Banner zusammengefunden und aus ihrer Lehre eine Art von Bekenntnis gemacht haben. Jetzt diskutieren sie nicht mehr mit ihren Gegnern, erwidern nicht mehr auf Einwände: abgeschlossen gegen andere zeitgenössische Forschungsrichtungen, von denen sie aus jahrzehntelanger Erfahrung nur Abträglichkeit erwarten, geben sie sich dem Ausbau ihrer Lehre hin. Denn im sachlichen Anspruch der Lehre liegt zugleich ein ganz ubiquitäres Anwendungsgebiet: Weit über das Psychopathologische hinaus vermeint sie die Psychologie von Kunst und Religion, Mythos und Wissenschaft, Einzelmensch und Gemeinschaft zu konstituieren — und mehr als das, aus dieser Psychologie auch die immanenten Normen der Erkenntnis, der seelischen, ethischen und sozialen

Ordnung fundieren zu können. Sie ist Weltanschauung geworden, in Gestalt eines psychologistischen Relativismus, eines phylogenetischen Seelenmaterialismus, und zwar eines solchen, der sich zu seiner Grundlegung nicht auf rationelle Argumentation beruft, sondern auf die Tiefenschichten des Seelischen, denen beim Nichtanalysierten der Zutritt ins Bewußtsein gesperrt ist. Hier liegt der methodische Scheingrund einer neuen Esoterik, deren größtes Unglück es ist, daß ihre letzten weltanschaulichen Statuierungen von einer bis zur Harmlosigkeit gehenden Trivialität sind.

Indem die Lehre zur „Bewegung" wurde, übte sie einen ähnlichen tendenziösen Selbstschutz wie etwa der Abwehrneurotiker, der in seine Krankheit entflieht. Man brauchte den Gegner nicht zu widerlegen, denn er war nicht analysiert, er besaß affektive Komplexe und Widerstände, in seinem Unbewußten gab es Verdrängungen, die ihn an der distanzierten affektfreien Einstellung des Erfassens der Lehre behinderten. Dies Argument entspricht der relativistischen Grundauffassung, deren Träger die Psychoanalyse ist; und doch ist es „richtig" — insofern richtig, als jede letzte weltanschauliche Stellungnahme nicht nur Erkenntnissache, sondern auch Bekenntnissache ist und die ganze Persönlichkeit mit ihrem Irrationalen hinter sich hat. Zugleich aber ist es wunderbar bequem: jeder Kritiker ist ein „Gegner", und jeder Gegner ist Gegner nur infolge eigener Unvollkommenheiten und Befangenheiten, von denen wiederum lediglich die Psychoanalyse ihn zu befreien vermag.

Auch diese Konsequenz trug die Bildung einer Schule in sich, daß auf die Dauer Gesinnungstüchtigkeit und handwerkliche Orthodoxie sich in der Bewegung immer breiter machten, besonders nachdem die begabtesten Fortbildner der Lehre als Häretiker ausgestoßen worden waren. Jeder, wenn er nur analysiert ist, sitzt in diesem Kreise voller Sicherheit vor allen Fragen, ist mit aller geistigen Problematik fertig: er hält sich ja am Leitseil seiner Schulbegriffe. Und was schlimmer ist: er „behandelt". Es sind vor allem gewisse nichtmedizinische Mitläufer, die auf diese Weise ihren, um im Schuljargon zu sprechen, infantilen Sadismus, die Eitelkeit ihres geistigen Mittelmaßes, genugsam an Leidenden und deren Familien, an Kindern und Zöglingen symbolisch ausgelebt haben. Wissenschaftliche Unbildung in nichtanalytischer Hinsicht scheint offiziell erlaubt zu sein. Beispiele für diese Behauptung gibt es nur zu viele; sie haben der Lehre mehr geschadet als ihr sachlicher Inhalt. Das gilt insbesondere von der Behandlung gewisser geisteswissenschaftlicher Problemgebiete, aber in einzelnen Fällen auch von solchen der Medizin. So züchtete sich in der Schule hoch, was in jeder Partei oder Bewegung allmählich zum Schwerpunkte wird: ein gedanklich stagnierendes geistiges Kleinbürgertum. Und die geistig und menschlich ausgezeichneten und eigengewachsenen Persönlichkeiten, an denen es keineswegs fehlt und deren Umgang ich persönlich und sachlich gleich viel verdanke, sehen diesen Tatbestand nicht oder schweigen zu ihm: sie haben ja alle „ein Stück Narzißmus geopfert".

Zu all dem kommt noch, daß die Psychoanalyse selber als Forschung wie als Lehre keineswegs abgeschlossen ist. Bericht und Stellungnahme können also nur vorläufiger Natur sein. Gemäß unserer Aufgabe werden wir uns auf dasjenige zu beschränken haben, was zur psychotherapeutischen Bedeutung und Anwendung gehört. Wenn wir aber auch bestrebt sind, alles übrige, für die Lehre vielleicht Wesentlichere, fortzulassen, so ist doch der Aufbau der psychoanalytischen Lehrmeinung ein einheitlicher, und die therapeutische Anwendung nur aus dem Ganzen der Lehre zu verstehen. Daher müssen wenigstens die Grundlinien der Lehre hier nachgezogen werden.

Allgemeine Grundlagen der Freudschen Lehre.

Das Neue und Großartige an der Freudschen Lehre ist, daß alle im weitesten Sinne irrationalen Äußerungen und Erscheinungen persönlichen Seelenlebens aus der Gestaltung und dem Schicksal der individuellen Triebgrundlagen, der psychischen Vitalität, in ihrem Werden erklärt werden. Auch die „Symptome" der Neurosen und der funktionellen Leidenszustände sind nichts anderes als solche Erscheinungen und Verwandlungsformen der elementaren psychischen Vitalität, der „Libido". Sie sind also grundsätzlich von gleicher charakterologischer Bedeutung und Erklärungsbedürftigkeit wie alle anderen geistig-seelischen Phänomene und Reaktionen. Damit ist die dynamische Psychologie des individuellen Charakters als Gestaltung seiner Triebgrundlagen, ihrer Schicksale und Verwandlungen zum leitenden Prinzip auch in der Neurosenforschung erhoben worden; „die Psychologie der Neurosen ist die Psychologie des menschlichen Herzens". Dieser Libidobegriff, von dem noch gesprochen werden wird, hat etwas Schwingendes und Fließendes. Die eigentliche Orthodoxie der Freud-Schule sexualisiert ihn noch heute in einer sehr engen Weise. Diese engere, rein sexuelle Definition der Libido hat zwei verständliche Gründe. Freud selber kam zur Konzeption seiner Libidolehre durch die Erforschung der infantilen Sexualität, und davon hat der Libidobegriff sich niemals freigemacht. Und ferner liegt eine sexuelle Formulierung der Libidodefinition in der biologischen Erklärung der Triebe bei Freud. Dennoch ist es wahrscheinlich, und Freud selber ist der beste Exponent dafür, daß die fortschreitende Forschung sich des allgemeineren, übergreifenderen Charakters der Libido über das bloße Sexuelle — selbst im weitesten Sinne — hinaus allmählich immer deutlicher bewußt werden wird. Aber auch in der spezifischen Fassung des Libidobegriffes hat seine Anwendung und die Verfolgung seiner individuellen Gestaltung uns eine reiche Belehrung gebracht. Die Forschung über die infantile Sexualität und ihren Werdegang hat uns die Augen dafür geöffnet, wie gerade die frühesten emotiven Erfahrungen und die frühesten Triebentwicklungen eines zunächst noch ganz undifferenzierten Trieblebens für die weitere Charaktergestaltung nachwirksam und bedeutungsvoll zu bleiben vermögen. Man kann diese Dinge nicht, wie nur zu oft geschehen ist, mit billigen Schlagworten abtun. Für den naturwissenschaftlich Denkenden ist es eigentlich selbstverständlich, daß auch der Geschlechtstrieb nicht auf irgendeiner Altersstufe plötzlich fertig da ist, sondern daß er das Produkt eines individuellen Werdens ist, einer allmählichen Entstehung und Ausbildung, auf deren Gestalt die individuellen Erlebnisse vom ersten Augenblicke des noch undifferenzierten Seelenerlebens an mitbedingend einwirken. Daß alle Perversionen im Grunde Infantilismen sind, diese Auffassung entsprach schon der alten Meinung von BINET und FÉRÉ über den Erlebnisfaktor in seiner symptomgestaltenden Bedeutung. Neu aber, und vielleicht das größte Verdienst der FREUDschen Forschung, ist die Lehre, daß unter der Nachwirkung von Erlebnissen, oder auf bestimmten Stufen der seelischen Organisation, frühere Triebbildungen, Eindrücke und Reaktionsweisen, frühere Äußerungsformen der Libido „verdrängt“ werden, aus dem Bewußtseinsleben verschwinden und nur in verwandelten psychischen Gebilden zu erneuter Wirksamkeit gelangen. Diese dynamischen Verwandlungen verdrängter Libidoanteile sind es, welche den individuellen Ausbau der Persönlichkeit vorbestimmen und erzeugen. FREUD macht hier jene Annahme eines Unbewußten, die wir völlig teilen. Aber er schreibt den ins Unbewußte verdrängten Inhalten und Kräften, also vor allem den Frühformen der Libido und ihrer Schicksale, Unfähigkeit zu, ins Bewußtsein zurückzukehren. Das Unbewußte ist in seinem Sinne das Bewußtseinsunfähige: ein Reservoir seelischer Spuren und Triebkräfte, die durch die Widerstände ihrer Ummauerung gefesselt, dennoch mit stetigem Einbruch ins Bewußtsein drohen und anstatt ihrer selbst allerhand Ersatzbildungen und Symbole ihres Bestehens als Bewußtseinserscheinungen hochtreiben. Diese Auffassung deckt sich nicht völlig, aber ungefähr mit der der Komplexwirkung, von welcher im ersten Teile die Rede war. Es tritt lediglich die Lehre vom Widerstand, der „vorbewußten Zensur“ des Verdrängten durch die verdrängende Instanz, als einer zwischen Bewußtsein und Unbewußtem eingeschalteten dynamischen Funktion des seelischen Organismus hinzu. Dieser Widerstand wird mit biologisch-psychologischen Erwägungen allgemeiner Art aus dem Lustprinzip begründet; er wird überdies tatsächlich an dem Erleben des Analysierten in der Analyse nachgewiesen. Wir können daher die allgemeinen theoretischen Erwägungen hinsichtlich seiner auf sich beruhen lassen. Die dynamische Spannung zwischen den verdrängten Triebbereitschaften und den verdrängenden Instanzen des Widerstandes führt zu einer Reihe von Auswegen oder Kompromißbildungen. Es kann zu einer Ableitung oder Abfuhr verdrängter Seelenkräfte und Spannungen in die Motorik kommen, oder in sonst eine körperliche Manifestation, die meist zugleich symbolischen Charakter trägt. So sind die körperlich funktionellen Erscheinungen und Vorgänge psychogener Art als „Konversionen" erklärt. Die Auswege können aber auch in einer seelischen Darstellung des Verdrängten oder des Kampfes mit den verdrängenden Instanzen sich auswirken. Hier kann sich entweder der affektive Akzent, die „Libidobesetzung", assoziativ verschieben, oder sie kann ihre qualitative Tönung verändern. Endlich aber gibt es eine Reihe typischer präformierter und allgemeingültiger Symbole, deren Besitzergreifung seitens der verdrängten Affektenergie sie in bestimmten typischen Weisen zum bewußten Erleben bringt; an ihrem Auftreten erkennt der Beobachter alsbald die Mitwirkung verdrängter Libidoanteile.

Diese Grundlehren: von der Libido, von der Verdrängung und dem Widerstande, und von den symbolischen Ersatzbildungen und ihren zugrunde liegenden Mechanismen, sind der allgemeine Rahmen, in welchem FREUDS Lehrgebäude erbaut ist. Es verschlägt wenig, ob man die theoretischen Unterlagen für diese allgemeine Konzeption sich zu eigen macht oder ablehnt. Die konstruktive Unterlage für derartige energetische Umwälzungen läßt sich zweifellos auch aus anderen Erklärungsgesichtspunkten gewinnen und ist, mitsamt allem dem, was FREUD und seine Schule darüber geäußert hat, hier nicht wichtig. FREUD selbst und die Seinen sehen darin nicht mehr als bloße Arbeitsvorstellungen. Es kommt in der ganzen Lehre überhaupt nicht so sehr auf das Theoretische an, als darauf, das lebendige Werden der seelischen Individualität vermittels derartiger dynamischer Einstellungen gleichsam natürlich in statu nascendi aufzufassen.

Den Weg zum Eindringen in dieses Gebiet energetischer Libidoumwandlungen hat FREUD ebenfalls in völlig einwandfreier Weise eröffnet. Der Leidende muß, unter Ausschaltung allen bewußten Denkens, psychische Inhalte hervorbringen: gemäß dem Spiel der assoziativen und der affektiven Zusammengehörigkeit oder Entgegensetzung treten dann die Beziehungen zwischen den genetischen Verwandlungsformen früherer Libidoentwicklungen und Libidoverdrängungen und den verdrängten Komplexen früher oder später mit bestimmten Anzeichen hervor. Diese Anzeichen bestehen entweder in mehr oder weniger heftigen subjektiven Widerständen und Widerstandsäußerungen des Kranken, oder in Symbolen, oder in assoziativen Schwierigkeiten und Hemmungen. Aus ihnen kann auf die verdrängten Inhalte rückgeschlossen werden. Zuweilen erscheinen dieselben, nach Überwindung des subjektiven Widerstrebens, oder in veränderten Affektqualitäten, auch direkt. Der Widerstand des Reproduzierens ist hierbei nichts anderes als der Widerschein der verdrängenden Kraft. So ist die psychoanalytische Methode als Methode gar nichts Besonderes; sie ist der Weg in die Seele überhaupt, soweit man unter letzterer nicht bloß ein intellektuelles Gebilde und ein nur rationaler Ergreifung zugängliches Gebiet versteht. Sie ist der Weg in die Geschichte der seelischen Individualität, und gerade hierin liegt ihre natürliche Anschaulichkeit.

FREUDS Traumpsychologie.

Machen wir uns diese Gedanken an einem Beispiel klar, dessen Prüfung jedermann möglich ist: dem Traum. Die Traumanalyse spielt auch in der psychotherapeutischen Anwendung der Analyse eine, wie wir noch sehen werden, nicht unwichtige Rolle.

Die Psychologie des Traumes (DE SANCTIS, MOURLY VOLD, KRAEPELIN, KÖHLER, HACKER) hat bislang nicht viel mehr über dies Phänomen zu sagen vermocht, als daß alle aus dem Wachleben bekannten psychischen Einzelfunktionen auch im Traum sich realisieren können, freilich ohne die Ordnung und Teleologie des Wachbewußtseines, ohne eine mehr als inhaltsmäßige reproduktive Übernahme von Bruchstücken aus der Wirklichkeit, und in eigenartigen, offenbar ihrem eigenen Gesetz gehorchenden, für unsere hiesige Darstellung aber nicht wichtigen Verbindungen. Bedeutsam ist vielleicht nur zweierlei: daß die visuelle und überhaupt sensorische Erregung und mindestens auch ein Teil der vorgestellten Motorik und ihrer Grundlagen in Lagegefühl und Kinästhesie aus Reizen hergenommen wird, die im weitesten Sinne koenästhetisch sind. Und ferner: daß das Ichbewußtsein auch im Traum voll gewahrt bleibt, ohne jede Unterbrechung der Kontinuität mit dem wachen Ich. Es war SCHERNER und vor allem FREUD, der die Psychologie der Traumvorgänge über diese wenigen Grundlinien bis ins feinste ausgebildet — und dabei allerdings vielfach stark hypothetisch und konstruktiv ausgebaut hat. Die psychologische Traumanalyse bedeutete für FREUD gleichsam den Grundstein seiner gesamten psychoanalytischen Forschung überhaupt: die „via regia ins Unbewußte".

Mit der bisherigen Traumpsychologie geht FREUD insoweit mit, als er im Traum, dem Rest des bewußten Seelenlebens im Schlafe, eine Reaktion auf Reize erblickt; diese sind zum kleinen Teil äußerer, zum großen Teil somatopsychischer Art; sie werden vorstellungsmäßig verarbeitet, insbesondere visuell, äußerlich oft sinnlos; inhaltlich wird vielfach an Tageseindrücke angeknüpft. FREUD weist auf die Analogie hin, die zwischen diesen Träumen und den Wachträumen der Pubertätszeit besteht, deren Triebquellen man kennt: Ehrgeiz und Sinnlichkeit, also Ichtriebe und Geschlechtstrieb. Er zeigt ferner, daß Träume nach dem Erwachen sehr rasch vergessen werden, so daß eine verdrängende Tendenz angenommen werden müsse. Hiernach liegt FREUDS Auffassung nahe: der Traum ist eine Funktion des Unbewußten. Die manifesten Traumelemente sind ebensoviele Merkmale oder Ersatzphänomene von Inhalten und Vorgängen des Unbewußten. Die Traumdeutung besteht darin, aus dem manifesten Trauminhalt auf den latenten Traumgedanken des Unbewußten zurückzuführen. Der manifeste Trauminhalt ist nicht nur eine Darstellung, sondern auch eine Entstellung der latenten Traumgedanken, weil diese verdrängt und nicht bewußtseinsfähig sind. An Kinderträumen zeigt sich, daß diese im allgemeinen unentstellte direkte Wunscherfüllungen darstellen. Ähnliches zeigt sich zuweilen auch bei Erwachsenen: die Eßträume von Hungernden (auf Nordpolexpeditionen), die Pollutionsträume usw. In der Regel aber sind die Träume verhüllte oder entstellte Wunscherfüllungen. Unerfüllte Wünsche nämlich sind schlafstörende Reizquellen, und der Traum reagiert auf dieselben, indem er sie beseitigt. Dadurch kann der Schlaf fortgesetzt werden, und dies ist die physiologische Funktion des Traumes. Der Traum bewirkt die halluzinatorische und symbolische Befriedigung der unerfüllten Bedürfnisse, indem er sie „aus dem Optativ in das Präsens" rückt. Die Entstellungen und symbolischen Verhüllungen der Wunschbefriedigung werden durch die Verdrängung der betreffenden Wünsche gefordert und von der vorbewußten Zensur im Wege der FREUDschen Mechanismen assoziativ bewirkt. Die so entstehenden Traumfundamente werden durch sekundäre psychische Bearbeitung endgültig ausgestaltet. Es handelt sich keineswegs immer um aktuelle Wünsche, sondern meist um verdrängte infantile Wünsche, um die ersten Wunschregungen der infantilen Sexualität. Die hierzu zählenden typischen Wunschkomplexe spielen ja in der FREUDschen Lehre, wie noch zu erörtern ist, die größte Rolle. Dennoch nimmt FREUD nicht den Standpunkt ein, daß jeder Traum eine sexuelle Wurzel habe; auch andere störende affektive und Wunschquellen, insbesondere des aktuellen Lebens, können sich in Träumen determinieren.

Ein besonderes Wort gebührt den Angstträumen; in ihnen treten oft direkte Wunscherfüllungen auf, aber mit dem verkehrten affektiven Vorzeichen, nämlich der Angst. Auch gelingt in ihnen die zensurierende Traumarbeit nicht völlig, und die Angst ist ein Signal zum Aufwachen: der Traum hat nicht vermocht, die Andauer des Schlafes zu gewährleisten.

Traumdeutung und Traumsymbolik.

Die Deutung der Träume wird in der Weise vorgenommen, daß der Traum, ohne Rücksicht auf seine Zusammengesetztheit und deren etwaigen Sinn, in seine einzelnen inhaltlichen Komponenten, die *Traumelemente*, zerlegt wird. An jedes einzelne Element muß der Behandelte freie Einfälle anschließen, unter Ausschaltung willkürlichen Nachdenkens. Er ist dabei gehalten, keinen Einfall zu unterdrücken; denn die Tendenz zur Unterdrückung einzelner Einfälle ist ein Zeichen des Widerstandes. Der Widerstand äußert sich darin, daß die in Frage kommenden Einfälle als unwichtig, nicht zur Sache gehörig, unsinnig und vor allem als peinlich und mit dem Gefühl unvereinbar empfunden werden. Diese durch den Widerstand unterdrückten Einfälle sind aber gerade die wichtigsten. Des ferneren besteht die Tatsache, daß jedes einzelne Traumelement — und dies gilt auch von allen übrigen Symptomen — „*überdeterminiert*" ist: d. h. es ist der symbolische Ersatz mehrerer genetisch fundierender verdrängter Regungen, die zu verschiedenen Schichten der seelischen Entwicklung gehören. Warum das so sein muß, ist wieder eine theoretische Frage, die übergangen werden kann, eben weil es sich in der Analyse auch tatsächlich nachweisen läßt. Methodisch folgt daraus, daß gleiche Einfälle in verschiedenen Stadien der Analyse und bei verschiedenen Symbolen auftreten — und ebenso daß das gleiche Symbol mehrere Bedeutungen deckt, die sich zu ihm „*verdichten*". Bei dem vorwiegend sexuell-libidinösen Charakter, den die Psychoanalyse den verdrängten Wunschmotoren zuschreibt, werden wir uns nicht wundern, wenn der Behandelte sich gegen die sich ergebenden Deutungen häufig wehrt und sie durch eigene Innenvorgänge nicht bestätigen zu können glaubt; wir werden vielmehr nach der Meinung der Psychoanalyse auch hierin nur Auswirkungen des Widerstands und der verdrängenden Tendenzen zu sehen haben. Das gleiche gilt von dem Auftreten assoziativer Lücken, in welchen dem Analysanden „nichts einfällt". Gewisse *Symbole* sind typisch und deuten sich selbst, werden auch in ihrem Symbolwert durch völkerpsychologische Erfahrungen an Primitiven bestätigt: Das Haus ist der menschliche Leib, das glatte Haus der männliche, das mit Vorsprüngen verzierte der weibliche. Kaiser und Kaiserin sind die Eltern, Prinz oder Prinzessin ist die analysierte Versuchsperson selber. Die Öffnungen des Hauses sind die des Leibes, ein Zimmer ist eine pars-pro-toto-Symbolik des Weibes. Ungeziefer sind die jüngeren Geschwister, zu welchen die infantile Seele sich meist in negativer Gefühlsstimmung befindet, welche dann verdrängt wird. Wasser ist ein Geburtssymbol — man denke an das Märchen vom Storch, und an die biblische Geschichte von Moses und der ägyptischen Prinzessin. Spitze Gegenstände symbolisieren meist das männliche Genitale, hohle das weibliche. Der Hut ist merkwürdigerweise ein Symbol des männlichen Genitales. Treppensteigen symbolisiert den Geschlechtsakt, Zahnziehen oder Ausreißen von Gegenständen die Onanie. Gebirge und Wald symbolisieren männliche, ebenes Land weibliche Genitalien. Die

Liste läßt sich fortsetzen; sie wird hier ohne jede Kritik referiert. Wichtig ist noch, daß verdrängte genitale Betätigungen symbolisch durch andere Funktionen substituiert werden können: Essen oder dergleichen. Es gibt hier das Gesetz einer „Verlegung". Einige typische Träume seien noch kurz in ihrer Bedeutung fixiert: Der Traum, nackt oder in mangelhafter Bekleidung auf der Straße zu sein, ist ein verdrängter Exhibitionswunsch. Der Traum, verfolgt, erstochen zu werden, beim weiblichen Geschlecht, ist ein verdrängter Wunsch, Opfer einer sexuellen Aggression zu sein. Der Traum vom Tod teurer Personen ist ein verdrängter infantiler Wunsch, diese Personen möchten aus dem Leben des Träumenden verschwinden, aber mit umgekehrter Gefühlstönung. Der Prüfungstraum, in welchem man ein Examen mit all seiner Angst wiedererlebt und ungenügend besteht, geht bei aller individuellen Komplizierung doch auf verdrängte sexuelle Handlungen der Kindheit zurück und schließt Selbstvorwürfe wegen eines zugleich gewünschten Rückfalles in dieselben ein. Der Traum zu fliegen symbolisiert verdrängte onanistische oder sexuell-aggressive Wunscherfüllungen. Der Traum zu fallen ist der Wunsch, sexuell zu „fallen", mit verwandeltem Affekt. Diese ganze Schematik bedarf im Einzelfalle einer ausgebauten individuellen Deutung.

Die Libido und ihre Organisationsstufen.

Aus dem Gesagten geht der Sinn des Freudschen Grundsatzes hervor: das Unbewußte ist das Infantile. Und es erhebt sich die Frage: was denn nun das Infantile eigentlich sei. Freud gibt die Antwort: die Organisation der Libido und ihre ersten Schicksale. Unter Libido versteht er psychologisch die Zusammenfassung aller auf Lustgewinn gerichteten seelischen Geschehensweisen. Beim Säugling und im frühen Kindesalter sind noch alle körperlichen Funktionen, als Ausdrucksweisen ungehemmter Vitalität, lustbetont. Es besteht jenes Stadium, für welches Freud den unzweckmäßigen Ausdruck „polymorph pervers" geschaffen hat; eine prägenitale Organisation der Libido. Mit der Lustbetonung vitaler Teilfunktionen treten libidinöse Teiltriebe auf, welche später als Perversionen bestehen bleiben können: anomale erogene Zonen bilden sich in der Mundgegend und in der analen Region. Urethrale und Muskelsensationen werden zu Trägern libidinöser Qualitäten. Ein Teil dieser Lustqualitäten verfällt einer späteren andersartigen Verwendung. Die zunächst abgesondert auftretenden libidinösen Teilfunktionen verschmelzen dann zu einem Autoerotismus, einer mit Bezug auf das ganze Ich erstrebten Lusttendenz. Indem diese verschiedene, sogleich zu erwähnende Komplexe unter exogenem Einfluß passiert, insbesondere den Kastrationskomplex, ergibt sie die Triebgrundlagen des Selbstgefühls zum großen Teile: sie konstituiert den Narzissismus. In diese

Entwicklung greift das äußere Erleben des frühkindlichen Milieus ein: die Reinlichkeitserziehung und das Verhältnis zu den Eltern. Beide fordern Verdrängungs- und Versagungsvorgänge in bezug auf die Befriedigung dieser libidinösen Organisation; diese werden symbolisch auf nichtsexuellem Gebiet ausgelebt und ergeben so allgemeine affektive Charaktergrundlagen. Insbesondere die Verdrängung des Lustgewinns aus der analen Sphäre, dessen Erzielung nicht selten mit einer Art von Aggression gegen die Umgebung verknüpft ist, schafft eine ganze Anzahl von affektiven Hemmungen. Diese gestalten sich im späteren Leben als peinliche Korrektheit, Pedanterie, ästhetische Feinfühligkeit, aber auch als Zwangshandlungen, Sammelwut usw. aus. Ja selbst die Grundlagen sittlicher Verbindlichkeit hat die Schule genetisch auf diese „analsadistische" Frühform der Libidoorganisation bzw. ihre Verdrängungen und Verwandlungen zurückgeführt.

Weit wichtiger ist die Beziehung zu den Eltern, welche beim 2- bis 4jährigen Kinde nur eine Einkleidung der primären libidinösen Objektwahlen darstellt. Entsprechend der bisexuellen Anlage des Menschen, welche eine biologische Voraussetzung der FREUDschen Lehre ist, sind die Beziehungen des Kindes zu beiden Eltern triebhaft getönt, wobei aber im allgemeinen die dominante biologische Geschlechtsanlage doch schon vorbestimmend auf das Endziel der Libidoentwicklung einwirkt. Der Knabe hat daher vorwiegend libidinöse Triebbindungen zur Mutter, das Mädchen zum Vater. Immerhin aber fehlen auch solche des Knaben zum Vater und des Mädchens zur Mutter nicht. Die Verdrängung dieser letzteren ergibt ebenfalls symbolische Charakterstrukturen. Diese determinieren sich aber weit stärker aus der andersgetönten Seite der Beziehung des Knaben zum Vater, des Mädchens zur Mutter: aus der Rivalität mit Bezug auf den andern Elternteil, und aus der zwiespältigen Hinnahme der Überlegenheit des Rivalen. Diese Überlegenheit schafft stärkste Verdrängungseinstellungen mit Bezug auf die inzestuöse Seite der Triebbindung. Dies gesamte psychische Gebilde in seiner Dynamik wird von jedem Individuum in anderer Weise passiert: es ist der sogenannte Ödipuskomplex. Er gestaltet entscheidend das weitere Schicksal der „narzissistischen" Triebkomponente: Selbstachtung und Selbstverwerfung, Selbstsicherheit und Unsicherheit, Selbstbestätigung und Selbstdarstellung usw. Er gestaltet die allgemeinen Einstellungen zu Menschen: Trotz und Gehorsam, Scheu, Ehrgeiz, Anlehnungsbedürfnis, Einsamkeitsbedürfnis usw. Er gestaltet das Ichideal und gewisse Züge des Liebesideals. Er gestaltet die Stellung zur Liebe und zur Geschlechtlichkeit. Hinter den meisten neurotischen Hemmungen und Verdrängungen steht, mindestens teilweise, der Ödipuskomplex und die Inzestschranke. Auch die Perversionen des späteren Sexuallebens sind nur Regressionen auf diese Zeit der Libidoorganisation.

In der Analyse ist daher, entsprechend der Gleichsetzung dieser frühkindlichen Affektbindungen mit dem späteren Sexualleben, viel die Rede von „homosexuellen", „passiven", „masochistischen" Einstellungen des Knaben zum Vater, „sadistischen" und sexuellen Einstellungen des Knaben zur Mutter, und umgekehrt bei Mädchen, sowie von den Verdrängungen dieser Einstellungen als Gründen charakterologischer oder neurotischer Ersatzsymptome.

Die Beziehung der Eltern zueinander ist dem Kind dieser Altersstufe ein Geheimnis und ein Gegenstand triebhaften Interesses. So entsteht die kindliche Sexualneugier und der Wunsch, die stets verhüllten Genitalien der Eltern zu erblicken — wobei natürlich eine Kenntnis des Unterschiedes nicht besteht. Diese ganze „kindliche Sexualforschung" wird aber als verboten erlebt und verdrängt zugunsten eines allgemeinen Wissensdurstes, von der Neugier bis zum wissenschaftlichen Interesse. Zufällig beobachtete geschlechtliche Vereinigungen (etwa bei Hunden) werden vom Kinde, ohne Bewußtsein ihrer eigentlichen Bedeutung, triebhaft auf die Vorstellung elterlicher Beziehungen zueinander übertragen („Urszene"). Die Verdrängung dieser Innenvorgänge hat ebenfalls neurotische Symptome, insbesondere auch Angst, zur Folge. Viele charakterologische und neurotische Züge knüpfen an Minderwertigkeitsgefühle an, die in diesem Alter aus der Furcht oder aus dem Glauben entstehen sollen, für die verbotenen Interessen vom Vater genital verstümmelt zu werden. Dieser „Kastrationskomplex" wird großenteils aus der Psychologie der primitiven Völker und gewissen Riten derselben begründet, die sich aufs Genitale erstrecken. Er findet sich merkwürdigerweise bei beiden Geschlechtern. Seine Stellung zu den übrigen Komplexen ist noch nicht geklärt.

Wir haben diese Auffassungen der Freudschen Schule, ebenso wie die früheren, absichtlich ohne jeden Vorbehalt einfach berichtet. Das Wesentliche daran ist, daß der libidinöse Charakter all dieser prägenitalen Tendenzen nach dem vierten Lebensjahre verdrängt ist, sowohl die Organlust als auch die der primären Objektwahl. Die hier investierten seelischen Energien fallen ganz der erzieherischen Verwendung, der „Sublimierung", anheim. Aber ihre Nachwirkung bleibt determinierend bestehen. Und unter dem Einfluß der Pubertät wird aus biologischen Gründen an sie angeknüpft. Die Pubertät vollzieht die genitale Bindung der Libido, den Primat der Genitalien bei libidinösem Lustgewinn, ferner die Festlegung des Sexualziels und endlich die Zusammenfassung beider Entwicklungen zur Teleologie der geschlechtlichen Einstellung. Auch hierbei fallen unverwendbare Libidoqualitäten der Verwandlung in Nichtsexuelles anheim. Diese Vollzüge können mißlingen. Die Ursache des Mißlingens kann in sexuellen oder allgemeinseelischen traumatischen Erlebnissen liegen, sie kann in der biologischen Disposition liegen, sie ist aber stets durch die bisherige Libidoorganisation vorbedingt. Das Mißlingen kann sich zeigen in einer unmittelbaren Wiederbelebung von Zügen der infantilen Sexualität; so entstehen die Perversionen. Es kann sich auch äußern in symbolischen Nachwirkungen verdrängter infantiler Sexualität; so entstehen die Neurosen. Insofern gilt nach FREUD der Satz: Die Neurose ist das Negativ der Perversion.

Die Neurosenlehre FREUDS.

FREUD unterscheidet Aktualneurosen und Psychoneurosen. Beide sind charakterogene Gestaltungen, und ihr Krankheitscharakter ist nur durch ihre genetische und symptomatische Typik gewährleistet, unterscheidet sie aber nicht prinzipiell von allen übrigen psychologischen Zusammenhängen. Bei den Aktualneurosen ist der determinierende seelische Faktor ein aktuelles Erleben, ein psychisches Trauma. Hierher gehören die Neurasthenie und die Angstzustände, wohl auch die sogenannten traumatischen Neurosen. Zu den Psychoneurosen gehören die Hysterien, bestimmte Angstzustände bei Hysterie, die FREUD als Angsthysterie abgrenzt, und die Zwangsneurose. Gemeinsam ist allen Neurosen das tendenziöse Moment, der „Krankheitsgewinn", der die Persönlichkeiten ihrer Träger über bestimmte Forderungen und Ansprüche der Realität hinweghebt. In der Gestaltung dieser Neurosen liegt ein Kompromiß zwischen den verdrängten pathogenen Momenten, die sich in den Symptomen ausleben, und den verdrängenden Instanzen, die siegreich bleiben. Die FREUDsche Schule pflegt hier von dem „Kampf des Lustprinzips und des Realitätsprinzips" zu sprechen und das tendenziöse Moment der Symptombildung, den Krankheitsgewinn, durch den Sieg des „Lustprinzips" zu rechtfertigen. Je weniger Trieb zum Gemeinschaftsleben, je weniger seelisches Anlehnungsbedürfnis an andere Menschen vorhanden ist, je weniger die Libido fähig ist „Objekte zu besetzen", je stärker der Narzissismus des Leidenden ist, um so größer ist der Krankheitsgewinn. Wir finden hier eine eigenartige Vermischung zweier Gesichtspunkte, deren jeder einzeln ausreichen würde, um den Aufbau eines psychischen Symptombildes zu erklären, und die sich wesensmäßig direkt widersprechen: den genetisch-kausalen, der den Mechanismus der Symptomentstehung zergliedert, und den finalen, der nach dem Sinn, dem Wozu, der Bedeutung des Krankseins und seiner Einzelsymptome fragt. FREUDS Psychoanalyse legt den Akzent ihrer Erklärungen bald auf die eine, bald auf die andere Seite, ohne einer den Vorrang vor der anderen zu geben. Bei ADLER hat sich — in engster Übereinstimmung mit der nichtanalytischen modernen Psychogenieforschung — der finale Gesichtspunkt — der Sinn und die Bedeutung des Krankseins für das Leben des Einzelnen — als der übergeordnete Gesichtspunkt der Betrachtung und des Verständnisses herausgebildet. Ist dieser Gesichtspunkt richtig, woran kaum mehr zu zweifeln ist, so ist die kausale Determination der Einzelsymptome und damit der Erklärungswert ihrer psychoanalytischen Durchdringung in eine sekundäre Rolle herabgedrückt. Diese höchst wichtige Konsequenz auch für die Psychotherapie, die wir späterhin verfolgen werden, wird bei der orthodoxen Psychoanalyse FREUDS noch völlig übersehen.

Bei tieferer Regression der Libido auf narzissistisch-prägenitale Stufen findet ein derartiger Kompromiß nicht mehr statt: die frühinfantilen Bedürfnisse leben sich schrankenlos aus, die Wirklichkeit und ihre Forderungen weichen restlos dem Trieb-Ich. Es entstehen die „narzissistischen Neurosen": das manisch-depressive Irresein und die Schizophrenien.

Hysterie. Ohne auf diese Fragen bis ins einzelne einzugehen, und ganz in den Grenzen des psychotherapeutisch Wichtigen wollen wir einen Blick werfen auf die dynamischen Erklärungen, welche die Schule den besonders häufigen Neurosen zuteil werden läßt. In erster Linie steht da die Hysterie, der FREUDS eindringendes Bemühen am längsten gegolten hat. Auch ihre Symptome sind Symbole von Verdrängtem. Ursprünglich teilte FREUD die Auffassungen JANETS vom psychischen Trauma und von dem Leiden an Reminiszenzen; im Verlaufe seiner Forschung ließ er aber das Trauma mehr und mehr in eine sekundäre Rolle zurücktreten. Es war die infantile Libidoorganisation und ihre Verdrängung, insbesondere an den typischen FREUD-Komplexen, welche die eigentliche Determinante der hysterischen Symptome abgab. Die Hysterie wird rein dynamisch aufgefaßt: als Störung dieses Verdrängungsvorganges, als Konflikt zwischen Verdrängung und Libido. Insbesondere sind es passive infantile Sexualerfahrungen, gegen welche die Hysterie eine Art Abwehr oder Flucht darstellt. Die körperlichen Symptome sind Konversionsprodukte und symbolische Darstellungen, die seelischen Symptome sind entweder symbolische Wiederholungen der pathogenen Momente oder Reaktionen darauf.

Angst. Die Angstzustände zerfallen in zwei Gruppen, je nachdem das pathogene Moment ein aktuelles oder ein verdrängtes ist. An sich stammt die Angst nämlich nicht aus verdrängten Inhalten; und es gelingt der Analyse häufig nicht, sie auf derartiges zurückzuführen. Der Angstaffekt selber ist nach FREUD angestaute freigewordene Libido, aber mit verwandelter Erlebnisqualität. Solche Libidoanstauungen schafft auch das aktuelle Leben des Erwachsenen, insbesondere beim Zusammentreffen mit den Forderungen und Aufgaben der Geschlechtlichkeit: geschlechtliche Enthaltsamkeit, mangelnde Befriedigung, Frigidität usw. Die vom Sexuellen abgelöste Libido wird ja entweder in körperliche Symptome entladen oder mit anderen seelischen Inhalten — von Symbolwert — verbunden (sogenannte Verschiebung). Jedoch kann einer dieser Wege, oder beide, ungangbar sein: dann entsteht Angst, d. h. eine Projektion angestauter Erregung nach außen. Angst ist ja derjenige Affekt, der auftritt, sobald die Psyche sich unfähig fühlt, eine nahende Aufgabe oder Gefahr zu bewältigen. Die dann entstehende Erregung wird als Angst gestaltet. Angst ist nach Freuds hübschem Wort die Scheidemünze der neurotischen Affektivität. Es wird sich also bei allen Angstzuständen darum handeln, therapeutisch aktuelle schädigende Ursachen in der Sexualität zu beseitigen. Bleibt die Angst dennoch bestehen, so handelt es sich um eine „Angsthysterie", d. h. der Grund der Angst liegt in Verdrängungen.

Zwang. Die Zwangsvorstellungen sind verkleidete symbolische Selbstvorwürfe wegen infantiler Sexualwünsche und -handlungen. Es wird angenommen, daß eine Disposition zur körperlichen Entladung verdrängter Libido nicht vorhanden ist. Der verdrängte Affekt muß also auf psychischem Gebiet verbleiben; er wird assoziativ auf andere Inhalte verschoben; und die so besetzte neue Vorstellung wird zum Zwangsinhalt. Auch der libidinöse Affekt selber verwandelt sich in Angst, nach dem vorher Gesagten. Wer viele Zwangsneurosen gesehen hat, weiß, daß inhaltlich die Zwangsverbote, Zwangsbefürchtungen, Zwangsimpulse ganz überwiegend in offenkundiger oder versteckter Beziehung zur Sexualität und ihren Nachbargebieten stehen, gegen Schamschranken und -hemmungen, ästhetische Bedürfnisse, Selbstachtung auf körperlichem Gebiet in Konflikt geraten. Abscheu, Ekel, Schamgefühl, Schüchternheit liegen fast bei allen Zwangsvorgängen im Kampfe mit dem Zwangsinhalt. Jene verdrängten Vorstellungen, um deren symbolischen Ersatz es sich handelt, stammen nach Freud aus der Kindheit und beziehen sich auf Sexualhandlungen, insbesondere sadistische Aggressionen lustbetonter Art, aktive Verführung anderer usw. An diese Handlungen knüpft sich Vorwurf und Verbot; sie werden verdrängt und von Abwehrreaktionen umgeben: Schamgefühl, Mißtrauen gegen sich selber, Minderwertigkeitsgefühle, Gewissenhaftigkeit und Grübelsucht erwachen und finden mächtige Förderung. Aber das Verdrängte droht auf Grund des libidinösen Affekts mit Wiederkehr ins Bewußtsein; die verdrängende Abwehr glückt nicht völlig: in den Zwangsinhalten lebt sich der Kompromiß beider Gegensätze aktuell und symbolisch aus. Und zwar tritt entweder der verdrängte Inhalt ins Bewußtsein, aber in entstelltem Gewande und mit Unlust, oder der Lustaffekt tritt auf, bindet sich aber an anscheinend gleichgültige oder sinnlose Betätigungen nichtsexueller Art, die eine symbolische Ersatzfunktion ausüben. Auch der Vorwurfsaffekt tritt in das Bild ein, verwandelt in Ängstlichkeit. Diese Ängstlichkeit kann hypochondrisch sein: sie fürchtet dann symbolisch eine körperliche Schädigung als Folge der infantilen Lusthandlung. Sie kann auch auf die Mitwelt bezogen werden: gleich als würde diese die „Sünde“ ahnen und verachten. So entsteht Beachtungsfurcht usw. Zu alledem tritt noch eine sekundäre Abwehr, ein Schutz- und Ersatzzeremoniell, entweder als Vorbeugungsmaßnahmen gegen den Schaden: Berührungsfurcht, Waschzwang, Benennungszwang, oder als Buße und Selbstbestrafung: Grübelsucht, Denkzwang, Zählzwang, Waschzwang; oder um Verrat der geheimen Sünde abzuwenden: Menschenscheu, Sammeltrieb usw.

Kritische Anmerkungen.

Diese Andeutungen über den dynamischen Aufbau der Neurosen nach FREUD mögen genügen. Es wird sich nicht leugnen lassen, daß Befremden und Zweifel, die sich einem jeden angesichts dieses Gebäudes aufdrängen, zum guten Teile durch die Neuartigkeit und den sexuellen Timbre dieser Lehre sich erklären; in beiden Eigenschaften liegt kein Rechtsgrund der Ablehnung. Prüft man den wissenschaftlichen Gehalt, so werden sich die theoretischen Unterlagen leicht in Frage stellen lassen; aber sie besagen nichts wider die Tatsachen und die Beobachtung. Und diese haben der klinischen Forschung, wie BIRNBAUM unlängst gezeigt hat, mancherlei Wertvolles gegeben. Die Beobachtung ist nun freilich mit Deutungen überall durchsetzt; aus diesen Deutungen werden vielfach Tatbestände rekonstruiert, die in der frühkindlichen Seele niemals direkt beobachtbar sind. Neuerdings hat dies FREUD mit Bezug auf die „Urszene“ (siehe oben) selbst zugegeben. Ein Kriterium der Deutbarkeit und Deutungsbedürftigkeit, welches den Symbolen selber anhaftete, existiert nicht; die Zustimmung des Erlebens seitens des Analysierten ist nicht immer vorhanden. Somit ist der Subjektivität des Analysators sehr viel unkontrollierbarer Spielraum gelassen; und nur zu leicht können *mögliche* Zusammenhänge als *tatsächlich* existierende angesehen werden.

Das Bewußtsein dieser methodischen Mängel ist freilich der Mehrzahl der FREUD-Epigonen im dogmatischen Betriebe der analytischen Behandlung verloren gegangen und durch eine recht einförmige Schematik überwuchert worden. Andererseits geht die Ablehnung, welche die FREUDschen Befunde vielfach erfahren haben, zu weit: so berechtigt sie sich gegen unzulässige schematische Verallgemeinerungen wendet, insbesondere hinsichtlich der FREUDschen typischen Komplexe (Ödipuskomplex, Kastrationskomplex, Sadomasochismus und Analerotik, Narzissismus usw.), so sind diese Komplexe doch keineswegs psychologische Hirngespinste. Wer sich mit bis zur Entselbstung gehendem Drang zur Sachlichkeit in die Analyse einlebt, für den ist es gar keine Frage, daß es tatsächlich psychodynamische Verhältnisse gibt, die dem Ödipuskomplex der FREUDschen Terminologie entsprechen. Es ist ebensowenig eine Frage, daß die höchst komplizierten und schwierigen Trieb- und Persönlichkeitsgestaltungen primitiver Art, in denen der eigene Selbstwert mit verschiedenen Gefühlstönen und in verschiedenen Weisen erlebt wird, in Beziehung zur Umwelt tritt und sich in Frage stellt, bei jedem Menschen bestehen und von außerordentlicher Bedeutung sind. Es ist durchaus erlaubt und heuristisch wertvoll, diese Dinge auf ganz frühkindliche Gefühlserfahrungen zurückzuführen und mit dem „Narzissismus" und dem „Kastrationskomplex" in Beziehung zu bringen — wenn dadurch keine Vergewaltigung der benachbarten Tatsachen stattfindet. Aber Ödipuskomplex, Narzissismus usw. — in der von der FREUDschen Scholastik angenommenen starren Ubiquität und robusten Handgreiflichkeit — werden allmählich zu toten Schematismen, während doch gerade der Sinn der FREUDschen Lehre, das was wertvoll an ihr ist, zum lebendigen Gegenteil hindrängt. Noch viel bedenklicher steht es mit den übrigen sogenannten typischen Komplexen, dem „analsadistischen", dem „Trauma der Geburt" usw.

Ganz ähnlich liegt es auch bei der viel umkämpften Symbolik der Bewußtseinsinhalte für verdrängte Beziehungen. Derartige dynamische Beziehungen in der Seele zu leugnen, wäre der Tod aller wirklichen lebensnahen Psychologie. Wenn aber, statt der symbolischen Beziehung zwischen Bewußtseinserscheinung und verdrängter Zuordnung liebevoll und individualisierend in dem Erleben jedes einzelnen nachzugehen, eine Liste höchst konkreter allgemeingültiger Symbole bereit gehalten wird, die ein für allemal den ungefähr gleichen Beziehungspunkt haben, nämlich das Genitale — so liegt darin ein Anreiz, den Sinn der FREUDschen Individualpsychologie in ihr Gegenteil zu verflachen. Und ohne die Frage der typischen Symbole und ihres Rechtsgrundes anzuschneiden, zeigt die Praxis: je kurzsichtiger ein FREUD-Schüler ist, je weniger er auf individuelle seelische Neuerscheinungen sich einzustellen fähig ist, je roher und schematischer er mit dem individuellen Seelenleben umspringt, um so allmächtiger werden bei ihm diese allgemeingültigen Symbole und ihr sexueller Sinn. Der Meister selber hat deren nur eine kleine Anzahl aufgestellt, er hütet sich auch in der Traumdeutung selbst bei typischen Träumen vor unbeglaubigten Verallgemeinerungen. In der Schule aber kommt es immer ausschließlicher auf die typischen Symbole hinaus, in möglichst gleichartiger Weise; und auf diese Weise wird die komplizierteste und schwierigste Materie, die Gestaltung der Einzelseele durch die Triebe — allmählich zum Gegenstand eines mechanischen und trivialen Drauflosorakelns mit sexuellen Pointen. Denn auch dies muß noch gesagt werden: selbst wenn man die Libidolehre im strengen Sinne der Schule zugestehen wollte, so brauchte man doch nicht die Konsequenz zu tragen, welche überall, unter dem Vorwande, libidinöse Energien aufzudecken, grobe geschlechtliche Handgreiflichkeiten zu finden vermeint. Wer die Praxis dieser Deutungen kennt, und zugleich den geistigen Horizont und diese sexuelle Einstellung vieler Psychoanalytiker, der kann nicht umhin, dem Witzworte eines geistreichen Mannes zuzustimmen: die Psychoanalyse ist diejenige Krankheit, für deren Therapie sie sich hält.

Psychoanalyse als psychotherapeutisches Verfahren.

Was die Psychoanalyse als psychotherapeutisches Verfahren anbetrifft, so ist ihre äußere Technik eine ziemlich einfache: sie besteht in der Herstellung einer bestimmten äußeren Situation. Der zu Behandelnde liegt auf einem Ruhebett, vor aller Ablenkung geschützt. Der Arzt sitzt hinter ihm, so daß der Behandelte ihn nicht sieht. Letzterem sind die „Grundregeln" zur Pflicht gemacht: alles zu äußern, was ihm an Einfällen durch den Kopf geht, ohne das geringste zu verschweigen, selbst wenn es sehr schwer fällt. Der Arzt nimmt die Produktionen des Kranken ohne Rückäußerung zur Kenntnis; er soll weder mitschreiben noch sich besonders konzentrieren. Es gibt nun verschiedene Verhaltenstypen des Analysierten: Entweder erfolgt eine sehr rasche Produktion geordneter Gedankenabläufe — dann schiebt das bewußte Denken seine Arbeit schützend vor die freie Einfallsproduktion und deren Komplexuntergrund; in solchem Falle wartet der Arzt ruhig die Erschöpfung der Denkproduktion ab. Er mache dann den Behandelten auf die falsche Einstellung aufmerksam und stelle ihn um. Oder es erfolgt gar keine Spontanproduktion — aus Widerständen heraus. In diesem Falle warte man ebenfalls zunächst geduldig ab. Ich habe einen Fall behandelt, wo ein Psychoanalytiker zuvor bei täglichen Sitzungen neun Monate lang auf diese Weise „gewartet" hatte, ohne von der sehr gehemmten Zwangskranken auch nur eine einzige Produktion zu erhalten — gewiß ein Beispiel leichter, aber doch wohl nicht gerade nachahmenswerter ärztlicher „Behandlung". Es gibt Mittel, innerhalb solcher Perioden die Produktion anzuregen: man läßt z. B. auf Reizworte hin Einfälle assoziieren, oder man fragt nach Träumen und analysiert dieselben. Erwünscht sind solche Hilfen nicht. Freud selber hat früher Suggestionen dahingehend gegeben, daß er die Hand auf die Stirn des Behandelten legte und dadurch das Kommen von Einfällen vorherversicherte. Dies galt, wie jeder gewollte Suggestionszusatz zur Behandlung, lange Zeit in der Schule als wider den Geist der Analyse — bis Freud selber, der innerlich freieste dieses Kreises, die Parole ausgab, es bleibe manchmal nichts übrig, als „das Gold der Analyse mit dem Kupfer der Suggestion zu legieren". Das erhaltene Produktionsmaterial wird immer wieder assoziativ durchgearbeitet — bis der Moment gekommen ist, wo der Analysator es dem Analysierten deutet. Es kommt dann auf das affektive Verhalten des letzteren an: besteht noch Widerstreben gegen die Deutung, so ist noch nicht alles Verdrängte behoben, und neue „Durcharbeitungen" sind notwenidg. Man braucht sie nicht künstlich herbeizuführen, denn es wiederholen sich im Laufe der Analyse ganz von selber die gleichen Komplexsituationen bis zu ihrer Auflösung immer wieder. Der Arzt selber soll analysiert sein, nicht nur um diese Technik zu beherrschen, sondern um nicht durch eigene Verdrängungen unbekannter Art in seiner Aufnahmefähigkeit einseitig beengt zu sein. Dies gilt nicht nur von seiner geistigen Rezeptivität, sondern auch — und noch weit mehr — von seinen affektiven Möglichkeiten, die eintretenden Gefühlsbindungen des Analysierten an ihn ohne eigene Komplexschranken analysieren zu können.

Worin liegt bei diesem Verfahren das psychotherapeutische Agens? Ursprünglich sah FREUD darin die einzige wirklich kausale Seelenbehandlung. Er bediente sich dazu folgender Überlegung. Wenn irgendwelche Leidenszustände oder neurotische Symptome auf der Nachwirkung verdrängter Komplexe beruhen, also Verwandlungsformen solcher pathogener Faktoren darstellen, die ihrer Natur nach bewußtseinsunfähig sind, so muß die Aufhebung der Verdrängung, das Bewußtwerden des Bewußtseinsunfähigen, auch die Wirkungen der Verdrängung aufheben. Die symptomgestaltende Kraft der Verdrängung wird gebrochen, sobald die Verdrängung verschwindet. Wird durch die Analyse die Verdrängung rückgängig gemacht, so hat das Verdrängte seine pathogene Nachwirkung eingebüßt. Es ist leicht zu erkennen, daß diese Überlegung eine recht intellektualistische Auffassung von der therapeutischen Wirkung der Psychoanalyse einschließt. Praktisch bestehen bei dieser Auffassung, wie schon angedeutet, enge Beziehungen zur Persuasion und deren intellektualistischer Komponente, wenngleich FREUDS Überlegung viel tiefer und verfeinerter ist. In dieser Hinsicht also müßten die Grenzen der DUBOISschen Methode die gleichen sein wie die der FREUDschen Methode; kommt es doch für den Leidenden in den meisten Fällen hinsichtlich seiner Heilung nicht auf das Wissen um die Pathogenese seines Zustandes an, sondern um dessen willensmäßige und gefühlsmäßige Überwindung. Die bloße Bewußtmachung der Komplexe braucht also noch keineswegs die Quelle ihrer Überwindung und Ausschaltung abzugeben. Nun hat FREUD hierzu den Gedanken des Abreagierens der verdrängten Libidoenergien hinzugenommen. Wir wissen bereits aus früheren Erörterungen, daß dieser Gedanke tatsächlich von hoher psychotherapeutischer Fruchtbarkeit ist, und soweit die Analyse in seinem Dienste steht, ist sie zweifellos von psychotherapeutischer Kraft. Es wird auch zuzugestehen sein, daß sie als Verfahren besser geeignet ist als manch anderes, um die Abreaktion auch von verhaltenen affektiven Regungen der Tiefenschichten zu erzielen.

FREUD hat die Analyse als psychotherapeutisches Verfahren noch in einem anderen Sinne weiterentwickelt. Bei der Analyse wird ein Teil der Libido des Leidenden an den Arzt gebunden; es findet eine affektive Übertragung auf den Arzt statt. Wir haben an früherer Stelle bereits davon gesprochen und wissen, daß diese Tatsache in jeder psychotherapeutischen Beziehung ein Fundament bildet. Die Übertragung auf den Arzt ist nun in der Psychoanalyse nichts anderes als eine Wiederholung der Gefühlsbindungen, welche bei der frühkindlichen Organisation der Libido gegen Vater und Mutter usw. zuerst auftraten. In der Übertragung stellt also der Analysierte die Formen und Wandlungen, die seine Libido erfahren hat, in seinem Verhältnis zum Arzt symbolisch dar. Die therapeutische Wirkung der Psychoanalyse beruht also in der Ausnutzung und Entwicklung dieser Übertragung zum Kampf mit den Widerständen. Die Widerstände können bewußte und unbewußte sein. Sie äußern sich in den verschiedenartigsten Weisen; insbesondere ist auch das Versiegen der Einfallsproduktion in der Analyse ein Widerstand. Treten irgendwelche Widerstände auf, so müssen diese selber analysiert werden: man muß nach ihren Ursachen und Quellen forschen, ihre Tendenz zu enthüllen suchen. Auf diese Weise löst sich allmählich der Affektton, den die Symptombildung ursprünglich besaß, von ihr ab und gleitet in die Widerstände hinein, welche der analysierenden Aufgabe des Therapeuten entgegengesetzt werden. Die Widerstände werden zu einem Ausdruck der psychologischen Beziehungen zwischen Behandeltem und Therapeuten. Sie werden ein Teilausdruck der Gefühlsbildungen, die den Behandelten gegenüber seinem Arzte beseelen. In diesen Beziehungen symbolisiert sich immer mehr das Kerngebiet der zu analysierenden Krankheitsgrundlagen. Und FREUD erblickt in dieser Widerstandsanalyse und Analyse der Übertragung positiver und negativer Gefühlsqualitäten auf den Arzt geradezu die erste Phase des psychoanalytischen Vorgehens überhaupt. Ihr folgt die zweite Phase: die Lösung des Kranken vom Arzte, nachdem die Übertragungs- und Widerstandserscheinungen ihre analytische Aufklärung gefunden haben. Indem die Übertragung seitens des Arztes allmählich gelöst wird, sobald sie ihre therapeutische Funktion erfüllt hat, wird die dadurch freiwerdende Libido als seelische Energie den wirklichen Lebenszielen des Leidenden zurückgegeben. Diese Deduktion FREUDS, frei von allem Intellektualismus, ist eine psychologisch vertiefte Umschreibung für ein in der Psychotherapie längst bekanntes Phänomen, auf welchem auch die therapeutische Wirksamkeit der suggestiven und hypnotischen Verfahren beruht: des Rapports. Tatsächlich erklären auch FREUD, FERENCZI und JONES den Rapport, die Hypnose und die Suggestion als Sonderfälle der Libidoübertragung. Man kann FREUDS Lehre von der Übertragung durchaus annehmen: dann fragt man sich aber, wozu dann die spezielle Methode der Psychoanalyse noch therapeutisch dienen könnte. Man hat mit FREUDs genannter Formel nicht mehr gewonnen als eine wahrscheinlich im weiten Umfang richtige, geistreiche Erklärung für ein der Psychotherapie längst als das wirksame Agens bekanntes Phänomen: der affektiven Bindung des Kranken an seinen Arzt. Diese Übertragung tritt bei allen psychotherapeutischen Verfahren ein und ist der Träger des Erfolges; sie ist nicht gebunden oder besonders leicht lenkbar durch die psychoanalytische Methode als solche. Tritt sie nicht ein, so versagt jede Psychotherapie, auch die Psychoanalyse. Beispiele hierfür sind jene psychotherapeutisch unzugänglichen Zwangserkrankungen, Hypochondrien und Schizophrenien, deren Wesen nach FREUD in ihrer Unfähigkeit zur Übertragung liegt. Die Psychoanalyse als therapeutische Methode gewährt nun keinerlei Anhaltspunkte dafür, wie der Arzt die Übertragung aktiv therapeutisch auszunutzen habe. Sie beschränkt sich darauf, eine Methode des Eindringens in die seelischen Zusammenhänge des Kranken zu sein. Und wenn z. B. ein Mann wie PFISTER eine ethisch gerichtete „synthetische Erziehung" mit der Analyse verschmilzt, so hat er zwar sachlich völlig recht: er irrt aber darin, daß er glaubt, diese „synthetische Erziehung" — die denn auch von der FREUD-Orthodoxie abgelehnt wird — gehöre zum Wesen der Psychoanalyse. In dieser vielmehr hat sich der Arzt abwartend und passiv zu verhalten, die seelischen Vorgänge des Kranken lediglich zu registrieren und sich frei entwickeln zu lassen. Aber das ist keine Psychotherapie: hier ist alles dem Kranken anheimgestellt, und unter dessen Einstellungen brauchen sich keinerlei auf Leidensüberwindung oder Lebensanpassung gerichtete Voraussetzungen zu finden. So kommt es zu endlosen, über Jahre und Jahre sich hinziehenden Analysen, in denen die Widerstände gegen die Heilung sich durchaus nicht brechen lassen wollen, in denen der Kranke sich und sein Schicksal immer erneut zur erlebnismäßigen Darstellung bringt oder in seinen Widerständen und Beziehungen gegen den Arzt symbolisch abdrückt, ohne einen Ausweg zu finden. Die Heilungen in der Psychoanalyse liegen hier nicht mit Notwendigkeit in ihrer methodischen Anlage. Und wer die Schar der Ungeheilten kennt, die eine oft jahrelange Psychoanalyse hinter sich haben und dann manchmal in relativ kurzer Zeit von methodisch freieren und aktiven Psychotherapeuten über ihre Leiden hinweggebracht werden, der wird die psychotherapeutischen Wirkungen der Analyse nicht mehr überschätzen. Die Freudianer sind natürlich auch bezüglich solcher Fälle nicht um Ausreden verlegen: Die Analyse wurde zu früh abgebrochen, oder es liege ein Fall von Narzissismus vor — Gründe sind ja billig wie Brombeeren. Die Ausnutzung der Übertragung durch den Arzt und die Behandlung der Widerstände liegt zwar im Prinzip der psychoanalytischen Psychotherapie, aber unter Lähmung aller aktiven Betätigungen des Arztes und insbesondere aller suggestiven Einwirkungen. Bleibt der Arzt, auch ohne es zu bemerken, nicht passiv, so ist sein psychotherapeutischer Erfolg in der Analyse eben ein suggestiver; und die übrigen therapeutischen Wirkungen der Analyse sind nur hinzukommende.

So nimmt es nicht wunder, wenn gerade die selbständigen und tieferschürfenden Schüler FREUDS versucht haben, die Methode der Analyse durch irgendeinen Faktor zu ergänzen, dem eine aktive psychotherapeutische Energie innewohnt. Nichts anderes bedeutet es, wenn JUNG eine Willenserziehung mit der Analyse verschmilzt, wenn SIMMEL Suggestivmaßnahmen an abgekürzte Analysen anschließt, wenn MAEDER eine Ergänzung der Analyse durch die „dynamogene" Wirkung des Arztes empfiehlt, wenn BEZZOLA der Psychoanalyse eine „Psychosynthese", PFISTER ihr eine „synthetische Erziehung" hinzugesellt. Nur wird der Grund dieser Notwendigkeit von den Autoren nicht klar und deutlich ausgesprochen. Immer wird die Fiktion aufrechterhalten, als hätten derartige Ergänzungsmaßnahmen therapeutischer Art etwas mit dem Wesen der Analyse zu tun und als seien diese Ergänzungsversuche schon in der Psychoanalyse methodisch gegeben.

Ein einziger Schüler von FREUD hat es verstanden, die Psychoanalyse aus der Enge ihrer konstruktiven Begrenzung zu befreien, sowohl hinsichtlich ihrer sexualtheoretischen Dogmen als auch hinsichtlich ihrer therapeutischen Starre: ALFRED ADLER. Er faßt die Persönlichkeit und ebenso die Neurosenbildungen unter dem Gesichtspunkt einer inneren Teleologie auf, in welcher alle Charakterentwicklungen der Aufrechterhaltung einer Ganzheit, einer Leitlinie der Persönlichkeit dienen. Innerhalb dieses Rahmens begreift er die seelischen Zusammenhänge dynamisch, aber ohne den Januskopf der Libidolehre überall hindurchschimmern zu sehen. Das Sexuelle ist ihm nur ein seelisch-dynamisches Bewährungsgebiet der immanenten Persönlichkeitsziele. So gestaltet er methodisch und sachlich frei, und doch unter Auswertung all der psychologischen Vertiefungen und Fortschritte, die wir FREUD zu verdanken haben, eine dynamische Psychologie des Charakters. Seine Lehre ist aufs engste mit den Ausführungen verknüpft, welche überall in diesem Buche von entscheidender Bedeutung sind. Ohne mich als strikten Anhänger seiner einzelnen Lehren zu bekennen, habe ich sie — oder dasjenige, was ich von ihnen übernehme — in den gesamten Aufbau meiner eigenen Anschauungen so eng verwoben, daß ihre besondere Darstellung an dieser Stelle sich erübrigt. Es genüge, auf diese meine sachliche Beziehung zu den Werken und Lehren ADLERS hier grundsätzlich hingewiesen zu haben.

Der praktische Arzt und die therapeutische Analyse.

Wie soll sich der praktische Arzt zur psychotherapeutischen Anwendung der Psychoanalyse stellen? Es wird nicht dazu zu raten sein, methodisch streng gebundene Analysen im Sinne der Schule durchzuführen: dazu fehlt es in der Regel an Zeit und an den Voraussetzungen im Arzte selber. Es ist aber außerordentlich empfehlenswert und bei allen komplizierteren Charakteren, besonders in der noch bildsamen Jugend, sogar notwendig gefordert, an die therapeutischen Fühlungnahmen, so wie wir sie früher geschildert haben, insbesondere an die Explorationen, den Versuch einer Psychoanalyse in einem freieren Sinne anzuschließen. Man kann ohne weiteres die äußere Situation der Psychoanalyse in diejenige der Ruheübungen (S. 144ff.) und diejenige der Suggestivbehandlung überführen. Auch während des weiteren Verlaufes der Behandlung kann man und soll man immer wieder eine Reihe analytischer Sitzungen zur Beseitigung von Widerständen gegen die psychagogische Einwirkung des Arztes einschalten. Diese Analyse — und sie ist im folgenden überall gemeint, wo von Psychoanalyse die Rede ist — soll mindestens so weit führen, daß der Arzt das Bild des inneren Zusammenhanges der Dispositionen und des Erlebens von der frühen Kindheit an erhält und dem Leidenden verdeutlichen kann. Es soll ferner soweit führen, daß ein gründliches Abreagieren in allen Situationen des Behandlungsstandes zu erfolgen vermag; es soll endlich die Übertragung auch zu denjenigen Formen treiben, welche beim bloßen suggestiven Rapport unerlebt und undeutlich bleiben; schon damit diese Schwierigkeiten für den Heilungsvorgang analytisch und suggestiv überwunden werden können. Ein besonderes Indikationsgebiet für die Psychoanalyse gibt es nicht: geistig tiefstehende, ferner zu alte und schon in ihrer seelischen Habitualform erstarrte, ferner übersuggestible Persönlichkeiten, ferner erotische Naturen und vor allem Kinder nehme ich von dieser Behandlung aus. Aber hinsichtlich der Diagnose und der Symptome lassen alle psychisch-reaktiven und psychogenen funktionellen Erscheinungen und insbesondere die Konfliktszustände zwischenmenschlicher Art eine psychoanalytische Behandlung und Untersuchung als förderlich und fruchtbar erscheinen.

Literatur.

Die Literatur über Psychoanalyse und Verwandtes ist so angeschwollen, daß sie von niemandem mehr völlig übersehen werden kann. Die Lehren der Schule entnimmt man am zweckmäßigsten folgenden Werken:

FREUD: Gesammelte Schriften. Leipzig, Wien u. Zürich 1924ff. 11 Bde.

Ferner den Büchern des internationalen psychoanalytischen Verlags, den „Imago"-Büchern, und folgenden Zeitschriften:

Jahrbuch für Psychoanalytische und Psychopathologische Forschungen, später Jahrb. f. Psychoanalyse betitelt, Leipzig u. Wien

1909—1914. — Zentralbl. f. Psychoanalyse, Wiesbaden 1910—1914. — Internat. Zeitschr. f. ärztl. Psychoanalyse Bd. 1—4, Leipzig u. Wien, ... seit Bd. 5 Leipzig, Wien u. Zürich. — Imago, im gleichen Verlag.

Dort sind auch die wesentlichen Arbeiten aller FREUDschüler enthalten, unter anderen auch diejenigen von JUNG, vor seiner Trennung von der Schule. — Ferner von JUNG die späteren Werke:

JUNG: Psychologie der unbewußten Prozesse, 2. Aufl. Zürich 1918. — Derselbe: Psychologische Typen. Zürich 1921.

ADLER: Der nervöse Charakter, 3. Aufl. München u. Wiesbaden 1922. — Derselbe: Praxis und Theorie der Individualpsychologie. München u. Wiesbaden 1920.

ADLER, gemeinsam mit C. FURTMÜLLER und E. WEXBERG: Heilen und Bilden, 2. Aufl. München 1914—1916. — Hierzu ADLERS Zeitschrift für Individualpsychologie. München 1914—1916, ... und seit 1923.

STEKEL: Nervöse Angstzustände und ihre Behandlung. Berlin 1908. — Derselbe: Die Träume der Dichter. Wiesbaden 1912. — Derselbe: Was im Grunde der Seele ruht. Wien. 1920. — Derselbe: Das siebenbändige Werk: Störungen des Trieb- und Affektlebens. Berlin seit 1908. — Derselbe: Das periodische Sammelwerk: Fortschritte der Sexualwissenschaft und Psychoanalyse. Leipzig u. Wien seit 1924.

Von kritisch-referierenden Arbeiten seien erwähnt:

ALLERS: Über Psychoanalyse (Aussprache im Ver. f. angew. Psychopathologie u. Psychologie in Wien). Berlin 1922. — Derselbe: Charakter als Ausdruck. Ein Versuch über psychoanalytische und individualpsychologische Charakterologie. Jahrb. d. Charakterol. Bd. 1.

BEZZOLA: Zur Analyse psychotraumatischer Symptome. Journ. f. Psychol. u. Neurol. Bd. 8.

BIRNBAUM: Die Psychoanalyse vom Standpunkt der klinischen Psychiatrie. Dtsch. med. Wochenschr. 1924/1925.

HINRICHSEN: Über das Abreagieren beim Normalen und bei den Hysterischen. Zeitschr. f. d. ges. Neurol. u. Psychiatrie Bd. 16.

HITSCHMANN: FREUDS Neurosenlehre. Leipzig u. Wien 1911.

JONES, Therapie der Neurosen. Leipzig u. Wien 1921.

ISSERLIN: Die psychoanalytische Methode FREUDS. Zeitschr. f. d. ges. Neurol. u. Psychiatrie Bd. 1. — Derselbe: Über JUNGS Psychologie der Dementia praecox und die Anwendung FREUDscher Forschungsmethoden in der Psychopathologie. Zentralbl. f. Nervenheilk. Bd. 30.

KRONFELD: Über die psychologischen Theorien FREUDS und verwandte Anschauungen. Leipzig 1912. — Derselbe: Sexualpsychopathologie. Leipzig u. Wien 1923.

MITTENZWEY: Versuch zu einer Darstellung und Kritik der FREUDschen Neurosenlehre. Zeitschr. f. Pathopsychologie Bd. 1 u. 2.

MAEDER: Sur la psychothérapie. Schweiz. Arch. f. Neurol. u. Psychiatrie Bd. 10.

PFISTER: Zum Kampf um die Psychoanalyse. Leipzig, Wien u. Zürich 1920. — Derselbe: Die psychoanalytische Methode, 3. Aufl. Leipzig 1924.

RAIMANN: Zur Psychoanalyse. Berlin 1924.

SCHILDER: Seele und Leben. Berlin 1922.

SCHULTZ, J. H.: Psychoanalyse. Zeitschr. f. angew. Psychologie Bd. 2. — Derselbe: Die seelische Krankenbehandlung. Jena 1919.

III. Hypnose und Suggestion.

5. Die Erscheinungen.

Der hypnotische Zustand. Rapport und Suggestion.

Einige Menschen liegen in Hypnose vor uns. Die Verfahrensweisen, durch welche sie in diesen Zustand versetzt worden sind, werden wir nachher erörtern. Wir fragen uns zunächst: Welche Symptome auf körperlichem und psychischem Gebiet charakterisieren den Zustand dieser Menschen, den hypnotischen Zustand?

Die Hypnotisierten sitzen in Lehnstühlen oder liegen auf einem Divan; ihre Haltung ist schlaff, die Augen sind geschlossen, sie nehmen von den Vorgängen um sie herum offenbar nicht die geringste Notiz. Alle wirklichen Eigenbewegungen spontaner Art fehlen. Nach dem äußeren Bilde zu urteilen, hat der Zustand viel Gemeinsames mit dem des echten Eingeschlafenseins; und diese äußere Übereinstimmung mit dem Schlafzustand hat ja auch der Hypnose ihren Namen gegeben. Und doch bestehen sehr wesentliche Unterschiede zwischen dem Schlafzustande des „natürlichen" Schlafes und den hypnotischen Zuständen, sowohl in deskriptiver als in genetisch-psychologischer Hinsicht.

Es lassen sich zahlreiche Erscheinungen auf körperlichem und seelischem Gebiet bei Hypnotisierten hervorrufen, welche für ihren hypnotischen Zustand charakteristisch sind, beim Schlafenden aber niemals auftreten. Gemeinsam ist allen diesen hypnotischen Erscheinungen, daß sie durch den Befehl oder die Aufforderung desjenigen bewirkt werden, welcher die Hypnose bei dem Hypnotisierten eingeleitet hat oder „leitet". Es besteht also in der Hypnose eine bestimmte seelische Beziehung eigentümlicher Art zum Hypnotiseur; diese Beziehung, welche mit dem Terminus technicus „Rapport" bezeichnet wird, unterscheidet in erster Linie die Hypnose vom Schlaf. Wir werden im späteren Abschnitt noch sehen, auf welcherlei psychologische Verhältnisse diese Beziehung sich gründet, und inwiefern sie einen Ausdruck der seelischen Eigenart des hypnotischen Zustandes bildet. Diese Beziehung kann freilich unter besonderen Umständen oder bei besonderen Ausbildungsstufen und „Graden" der Hypnose verloren gehen; der Rapport kann aufhören; dann geht in der Tat die Hypnose in einen echten Schlafzustand über. Es ist dies ein Sachverhalt, welchen wir des öfteren therapeutisch auszunützen Gelegenheit haben.

Solange aber der Rapport besteht, sind sowohl die Erscheinungsformen der Hypnose als der ihnen zugrunde liegende seelische Tatbestand vom Schlafe deutlich unterschieden. Gemeinsam ist beiden lediglich die augenfällige Tatsache, daß es sich um Zustände handelt, in denen ein besonnenes und geordnetes Wachbewußtsein nicht besteht. Sowohl der Augenschluß als auch die Beziehungslosigkeit zu den Vorgängen und Einflüssen der Außenwelt, als auch die große Einschränkung spontaner psychischer Eigentätigkeit weisen uns darauf hin, daß bei beiden Phänomenen, im Schlafe und in der Hypnose, Veränderungen des Bewußtseinszustandes vorausgesetzt werden müssen. Aus der Psychopathologie kennen wir noch andere Veränderungen des Bewußtseinszustandes, die wir zum Vergleich mit der Hypnose heranziehen könnten. Denken wir etwa an die als „Dämmerzustände" bezeichneten Bewußtseinstrübungen, welche wir teils bei bestimmten organischen Erkrankungen, z. B. bei der Epilepsie, teils unter dem Einfluß starker seelischer Erschütterungen, nach Erdbeben, Explosionen oder in der Untersuchungshaft, eintreten sehen. Aber wenn auch diese Dämmerzustände mit der Hypnose das eine Gemeinsame haben, daß die geordnete Beziehung des Wachbewußtseins zur Umwelt in großem Umfange gestört ist, so liegt in diesem negativen Merkmale zunächst das einzige, worin beide Zustandsarten vergleichbar sind; im übrigen unterscheiden sich Hypnose und Dämmerzustand nicht weniger deutlich voneinander als Hypnose und Schlaf. Auch beim Dämmerzustand fehlt, wie beim Schlafe, die Einstellung und gleichsam seelische Zentrierung um die eine beeinflussende Persönlichkeit, die für die Hypnose charakteristisch ist. Schon rein äußerlich können wir ferner Unterschiede wahrnehmen: im Dämmerzustand besteht eine deutliche, wenn auch häufig verworrene und traumartige seelische Spontantätigkeit; die Befallenen sind keineswegs völlig unregsam, passiv, mit geschlossenen Augen unbeweglich verharrend. Und selbst der in manchen Dämmerzuständen auftretende Stupor, und ebenso auch der Stupor ohne Dämmerzustand in seinen mannigfaltigen Formen, unterscheidet sich von dem Zustande der Hypnose dadurch, daß die Augen geöffnet sind, daß eine gewisse psychische Beziehung zur Umwelt gewahrt bleibt, welche unbeeinflußt und unabhängig von irgendeinem Rapport zu einem Dritten ist. Es ist freilich möglich, auch bestimmte Arten psychogener Dämmerzustände in hypnotische Zustände fließend zu überführen und dadurch psychotherapeutisch zu vorzeitigem Abklingen zu bringen.

Alle wahrnehmbaren Vorgänge in der Hypnose, vom Augenschluß an, erwachsen aus den Anregungen, Aufforderungen und Stellungnahmen des Hypnotiseurs, die er dem Hypnotisierten gegenüber sprachlich äußert oder sonst kundgibt. Die psychische Wirkung dieser Kundgaben und Willensmeinungen des Hypnotiseurs ist eine ihrem Wesen nach völlig eigenartige; man hat für dieselbe seit langem den Ausdruck Suggestion eingeführt. Wir werden uns mit der Eigenart der psychischen Wirkung von Suggestion noch ausführlich zu beschäftigen haben. Zunächst genügt hier die Feststellung, daß alle intrahypnotischen Vorgänge, die wir als charakteristisch für die Hypnose ansehen, durch die Suggestion des Hypnotiseurs oder Suggestors erwirkt und eingeleitet sind. Es sei noch bemerkt, daß die Person dessen, der die Hypnose einleitet, und dessen, der die Suggestion während ihres Bestehens erteilt, nicht identisch zu sein brauchen. Freilich muß in diesem Falle der Hypnotiseur durch einen besonderen suggestiven Akt seinen Einfluß über das Verhalten des Suggerierten auf jene zweite Person, die eingreifen soll, ausdrücklich hinüberlenken.

Hypnotisch-suggestive Veränderungen der Motilität.

Überzeugen wir uns von der Art und den Grenzen der Suggestivwirkung, welche die Symptome der Hypnotisierten erzielt. Wenden wir uns zunächst zu den am leichtesten demonstrierbaren Symptomen, denen der Motilität. Der Suggestor ergreift eines der Glieder des Hypnotisierten und bringt es in eine beliebige Haltung, zu deren Festhalten aber muskuläre Anstrengungen gehören. Er äußert: „Der Arm bleibt unbeweglich in dieser Lage stehen" — und tatsächlich verharrt der Arm in der ihm erteilten Haltung. Es ist möglich, diese erzwungenen Haltungen auf mehrere Glieder gleichzeitig auszudehnen, sie bis in die feinen Teilinnervationen, z. B. der Finger, zu spezialisieren, den ganzen Körper „steif wie ein Brett" zu machen. Ihre natürliche Grenze findet dies an zwei Umständen: erstens am knöchernen Widerstand, der natürlich auf suggestivem Wege nicht überwindlich ist. Und zweitens erreicht man immer nur Gliedinnervationen, es ist aber nicht möglich, einzelne Muskeln, losgelöst von ihren synergistischen und antagonistischen Beziehungen, isoliert innervieren zu lassen. Jemand, der z. B. nicht imstande ist, im Wachzustande den M. auricularis ant. zu innervieren, der kann auch in Hypnose zu dieser Innervation nicht gebracht werden.

An Stelle des mündlichen Befehls oder der mündlichen Versicherung, daß die Lage der Gliedmaßen beibehalten werden würde, können auch symbolische Hinweisungen von seiten des Suggestors treten. Beispielsweise erteilt der Suggestor den Gliedern die einzunehmende Lage und streicht dann einige Male über dieselben; oder er bewegt den Arm oder das Bein des Hypnotisierten, und dieses Glied folgt mit „wächserner Biegsamkeit" allen erteilten Bewegungsimpulsen und verharrt in der zuletzt eingenommenen Lage, sobald der Suggestor es plötzlich losläßt.

Hat der betreffende Körperteil des Hypnotisierten die vom Suggestor erzwungene Lage eingenommen, so ist es dem Hypnotisierten nicht möglich, sie spontan aufzugeben. Er behält sie bei, und es ist auch dritten Personen unter erheblichem Kraftaufwand nicht oder nur schwer möglich, diese Körperhaltung zu ändern. Gelingt es beispielsweise, den seitlich emporgehobenen Arm eines Hypnotisierten hinunterzudrücken, so merkt man während dieses Vorganges die heftigen innervatorischen Gegenanstrengungen des Hypnotisierten, die mit zunehmendem Widerstand wachsen; gleich nachdem aber dieser Versuch zur Niederdrückung des Armes aufgehört hat, kehrt der Arm wieder in die ihm vom Suggestor aufgezwungene Haltung zurück.

Die Dauer, während deren diese Haltungsanomalien und Muskelinnervationen suggestiv erzwungener Art in der Hypnose beibehalten werden, geht weit über die Zeit hinaus, während deren ein Mensch bei vollem Wachbewußtsein einer solchen Leistung fähig ist. Da bei vollem Wachbewußtsein der Reiz zum Aufgeben von Muskelspannungen in dem Ermüdungsgefühl liegt, so muß man das Fehlen des Ermüdungsgefühls als Ursache für diese scheinbare muskuläre Mehrleistung in der Hypnose voraussetzen. Wir sprechen von scheinbarer muskulärer Mehrleistung: ob eine wirkliche muskuläre Mehrleistung vorliegt, ist außerordentlich zweifelhaft. Wir sehen nach längerer Andauer, bei seitlich ausgestrecktem Arm etwa nach 10 bis 20 Minuten, denn auch langsames Nachlassen der suggestiv erzwungenen Haltung, und der Arm sinkt schließlich herab. Eine objektive Zunahme der Muskelkraft muß also wohl verneint werden, obwohl die muskuläre Leistung bei derartigen Erscheinungen des hypnotischen Zustandes eine gleichartige Leistung des Wachbewußtseins an zeitlicher Dauer überragt: diese Differenz wird wahrscheinlich nur durch das Fehlen des Ermüdungsgefühls erzielt. Das heißt also, es handelt sich nicht um einen physiologischen, sondern um einen psychogen-funktionellen Änderungszustand der Muskelinnervationen, um eine psychogene Leistungssteigerung. Für die psychogene Natur — deren Annahme uns sehr naheliegt, die sich aber dennoch erst im Laufe der Zeit hat durchsetzen können — spricht ferner auch erstens die psychogene Art der Vermittlung und Auslösung, und zweitens die Abgrenzung der motorischen Leistung nach zusammengefaßten Muskelgruppen, wobei die Zusammenfassung diejenige der Übung und Gewöhnung, also psychisch präformiert ist.

Derartige Erscheinungen einer anomalen Motilität kennt die psychiatrische Klinik auch als spontanes Vorkommnis; sie haben einer bestimmten Gruppe klinischer Krankheitsformen sogar ihren Namen Katatonie eingetragen; die muskulären Symptome der Katatonie, welche denen der Hypnose ähnlich sind, werden mit dem gleichen Namen bezeichnet wie die oben beschriebenen Erscheinungen der Hypnose: als Katalepsie. Freilich ist die Ähnlichkeit der kataleptischen Parakinesen bei der Katatonie mit den kataleptischen Erscheinungen der Hypnose doch wohl nur eine äußerliche. Die Motilitätserscheinungen der Hypnose tragen den Stempel des Psychogenen eindeutig an sich;

dies gilt von den ähnlich aussehenden Bewegungsstörungen der Katatoniker aber keineswegs, wenigstens im allgemeinen (WERNICKE, KLEIST). Der Muskelrigor der hypnotischen Katalepsie ist ein tetanischer (REHN), derjenige der katatonen keineswegs immer. Es wäre besser, den Namen Katalepsie den hier gemeinten Bewegungsstörungen spontaner Art bei Geisteskranken vorzubehalten, hingegen für die suggestiven Motilitätserscheinungen der Hypnose keinen besonderen Namen zu wählen, da sie sich dem Typus der psychogenen Motilitätsstörungen im allgemeinen einordnen lassen. Indessen ist seit der französischen Forschung der Name Katalepsie, gerade für die hypnotischen Motilitätsphänomene, nun einmal gang und gäbe.

Die bisher beschriebenen Erscheinungen der sogenannten Katalepsie in der Hypnose hatten bereits eine gemeinsame Voraussetzung: nämlich die Aufhebung willkürlicher Eigenbewegungen des Hypnotisierten. Diese Voraussetzung wird auch noch in einigen anderen Motilitätsphänomenen der Hypnose deutlich. Einmal werden nicht nur Haltungen, sondern auch Bewegungen, die man in der Hypnose suggestiv erzwingt, beibehalten, ohne durch hemmende Innervationen gebremst werden zu können. Freilich handelt es sich bei derartigen Bewegungen nicht um Zweckbewegungen, also um „Handlungen", sondern um eingeschliffene oder automatisierte Bewegungen, Ausdruckstendenzen motorischer Art, z. B. Lachen, Gähnen — oder um solche Bewegungen, die sich nach Einfachheit und Rhythmus ihrerseits zur raschen Automatisierung besonders eignen — z. B. Drehen der Daumen oder der Unterarme umeinander usw. Derartige Bewegungen können, wenn man sie in der Hypnose suggestiv einleitet, vom Hypnotisierten nicht unterbrochen werden; sie werden automatenhaft fortgesetzt. Man bezeichnet derartige Erscheinungen als hypnotische Automatismen.

Die Aufhebung willkürlicher Eigenbewegung kann suggestiv auch gliedweise erzwungen werden. Der Suggestor streicht beispielsweise einen Hypnotisierten über den linken Arm und versichert ihm: „Ich habe den Arm jetzt völlig gelähmt; er hängt schlaff herab und bleibt gelähmt." Dann tritt der Erfolg ein. Oder man befiehlt dem Hypnotisierten, den Mund zu öffnen, und versichert ihm, er werde den Mund nicht wieder schließen können: und tatsächlich bleibt der Mund offen stehen. Schon bei diesem Versuch zeigt sich, daß es sich tatsächlich nicht um eine reine „Lähmung" handelt; denn bei Nachprüfung erweisen sich nicht nur die Mundschließer als entspannt, sondern umgekehrt auch die Mundöffner als stark innerviert. Um hier gleich etwas psychisch-therapeutisch Bedeutsames vorwegzunehmen: Weckt man nach einer derartigen Suggestion den Hypnotisierten auf, ohne die Suggestion vorher rückgängig zu machen, so dauert die Lähmung des linken Armes und die krampfhafte Öffnung des Mundes an. Wir haben also eine posthypnotische Nachwirkung dieser Motilitätsphänomene. Davon später mehr. Hier erwähnen wir dies nur, weil wir gerade bei dem wieder zu vollem Wachbewußtsein zurückgekehrten Hypnotisierten den Lähmungstypus genau studieren können. Wir können verschiedenartige Lähmungstypen und Abgrenzungen der Lähmungsgebiete in der Hypnose erzeugen: Immer aber werden wir finden, daß der Lähmungstypus nicht etwa der Ausbreitung eines Nervengebietes, eines Rindenbezirkes oder eines cerebrospinalen Systems entspricht. Sondern er ist stets gebunden an psychisch präformierte Innervationsgebiete. Es gelingt weder, einen einzelnen Muskel, noch einen einzelnen Nerven, noch ein einzelnes Rindengebiet suggestiv außer Funktion zu setzen; es gelingt lediglich, Glieder oder funktional zusammengehörige Muskelgruppen bewegungslos zu machen, d. h. solche motorische Aktionen, die übungs- und gewohnheitsmäßig als Einheiten vorgenommen werden, auszuschalten. Selbstverständlich ändert sich an einem auf diese Weise psychogen gelähmten Körperteil nicht das geringste in bezug auf die Reflexe usw. Man kann natürlich auch (BINET, FÉRÉ usw.) „systematisierte" Lähmungen setzen: man kann eine Dysarthrie, ja eine motorische Aphasie suggestiv nachahmen — übrigens ist mir die suggestive Erzielung eines den hirnpathologischen und psychopathologischen Verhältnissen entsprechenden Aphasietypus genau niemals gelungen. Aber dies ändert nichts an dem psychogenen Charakter der auf diese Weise erzeugbaren Phänomene. Auch unter den Kriegsneurosen sahen wir ja spontanes reaktives Auftreten derartiger „systematisierter" Lähmungsimitationen auf psychogenem Wege.

Hypnotisch-suggestive Veränderungen der Sensibilität.

In ganz ähnlicher Weise wie die Motilität kann man auch die Sensibilität der Hypnotisierten suggestiv beeinflussen. Ohne eine derartige Beeinflussung ist die Sensibilität der Hypnotisierten in der Regel nicht wesentlich verändert; zuweilen hat man den Eindruck einer leichten Herabsetzung der Schmerz- und Berührungsempfindlichkeit des ganzen Körpers, insbesondere bei „tieferen Graden" der Hypnose. Aber im allgemeinen ist es doch so, daß, wenn man einen Hypnotisierten mit einer Nadel sticht, er lebhaft reagiert. Die spontane Hautempfindlichkeit ist also in allen ihren Qualitäten im wesentlichen als erhalten anzunehmen; und um sie suggestiv zu verändern, bedarf es in der Regel — freilich nicht immer — sogar der Erzeugung einer „tieferen" hypnotischen Bewußtseinsveränderung, als sie für die Katalepsie erforderlich war. Wir erzielen diese tiefere Hypnose durch einige suggestive Versicherungen, der Schlaf werde jetzt immer tiefer und tiefer werden. Tatsächlich sinkt dem Hypnotisierten der Kopf auf die Brust, er atmet stärker und beginnt sogar zu schnarchen. Wir streichen nun einige Male über seine linke Gesichtshälfte und geben ihm die Suggestion, daß wir sein „Gefühl" mit jedem Strich mehr und mehr aus dieser Gesichtshälfte „herauszögen". Die Gesichtshälfte werde völlig gefühllos, unempfindlich für Berührung, für Schmerzen, für Hitze und Kälte. Wir wiederholen dies einige Male und versichern gleichzeitig, daß das Gefühl auf der rechten Gesichtshälfte bestehen bleibe. Tatsächlich tritt der Erfolg in vollem Umfange ein: Nadelstiche selbst in das Septum narium werden nicht mit einem Zusammenzucken beantwortet, während rechts die volle Sensibilität erhalten ist. Wir überzeugen uns gleichzeitig davon, daß auf der linken, unempfindlich gemachten Gesichtshälfte der Cornealreflex durchaus bestehen geblieben, nicht einmal schwächer als auf der rechten Gesichtshälfte geworden ist. Der Bindehautreflex hingegen ist stark herabgesetzt. Dehnt man derartige Ausschaltungen der Sensibilität auf die ganze linke Körperhälfte aus, so wird zwar die Haut analgetisch und anästhetisch, aber die Bauchdeckenreflexe bleiben links erhalten und sind nicht schwächer als die der rechten, unbeeinflußten Körperhälfte. Schon hieraus erhalten wir einen wertvollen Fingerzeig über die Art der Sensibilitätsstörung; und wir können auf folgende Weise uns noch klarer darüber werden. Wir sagen dem linksseitig empfindungslos gewordenen Hypnotisierten: „Ich werde jetzt Ihre Stirn zwischen den beiden Augenbrauen berühren. Im Augenblick, wo ich meinen Finger von dieser Stelle fortnehme, wird die Gefühllosigkeit auf die rechte Seite überspringen; Sie werden rechts nicht das geringste Gefühl mehr haben, links hingegen wieder alles spüren." Der Erfolg stellt sich unmittelbar ein, genau wie wir es beabsichtigt haben. Die Hautreflexe ergeben auch diesmal den vorherigen Befund. Was wir auf diese Weise psychisch gemacht haben, ist nichts anderes als CHARCOTS berühmter, von ihm irrigerweise noch durch physikalisch-physiologische Annahmen gedeuteter „Transfert". Wir können ferner die Sensibilitätsstörungen willkürlich begrenzen; so ziehen wir mit dem Zeigefinger ein Oval auf der Brust eines Hypnotisierten und suggerieren ihm völlige Unempfindlichkeit innerhalb dieser Begrenzung. Der Erfolg tritt ein; und es ist nun ganz klar, daß diese anästhetische Zone nicht etwa irgendeinem Nervengebiet oder einem spinalen Segment in ihrer Begrenzung entspricht, sondern daß ihre Grenzen völlig durch die Willkür des Suggestors, also psychisch, bestimmt werden.

Wir finden also den psychogenen Charakter der suggestiv erzwungenen Sensibilitätsstörungen in der Hypnose erwiesen, einmal durch die psychische Vermittlung des Eintritts derselben, zweitens durch die psychisch bestimmte Art der Ausbreitung und drittens durch das Erhaltenbleiben der Hautreflexe. Letzteres zeigt, daß die sensiblen Erregungen objektiv zweifellos stattfinden und fortgeleitet werden; ihre psychische wahrnehmungsmäßige Verarbeitung ist aber ausgeschaltet. Nicht die elementaren Qualitäten fehlen, sondern vielmehr ihre funktionale psychische Verwertung ist suggestiv unterbunden. Wie man die suggestiven Beeinflussungen der Motorik gemeinsam zurückführen kann auf die Ausschaltung des „Wollenkönnens", so kann man die sensiblen unterordnen unter die Beeinflussungen und suggestiven Veränderungen des „Erlebenkönnens", von denen alsbald noch mehr gesagt werden wird.

Man hat vorgeschlagen, die Hypnose und die schmerzausschaltende Suggestion in derselben chirurgischen Eingriffen nutzbar zu machen. Dies ist auch früher, insbesondere in der Kinderzeit der Narkose, im Auslande vielfach geschehen; unter anderem hat auch Braid, einer der ersten Erforscher der hypnotischen Phänomene, diese Anwendung der Hypnose durchgeführt. Allein der Charakter der Empfindungsausschaltung macht es wohl klar, daß dieser Verwendung der Hypnose an Stelle der Narkose recht enge Grenzen gezogen sind. Bei schweren chirurgischen Eingriffen wird man den sicheren Eintritt und die Andauer derartiger sensibler Ausschaltungen durch die Hypnose wohl kaum jemals mit Sicherheit gewährleisten können. Immerhin hat vor allem die kleine Gynäkologie und gerade neuerdings auch die Geburtshilfe die Hypnose erfolgreich in ihren Dienst gestellt (Hallauer); und auch von Zahnärzten habe ich vielfach Mitteilung darüber erhalten, daß sie in einzelnen Fällen nicht bloß ausreichende und dauernde Mundöffnung, sondern auch Schmerzlosigkeit bei Caries- und Periostitisbehandlung hypnotisch erzielt haben. Es hat sich auch ein besonderes Verfahren der „Hypnonarkose" (Friedländer) herausgebildet, welches teils zum Ersatz und teils zur Einleitung der Narkose verwandt wird. Bei der „Hypnonarkose" wird der Kranke durch mehrere Hypnosen auf das Narkotisiertwerden, insbesondere auf den ruhigen Verlauf des Exzitationsstadiums, vorbereitet. Bei der „Narkohypnose" bekommt der Kranke die Maske mit einigen Tropfen Äther auf das Gesicht und erhält nun, im Glauben narkotisiert zu werden, die hypnotischen Suggestionen, die den Schlaf und die Empfindungslosigkeit bezwecken. Von diesem Zustande aus ist, falls es sich notwendig erweist, der Übergang in die echte Narkose leicht möglich, und das Erregungsstadium soll auch hierbei außerordentlich herabgemildert werden. Das Verfahren empfiehlt sich insbesondere für die Äthernarkose.

Ebenso wie sensible Ausschaltungen lassen sich auch Steigerungen der Empfindlichkeit für Schmerz, Berührung und Temperaturunterschiede in der Hypnose erzielen. Ich habe freilich gerade bei Versuchen über Temperaturempfindlichkeit ein wirkliches Absinken der Unterschiedsschwelle nicht gesehen; lediglich die suggestive Reaktion, also die Verarbeitung und ihre Folgewirkungen wurden lebhafter. Die Befunde, die von objektiven Steigerungen der sensiblen und sensorischen Unterschiedsempfindlichkeit in zum Teil erstaunlichem Grade berichten, halte ich doch nicht für eindeutig und beweiskräftig. Und über die anderweitigen Berichte — z. B. das Erkennen mikroskopischer Einzelheiten mit bloßem Auge in der Hypnose und ähnliches — darf man wohl noch skeptischer denken.

Analog wie bei den genannten sensiblen Qualitäten kann man in der Hypnose auch bei den Qualitäten des Lage- und Muskelsinnes, der Bewegungs- und Gelenksempfindungen verfahren. Freilich ist bei ihnen besonders deutlich, wie sehr das Gelingen der suggestiven Ausschaltung davon abhängt, daß der betreffende Hypnotisierte den Sinn der Suggestionen verstanden hat: also von innerpsychischen Momenten. Die Aufhebung einzelner Komponenten dieses Sinnesgebietes auf suggestivem Wege ist außerordentlich schwierig; wesentlich leichter läßt sich das gesamte Sinnesgebiet im Bereiche einer Extremität suggestiv aufheben. Auf diesem Wege lassen sich dann auch taktil-agnostische Störungen etwa einer Hand erzeugen, z. B. durch die Suggestion: „Sie spüren an Ihrer Hand alles, und doch können Sie nicht erkennen, was Sie in diese Hand gelegt bekommen." Sehr schwierig ist es, durch derartige Suggestionen etwa eine Ataxie zu erzeugen, die auch objektiv dem Bilde der Ataxie einigermaßen entspricht. Man kann zwar die sensiblen und kinästhetischen Direktiven von Haltung und Bewegung suggestiv ausschalten, und der Suggerierte versichert dann auch prompt, daß sie ihm fehlten. Aber eine Herabsetzung des Muskeltonus oder objektive ataktische Symptome sind ebensowenig einwandfrei herstellbar wie originäre Tremorformen auf ähnlicher Basis.

Über die Beeinflussung der Statik, der physischen und psychischen Apparate, welche die Lage des Körpers und der Glieder regeln, liegen hypnotische Untersuchungen von Bauer und Schilder aus neuester Zeit vor, die zwar nicht völlig unbestritten sind (Loewy), aber durch die Bedeutung der Forscher, von denen sie stammen, und durch ihre sachliche Tragweite ein besonderes Interesse verdienen. Den Versuchspersonen wurde starker, immer zunehmender Drehschwindel suggeriert; und nun ergaben sich in einer Minderzahl der Fälle solche Reaktionen der statischen Funktionen, insbesondere der Richtung des Vorbeizeigens, wie wir sie seit den klassischen Untersuchungen von Bárány, Magnus und de Kleijn auf labyrinthäre und Kleinhirnwirkung beziehen müssen. Mit diesen Versuchen wäre zum ersten Male das Problem gelöst worden, durch psychische Vermittlung cerebellare Reaktionen erzielt zu haben; ein Gebiet des Zentralnervensystems hätte sich als psychischem Zugriff zugänglich erwiesen, dessen Funktion bisher als völlig unabhängig davon betrachtet worden war.

Mit der suggestiven Beeinflussung des sogenannten „allgemeinen Sinnes“, die wir eben besprochen haben, sind wir bereits in das Gebiet der sensorischen Sphäre eingetreten. Wir werden die Phänomene dieser Sphäre, wenn wir die Beeinflußbarkeit des innerpsychischen Geschehens durch die Hypnose erörtern, noch ausführlicher besprechen. Hier sei nur als Beispiel, welches klarere Resultate gibt als die übrigen sensorischen Funktionen, das Gehör erwähnt. Es ist mir einige Male bei besonders beeinflußbaren Persönlichkeiten durch eine Folge sehr intensiv beschreibender Suggestionen gelungen, eine Ertaubung zu erzielen. Es ist mir dies immer nur auf beiden Ohren, niemals einseitig geglückt. Jedesmal machte ich dann folgende Wahrnehmung. Ich sagte dem Hypnotisierten: „Alles um Sie herum wird immer leiser und leiser zu Ihren Ohren dringen; es wird sich wie dicke Pfropfen von Watte in Ihre Ohren legen; alles wird immer stiller; Sie hören gar nichts mehr; Sie sind von absoluter Stille umgeben; selbst nicht der lauteste Donner dringt mehr zu Ihnen; Sie sind völlig taub.“ Dabei streiche ich irgendwie rhythmisch über die Gegend des Ohres und der Schläfenschuppe. Tatsächlich hörten dann die Betreffenden angeblich gar nichts mehr. Sie hörten nicht, wenn ich mit Dritten über sie sprach, selbst wenn ich absichtlich Irrtümer über sie vorbrachte. Sie zuckten mit keiner Wimper, wenn unvermutet krachende Geräusche dicht neben ihnen erzeugt wurden. Sobald ich aber mit leiser Stimme sagte: „So, jetzt beginnt langsam das Ohr wieder zu arbeiten, die Außenwelt dringt deutlicher an Ihr Ohr, Sie hören besser. Die Kraft des Gehörs stellt sich völlig wieder her; usw.“, wirkt bei den völlig „tauben“ Menschen diese Suggestion aufs promptestе. Sie hatten also die verbale Suggestion gerade mit dem angeblich ausgeschalteten Sinnesorgan wahrgenommen. Ist hier nun an eine Simulation zu denken? Es handelt sich um einen Magistratsbeamten und um einen oberen Postbeamten, bei welchen diese Versuche gelangen. Es bestand nicht der geringste Grund, die Persönlichkeit der beiden Männer, die ich genau kenne, hinsichtlich simulatorischer Tendenzen auch nur im geringsten zu verdächtigen. Die Dinge liegen vielmehr genau so, wie wir sie vorhin, bei der Erörterung des psychogenen Charakters sensibler Ausschaltungen, bereits festgestellt haben: nicht die akustischen Qualitäten sind aufgehoben, sondern alles dasjenige, was diese Qualitäten innerpsychisch wahrnehmungsmäßig und reaktiv verarbeitet, ist ausgeschaltet. Selbst die unmittelbare „instinktive“ Reaktion, das Zusammenzucken bei einem plötzlichen lauten Geräusch, kann nicht mehr zustande kommen. Dieser Typus der Ertaubung ähnelt am meisten dem der sogenannten apperzeptiven Hörschwäche — nur daß diese letztere meist nur die Überlagerung irgendeiner anderen mit dem Gehör zusammenhängenden Grundstörung bildet. Es ist aber bezeichnend, daß diese Ausschaltung der Qualitäten von dem Eintritt in die Psyche wiederum durchaus begrenzt wird durch den Willen des Hypnotiseurs. Es besteht beim Suggerierten eine derartige erwartungsmäßige Einstellung auf diesen Willen, daß jede Kundgabe desselben zur psychischen Verarbeitung gelangt, selbst wenn eine frühere Suggestion den Weg zu dieser Verarbeitung scheinbar versperrt hat. Unsere anscheinend paradoxe Beobachtung löst sich also auf in dem allgemeinen Problem der Eigenart des psychischen Rapports zwischen Hypnotiseur und Hypnotisiertem.

Hypnotische Beeinflussung innerseelischen Geschehens.

a) **Die Erlebnisse und Inhalte des Gegenstandsbewußtseins.** Wir haben gesehen, daß die eigentlichen Rätsel der hypnotischen Phänomene auf die Änderungen in den innerpsychischen Zusammenhängen des Hypnotisierten zurückgeführt werden müssen. Versuchen wir jetzt, über Umfang und Art des suggestiven Einflusses auf diese innerpsychischen Zusammenhänge in der Hypnose ein Bild zu gewinnen. Dazu verfahren wir am besten so, daß wir versuchen, die Sinnesflächen, soweit sie bisher ausgeschaltet waren, und die Motilität, soweit sie bisher ruhte, dem Hypnotisierten wieder zur Verfügung zu stellen, ohne aber den hypnotischen Zustand aufzuheben. Wir müssen also erreichen, daß der Hypnotisierte die Augen wieder öffnet und sich spontan umherbewegt, ohne aber aus der Hypnose herauszugeraten. Wir erreichen dies mit einer Anzahl von Suggestionen; es glückt keineswegs bei allen Vp., die der Hypnose zugänglich sind. Man nimmt daher an, daß der hypnotische Zustand, in welchem diese Einstellung des Hypnotisierten gelingt, von besonderer „Tiefe" sei. Es ist seit langem die Bezeichnung des Somnambulzustandes für ihn in Gebrauch. Wir werden über diese Fragen natürlich noch zu sprechen haben.

Wir verfahren also folgendermaßen: Ich sage dem Hypnotisierten: „Sie schlafen immer tiefer und tiefer ein. Sie schlafen jetzt so fest, daß nichts Sie plötzlich erwecken kann. Die ganze Außenwelt ist versunken und von Ihnen abgeschnitten. Sie hören nur, was ich Ihnen sage. Ich werden Ihnen jetzt die Augen öffnen, und Sie werden bei offenen Augen weiterschlafen. Ich zähle bis fünf, und während ich zähle, gehen langsam Ihre Augen auf." Der Erfolg tritt ein, und der Hypnotisierte sitzt mit weit geöffneten Augen vor uns; die Pupillen sind trotz der unmittelbar über ihm befindlichen Lichtquelle weit; der Blick geht starr und leer ins Weite; der Gesichtsausdruck ist abwesend. Prüfen wir die Pupillenreaktion auf Licht, so zeigt sich, daß sie direkt und konsensuell erhalten ist. Ebenso zeigt sich das Weiterbestehen der Akkommodationsreaktion. Eine leichte Akkommodationsparese, wie sie von mehreren Untersuchern beschrieben worden ist, habe ich bisher nicht beobachten können. Gesichtsfeldprüfungen, die ich mehrfach versucht habe, sind mir immer mißlungen. Dagegen bieten sich folgende Symptome als jederzeit kontrollierbar dar. Ich suggeriere der Vp.: „Sie sehen jetzt das Zimmer und die Menschen darin. Alles im Zimmer ist grün, alle Gesichter sind schwarz." Vp. versichert, alle Gegenstände seien grün, alle Gesichter seien schwarz, irrt sich auch beim Befragen im einzelnen nicht. Oder ich sage, indem ich z. B. einen roten Gegenstand zeige: „Diese Farbe können Sie nicht mehr erkennen, sie verschwindet vor Ihren Augen, sie ist nicht mehr da." In der Folge sieht die Vp. alle roten Gegenstände als „farblos grau" oder „unbestimmt". Eine andere Vp., der ich die gleichen Suggestionen gab, sah die roten Gegenstände sämtlich weiß. Ich hebe die genannten Suggestionen auf und sage dann zur Vp.: „Ihr Blickfeld wird immer kleiner. Was rechts und links ist, verschwindet immer mehr im Nebel. Sie können nur noch sehen, was direkt vor Ihnen vorgeht." Tatsächlich reagiert die Vp. nur noch auf solche optischen Wahrnehmungen, welche unmittelbar in der Richtung ihrer Sehachsen erfolgen; sie muß die Augäpfel viel häufiger bewegen, muß den Kopf stärker seitlich drehen, um seitliche Wahrnehmungen erfassen zu können. Ich gebe wieder einige Schlafsuggestionen, streiche einmal üer die Augendeckel und suggeriere völlige Blindheit. Diese Suggestion gelingt äußerst selten; jede ängstliche Verarbeitung des Symptoms durch die Vp. muß von vornherein ausgeschaltet werden; zugleich muß die Suggestion erfolgen, daß der Zustand sofort, wenn der Suggestor es sagen wird, der vollen Sehkraft wieder Platz machen werde. Also etwa in der Form: „Ich werde jetzt für einen Augenblick Ihren Augen die Sehkraft entziehen; Sie brauchen keinerlei Angst zu haben, denn ich werde sie Ihnen gleich wiedergeben; sobald ich meine Hand über Ihre Augen lege, ist die Sehkraft wieder da. Ich nehme sie Ihnen jetzt fort. Es wird allmählich dunkel um Sie und immer dunkler, jetzt sehen Sie gar nichts mehr." Man beobachtet nun tatsächlich, daß die Vp. sich verhält wie ein Blinder, tastet, anstößt usw. Daß keine Simulation im Spiele ist, geht daraus hervor, daß die Vp. auch vor solchen Hindernissen nicht ausweicht, an denen sie sich ernsthaft stoßen kann. Die Amaurose ist genau so suggestiv aufhebbar, wie sie erzeugt wurde. Während der Amaurose ist übrigens die Pupillenreaktion auf Licht völlig erhalten!

Das Umgekehrte, also etwa eine Erhöhung der Sinnesschärfe des Auges, ist — trotz aller gegenteiligen Versicherungen unkritischer Autoren — suggestiv nicht erzielbar. Wohl gelingt es, Makropsie und Mikropsie suggestiv zu erzeugen: die Objekte kommen der Vp. dann sehr groß und nahe, oder sehr klein und fern vor. Diese Auffassungsmodifikation hat aber mit der Sinnesschärfe nichts zu tun.

Indem wir Änderungen in der Farbe oder in der Größe, Nähe und

Weite der Wahrnehmungswelt suggestiv erzeugen, haben wir bereits die Grenze überschritten, welche das im engeren Sinne sensorische Gebiet nur unscharf von dem Gebiet der Wahrnehmung als einer innerpsychischen Aktivität scheidet, wir haben Wahrnehmungstäuschungen erzeugt. Und es ist hier der Platz, um diese Phänomene der Hypnose genau zu studieren.

Es ist tatsächlich möglich, die Bewußtseinsinhalte des Hypnotisierten durch Suggestion weitgehend zu verändern. Am auffälligsten gelingt dies hinsichtlich der Gegebenheiten und Erlebnisse der Außenwelt, hinsichtlich des gegenständlichen Bewußtseins. Die wahrnehmungsmäßige Erfassung und Verarbeitung der Umwelt kann durch Suggestion völlig aufgehoben werden (Amaurose, apperzeptive Ertaubung usw.); sie kann auf gleichem Wege aber auch die einschneidendsten sachlichen Modifikationen erfahren. Man kann innerhalb des gegegebenen Wahrnehmungsfeldes illusionäre Wahrnehmungen erzielen: etwa durch die Suggestion, die Gesichter der Anwesenden zeigten Teufelsfratzen, die Köpfe derselben trügen Hörner oder dergleichen. Man kann sogenannte negative Halluzinationen erzeugen: bestimmte Personen oder Gegenstände werden der optischen Auffassung entzogen, sie können nicht wahrgenommen werden. Man kann Pareidolien erzielen: aus dem Muster der Tapete bilden sich Buchstaben, drehende Kreise, Gebirge und Täler oder dergleichen. Eine schwierige Frage ist es, inwieweit man echte optische Halluzinationen zu erzeugen vermag. Wenn ich einem Hypnotisierten in diesem Zustande sage: „Dort laufen zwei Ratten", und er folgt mit den Blicken erschreckt oder interessiert dem suggerierten Objekt —, wenn ich ihn auffordere, den schönen Hund zu streicheln, den ich auf dem Schoß habe, und er klopft oder streichelt die leere Luft —, wenn ich ihm sage: „Dort kommt Ihr Bruder zur Türe herein, wollen Sie ihn nicht begrüßen gehn", und er tut dies, obwohl tatsächlich niemand zur Tür hereingekommen ist —: so fällt es schwer, dieses Verhalten anders zu deuten als vermittels echter halluzinatorischer Erlebnisse. Gewisse Einwände lassen sich immerhin machen: vor allem ist während dieser optischen Erlebnisse die reale Wahrnehmungswelt nicht in gleicher Weise bewußtseinsrepräsentiert wie jene Erlebnisse selber; sie verblaßt neben ihnen. Die Trugwahrnehmung und die wirklichen Wahrnehmungen verschmelzen wahrscheinlich nur in seltenen Fällen zu der psychologischen Einheit eines wahrnehmungsgegebenen Ganzen. Jedenfalls ist es nicht von der Hand zu weisen, daß doch auch echte Halluzinationen in der Hypnose auftreten, also Trugwahrnehmungen innerhalb des realen Wahrnehmungsraumes und mit diesem zu einer Einheit verbunden. Beobachten wir derartige echte Halluzinationen ja auch sonst gerade und vorwiegend bei Bewußtseinstrübungen spontaner Art, insbesondere bei toxischen und anderen Halluzinationen. Viel häufiger freilich ist in der Hypnose ein anderer Typus der Trugwahrnehmungen: die Entrückung aus der realen Wahrnehmungsumwelt in eine traumhaft pseudohalluzinatorische. Der Hypnotisierte geht im Walde spazieren, er sitzt im Luftschiff — und sein gesamtes Gegenstandsbewußtsein erfüllt sich mit den Erlebnissen aus dieser ihm suggerierten Umwelt. Neben ihr ist die reale Umwelt völlig versunken und ausgeschaltet. Hierbei handelt es sich mit Bestimmtheit um phantastisch-pseudohalluzinatorische Truggebilde, um Vorstellungen und Vorstellungsfolgen von außerordentlicher sinnlicher Lebhaftigkeit, die sich dem Bewußtsein des Hypnotisierten aufdrängen und denen er wie echten Wahrnehmungen gegenübersteht. Es ist hier nicht der Ort, die funktionale Psychologie des Wahrnehmens zu erörtern; es genügt, darauf hinzuweisen, daß bei allen Wahrnehmungsakten reproduktive, vorstellende und urteilsartige Vollzüge mitsprechen, die die Wahrnehmung als Erlebnis mitkonstituieren. Diese kommen teils zum Bewußtsein, teils wirken sie an der Konstitution des Wahrnehmungserlebnisses mit, ohne selber ins Bewußtsein zu treten. Halten wir uns dies vor Augen, so ist gerade beim Hypnotisierten klar, daß seine Trugwahrnehmungen nicht sowohl aus abnormen sensiblen und sensorischen Erregungen peripherer oder cortikaler Art heraus erwachsen, die etwa durch seinen Zustand ausgelöst werden — so wie wir uns dies bei den echten Halluzinosen vorstellen —, sondern in der Hypnose gründen sich die Trugwahrnehmungen in weit überwiegendem Maße auf die vorstellenden, reproduzierenden und urteilsmäßigen Abläufe, die unter dem Drucke der Suggestion mit größter Intensität und beherrschender Kraft das Bewußtsein in Anspruch nehmen und phantastische Ganzheiten formen. Dies gilt in erster Linie vom optischen Sinnesgebiet, es gilt aber auch von den übrigen Sinnesgebieten. Einer meiner Hypnotisierten hörte „im Aeroplan“ deutlich „das Knattern des Motors“, er wurde „von feindlichen Abwehrgeschützen beschossen“ und hörte die Detonationen; ein anderer hörte den Geist seines Vaters sprechen und erkannte genau dessen Stimme. Bekannt sind ferner jene vielfach von Unberufenen unternommenen und jetzt glücklicherweise verbotenen öffentlichen Schauvorführungen, bei welchen Hypnotisierte unfreiwillig die Lachlust der Zuschauer dadurch zu erregen pflegen, daß sie rohe Kartoffeln als Äpfel, Kreide als Schokolade usw. verspeisen, oder daß sie an einem Federhalter riechen als an einer Rose. Wir sehen also die Tendenz zu suggestiv erzielbaren Trugwahrnehmungen auf allen Sinnesgebieten gleichstark vorhanden. Es sei nochmals betont, daß es Vorstellungs- und Urteilstäuschungen in erster Linie sind, welche suggestiv erzeugt werden; auf ihnen beruhen sowohl die angedeuteten Wahrnehmungserlebnisse als auch das sonstige Verhalten der Hypnotisierten in diesem

Zustande; wir werden von den Modifikationen des Verstandes in der Hypnose noch kurz zu sprechen haben.

b) **Persönlichkeitsbewußtsein, Affektivität und psychische Leistungen.** Weniger sinnfällig, aber ebenso tiefgreifend läßt sich das Bewußtsein der eigenen Persönlichkeit durch die Hypnose suggestiv umgestalten. Es tritt eine Labilität des Persönlichkeitsbewußtseins ein, die vielleicht sogar über diejenige hinausgeht, welche wir bei manchen psychopathischen Exaltationen oder Bewußtseinstrübungen spontaner Art zu beobachten vermögen. Bekannt sind alle jene hypnotischen Schauexperimente, bei denen der Suggerierte die Eingebung erhält, er sei sein Vater, oder ein Minister, oder ein Redner, oder ein Handwerker, oder ein altes Weib, und bei denen er sich entsprechend verhält. Ebenso bekannt sind die seit KRAFFT-EBING mehrfach wiederholten Versuche, dem Suggerierten einzugeben, er sei zwar er selber, aber in einer früheren Altersstufe, z. B. ein siebenjähriges Kind. Es tritt dann unter Umständen sowohl im äußeren Verhalten, Benehmen, Schreiben usw. als auch in der Vorstellungs- und Erlebniswelt des Suggerierten eine Fülle von Daten auf, die für das genannte Alter nicht nur allgemein, sondern auch individuell bezeichnend sind. Es gelingt auch, nach dem Vorgehen von BREUER und FREUD sowie von JANET und FRANK, den Hypnotisierten in bestimmte frühere Situationen seines Lebens zurückzuversetzen, die für ihn von besonderer affektiver Bedeutsamkeit waren. Es gelingt dies selbst dann, wenn jene Situationen dem Wachbewußtsein bereits völlig verloren gegangen zu sein scheinen. Aufregende Erlebnisse, die längst dem wachen Bewußtsein entzogen waren, werden zuweilen mit geradezu explosiver Deutlichkeit in der Hypnose noch einmal erlebt; FRANK und neuerdings SIMMEL benützen daher die Hypnose, um pathogene psychotraumatische Erlebnisse affektiv betonter Art auf diese Weise zur nachträglichen Entladung und Erledigung zu bringen. Die gesamte emotionale Sphäre, Gefühle, Stimmungen, Stellungnahmen usw., liegt dem suggestiven Zugriff in diesem Zustande offen. Es wäre ein überaus interessantes und lehrreiches Beginnen, durch die suggestive Umstellung des Persönlichkeitsbewußtseins in der Hypnose sich theoretische Klarheit über den strukturellen Aufbau der psychischen Persönlichkeit zu verschaffen. Es ist dies auch von mancher Seite versucht worden. Aber es scheint, als wenn der suggestiven Wirkung in diesem Gebiet doch gewisse Grenzen gesetzt sind; und diese Grenzen machen sowohl die theoretische Aufklärung als vor allem die therapeutische Ausnützung der Suggestion im Hinblick auf die Persönlichkeit des zu Behandelnden zum Teil illusorisch. Wir werden im theoretischen Teil unserer Erörterungen versuchen müssen, genauer abzugrenzen, was die Hypnose hier zu leisten vermag und wo ihre Schranken liegen. Ganz besonders gilt dies auch von den Modifikationen des Willensgebietes im engeren Sinne in der Hypnose, für deren Bestehen ja alle Phänomene zeugen, deren Art und Umfang aber nur aus dem Wesen der Hypnose heraus verständlich ist. Davon also später. Merken wir uns hier zunächst nur die Leichtigkeit, mit der wir emotive Umstellungen in Erscheinung treten lassen können; ich sage einem Hypnotisierten: „Verfolger sind uns auf den Fersen", und er zeigt deutliche Angst; gleich darauf versichere ich ihm, er habe soeben einen vorzüglichen Witz gemacht, und er beginnt laut zu lachen, ohne daß überhaupt ein Witz ausgesprochen worden ist; gleich darauf sage ich ihm, er sei aus dem Dienst entlassen, bettelarm und schwer krank, und ein tiefer Kummer malt sich in seinen Zügen; gleich darauf sage ich ihm, er bekomme morgen eine große Summe ausgezahlt und könne vier Wochen ins Bad reisen, und hoffnungsfreudige Heiterkeit spiegelt sich auf seinem Gesicht. Wir sehen bereits hier, welche therapeutische Kraft derartigen hypnotischen Suggestionen innewohnen könnte — wenn man sie in ihrer Wirkung dauernd zu gestalten vermöchte!

Noch eine letzte suggestive Veränderung der geistigen Leistung sei hier gestreift: nämlich die Beeinflussung dessen, was wir an verschiedenartigen seelischen Abläufen unter dem Begriff Gedächtnis zusammenfassen. In der Tat scheint innerhalb der Hypnose ein Erinnerungsschatz reproduktionsbereit zu werden, welcher dieser Reproduktionsbereitschaft bei wachem Bewußtsein in mehr oder weniger großem Maße entzogen ist. Die Erweckbarkeit des Reproduktionsmaterials scheint sich suggestiv erheblich steigern zu lassen. Ich habe öfters Zwangsneurotische hypnotisiert, um in der Hypnose etwas über die Ursprünge ihrer Zwangsbefürchtungen zu erfahren; und zwar tat ich dies, nachdem ich vorher das wache Bewußtsein aufs sorgfältigste durchgeforscht hatte. In der Hypnose gaben sie mir Aufklärungen aus ihrer Kindheit, an die sie bei der wiederholten sorgfältigen Durchforschung ihres Wachbewußtseins keine Erinnerung gehabt hatten. JANET, CLAPARÈDE und SCHILDER haben diesen Typus der Gedächtnisleistung in der Hypnose besonders studiert, KRAFFT-EBING und andere haben, allerdings nicht völlig einwandfrei (BENEDIKT), derartige „hypermnestische" Leistungen in der Hypnose festgestellt. Freilich ist es im einzelnen Falle schwierig, beglaubigtes Reproduktionsmaterial, welches vorher dem Bewußtsein entzogen war und in der Hypnose reproduzierbar wird, abzutrennen von phantastischen Ausschmückungen konfabulatorischer Art, welche der Suggerierte bei seiner gesteigerten Willfährigkeit dadurch erzielt, daß er sich in die zu reproduzierende Epoche lebhaft hineinversetzt, und welche er dann besten Glaubens als echte Reproduktionen ausgibt. Immerhin kann man, bei Vermeidung dieser Fehlerquelle, hypermnestische Leistungen erzielen, die sicher darauf beruhen, daß der Erinnerungsschatz leichter erweckbar wurde als im Wachzustande. — Eine Verbesserung der Merkfähigkeit in der Hypnose ist ebenfalls erzielbar, und ebenso eine Verbesserung der Haftfähigkeit und Haftungsdauer. Dauernd jedoch ist sie nicht erzeugbar. Die Lernfähigkeit nach Umfang und Tempo steigt im allgemeinen nicht; immerhin habe ich einen Mathematiker ärztlich gekannt und oftmals hypnotisiert, der in der Somnambulhypnose 60 Worte bei einmaliger akustischer Darbietung, wenn diese langsam und eindringlich geschah, reproduzieren konnte; sie hafteten noch nach Tagen. Leider konnten genauere Gedächtnisprüfungen mit den exakten Methoden gerade bei ihm nicht mehr angewendet werden, da er im Kriege fiel. Jedoch war im Wachzustande von diesem Typus der Lernfähigkeit bei ihm keine Rede. Es dürfte sich bei all diesen Dingen um suggestive Ausschaltung affektiver Hemmungen der Konzentration und der Reproduktionsfunktionen handeln.

Das für den hypnotischen Zustand vielleicht bezeichnendste Phänomen dieser Art ist die Reproduktionsbereitschaft solcher Erlebnisse und Inhalte, die im Wachbewußtsein nicht reproduzierbar sind. Dies geht soweit, daß amnestische Lücken, die durch frühere Bewußtseinstrübungen entstanden waren, in der Hypnose ausgefüllt werden können. SCHILDER hat Epileptischen, die im Dämmerzustand eingeliefert wurden, in diesem Dämmerzustande Gedichte oder Bilder vorgeführt. Nach dem Erwachen aus dem Dämmerzustande bestand Amnesie für denselben. Er hat sie dann in tiefe Hypnose gelegt, was bei Epileptischen schwierig ist, aber unter Zuhilfenahme von Paraldehyd gelingt. Und in diesen Hypnosen gelang es ihm, die im Dämmerzustande „gelernten“ Inhalte zur Reproduktion zu bringen. Andere Autoren berichten ähnliches. Auch bei organischen Bewußtseinstrübungen findet also kein Ausfall von Spuren statt. Lediglich die Reproduzierbarkeit erlischt oder wird sehr verwischt. Die Untersuchungen beweisen, was ohnehin aus der funktionalen Psychologie folgt, daß die alte Theorie, wonach jeder einzelne Inhalt eine konkrete „Spur“ zurückläßt, zugunsten einer funktionalen Gedächtnistheorie verlassen werden muß. Es ist uns dies hier nicht wichtig; wichtig ist an dieser Stelle nur die reproduktionssteigernde Kraft der Hypnose auch gegenüber amnestischen Lücken. So behandelte ich einen Juristen, welcher plötzlich von Hause verschwunden war. Er wurde nach mehreren Wochen in K. aufgegriffen und in die psychiatrische Klinik verbracht. Es ließ sich feststellen, daß ein mindestens siebentägiger Dämmerzustand mit absoluter amnestischer Lücke vorlag, für welchen eine psychogene Auslösung fehlte. Es wurde die Diagnose Epilepsie gestellt. Der klinisch sehr interessante Fall war, wie sich später zeigte, keine genuine Epilepsie, sondern wohl eine degenerative epileptoide Konstitution vom Typus der Dipsomanien, aber ohne deren Rauschsucht. Um die amnestische Lücke aufzuklären, brachte ich den Kranken in Somnambulhypnose — handelte es sich doch darum, festzustellen, wo die gesamte Habe des Kranken verblieben war, die ihm in seinem Dämmerzustande abhanden gekommen war. In einer zweieinhalbstündigen Hypnose erzählte der Kranke alle Einzelheiten der siebentägigen amnestischen Lücke mit geradezu minutiöser Genauigkeit. Nachforschungen der Familie bestätigten seine Angaben, soweit dies noch nötig war, vollständig. Nach der Hypnose stand er den Mitteilungen, die er mir in der Hypnose gemacht hatte, wieder als etwas völlig Fremdem und ihm Unbekanntem gegenüber. Man sieht hier schon, wie die bekannte, sehr übertriebene Lehre vom „Doppelich", der sukzessiv alternierenden Persönlichkeitsspaltung, sich mit klinisch bekannten und durch die Hypnose näher ergründbaren Formen der Bewußtseinsveränderung verbinden läßt. Freilich ist gerade in dieser Lehre vom Doppelich, insbesondere auch seitens französischer Autoren, viel Unglaubwürdiges kritiklos zur Verarbeitung gelangt.

Über die Gestaltung der Gedächtnisfunktionen nach der Hypnose, insbesondere über die Erinnerung an den hypnotischen Zustand selber, werden wir im folgenden Abschnitt zu sprechen haben.

Die hypnotische Beeinflussung „unwillkürlicher" somatischer Funktionen und ihre Grenzen.

a) **Expressivsphäre und Reflexe.** Eine letzte Frage ist es, inwieweit sich in der Hypnose solche körperliche Funktionen des Organismus suggestiv beeinflussen lassen, welche man durch das gemeinsame Merkmal umschreiben kann, daß sie dem Einfluß des bewußten Wollens mehr oder weniger vollständig entzogen verbleiben. Auf diesem Gebiete ist leider von unkritischen Autoren bisher nur allzuviel gefabelt worden. Gehen wir vorsichtig und systematisch an unsere Untersuchung heran, so beobachten wir, daß die expressiven Phänomene der hypnotischen Suggestion allerdings in außerordentlich weitem Umfange zugänglich sind. Es ist z. B. mit Leichtigkeit möglich, jemandem zu suggerieren, er werde bei allen traurigen Ereignissen lachen, und bei allen freudigen weinen. Ebenso läßt sich die Expressivsprache in allen ihren Eigenschaften suggestiv beeinflussen: Tonfall, Tempo, Zäsuren usw., aber auch Wort- und Ausdrucksbildung.

Mimik und Gestik unterliegen also weitgehend dem Suggestiveingriff. Es gibt eine Reihe von unwillkürlichen Abläufen pathologischer Art, welche ihrem psychologischen Typus nach den expressiven Bewegungen nahestehen, die jedoch die geordnete Mimik und Gestik unterbrechen und stören. Wir meinen hier Tics, Zuckungen, choreiforme Bewegungen usw. Es handelt sich bei den Tics um habituell gewordene, ursprünglich reflektorisch verlaufende Abwehr- oder Entladungsinnervationen; zuweilen auch um früher latente vorgebildete Reflexmechanismen, deren cerebrale Hemmungen aus irgendeinem Anlaß in Fortfall gekommen sind. Als Beispiel für die letztere Gruppe nenne ich das residuale Habituellwerden ständigen ticartigen Augenblinzelns, wie es sich zuweilen nach Bindehautentzündungen, auch wenn diese längst abgeheilt sind, erhält. Die Hypnose bringt während ihres Bestehens derartige Tics zum Verschwinden. Ebenso werden choreatische Bewegungen bei Chorea minor in der Hypnose ausgeschaltet — freilich nicht immer völlig. Die Ursache der choreatischen Bewegungen liegen ja in lokalisierbaren Störungen toxischer Art; und der Grad des Ergriffenseins des Striatum usw. setzt der Wirksamkeit der hypnotischen Suggestion eine Schranke. Liegt eine eigentlich organische Störung vor, so ist die Hypnose natürlich ohnmächtig. So ist mir bei einer Athetose trotz Erzielung einer Hypnose keinerlei Einfluß auf die Bewegungen möglich gewesen. Das gleiche gilt von anderen lenticularen Degenerationskrankheiten. So wurde mir von einem unserer großen Kliniker ein elfjähriges Mädchen mit der Diagnose: Hysterische Gangstörung — zur hypnotischen Behandlung überwiesen. Vierwöchentliche tägliche Hypnose erreichte zwar für einige Minuten innerhalb des hypnotischen Zustandes eine weitgehende Besserung der Gangstörung; aber das absolute Versagen der posthypnotischen Nachwirkung, flüchtige Spasmen und Muskelrigor machten mich dann an der Diagnose doch irre; und es stellte sich heraus, daß es sich um einen beginnenden Torsionsspasmus handelte und nicht um Hysterie. Hier sind also deutlich die Schranken hypnotischer Beeinflussung der Expressivsphäre gegeben — von den organischen Erkrankungen des Cortex, des Rückenmarks und der einzelnen Nerven ganz zu schweigen.

Auch in bezug auf die Reflexe ist mit geringer Ausnahme keinerlei Einfluß hypnotischer Suggestion möglich. Dies gilt von allen Sehnenreflexen. Also eine Veränderung des neuromuskulären Tonus im Sinne von Charcot ist nicht vorhanden; und noch weniger ist, wie dieser Forscher es wollte, das Wesen der Hypnose darin zu suchen. Die Hautreflexe bleiben trotz suggerierter Anästhesie ebenfalls erhalten. Lediglich der Bindehautreflex kann herabgesetzt werden, indem man den Lidschlag suggestiv aufhebt. Letzteres gelingt freilich selten und immer nur für eine gewisse Zeit; alsdann erweist sich der den Lidschlag reflektorisch auslösende Reiz doch stärker als die Suggestion. Gelingt es, den Lidschlag seltener zu gestalten, so trocknet die Bindehaut etwas aus, wird dadurch unempfindlicher, und der Bindehautreflex wird schwächer. Man kann auch so verfahren, daß man totale Gefühllosigkeit der Bindehaut suggeriert und dann unmittelbar nach der Suggestion den Reflex prüft; dann ist er in der Regel herabgesetzt oder aufgehoben. Niemals jedoch ist es mir gelungen, auf diese Weise den

Hornhautreflex auszuschalten. Der Rachenreflex ist ebenfalls durch Suggestion aufhebbar. Man kann aus diesen Feststellungen ohne weiteres schließen, daß Bindehautreflex und Rachenreflex einen genetisch anderen Typus aufweisen als die übrigen eigentlichen Reflexe. Sie stehen den im engeren Sinne „psychischen Reflexen", dem Blinzelreflex, der Pupillenerweiterung bei Angst usw., näher. Doch würde uns die Vorfolgung dieser Fragen hier zu weit führen. Tatsächlich ist auch der Blinzelreflex, welcher eintritt, wenn man rasch auf die Augen des Betreffenden zustößt, in der Hypnose suggestiv aufhebbar. Es handelt sich bei ihm um einen präformierten Mechanismus der Abwehr, bei welchem das psychische Moment der Aktualisierung unverkennkar ist. Etwas anders liegen die Verhältnisse bezüglich der Pupillenreaktion. Es braucht wohl nicht mehr darauf hingewiesen zu werden, daß eine Lichtstarrheit oder Akkmmodationsstarrheit der Pupillen suggestiv nicht erzielt werden kann. Allerdings kann man eine Erweiterung der Pupillen suggestiv erzeugen; aber nicht etwa durch die direkte Suggestion, sondern nur auf dem Umweg über die Angst. Man suggeriert heftige Angst und erlebt in einzelnen Fällen eine so weitgehende Pupillenerweiterung, daß dann der Lichtreflex weniger ausgiebig anmutet. Aber das sind Ausnahmen, zu welchen offenbar auch eine gewisse labile Disposition des pupillomotorischen Apparates vorausgesetzt werden muß. Vor einer Reihe von Jahren demonstrierte sich in medizinischen Kliniken ein Mensch, der in bezug auf die Beherrschung seiner Muskelinnervation, seiner Zwerchfellaktion, seiner Herztätigkeit und seines Pupillenapparates ein einzigartiges Phänomen darstellte. Es gelang ihm, unter anderem die Herzaktion scheinbar willkürlich außerordentlich zu verlangsamen und zu beschleunigen; es gelang ihm ferner, seine Pupillen scheinbar willkürlich maximal zu erweitern und im Anschluß daran sogar einen Hippus bei sich hervorzurufen. Bei diesem Menschen schien die Grenze zwischen willkürlicher und unwillkürlicher Innervation in erstaunlicher Weise verschoben zu sein. Ich hatte Gelegenheit, ihn damals hinsichtlich des Mechanismus sowohl seiner Herzaktion als auch seiner Pupillenaktion eingehend zu befragen. Und da teilte er mit, daß er sich in intensiver Weise „autosuggestiv" in denjenigen Affektzustand versetzen müsse, welcher dem gewünschten innervatorischen Ziele diente. Z. B. stellte er sich leibhaftig vor, er sterbe, er verblute, das Herz gehe immer langsamer, er werde immer matter; und die Pulszahl sank. Bei heftiger Angst, die er imaginierte, beschleunigte sich die Pulszahl. Ebenso erweiterten sich die Pupillen um so mehr, je stärker er sich in den Zustand einer autosuggerierten Angst hineinversetzte. Den Hippus erzeugte er dann durch stoßweises Nachlassen der Angst. Es gelang ihm jedoch nie, die Pupillen zu erweitern, wenn er sich bloß suggerierte, die Pupille wird weit, oder wenn er die noch so starke Intention zur willkürlichen Erweiterung der Pupille faßte. Also selbst bei diesem Menschen war der gleiche Weg über das Psychische zur Erzielung seiner Innervationsabweichungen notwendig, den die auf ähnliche Ziele gerichtete Suggestion beim Hypnotisierten einschlagen muß, wenn sie Erfolg haben will.

b) **Kreislauf, Atmung, Vasomotorik.** Vielfach ist die Herztätigkeit und der Blutdruck in der Hypnose zum Gegenstand von Untersuchungen gemacht worden, früher zuweilen mit sicher übertriebenen Ergebnissen. Ich habe spontan niemals Veränderungen dieser Funktionen durch die Hypnose eintreten sehen. Allerdings ist unter den Autoren mit gegenteiligem Befund ein Kliniker vom Range BÄUMLERS. Mit den suggestiven Veränderungen dieser Funktionen in der Hypnose hat sich von neueren deutschen Untersuchern besonders ASTRUCK befaßt. Meine eigenen Befunde gehen dahin, daß über den Weg des Affektes, insbesondere der Angst, des Zornes und der Freude, tatsächlich eine nicht ganz geringgradige vorübergehende Erhöhung des Blutdruckes erzielt werden kann. Bei systematischen Untersuchungen an zehn Fällen mit dem Tonometer von BOSCH fand ich den systolischen Blutdruck auf diesem Wege um bis zu 15 Strichen steigerbar. Der Einfluß auf die Herzaktion ist ebenfalls nur durch Setzung von Affekten erzielbar; und man kann vorher nie wissen, ob er überhaupt eintritt, und ob eine Verlangsamung oder Beschleunigung der Herztätigkeit entstehen wird. Das hängt offenbar von dem Gesamttypus des nervösen Apparates und seiner Disposition beim einzelnen Menschen ab, in dem Sinne, ob er dem vagotonischen oder dem sympathicotonischen Grenzfalle näher steht (wir mischen uns dabei nicht in den Streit, ob diese beiden Grenzfälle tatsächlich in völliger Reinheit vorkommen). Ich habe vielfach, gemeinsam mit Kollegen, derartige Versuche gemacht; sie gelingen um so besser, je größer die nervöse Labilität, insbesondere die Herzlabilität, der betreffenden Vp. im allgemeinen ist. Aber auch hierbei sind meine Ergebnisse niemals höhere gewesen als Steigerungen um maximal 15—18 Schläge in der Minute, andererseits bei anderen Vp. Senkungen bis um 18 Schläge in der Minute. Nervöse Tachykardien freilich zeigten weit stärkere Senkungen; von 110 auf 78 Schläge ist der größte Erfolg, den ich innerhalb weniger Minuten in der Hypnose erzielt habe. Ich glaube aber doch, man kann im allgemeinen nicht genug warnen vor den vielen Übertreibungen, die sich nicht nur auf seiten der begeisterten Hypnotiseure, sondern vor allem auch auf seiten derer, welche die Hypnose aus allerlei irrigen Gründen für „schädlich" halten, gerade auch im Hinblick auf die Beeinflussung von Herztätigkeit und Blutdruck finden.

Über die Beeinflussung der Atmung läßt sich nicht viel sagen; der Umweg über den Affekt und dessen suggestive Erzeugung ist auch hier eine Vorbedingung. Zweimal habe ich den Versuch gemacht, bei einem Menschen mit bronchialen Asthmaanfällen von nervös-psychischer Auslösung einen Anfall hypnotisch zu kupieren; ich tat dies deshalb, weil der Betreffende aus anderen Gründen ohnehin in der anfallsfreien Zeit in meiner hypnotischen Behandlung stand. Ich habe keinerlei Erfolg damit gehabt, schon die Hypnose gelang nicht. Es gelang allerdings im freien Intervall, die Auslösung von Anfällen zeitlich etwas hinauszuschieben.

Nicht nur Phantasten wie WETTERSTRAND, der wahllos Epilepsie, ja organische Lähmungen usw. durch Hypnose „heilte", oder wie FOREL, bei dem ja ebenfalls der Hypnose beinahe kein Ding unmöglich ist, sondern selbst Forscher wie KRAFFT-EBING haben die Wirkung der Hypnose auf die allgemeinen Funktionen des Organismus, zur Zeit der hypnotischen Hochflut, stark überschätzt. Die kritische Ablehnung, welche die Hypnose dann, in der Zeit danach, bei unseren hervorragenden Klinikern fast überall gefunden hat, ist nicht verwunderlich, wenn man z. B. liest, daß KRAFFT-EBING auf hypnotischem Wege Temperaturherabsetzungen bei Fieber, ja völlige Entfieberung erzielt haben will! Und doch ist über diese Frage — des psychogenen Fiebers — das letzte Wort noch nicht gesprochen; ein Autor vom Range WILMANNS hat einen derartigen Fall beschrieben; und neuerdings berichtet EICHELBERG von zwei weiteren Fällen dieser Art. In diesen beiden Fällen gelang ihm die hypnotische Entfieberung prompt. Ja, er beschreibt, wie er in einer weiteren Hypnose in einem dieser Fälle die Temperatursteigerung bis auf 39,2° (rectal) durch entsprechende Suggestionen neu erzeugen konnte. Diesem „hysterischen Fieber", oder, mit EICHELBERGS besserer Bezeichnung: dieser nervösen Hyperthermie fehlen die dem echten toxischen Fieber eignenden Allgemeinsymptome, Eiweißzerfall und Pulsfrequenz. Ohne uns hier in theoretische Erörterungen über das Fieberproblem und insbesondere die dispositionellen Voraussetzungen derartiger psychogener Fieberbildung einzulassen, können wir erfahrungsmäßig soviel sagen: die echte toxische Fieberbildung läßt sich auf hypnotischem Wege ganz gewiß nicht rückgängig machen oder beeinflussen.

Ein nicht geringer Einfluß ist hingegen der hypnotischen Suggestion hinsichtlich der vasomotorischen und sekretorischen Körperfunktionen zuzusprechen. Das wird uns nicht wundern, wenn wir die überaus innige Beziehung bedenken, in welcher gerade diese Funktionen zu dem emotionalen und affektiven Geschehen überhaupt stehen. Hat doch die Innigkeit dieser psychophysischen Bindung dazu geführt, daß die Theorie von JAMES und LANGE über das Wesen der Affekte und Gemütsbewegungen die völlige Identität des psychischen und des vasomotorischen und sekretorischen Ablaufs behaupten konnte: Was wir als Affekt oder Stimmung von besonderer Tönung erleben, ist nach dieser Lehre nichts als die subjektive Widerspiegelung der Veränderungen in den Körpervorgängen, die in jeweils spezifischer Weise am Kreislauf, an der Atmung, der Peristaltik, den Sekretionen (und außerdem noch dem Muskeltonus usw.) vorgehen. Jene Theorie, die so prägnant in dem Satze illustriert wird: wir weinen nicht, weil wir traurig sind, sondern wir sind traurig, weil wir weinen — soll hier keine Kritik erfahren. Wir wissen aber, daß diese psychophysische Bindung vasomotorischer und sekretorischer Veränderungen an innerpsychische Vorgänge mit ganz besonderer Stärke und Nachhaltigkeit bei den Neurosen zutage tritt. Ja, die einzelnen neurotischen Syndrome, insbesondere auch die sogenannten Organneurosen, haben in ihrer Spezifität vielfach besondere derartige psychophysische Mechanismen dispositioneller Art zur Grundlage. Man denke etwa an die verschiedenen sekretorischen Magenneurosen und an deren psychophysisches Fundament, welches durch die Experimente von Pawlow, Bickel und anderen schon für den Normalfall geklärt wurde. Von allen diesen Fragen der Neurosenforschung und den sich daraus ergebenden psychotherapeutischen Konsequenzen wird noch an anderer Stelle ausführlich die Rede sein. Hier führen wir diese Dinge nur an, um uns von vornherein verständlich erscheinen zu lassen, daß die Hypnose und die Suggestion auf diesem Gebiet Erfolge zu zeitigen vermag, welche zunächst wohl etwas Verblüffendes an sich haben können. Den Umfang derselben werden wir erst bei der Erörterung der psychotherapeutischen Handhabung posthypnotischer Suggestion ganz zu überblicken vermögen; zur objektiven Demonstration dieser hypnotischen Suggestivwirkung und ihres Stärkegrades bedient man sich einiger weniger Phänomene. Es ist mitunter unschwer möglich, durch entsprechende Suggestion in der Hypnose Tränenabsonderung zu erzeugen, am besten wieder über die Setzung des adäquaten Affekts. Ebenso kann man den Hypnotisierten, der im allgemeinen blaß ist, manchmal suggestiv zum Erröten bringen. Es glückt zuweilen, Schweißabsonderungen in der Hypnose hervorzurufen. Freilich sind die genannten Versuche immer unsicher in ihrem Erfolge; offenbar gehört zu ihrer Realisierung eine dispositionelle Labilität des vasomotorischen Apparates, die auch unabhängig von der Hypnose schon bestehen muß. Bei Bestehen dieser angioneurotischen Labilität aber können die vasomotorischen Effekte unter Umständen außerordentlich starke sein. Es ist ja bekannt, daß sich bei derartigen angioneurotisch disponierten Menschen auch spontan allerhand weitgehende Hautgefäßsyndrome einfinden können, ausgelöst durch die verschiedenartigsten Anlässe. Hierher gehören die Urticaria, die erythematösen und herpetiformen Dermatosen sogenannt „nervösen" Ursprungs, hierher gehört wahrscheinlich eine Reihe angioneurotischer Ödeme, und hierzu rechnen auch angioneurotische Blutaustritte umschriebener oder disseminierter Ausbreitung. Es ist nun auch von der hypnotischen Suggestion behauptet worden, daß sie alle diese angioneurotischen Hauterscheinungen in voller Stärke erzeugen könne. Und prinzipiell ist das tatsächlich nicht unmöglich (BUNNEMANN, KREIBICH). Man hat bekanntlich die sogenannte „Stigmatisierung", das Auftreten der Wundmale Christi, welches zuerst beim heiligen Franziskus von Assisi stattfand, und welches dann noch von verschiedenen anderen religiös inbrünstigen Persönlichkeiten der katholischen Kirche behauptet worden ist, zurückführen wollen auf eine in der Ekstase, d. h. einer religiös-autosuggestiven Bewußtseinseinengung und Entrückung, entstandene emotive angioneurotische Blutextravasation. Und man hat natürlich prompt versucht, derartige Dinge auch in der Hypnose zu erzeugen. Die Ergebnisse solcher im Grunde spielerischer Versuche, bei denen ja so gut wie alles auf die vorgegebene Disposition der hypnotisierten Persönlichkeit ankommt, werden natürlich nur in den Fällen bekanntgegeben, wo sie positiv ausfallen. Und dann meistens auch noch mit recht wenig Selbstkritik! So will FOREL „eiternde Geschwüre" am Arm suggestiv erzeugt haben — etwas, was wir für eine Selbsttäuschung dieses sanguinischen Forschertemperaments halten, wenn nicht gar ein Betrug seitens eines „Mediums" vorliegt. Ernster zu nehmen sind die Versuche einer lokalen Blasen- und Quaddelbildung, die in einigen Fällen der Literatur als geglückt beschrieben worden sind, darunter von so ernsten und kritischen Forschern wie HELLER und I. H. SCHULTZ. Den letztgenannten Versuch habe auch ich selber an mehreren Fällen angestellt. Ich suggerierte in Tiefschlafhypnose Lähmung der rechten Hand und legte dann ein Geldstück auf den Handrücken; und nun suggerierte ich, wie dies Geldstück allmählich immer stärker bis zum Glühen erhitzt werde, wie die Haut verbrenne usw., mit allen plastischen Einzelheiten. Einen wirklichen Erfolg, den eine Reihe von Kollegen gemeinsam mit mir beobachtet haben, habe ich nur in einem einzigen Falle gehabt; es handelte sich um einen imbezillen Hysteriker mit pahntastisch-visionärer Neigung, ein Mitglied aller möglichen Geheimbünde und religiösmystischer Körperschaften, 28 Jahre alt. Bei ihm entstand nach etwa 20 Minuten in der Hypnose eine Rötung und samtartige Schwellung mäßigen Grades von der Größe des Geldstückes auf dem Handrücken, welche nach acht Tagen noch nicht ganz verschwunden war. Es kam jedoch zu keiner bullösen Abhebung der Haut. Ganz leichte und flüchtige Erytheme, die aber an Stärke mit dem eben genannten Fall nicht vergleichbar waren, entstanden freilich in nicht seltenen Fällen. Bläschenbildung an den Fingern ohne vorangehendes Erythem sah ich ferner bei einem 20jährigen jungen Mädchen hypnotisch entstehen, bei dem eine lymphatisch-exsudative Diathese mit erhabenem Dermographismus und spontaner Blasenbildung von gleicher Lokalisation bestand.

Der posthypnotische Zustand.
Einiges über posthypnotische Suggestionen.

Erweckt man einen Hypnotisierten aus seinem Zustande — wir werden später noch sehen, wie man dies macht, und welche Voraussetzungen seelischer Art dazu gehören —, so bietet seine physische Beschaffenheit, sein psychisches Verhalten, sein Erleben und Reagieren zunächst keine irgendwie abweichenden Befunde von demjenigen Zustande, in welchem er sich *vor* der Hypnose befunden hatte. Er benimmt sich tatsächlich wie ein Erwachender, sieht sich um, orientiert sich und ist dann völlig wieder der frühere Mensch. Sein Erinnerungsvermögen an die Zeit der Hypnose verhält sich verschieden. Alle wissen, daß sie eingeschläfert worden sind. Was aber während des hypnotischen Zustandes in ihnen und um sie herum vorging, das ist beim einen deutlich, beim anderen weniger deutlich, beim Dritten gar nicht reproduzierbar. JANET hat in der Erschwerung oder dem Erlöschen der Reproduktionsfähigkeit für das in der Hypnose Erlebte einen Maßstab für die „Tiefe" der hypnotischen Veränderung aufstellen zu können geglaubt.

Bis zu diesem Punkte unterscheiden sich also die Nachwirkungen der Hypnose nicht von den Nachwirkungen spontan auftretender vorübergehender Bewußtseinsveränderungen: nach ihrem Abklingen tritt die frühere Persönlichkeit und ihr normales Bewußtsein unverändert hervor, und lediglich für die Zeit der Bewußtseinsveränderung besteht eine mehr oder weniger vollständige Gedächtnislücke. Die Erinnerungslücken für den hypnotischen Zustand, welche wir in einem Teil der Fälle beobachteten, beruhen nicht auf einem Mangel an Inhalten — wenngleich nicht geleugnet werden soll, daß die Eindrücke während der Hypnose sich nicht immer mit der gleichen Schärfe eingraben wie im Wachzustande —; wir beobachten vielmehr folgendes: Wir haben einen Menschen in Somnambulhypnose versetzt. Nach der Hypnose ist er an die Ereignisse während derselben völlig erinnerungslos. Versetzen wir ihn nun erneut in Hypnose und befragen ihn in diesem Zustande über die Ereignisse in der ersten Hypnose, so ist er in der Lage, uns völlig richtige Auskunft zu geben. Die Inhalte waren also vorhanden und eingeprägt; sie waren aber von der Reproduktionsfähigkeit ausgeschlossen.

Dieses eigentümliche Phänomen wird uns noch viel bedeutsamer, wenn wir es in Beziehung setzen zu einer weiteren psychologischen Eigenart, welche den posthypnotischen Zustand grundsätzlich von allen Zuständen nach sonstigen Bewußtseinsveränderungen unterscheidet. Wir meinen mit dieser psychologischen Eigenart bestimmte *Nachwirkungen der Vorgänge in der Hypnose* auf das posthypnotische Verhalten. Diese Nachwirkungen gehen ganz speziell von *Suggestionen* aus, die sich auf den Eintritt derartiger Nachwirkungen richten.

Schon wenn wir vor dem Aufwecken die Suggestion geben: „Sie werden nach dem Aufwachen völlig wach und frisch sein und sich arbeitsfreudig und rüstig fühlen" —, oder wenn wir die entgegengesetzte Suggestion geben: „Sie werden nach dem Aufwachen sehr matt und müde sein, Schlafbedürfnis empfinden und sofort wieder in Schlaf verfallen, wenn ich es Ihnen sage" —: so entstehen beim gleichen Menschen nach gleichartig verlaufener Hypnose zwei völlig verschiedene posthypnotische Zustände. Die Verschiedenheit betrifft den Stimmungsfaktor und die emotive Sphäre; sie ergreift aber von hier aus den gesamten Zustand psychischen Erlebens und Verhaltens. An einer früheren Stelle, als wir den Typus der hypnotischen Lähmung studierten, sahen wir, daß die in der Hypnose suggestiv gesetzte Lähmung auch nach Beendigung der Hypnose bestehen blieb, wenn wir sie nicht ausdrücklich in suggestivem Wege rückgängig machten. Wir können das gleiche Verhalten auch für alle übrigen in der Hypnose gesetzten Suggestionen beobachten. Gibt man ihre Wirksamkeit nicht ausdrücklich auf, so besteht ihre Wirkung auch nach Ablauf des hypnotischen Zustandes selber weiter. Dies gilt freilich nicht in allen Fällen; die Wirksamkeit der Suggestion über die Hypnose hinaus wird nur bei einem Teil der Fälle beobachtet, bei einem anderen Teile fehlt sie, wenigstens bei den ersten Hypnosen; sie tritt aber im Verlaufe späterer Hypnosen nach und nach immer stärker auf; nur ein ganz kleiner Teil verhält sich dauernd refraktär. Die Nachwirksamkeit der Suggestion über die Hypnose hinaus ist ferner in weitem Umfange abhängig von „Prädilektionsgebieten": d. h. es kommt in gewissem Maße auf den Inhalt der Suggestion und seinen Bezug auf die Persönlichkeit des Hypnotisierten an, ob und in wie starkem Grade die Suggestion über die Hypnose hinaus nachwirksam wird. Dieser Inhalt der Suggestion muß, um nachwirksam zu werden, auch mit der posthypnotischen wachen Persönlichkeit, ihrer Gesamteinstellung und ihrem Verhalten zur Umwelt irgendwie konformierbar sein. Es ist z. B. außerordentlich schwierig, eine suggerierte Blindheit oder Taubheit, eine negative Halluzination oder eine Veränderung des Ichbewußtseins in einem die Vp. entwertenden oder lächerlich machenden Sinne über die Dauer der Hypnose hinaus zu erzwingen. Wir werden die Grenzen der Suggestionswirkung, sowohl der intrahypnotischen als auch der posthypnotischen Wirksamkeit, noch besonders zu ziehen haben, wenn wir vom Wesen der Hypnose handeln; und dann werden wir auch die Gründe für die Nachwirksamkeit von Suggestionen im posthypnotischen Zustand erörtern müssen. Grundsätzlich halten wir jedenfalls fest: nennt man die Aufhebung von Suggestionen in der Hypnose mit dem üblichen Ausdruck Desuggestionierung, so kann man sagen, daß jede Suggestion in der Hypnose die Tendenz hat, ohne entsprechende Desuggerierung auch über die Dauer der Hypnose hinaus nachwirksam zu bleiben. Diese Tendenz wird zuweilen gefördert durch die vorgegebene individuelle Disposition der einzelnen Vp.; sie hat aber auch bestimmte Schranken, genau wie die Suggestionswirkung überhaupt.

In dieser Feststellung. die wir gleich noch spezieller illustrieren werden, liegt in allererster Linie die psychotherapeutische Bedeutsamkeit der hypnotischen Behandlung. Denn natürlich hat die Anwendung der Hypnose zu Heilzwecken nur dann einen Sinn, wenn die Wirkung der Suggestion über die Hypnose hinaus andauert. Und dies ist, wie wir gesehen haben, innerhalb weitgezogener Grenzen der Fall. Ja, wir können darüber hinaus noch einige besonders interessante Suggestionsphänomene beobachten. Der Hypnotiseur sagt beispielsweise: „Ich werde Sie jetzt aufwecken, und dann werden wir uns noch einige Minuten unterhalten. Nach Ablauf von sieben Minuten werden Sie sich aus der Wasserkaraffe ein Glas Wasser eingießen und trinken und dazu äußern: ‚Das ist aber ein ganz vortrefflicher Rotwein!'“. Die Vp. wird aus der Hypnose erweckt, und sie ist nun in einem Zustande anscheinend völlig freien Wachbewußtseins. Sie verhält sich ungezwungen, ihr Verhalten ist unbefangen, und so bleibt das Bild sieben Minuten lang. Und nun folgt, bei verschiedenen Vp. verschieden, die Realisierung der in der Hypnose gegebenen Suggestion. Manche Vp. gehen, mit großer Zielstrebigkeit und Unablenkbarkeit, direkt auf das Ziel los, welches ihnen die Suggestion stellte; sie erledigen die geforderte Handlung und ebenso die völlig sinnlose Bemerkung mit der Selbstverständlichkeit eines Automaten und setzen sich dann hin, als ob nichts geschehen wäre. Andere beginnen nach dem Ablauf der geforderten posthypnotischen Zeit unruhig zu werden, sie machen einen zerstreuten, innerlich abgelenkten Eindruck, man sieht in ihren Gesichtszügen, wie sie gegen einen Impuls ankämpfen, sie wenden den Kopf immer wieder zu der Wasserkaraffe hin, rücken auf ihrem Stuhle hin und her, machen wohl auch einige Schritte in der Richtung auf das Ziel der Suggestion hin. Endlich realisieren sie die Suggestion zunächst nur teilweise, immer wieder zögernd. Manche lassen die sinnlose Bemerkung fort; manche nehmen die Karaffe in die Hand, setzen sie wieder nieder; wenn man sie mitten in der Handlung fragt: „Was machen Sie denn eigentlich?“, so werden sie verlegen, tun, als wenn sie gar keine besondere Absicht gehabt hätten, und so währt das Spiel fort, bis die Mehrzahl der Vp. die „posthypnotische Suggestion“ vollinhaltlich realisiert hat. Man erlebt hier immer wieder neue, oft recht eindrucksvolle Varianten des posthypnotischen Verhaltens. Fragt man beispielsweise die einzelnen Vp., was denn in ihnen vorgegangen sei, und aus welchem Grunde sie die eigentümlichen Handlungen mitten aus der ruhigen Unterhaltung des wachen Bewußtseins heraus vollzogen hätten, so erhält man überraschenderweise nur von einer ganz geringen Minderheit die Antwort: „Sie haben mir ja in der Hypnose den Auftrag dazu erteilt.“ In der weitaus großen Mehrzahl der Fälle besteht um diese Tatsache, zum mindesten während der Realisierung der posthypnotischen Suggestion, keine Erinnerung, kein aktuelles Wissen. Vielmehr erhält man vielfach ausweichende Antworten, welche ein Deckmotiv für die Handlung vorbringen: z. B. „Ich hatte plötzlich solchen Durst, und das Wasser schmeckte tatsächlich beinahe wie Rotwein.“ In einigen Fällen hatte ich den posthypnotischen Auftrag erteilt, einem der zuschauenden Kollegen die auf seinem Schoß liegende lederne Mappe fortzunehmen; einem anderen Kollegen sollte die Brille von der Nase genommen werden. Die Vp. waren jedesmal andere. Die Kollegen wehrten sich auftraggemäß in ziemlich energischer Weise gegen die „Zumutungen“ der Vp. Diese baten anfangs höflich, dann dringender darum, ihnen die gewünschten Gegenstände zu überlassen. Als dies nicht geschah, gab nur eine Vp., eine Dame, ihre Bemühungen auf und fing an zu weinen, wobei sie völlig ratlos war. Die anderen Vp. setzten ihre Bemühungen fort, bis sie nach einem förmlichen kleinen Kampf zum Ziel gelangten. Dann standen einige mit den erhaltenen Gegenständen da, drehten sie verlegen hin und her und gaben sie dann wortlos zurück; andere entschuldigten sich sehr: sie hätten nur einmal sehen wollen, ob es nicht ihre Mappe war, ob die Brille für ihre Augen passe usw. Es sei ihnen plötzlich so gewesen, als gehörten diese Gegenstände ihnen, oder als hätten sie sie einmal mit ihrem Eigentum vergleichen müssen usw. Alle waren betreten, empfanden das Unangemessene ihres Handelns und suchten es entweder durch Entschuldigungen und Ausreden zu überdecken oder standen ihm völlig ratlos gegenüber. Derartige Versuche habe ich hundertfältig gemacht; sie gehören ja zu den elementarsten Beobachtungen des posthypnotischen Zustandes. Exploriert man psychologisch geschulte Vp. — mehrfach haben sich mir Ärzte und Psychologen zu diesem Zwecke zur Verfügung gestellt — über die inneren Erlebnisse, die in ihnen bei der Realisierung solcher posthypnotischen Suggestionen auftreten, so wird immer wieder betont, daß es sei, als ob irgendeine ihnen unbekannte psychische Macht zwangsläufig die posthypnotische Handlung diktiere. Sie empfinden das Auftreten dieser unbekannten Macht als etwas ihnen Fremdes, Unerklärliches, zum Teil begleitet von einer unklaren Erregung und Unruhe, zum Teil aber auch hemmungslos und selbstverständlich sich durchsetzend; die Charaktere des Zwangs werden subjektiv aufs deutlichste erlebt; häufig ist ein kurzdauernder Wettstreit zwischen der eigenen aktiven Selbständigkeit und dem Zwangsimpuls vorhanden; selten siegt die eigene Selbstbestimmung — und dann bleibt eine triebhafte Unruhe noch sehr lange nachwirksam. Meist siegt der Zwangsimpuls, die Vp. betrachtet es gleichzeitig als ihre einzige Aufgabe, diesen Zwangsimpuls vor sich selbst und der Umgebung irgendwie plausibel zu motivieren oder doch zu verdecken, um ihre Handlung als den natürlichen Ausfluß der gegebenen Situation erscheinen zu lassen. Auch in der Literatur ist derartiges Material von Selbstbeobachtungen geschulter Psychologen bei der Realisierung posthypnotischer Suggestionen mehrfach niedergelegt, am anschaulichsten wohl von BLEULER. Nicht alle posthypnotischen Suggestionen realisieren sich; insbesondere kommen Fehlergebnisse vor in den ersten Hypnosen, während jede spätere Hypnose immer mehr zum Gelingen posthypnotischer Suggestionswirkungen beiträgt. Ferner hängt die Leichtigkeit und Sicherheit, mit der sich posthypnotische Suggestivwirkungen einstellen, sehr wesentlich von der Persönlichkeit der Vp. ab; man trifft nicht selten Menschen von starker Selbstdisziplin und feinem gesellschaftlichem Takt, starker Zurückhaltung und verletzlichem Schamgefühl, bei denen die Realisierung posthypnotischer Suggestionen, die sich auf so grobe äußere Handlungen erstrecken wie unser Beispiel, überhaupt nicht erzielbar ist. Diese Menschen geben aber durchweg an, daß sie innerlich mit aller Macht auf die Realisierung derartiger Handlungen eingestellt waren, daß sie erlebnismäßig den Zwang zur Handlung deutlich verspürt haben, und daß es Mühe und Selbstbeherrschung gekostet habe, dieses Zwanges Herr zu werden. Völlig refraktäre Menschen, bei denen die posthypnotische Suggestion auch erlebnismäßig überhaupt nicht anklingt, sind sehr selten. Wie stark der Zwang sein kann, der von solchen posthypnotischen Suggestionen auszugehen vermag, davon ein Beispiel: Eine Dame, welche in hypnotische Behandlung trat, erhielt, eigentlich nur um ihre Empfänglichkeit für posthypnotische Suggestionen zu prüfen, den Auftrag, nach dem Erwachen aus der Hypnose mein Notizburh vom Schreibtisch zu nehmen und darin zu blättern. Nach der Erweckung aus der Hypnose verabschiedete ich die Dame, und sie blieb trotzdem unschlüssig im Zimmer stehen und sah auf das Notizbuch, ohne daß sie den Mut aufbrachte, es zu ergreifen; offenbar wäre ihr dies als grobe Taktlosigkeit mir gegenüber vorgekommen. Mein Mitarbeiter, der dem Vorgang beiwohnte, äußerte zu ihr: „Gnädige Frau, wir müssen uns beeilen, draußen warten noch viele Kranke." Die Dame errötete wegen dieser Zurechtweisung und ging aus dem Sprechzimmer. Mitten in der Untersuchung des nächsten Falles klopfte es plötzlich, und ohne unsere Aufforderung abzuwarten, eilt die Dame, wie getrieben, herein, greift hastig nach dem Notizbuch, eilt ebenso rasch wieder hinaus, und draußen treffen wir sie erregt weinend an, während das Notizbuch auf die Erde geworfen ist. So heftig kann der Kampf zwischen Taktgefühl und freiem Willen einerseits, dem Zwang zur posthypnotischen Handlung andererseits sich gestalten. Freilich hat auch die Wirksamkeit der posthypnotischen

Suggestion, genau wie jeder Suggestion überhaupt, ihre Grenze: Wenn der Inhalt der Suggestion mit dem eigentlichen Persönlichkeits- und Selbstwertgefühl völlig unvereinbar ist, wenn er elementar gegen die Schranke von guter Sitte und Selbstachtung verstößt, wenn er geeignet ist, bei der Realisierung die Vp. zu demütigen oder lächerlich zu machen, so tritt in der Regel keine Verwirklichung der posthypnotischen Suggestion ein. Ich habe nur wenige derartige Versuche selbst unternommen. Aber zuletzt noch hat KAUFFMANN darauf hingewiesen, daß es so gut wie nie gelingt, eine sittsame weibliche Person zu irgendwelchen erotischen Huldigungen oder auch Annäherungen selbst leiser Art an solche Männer, die der Hypnose beigewohnt haben, durch posthypnotischen Auftrag zu veranlassen. Freilich ist auch in solchen Fällen jener unlustbetonte Wettstreit zwischen dem Zwang zur Handlung und den eigenen Willenskräften der Vp. erlebnismäßig stark vorhanden, nur daß eben die eigenen Willenskräfte siegen.

Weiteres über posthypnotische Suggestionen.

Eines besonderen Effektes posthypnotischer Suggestion müssen wir hier noch gedenken, weil er die geistigen Leistungen und Fähigkeiten im engeren Sinne betrifft. Es wäre natürlich psychotherapeutisch wunderbar, wenn man etwas posthypnotische Suggestionen zur Verwirklichung bringen könnte, die sich auf Steigerung spezieller geistiger Leistungsfähigkeiten erstrecken. Tatsächlich aber ist das nicht der Fall. Lediglich das Bewußtsein, welches die geistige Leistung begleitet und im Sinn der guten oder schlechten Wertung verarbeitet, kann psychotherapeutisch beeinflußt werden. Es ist möglich, die Konzentrationsschwäche des Neurotikers, den Mangel an Selbstvertrauen des Psychopathen durch posthypnotische Suggestion aufzuheben; und dadurch kann natürlich, auf einem derartigen Umweg, das Gefühl größerer Leistungsfähigkeit, geringerer Ermüdbarkeit, leichteren Arbeitenkönnens usw. posthypnotisch erzeugt werden. Auch hierfür bestehen freilich ziemlich enge Grenzen! Hingegen ist es, um uns drastisch auszudrücken, nicht möglich, aus einem beschränkten Menschen durch posthypnotische Suggestion einen solchen von gesteigerter geistiger Leistung zu machen. Im allgemeinen kann man sagen, daß die Breite der Suggestionswirkung im posthypnotischen Zustand sich von der im intrahypnotischen Zustande nicht unterscheidet; was sich in der Hypnose realisieren läßt, läßt sich auch posthypnotisch realisieren. Hierbei gilt noch die eine Einschränkung, daß die posthypnotische Suggestion innerhalb des grundsätzlich gleichen Rahmens doch wohl noch etwas enger in ihrer Wirkungsintensität begrenzt wird als die intrahypnotischen Suggestionsphänomene bei der gleichen Vp.

Von den posthypnotischen Suggestionen wurden besonders diejenigen dem Studium mehrerer hervorragender Fachpsychologen unterzogen, welche sich auf die Reproduktion erstreckten. Was hier von LILLIEN MARTIN und anderen festgestellt wurde, können wir aus eigenen Versuchen im wesentlichen bestätigen. Es gelingt durch intrahypnotische Suggestion, die posthypnotische Erinnerung nicht nur an die Hypnose selber, sondern auch an bestimmte andere Daten posthypnotisch auszuschalten. Man kann dies so weit treiben — allerdings nur bei besonders geeigneten Vp. —, daß man ihnen in der Hypnose die Suggestion gibt, sie würden nach ihrem Erwachen von einem bestimmten Zeitpunkt an ihre Personalien und ihren Namen vergessen haben. Ebenso kann man die Erinnerung an die Tatsache, daß in der Hypnose bestimmte Suggestionen gegeben wurden, mnestisch ausschalten. Der Typus dieser Gedächtnisausschaltungen ist der schon aus früheren Anlässen beschriebene einer Sperrung der Reproduktionsbereitschaft. Man kann auf diese Weise experimental das genaue psychische Abbild dessen erzeugen, was etwa FREUD und seine Schule als die Nachwirkung verdrängter bewußtseinsunfähiger Erlebnisse, JUNG und RICKLIN als die Nachwirkung unbewußter Komplexe beschrieben haben. Dieser Einfluß auf die Reproduktion vermittels der posthypnotischen Suggestion ist psychotherapeutisch von ganz besonderer Bedeutsamkeit. Wir werden noch sehen, in welchem Sinne wir ihn ärztlich zu Heilzwecken auszunützen haben.

Leider ist die Dauer der posthypnotischen Nachwirkung solcher Suggestionen zeitlich immer nur eine begrenzte. Nach wenigen Stunden oder Tagen verblaßt sie mehr und mehr bis zum völligen Verschwinden. Psychotherapeutisch kommt daher zur Erzielung langdauernder Nachwirkung posthypnotischer Suggestion eine Vielzahl von Hypnosen in Frage. Denn jede folgende Hypnose, welche die gleichen posthypnotischen Suggestionen setzt wie die vorangegangene, steigert die zeitliche Nachwirkung derselben. Nach durchschnittlich 10—12 Heilhypnosen innerhalb von 4—6 Wochen habe ich ein Anhalten der posthypnotischen Suggestionswirkungen bis zur Dauer von vier Monaten und länger beobachten können. Diese Nachdauer hängt natürlich auch in erster Linie vom psychischen Konstitutionstypus und dem Charakter der beeinflußten Persönlichkeit ab, insbesondere von der vorgegebenen Disposition zur Retention gefühlsstarker Eindrücke im Sinne unserer früheren Darstellungen. Von dieser Art der Nachwirkung posthypnotischer Suggestion muß unterschieden werden die Dauer des Zeitraumes, welcher zwischen der Setzung einer posthypnotischen Suggestion und dem Termin ihrer Verwirklichung verstreichen kann. Man kann z. B. die Suggestion geben: „Sie werden morgen früh um 8 Uhr bei mir antelephonieren und mich fragen, ob mir ein Hund zugelaufen ist.“ Wenn sich diese Suggestion realisiert, so liegen zwischen dem Zeitpunkt, an dem ich sie gegeben habe, und dem Termin ihrer Realisierung 12 Stunden. Suggestionen von diesem Typus nennt man Suggestionen mit Verfallszeit oder Terminsuggestionen. Jede posthypnotische Suggestion ist im Grunde insofern eine Terminsuggestion, als ihre Realisierung erst nach dem Aufhören der Hypnose beginnen darf. Terminsuggestionen im engeren Sinne aber sind an ganz bestimmte vom Suggestor suggerierte Intervalle gebunden. Je kürzer ein solches zeitliches Intervall ist, um so sicherer realisiert sich die Terminsuggestion. Im allgemeinen soll man die Intervalle nicht größer wählen als ein bis höchstens drei Tage. Immerhin haben die verschiedenen Autoren, welche darüber Versuche angestellt haben, verschieden lange Maximaldauer terminsuggestiver Wirkung angegeben; der Rekord scheint ein Jahr zu sein. Derartig große Zahlen scheinen mir aber nicht nur von der Suggestibilität der Vp., sondern auch von der Autosuggestibilität der Autoren abhängig zu sein; wie denn überhaupt gegenüber der Literatur auf diesem Gebiete immer nur wieder zu größter kritischer Vorsicht geraten werden kann.

Der Bewußtseinszustand während der Realisierung von Suggestionen. Suggestionen ohne Hypnose.

Die interessanteste Frage auf dem Gebiet der posthypnotischen Suggestivwirkung ist für uns wohl diejenige: In welchem Bewußtseinszustande befinden sich die Vp. während der Dauer der Realisierung einer posthypnotischen Suggestion? Eine völlig befriedigende Antwort werden wir dieser Frage erst bei Erörterung des Wesens der Hypnose geben können. Der phänomenologische Befund des Zwanges ist nämlich unter Umständen nicht das Entscheidende, was wir im posthypnotischen Zustand beobachten können. Vielmehr wollen wir uns noch einige weitere dahin gehörige Tatsachen vor Augen führen. Wir sagen einem in Hypnose befindlichen Menschen: „Ich werde Sie jetzt aufwecken. Sie werden völlig wach sein. Jedesmal aber, wenn ich das Wort ‚Ostern‘ ausspreche, werden Sie sofort wieder in Hypnose verfallen und erst aufwachen, wenn ich bis fünf gezählt habe.“ Der betreffende Patient, an welchem wir dies Experiment vornehmen, ist vielfach von mir hypnotisiert worden. Tatsächlich beobachteten wir, daß er nach dem Erwecken aus der Hypnose bei völlig klarem Wachbewußtsein ist. Ich sage in der Unterhaltung mit ihm den Satz: „Mit Ihrer Urlaubsreise warten Sie am besten bis Ostern“ — und sofort schließen sich seine Augen, er sinkt auf seinen Stuhl zurück und ist kataleptisch. Man kann sich von dem Zustand der Somnambulhypnose bei ihm leicht überzeugen. Jener Mathematiker, von dem ich bei einer früheren Gelegenheit sprach, hatte einmal die posthypnotische Suggestion bekommen, auf das Wort „Zigarette“ in Hypnose zu verfallen. Mehrere Tage nach dem damaligen

Versuch traf ich ihn auf der Straße. Ich hatte die ganze Sache, offen gestanden, längst vergessen. Ich bat ihn im Laufe des Gesprächs um Feuer für meine Zigarette, und zu meinem Erstaunen sank er plötzlich um und wäre auf der Straße hingestürzt, wenn ich ihn nicht gehalten hätte; er war blitzartig in Hypnose verfallen. — In anderen Fällen beobachteten wir folgendes: Während die Vp. mitten in der Realisierung einer posthypnotischen Suggestion begriffen ist, erteilen wir eine neue Suggestion und gleich darauf noch eine, und wir finden plötzlich den Bewußtseinszustand der betreffenden Vp. durch die bloße Häufung dieser Suggestionen verändert: sie sind in Hypnose. Ein Beispiel: Ein oft von mir hypnotisierter junger Beamter ist in Hypnose. Ich erteile ihm die posthypnotische Suggestion, er werde nach dem Erwachen zur Tür gehen, sie zuschließen und mir den Schlüssel bringen. Er wird erweckt, und zum angegebenen Zeitpunkt beginnt er mit der Realisierung der posthypnotischen Suggestion. Während er mitten in ihrem Vollzuge ist, sage ich plötzlich zu ihm: „Wenn ich bis drei zähle, können Sie nicht weitermachen. 1, 2, 3.“ Bei drei steht er wie eine Bildsäule, er kann kein Glied rühren. Darauf sage ich: „Sie zählen von 10 bis 20. Wenn ich die Hand hebe, werden Sie stumm.“ Er beginnt zögernd zu zählen, immer noch in seiner steifen Haltung. Bei 16 hebe ich die Hand, die Sprache stockt. Ich ergreife seinen Arm, er ist kataleptisch. Ein Blick auf seine Augen zeigt uns, daß er in tiefer Hypnose ist.

Das sind sehr eigentümliche Befunde. Sie zeigen uns, daß es möglich ist, mindestens bei oft hypnotisierten Vp. den erneuten Eintritt der Hypnose auch auf indirektem Wege, entweder vermittels posthypnotischer Suggestion oder im Anschluß an solche, zu erzwingen. Man nennt diese Art des Hypnotisierens „Blitzhypnose“. Wir schließen daraus, daß auch die Hypnose selber eine Einstellung bei dem Hypnotisierten erzeugt, die über ihre Dauer hinaus nachwirksam bleibt und eine Rückkehr in hypnotischen Zustand begünstigt. Diese nachwirkende posthypnotische Einstellung auf den Verfall in Hypnose bei geringen äußeren Anlässen kann sich, je öfter eine Vp. hypnotisiert wird, um so stärker steigern. Im Verlaufe meiner therapeutischen Hypnosen gelange ich häufig dahin, daß mehrfach früher von mir Hypnotisierte auf den einfachen Befehl „Schlafen Sie“ sofort wieder in Hypnose verfallen. Diese Erscheinung ist auch von fast allen Autoren zum Gegenstand umfassender Beobachtungen gemacht worden. Auch sie werden wir bei der Untersuchung des Wesens der Hypnose aufzuklären haben.

Die letztgenannten Phänomene leiten uns hinüber zu einer Gruppe von anderen Erscheinungen eigentümlicher Art, welche von psychotherapeutischer Wirksamkeit sind und gleichzeitig zur Erklärung der bisher beobachteten Erscheinungen wesentlich beitragen. Auch die jetzt zu beschreibenden Phänomene knüpfen an Suggestionen an und beziehen sich auf deren Verwirklichung; es handelt sich jedoch um Suggestionen, welche gegeben werden. ohne daß eine Hypnose besteht oder bestanden hat. Die ganze Spielbreite dieser Phänomene werden wir uns hier nicht vor Augen führen; wir greifen nur einige besonders sinnfällige, auf Handlungen gerichtete Suggestionswirkungen heraus. Ich sage einer Vp., die ich noch nie hypnotisiert habe, und die auch zur Zeit des Versuches bei vollem Wachbewußtsein ist: „Geben Sie mir Ihre Hand. Halten Sie meine Hand ganz fest. Ich zähle bis fünf, und Sie können meine Hand nicht wieder loslassen." Tatsächlich ist der Vp. nicht möglich, meine Hand loszulassen. Derselben Vp. sage ich: „Kommen Sie auf mich zu. Sobald ich ‚Halt' rufe, können Sie nicht weitergehen." Während sie auf mich zukommt, rufe ich „Halt" — und wie gebannt bleibt die Vp. an ihrer Stelle stehen. Ich veranlasse sie jetzt zu zählen mit der Suggestion, bei „Halt" werde sie nicht weiterzählen können. Auch diese Suggestion realisiert sich prompt. Ich sage ihr: „Sobald ich den Arm hebe, wird der Bann gelöst sein" — und tatsächlich ist sie bei diesem Zeichen wieder motorisch und sprachmotorisch frei. Ich wiederhole die Suggestionen, sie realisieren sich wiederum; ich ergreife den Arm der Vp., sie ist kataleptisch. Ich drücke ihr die Augen zu, und sie ist in Hypnose.

Oder ich beginne mit den sich steigernden Suggestionen in bezug auf die Motilität, wie oben beschrieben. Dann sage ich: „Alles um Sie herum ist rot. Wie ist alles um Sie herum?" Und es kommt die Antwort: „Rot." (Versuch von Kauffmann.) Ich fahre fort: „Geben Sie mir den Hund, der auf dem Stuhle sitzt." Und die Vp. realisiert prompt die Halluzination. Auch sie ist im hypnotischen Zustande, wie sich zeigt, wenn man ihr die Augen zudrückt.

Nicht immer kann man die Suggestion so weit treiben, daß dieser hypnotische Zustand in vollem Umfang eintritt. Überhaupt ist es keineswegs immer möglich, derartige Suggestionen bei wachem Bewußtsein so rasch und prompt zur Verwirklichung zu bringen wie in diesem Beispiel. Diese „Wachsuggestion" gelingt nur bei einem wesentlich kleineren Bruchteil von Persönlichkeiten als die Einleitung der Hypnose selber. Aber daß sie überhaupt eintreten und zu dem veränderten Bewußtseinszustand der Hypnose hinüberleiten kann, ist grundsätzlich wichtig.

Die Wachsuggestionen brauchen sich nicht immer nur auf einzelne umschriebene Handlungen zu beziehen. Sie können sich auch auf einen psychischen Zusammenhang richten. Freilich sind die Veränderungen des Gegenstandsbewußtseins auf diesem Wege, durch Wachsuggestion, sehr viel schwieriger und seltener erzielbar als in und nach der Hypnose. Wohl aber sind Veränderungen der Ichsphäre, der

Emotionen und der Bewertung aller möglichen Dinge und Verhältnisse, insbesondere bei häufiger Wiederholung der Suggestionen, sehr weitgehend möglich, auch ohne daß zur Hypnose gegriffen zu werden braucht. Im allgemeinen läßt sich sagen: Der Rahmen der Suggestivwirkungen von Wachsuggestionen hat ungefähr dieselben grundsätzlichen Grenzen wie die in der Hypnose wirksame Suggestion. Tatsächlich aber verwirklichen sie sich seltener und schwieriger, insbesondere was die psychosomatischen Effekte und die Leistungen des Gegenstandsbewußtseins anlangt. Der Bewußtseinszustand bei der Verwirklichung von Wachsuggestionen scheint alle Übergangsstufen vom vollen Wachbewußtsein bis zur hypnotischen Bewußtseinsveränderung durchlaufen zu können. Sehr viel mehr als bei der Hypnose hängt der Erfolg von der Art des einzelnen Falles ab.

Auch diese Dinge bedürfen natürlich der psychologischen Erklärung und der psychotherapeutischen Auswertung.

Literatur s. Kap. 7.

6. Technik der Hypnose.

Sogenannte Faszination und sogenannte Mesmersche Technik.

Bevor wir uns dem Wesen der Hypnose und seiner Erklärung zuwenden, müssen wir die Art und Weise genauer studieren, wie ein Mensch in den hypnotischen Zustand versetzt und aus ihm befreit werden kann. Wir müssen uns also mit den Methoden und der Technik des Hypnotisierens vertraut machen. Greifen wir zunächst ein beliebiges Beispiel heraus. Es handelt sich um eine noch niemals hypnotisierte Vp. Der Hypnotiseur fordert sie auf, in einem bequemen Lehnstuhl Platz zu nehmen. Er stellt sich aufrecht vor sie hin und spricht das Folgende mit halblauter sehr eindringlicher Stimme, wobei er zwischen den einzelnen Sätzen kleine Pausen eintreten läßt. „Ich werde Sie in einen schlafartigen Zustand versetzen, und während des Zustandes wird mein Einfluß auf Ihre Nerven und Ihre Seelenvorgänge sich außerordentlich steigern. Dazu ist nötig, daß Sie mit allem, was ich sage, innerlich mit größter Anteilnahme mitgehen. Sie entspannen alle Ihre Glieder, dann sehen Sie mir mit größter Konzentration in die Augen.“ Während der folgenden Sätze beugt der Hypnotiseur sich allmählich leicht nach vorwärts, bis sein Gesicht etwa einen halben Meter schräg oberhalb des Gesichtes der Vp. steht. Dabei blickt er ihr unverwandt auf die Nasenwurzel; es empfiehlt sich, allmählich die Fixation der Nasenwurzel aufzugeben und gewissermaßen durch die Vp. hindurchzuschauen, indem man die Sehachsen auf unendlich einstellt und die Nahakkommodation aufgibt. Dadurch erhält der Blick des Hypnotiseurs einen bestimmten Timbre von Starre und Entrücktheit, welcher auf beeindruckbare Menschen als irgendwie eigenartig, geheimnis- und machtvoll wirkt. Der Arzt lernt diese willkürliche Einstellung auf unendlich ja beim Augenspiegeln. Ferner empfiehlt sich, die Augen halb mit den Lidern zu bedecken und erst allmählich ganz zu öffnen. Während der Fixation der Vp. an die Augen des Hypnotiseurs fährt dieser fort: „Ihre Glieder sind völlig entspannt. Sie sehen mich unverwandt an. Immer mehr und mehr merken Sie den Einfluß meines Blickes. Ihre Atmung geht ruhig und gleichmäßig. Unter dem Einfluß meiner Augen werden Sie immer ruhiger und passiver. Alle geistige Eigentätigkeit verblaßt immer mehr und mehr. Wie eine Müdigkeit legt es sich über Ihre Augen und über Ihre Nerven. Sie fühlen sich wohl, matt und müde. Ihre Glieder sind schwer und reglos. Immer schwerer wird es Ihnen, die Augen offen zu halten; die Augenlider zucken; die Augäpfel brennen; die Außenwelt versinkt mehr und mehr; die Augen schließen sich." Tatsächlich schließen die Augen der Vp. sich; wenn dies nicht der Fall ist, so macht man sie mit einer leichten Bewegung der Daumen zu und läßt die Daumen einige Augenblicke leise auf den gesenkten Lidern der Vp. liegen. Dann fährt man in völlig gleicher Weise fort: „Immer dunkler wird es um Sie her. Sie sind ganz abgeschnitten von der Außenwelt, ganz passiv und meinem Einfluß hingegeben. Sie sind in einem schlafartigen Zustande. Sie hören nur, was ich sage; sonst hören Sie nichts. Sie denken nur, was ich will; sonst denken Sie nichts. Sie schlafen tief und ruhig. Die Augen bleiben fest geschlossen. Ihre Glieder stehen unter meinem Einfluß." Und nun findet sich tatsächlich völlige Katalepsie.

Eine andere Vp. hypnotisieren wir auf etwas andere Weise. Wir legen sie auf einen Divan, stellen uns, mit dem Gesicht zur Vp., an deren rechte Seite. Dann sagt der Hypnotiseur mit derselben eindringlichen halblauten Stimme wie im ersten Falle — wobei er etwas größere Pausen zwischen den einzelnen Sätzen macht — etwa folgendes: „Schließen Sie die Augen. Stellen Sie sich vor, Sie seien sehr müde und wollen sanft und ruhig einschlafen. Schalten Sie alle innere Unruhe und eigenen Gedanken aus. Entspannen Sie alle Ihre Gliedmaßen; es darf keine Spur von eigener Aktivität in Ihnen sein. Sie holen ruhig und tief Atem. Ich werde jetzt meinen Einfluß auf Ihre Nerven geltend machen, indem ich leichte Striche über Ihren Körper mache." Dann beginnt man in Abständen von 5—10 Sekunden leichte rhythmische Streichbewegungen mit den Fingerspitzen beider Hände von der Stirn der Vp. über ihre Brust und ihren Leib bogenförmig bis zu den Oberschenkeln in langsamem Gleichmaß zu vollziehen. Nach jeder dritten bis fünften Streichbewegung äußert man einen der folgenden Sätze: „Sie merken, wie Sie langsam stiller und ruhiger werden. Ihre Atmung geht ruhig und gleichmäßig. Mit jedem Strich fühlen Sie meinen Einfluß wachsen. Die Außenwelt versinkt mehr und mehr. Immer tiefere Ruhe und Passivität überkommt Sie. Sie fühlen sich sehr wohl und ausgeglichen. Sie versinken immer tiefer in einen schlafartigen Zustand. Mein Einfluß auf Sie wächst immer mehr. Ihre Glieder sind ganz willenlos. Sie hören nur, was ich Ihnen sage. Sie denken nur, was ich will. Ihr Körper gerät immer mehr unter meinen Einfluß; Sie können die Augen nicht mehr aufmachen.“ Bei den letzten Worten streicht man einmal mit dem Daumen über die Lider. Tatsächlich ist die Vp. unfähig, die Augen zu öffnen. Nun lassen sich auch andere Anzeichen der Katalepsie bei ihr erzielen.

Die Dauer bis zum Eintritt der Hypnose betrug im ersten Falle etwa dreiviertel Minute, im zweiten Falle 3 Minuten. Natürlich schwankt sie von Fall zu Fall. Es sei hier ausdrücklich bemerkt, daß nichts verfehlter wäre, als die beiden geschilderten Verfahrensweisen und die dazu gesprochenen Sätze nunmehr schematisch auswendig zu lernen und in jedem Falle zu wiederholen. Sie sollen nur Beispiele für die häufigste Art des Hypnotisierens abgeben. Es ist z. B. ebensogut möglich, etwa die Faszination mit dem Blick, die wir im ersten Falle vorgenommen haben, durch rhythmische langsame Striche über Stirn und Antlitz der Vp. zu ergänzen oder auch zu ersetzen; es ist ebenso möglich, die Vp. nicht auf den Blick des Hypnotiseurs, sondern auf dessen emporgehaltenen Zeigefinger oder auf einen glänzenden Knopf, etwa den Perkussionshammer oder den Augenspiegel, zu fixieren. Ebenso kann man die auf den Eintritt der Hypnose hinzielenden Satzfolgen ganz anders gestalten; und man muß dies sogar, um die Hypnose zu Heilzwecken dem verschiedenen Seelenzustand und dem verschiedenen geistigen Niveau seiner Kranken anzupassen. So habe ich eine Reihe von Ärzten psychotherapeutisch einer hypnotischen Behandlung unterzogen, unter ihnen auch einen Nervenarzt, also einen engeren Spezialkollegen, der selber vielfach hypnotisiert. Da hat es natürlich wenig Zweck, von „Einfluß“ und dergleichen zu reden. In einem solchen Falle sagte ich etwa: „Sie fixieren mit stärkster Konzentration meine Augen, schalten alle motorischen Innervationen und alle geistige Aktivität aus. Sie geben sich intensiv der Vorstellung des Müdewerdens hin und konzentrieren sich ganz auf die Fixation. Ihr Bewußtsein wird leer und immer leerer, beherrscht von der Tendenz einzuschlafen. Die Augen brennen, Ihre Conjunctiven trocknen aus. Die Bewußtseinsleere nimmt zu. Die Lidmuskeln werden müde. Die Lider sinken herab. Die Tendenz zum Einschlafen realisiert sich mehr und mehr.“ Sämtliche Kollegen sind prompt in Hypnose verfallen. Andererseits darf man auch nicht anstehen, bei Patienten von geringerem geistigem Niveau und insbesondere bei solchen, die von der Hypnose einen irgendwie mystisch gearteten Einfluß erwarten oder voraussetzen, diese Präsumptionen zum Gelingen der Hypnose auszunützen. Es ist durchaus nicht nötig und unter Umständen dem Gelingen der Hypnose abträglich, wenn man diesen Patienten zunächst einen Aufklärungsvortrag über die Hypnose hält, der sie all ihres Nimbus entkleidet. Ich habe sogar kein Bedenken, in derartigen Fällen — natürlich nur mit der gebotenen Vorsicht — die ominösen Worte „magnetische Striche" und „magnetischen Einfluß" zu verwenden. Aber dies mag Ansichtssache bleiben. Man wird übrigens bemerken, daß die Hypnotisierung einer Vp. mit jeder weiteren Hypnose immer leichter vor sich geht. Nach wenigen Malen ist man so weit, bei der Vornahme der Faszination oder der rhythmischen Striche kaum mehr die begleitenden Sätze aussprechen zu brauchen: die Vp. gerät, auf Grund der nachwirkenden Einstellung früherer Hypnosen, von selbst in den gewünschten hypnotischen Zustand.

Will man die Hypnose vertiefen, so macht man einige sanfte Striche über Stirn und Gesicht in langsamem Rhythmus und äußert dazu etwa: „Der Schlaf wird immer tiefer und tiefer; immer weiter entfernen Sie sich vom Wachzustande. Es liegt wie dichter Nebel zwischen Ihnen und der Welt. Wille und Bewußtsein schwinden immer mehr. Sie hören nur mich, Sie schlafen ganz tief." Usw.

Sogenannte „Blitzhypnosen" empfehlen sich lediglich bei schon oft hypnotisierten Menschen. Man verfährt am besten so, daß man ihnen sagt: „Ich berühre jetzt Ihre Stirn zwischen den Augenbrauen. Sobald ich meine Hand fortnehme, schlafen Sie."

Die beiden genannten Techniken des Hypnotisierens sind, wie wir schon sagten, lediglich zwei willkürlich herausgegriffene Verfahrensweisen unter sehr vielen anderen, die erfolgreich angewendet werden. Sie sind gerade für den Arzt aber besonders zweckmäßig und zur Einleitung wirksamer psychotherapeutischer Suggestionen geeignet. Die Strichhypnose wenden wir besonders bei solchen Menschen an, bei denen die Faszination mit dem Blick aus irgendwelchen Gründen schwierig oder in ihrem Erfolg zweifelhaft erscheint. Es gibt nervöse und psychopathische Persönlichkeiten, die es nicht vertragen können, scharf angesehen zu werden, ohne daß sie dabei unruhig, ängstlich, erregt oder verlegen werden. Gerade solche Fälle kommen aber nicht selten mit besonderen Klagen zur hypnotischen Behandlung: wegen Errötungsfurcht, Befangenheit in Gesellschaft, Lampenfieber usw. Solche Menschen wird man nicht faszinieren, sondern durch rhythmische taktile Einwirkungen zu hypnotisieren suchen. Ferner gibt es einen bestimmten Typus des Psychasthenikers, der sich nicht konzentrieren kann, ständig in seiner eigenen Selbstbeobachtung befangen ist, ständig auf der Lauer ist, sich und andere zu kritisieren, von ängstlichen Zweifeln heimgesucht ist bei allem, was zu seiner Heilung geschieht. Nicht selten tritt bei derartigen Menschen geradezu zwangsläufig bei jedem Antrieb auch ein Gegenantrieb, ein Gegenwille auf und stört die reine Auswirkung des Antriebes. Solche Menschen sind ebenfalls durch Faszination nur schwer und sicherlich nicht beim ersten Male zu hypnotisieren. Auch in diesen Fällen wird man die Strichhypnose vorziehen.

Der Unterschied der beiden genannten Techniken besteht in folgendem: Die Faszination schafft beim konzentrierbaren, innerlich einheitlichen Menschen die besten inneren Vorbedingungen für das rasche Hineingleiten in Bewußtseinseinengung. Die Strichhypnose dagegen schafft beim schwer konzentrierbaren Menschen ohne starke willentliche Mitarbeit die besten äußeren Vorbedingungen für eine affektive Ausgeglichenheit und für die Einstellung auf völlige Passivität. Man kann diese Vorbedingungen noch verstärken. Während ich die Faszination im allgemeinen im hellen Zimmer vollziehe, ohne irgend etwas am Milieu zu ändern, benutze ich zur Strichhypnose ein verdunkeltes, besonders stilles Zimmer; der zu Hypnotisierende muß sich aller lästigen Kleidungsstücke wie Kragen oder dergleichen entledigen, er muß sich auf den Divan legen, wie zum Schlafen; es ist zweckmäßig, ihn mit einer Decke zuzudecken. Ferner läßt man sich zur Strichhypnose möglichst Zeit und Geduld, während man gut daran tut, die Faszination abzubrechen, sobald nicht in wenigen Minuten ihr Ziel erreicht ist.

Seelische Einstellung des Hypnotiseurs.

Von den verschiedensten Autoren sind allerlei Hilfsmittel beschrieben worden, welche technisch geeignet seien, die Hypnotisierung zu fördern. So will Forel, daß ein Lehnstuhl benutzt werde, auf dessen Lehne der Arm des zu Hypnotisierenden bereits von vornherein so liege, daß die Katalepsie sich gewissermaßen aus der Lage des Armes von selbst ergäbe. Grossmann prüft unmittelbar vor der Faszination den Bindehautreflex. Dann sagt er während der Faszination: „Ihre Augen sind schon so müde, daß sie fast unempfindlich sind. Ich werde Ihnen dies beweisen.“ — Und nun prüft er erneut den Bindehautreflex, der natürlich infolge des Austrocknens der Bindehäute abgeschwächt ist. Daraus soll die Vp. den Schluß ziehen, wie stark sie schon unter dem Einfluß des Hypnotiseurs stände. Andere Autoren empfehlen, der Hypnotiseur solle seinen Kopf so halten, daß die Vp., um seine Augen fixieren zu können, die Bulbi stark nach oben drehen müsse; hierdurch werde der natürlichen Schlafstellung der Augen irgendwie vorgearbeitet. Levy-Suhl empfiehlt, ein rotes Kreuz auf grauem Grunde fixieren zu lassen und dann das Eintreten des komplementären Nachbildes zu „suggerieren“, als ob dies ein Erfolg des hypnotischen Einflusses sei. Und so sind sehr viele andere technische Hilfsmittel des Hypnotisierens beschrieben worden. Ich selbst mache von diesen Dingen keinen Gebrauch. Der Vorteil, den sie vielleicht bieten, wird aufgewogen durch die innere Unsicherheit des Hypnotiseurs, die ihre Anwendung verraten könnte. Das Wichtigste zum Gelingen jedes Hypnotisierens ist aber die absolut unbeirrbare Selbstsicherheit des Hypnotiseurs. Jede Hypnose, die einmal begonnen worden ist, muß mit völlig unumstößlicher Konsequenz durchgeführt werden. Das ganze Geheimnis des Erfolges beim Hypnotisieren beruht in dem unbeugsamen Willen zum Erfolge.

Diese Regel kann nicht betont genug an die Spitze aller Ausführungen über die Technik der Hypnose gesetzt werden. Ihr liegt ein psychologischer Tatbestand zugrunde, der, wie wir noch sehen werden, aus dem Wesen der Hypnose und des „Rapports“ sich ohne weiteres ergibt. Darum haben jene hemmungslosen, etwas theatralischen Schauhypnotiseure, die „Schaupsychopathen“, wie sie KEHRER einmal sehr treffend bezeichnet hat, anscheinend verblüffende Erfolge in der hypnotischen Technik, weil sie von des Gedankens Blässe niemals angekränkelt, vom Zweifel an sich selbst und ihrer „Gabe“ nicht berührt werden. Dem kritischen Arzte liegt häufig eine derartige Unbedenklichkeit fern. Er ist besonders gewöhnt, sich und sein Verhalten sorgsam und abwägend zu prüfen. So kommt es, daß gerade bei den ersten hypnotischen Versuchen der Arzt vielfach jene leichten Zeichen von Unsicherheit und Tasten verrät, die sich nur zu leicht vermittels irgendwelcher fast unmerklichen Ausdrucksphänomene auch dem zu Hypnotisierenden kundgeben und dann entscheidend und störend in das affektive Band zwischen Arzt und Patient eingreifen. Dann glückt die Hypnose nicht, oder ist mindestens in Gefahr zu mißglücken; und unzufrieden bricht der Arzt das ganze Unternehmen ab, bei welchem ihm zugemutet wird, in solchem Umfange „therapeutisches Theater“ aufzuführen. Hierzu kommt noch folgendes: Der Arzt muß mancherlei Techniken beherrschen. Mißlingt ihm einmal die Anwendung einer solchen Technik, etwa des Augenspiegelns oder des Kehlkopfspiegelns, in einem schwierigen Falle, so ist dieser Mißerfolg doch der Kontrolle des Patienten so gut wie ganz entzogen. Die ärztliche Autorität ist dadurch für den Patienten also nicht erschüttert. Anders, wenn eine Hypnose mißlingt. Bei der Art der Leidenszustände, bei welchen zu Heilzwecken hypnotisiert wird, ist die Einstellung der Patienten nur zu häufig die: Der Arzt kann mir nicht helfen — und: selbst die Hypnose ist bei mir nicht mehr möglich, mir ist überhaupt nicht mehr zu helfen. Derartige Erfahrungen und Erwägungen sind es wohl in erster Linie — neben den vielfach phantastischen Übertreibungen kritikloser Autoren auf dem Gebiet der Hypnose, die sich am Glanz ihrer „hypnotischen Allmacht“ oft gar nicht genug tun können —, daß gerade die großen neurologischen und psychiatrischen Kliniker die Hypnose mit einer Art reservierter Scheu und

Ablehnung betrachten und als überflüssiges und oft sogar schädliches Manöver auffassen. Nun fehlt freilich gerade den psychiatrischen Klinikern nicht ganz selten diejenige geistige Ausrichtung, welche der ärztliche Praktiker in erster Linie hat und haben muß, will er nicht im Daseinskampf von minderer Leistung bleiben: die Ausrichtung auf die unmittelbare therapeutische Hilfe. Die führenden neurologisch-psychiatrischen Kliniker beschäftigen andere, gewiß oft tieferreichende Probleme: der Pathogenese und Struktur, der diagnostischen Möglichkeiten, der forensischen Konsequenzen und der wissenschaftlichen Auswertung ihrer Beobachtungen. Was der Arzt, der sich mit Neurosen und Psychopathien beschäftigt, ständig in der Sprechstunde erlebt: daß diese Menschen zu ihm kommen, um von Leidenszuständen befreit zu werden, und daß dies für sie der einzige Zweck der Relation Arzt-Kranker ist: das liegt ihnen ferner. Der therapeutische Praktiker kann die Hypnose nicht entbehren, und er würde ein Unrecht tun, wenn er sich ihrer beraubte.

Ist der Arzt von vornherein mit innerer Konsequenz und Sicherheit auf den Erfolg der Hypnose eingestellt, so wird er — bei einer verständigen Stellung der allgemeinen Indikation und Auswahl der Fälle — auch fast stets zum Erfolg gelangen. Ich selbst verwende also niemals besondere Kunstgriffe technischer Art, um den Eintritt der Hypnose zu erleichtern, weil ich ihn sonst für unsicher hielte. Ich würde darin eine Aufgabe der dominierenden Stellung erblicken, die ich dem Arzte in dem Rapport zum Kranken stets auch innerlich zumute.

Das Herausführen aus der Hypnose.

Über die Auswahl der zur Hypnose geeigneten Fälle, und insbesondere auch über die zu treffende Wahl zwischen Faszination und Strichhypnose handeln wir an späterer Stelle, bei der Erörterung der allgemeinen Indikation zur Hypnose. Die Technik des Herausführens aus der Hypnose bedarf eines ähnlich zusammenhängenden Verfahrens wie die der Hypnotisierung. Man verfährt am zweckmäßigsten so, daß man in der Hypnose die betreffenden therapeutischen Suggestionen gibt — und zwar zweimal mit einem Abstande von 1—2 Minuten in völlig gleichlautender Weise. Dann läßt man eine Pause von 1—2 Minuten eintreten, während deren man sich schweigend und regungslos verhält. Es empfiehlt sich im allgemeinen nicht, insbesondere bei Ersthypnosen, hinauszugehen und den Hypnotisierten allein liegen zu lassen. Nach dieser Pause hebt man alle Suggestionen, deren posthypnotische Nachwirkung man nicht benötigt, ausdrücklich und einzeln auf. Dann sagt man etwa folgendes: „Ich werde Sie jetzt aufwecken. Ich werde bis 10 zählen. Sie werden sich mit jeder Zahl, die ich ausspreche, immer wacher fühlen. Sie werden merken, wie Sie mehr und mehr zum Gefühl

Ihres Ausgeruhtseins und der Kräftigung durch die Hypnose gelangen. Wenn ich die Zahl 10 ausspreche, werden Sie völlig wach sein, ganz frisch und guter Stimmung, werden sich arbeitslustig und lebensfroh fühlen; es wird keinerlei Müdigkeit oder sonstige Nachwirkung des Schlafzustandes bei Ihnen mehr zu spüren sein.“ Dann zählt man bis 10, und zwar langsam und mit Einschaltungen wie: „Sie werden immer wacher und wacher“ — und auf die Zahl 10 faßt man den Hypnotisierten am Arm oder streicht nach oben über seinen Kopf, und er ist wach. Ich habe niemals unter Tausenden von Hypnosen bei dieser Art des Aufweckens einen Versager gesehen.

Zuweilen erlebt man, daß die Hypnotisierten bestreiten, geschlafen zu haben. Sie bestreiten dies in der Regel, wenn sie es bestreiten, auch mit Recht; darüber sollte man sich keinerlei Selbsttäuschung hingeben. Es empfiehlt sich in solchen Fällen, sofort eine zweite Hypnose einzuleiten und sie bis zur Erzielung mindestens eines kataleptischen Phänomens zu steigern. Man erlebt auch manchmal, daß eine Vp. schon während der Hypnose, und obwohl sie sonst Zeichen gesteigerter Willfährigkeit bietet, sagt: ich schlafe noch gar nicht richtig. In solchen Fällen empfiehlt sich das „fraktionierte“ Verfahren von Vogt: Man versichert, gewiß schlafe die Vp. noch nicht, aber sie sei schon sehr müde; man werde sie jetzt veranlassen, die Augen zu öffnen, und die nächste Hypnose würde viel tiefer in den Zustand hineinführen, dann gibt man die Erweckungssuggestionen, aber immer verbunden mit Suggestionen starker Müdigkeit beim Aufwachen. Und alsdann wiederholt man sofort die Hypnose, die nunmehr meist bis zur Katalepsie führt.

Hier sei noch bemerkt, daß wir bisher die Katalepsie zum Index des Eintretens der Hypnose gemacht haben, und zwar lediglich aus einem ganz äußerlichen Grunde. Sie ist nämlich in der Mehrzahl von Fällen das sinnfälligste äußere Anzeichen dafür, daß der gewünschte Zustand erreicht ist, aber sie ist dies nicht auf Grund irgendeiner wesensnotwendigen Eigenschaft des hypnotischen Zustandes. Was diesen als solchen charakterisiert, werden wir beim Wesen der Hypnose erörtern. Es gibt vollgültige hypnotische Zustände, bei welchen kataleptische Erscheinungen nicht beobachtbar sind. Allerdings ist dies selten, und die Katalepsie ist ein bequemer und sinnfälliger Maßstab; aus diesem Grunde allein haben wir sie bisher zum Kriterium des hypnotischen Zustandes benutzt.

Literatur s. Kap. 7.

7. Die Erklärungswege.

Zusammenfassung und Ausbau der Beobachtungen.

Faßt man das Ergebnis aller gegenwärtigen Erfahrungen über die Hypnose unter dem Gesichtspunkt zusammen, wieweit es Schlüsse auf das Wesen der Hypnose zuläßt, so erhält man etwa folgende Materialien: Der Eintritt des hypnotischen Zustandes ist gebunden an gewisse vom Hypnotiseur zu schaffende Voraussetzungen. Diese Voraussetzungen dienen der Fixation der Aufmerksamkeit und möglichst aller affektiven und willensmäßigen Einstellungen auf die vom Hypnotiseur ausgehenden psychischen Einwirkungen, unter Ausschaltung aller sonstigen psychischen Aktivität. Der Schaffung dieser Voraussetzungen dient die Fixation des zu Hypnotisierenden an bestimmte Reize, Signale, körperlich wirksame Faktoren. Diese selber können auf verschiedenen Sinnesgebieten gesetzt werden. Sie können optischer Natur sein. FARIA hat als erster die Faszination mit dem Blicke dazu verwandt. BRAID hat die Fixation des Blickes der Vp. auf irgendein kleines Objekt zur Methode der Wahl gemacht; er erfand zu diesem Zweck ein besonderes „Hypnoskop", welches tatsächlich überflüssig ist. Statt der optischen Einwirkung kann man auch eine solche auf das akustische Sinnesgebiet wählen. HEIDENHAIN hat das monotone Geräusch des NEEFschen Hammers dazu verwandt; schließlich und endlich dient auch der monotone Tonfall des gesprochenen Wortes, welches den Eintritt des hypnotischen Zustandes erzielen soll, seiner akustischen Wirkung nach diesem Ziele. Ich habe optische und akustische Fixationseinflüsse mit Erfolg vielfach in der Weise kombiniert, daß ich im absolut dunklen Zimmer eine ganz schwach leuchtende kleine GEISSLERsche Röhre, die an einem Funkeninduktorium aufmontiert war, fixieren ließ; die Fixation des Flämmchens verband sich mit dem monotonen Geräusch des Induktors. Für die therapeutische Praxis sind das natürlich überflüssige Dinge. Endlich ist die gleiche Wirkung auch auf taktilem Gebiet erzielbar: ihr dienen die von MESMER zuerst angegebenen rhythmischen Striche über den Körper, dienen auch die von RICHER angegebenen Striche, die sich auf Stirn und Kopf beschränken; ihr dienen die „absteigenden" Passes ohne Berührung von ALRUTZ und die „Nackenhand" von GROSSMANN und von HAUPT.

Das Wesentliche für den Eintritt des hypnotischen Zustands sind nicht diese verschiedenen Signale für die Fixation, sondern der Sinn, die Bedeutung, die sie für die Vp. im Hinblick auf das zu erlebende „Einschlafen" besitzen. Daher ist es auch weit weniger der akustische Charakter als vielmehr der inhaltliche Sinn der Begleitworte, welche der Hypnotiseur bei der Einleitung der Hypnose spricht, die zur Erreichung des hypnotischen Zustandes beitragen. Diese Begleitworte malen teils in deskriptiver Weise die einzelnen Stadien des Nachlassens aktiver psychischer und psychophysischer Spannung aus, teils befehlen sie sie an; und sie steigern sich suggestiv in der Richtung, der Vp. das Erlebnis des Einschlafens und der Bewußtseinsleere innerlich immer näher zu bringen. Schon die Nancyer Schule hat in dieser verbalen

Begleitmusik des Eintretens in die Hypnose, den eigentlichen hypnosigenen Faktor erkannt und gewürdigt. Und gleichzeitig hat sie auch erkannt, daß diese Begleitworte ihrer Wirkungsweise nach sich in nichts von den intrahypnotischen Suggestionen einerseits, von den Wachsuggestionen andererseits unterschieden. Diese Begleitworte sind also echte Suggestionen, Suggestionen, die auf den Eintritt der Hypnose gerichtet sind. Und auch die sonstigen Fixationssignale haben ihren wesentlichen Einfluß auf den Eintritt des Schlafes nicht sowohl auf Grund ihres Reiz-und Signalcharakters, sondern auf Grund ihres immanenten suggestiven Sinnes, der auf die Erreichung des hypnotischen Zustandes abzielt, der im Suggerierten die erwartungsmäßige Einstellung auf den Erfolg mit immer größerer Lebhaftigkeit und beherrschender Kraft zum Durchbruch kommen läßt. Der hypnotische Zustand wird also suggestiv herbeigeführt. Eine Reihe von Wachsuggestionen richtet sich auf seinen Eintritt und führt ihn allmählich herbei; und wie bei der früheren von uns experimentell gezeigten Häufung von Wachsuggestionen durchläuft dabei das Bewußtsein des Suggerierten unmerklich die Bahn vom wachen in den hypnotischen Zustand hinein. Man denke dabei an unsere Erörterungen der „Blitzhypnose", die im Anschluß an andere derartige Wachsuggestionen sich realisiert. Unter den Suggestionen, die sich auf den Eintritt des hypnotischen Zustandes erstrecken, stehen die direkten verbalen, imperativen und deskriptiven, Einschläferungssuggestionen als wirksamster Faktor obenan. Gleichzeitig mit ihnen aber wirken alle vom Suggestor und vom Milieu ausgehenden Begleitumstände gleichsinnig im suggestiven Sinne.

Was nun den hypnotischen Zustand selber anlangt, so haben uns die darin beobachteten Erscheinungen immer wieder darauf hingewiesen, daß das wesentlichste gemeinsame Merkmal aller hypnotischen Zustände die Bewußtseinsveränderung ist. Wir brauchen uns an dieser Stelle nicht in irgendwelche phänomenologischen oder psychologischen Theorien des Bewußtseins einzulassen und noch weniger den Versuch einer Begriffsbestimmung und Abgrenzung zu unternehmen; es genügt uns, daß diejenigen deskriptiven Merkmale, welche wir aus der Klinik der Bewußtseinsveränderung charakteristisch kennen, sich mehr oder weniger ausgesprochen auch bei allen hypnotischen Zuständen nachweisen lassen. Die Art der Bewußtseinsveränderung ist eine für die hypnotischen Zustände spezifische und besondere, wenngleich sie fließende psychologische Übergänge zum Schlafzustand, ferner zur eigentlichen Bewußtseinstrübung und zum Dämmerzustand aufweist. Aber weder die vielfach beobachtbaren Momente traumhafter Passivität, die der hypnotische Zustand mit dem Schlaf zu teilen vermag, noch die halluzinatorisch-deliriöse Trübung, die wir zum Teil auch in der Hypnose hervorrufen können, noch endlich die zeitlich scharf abgegrenzte, durch eine amnestische Lücke des Wachbewußtseins charakterisierte Entrücktheit des second état, welche manche hypnotischen Zustände mit den echten Dämmerzuständen gemeinsam haben — nichts von allen diesen Übergangsformen und Gemeinsamkeiten mit anderen Bewußtseinsveränderungen ist für die Hypnose im engeren Sinne phänomenologisch charakteristisch. Will man die Qualität der Bewußtseinsveränderungen in der Hypnose überhaupt einem psychologischen Begriff unterstellen, so kann nur der der Bewußtseinseinengung in Frage kommen. Immer breitere Partien des Bewußtseinsblickfeldes werden ausgeschlossen, in ihren Funktionen ausgeschaltet, immer enger und stärker zentriert sich das aktuelle psychische Erleben um die vom Suggestor ausgehenden Einwirkungen. In ihrer Verarbeitung und in der Reaktion auf sie erschöpft sich das gesamte psychische Geschehen. Soweit überhaupt ein Bewußtseinsgeschehen vorhanden ist, wird es dynamisch bestimmt durch den „Rapport“ mit seinen psychologischen Konsequenzen. Fällt dieser fort, so ist völlige Bewußtseinsleere, traumloser Schlafzustand eingetreten. Wir wissen, gerade aus unserer psychologischen Kenntnis der Bewußtseinseinengung, in wie hohem Grade die Bewußtseinseinengung, wie sie zuerst Westphal beschrieben hat, eine Funktion der „Aufmerksamkeit“ darstellt. Ist die Aufmerksamkeit völlig und restlos in Anspruch genommen von den vom Suggestor ausgehenden Fesselungen und Direktiven, so verschwindet die Möglichkeit jedes andersartigen Bewußtseinsinhaltes; insbesondere die aktive Eigentätigkeit des Ich wird abgespalten und ausgeschaltet; und dies nennen wir eben eingeengtes Bewußtsein. Machen wir uns klar, daß, was wir in diesem psychisch-dynamischen Vorgang „Aufmerksamkeit“ nennen, nichts anderes ist als der Inbegriff all jener innerpsychischen Aktivitäten, jenes inneren Sichhinwendens mit allen funktionalen Kräften auffassender, verarbeitender, emotiver und willentlicher Art, welche den Ablauf des Psychischen sonst vermittels der autonomen Direktiven des Ich selber regeln. Diese Direktiven des autonomen Ich werden ersetzt durch die Einflüsse des Suggestors, werden zum mindesten in ihren Dienst gestellt. Die Folge ist jener Zustand der Bewußtseinseinengung, in welchem nach Westphals klassischer Schilderung der Betreffende „sich in einem Ideenkreis bewegt, der wie losgelöst erscheint von seinem normalen, auf Grund dessen und der damit verbundenen Gefühls- und Willenserregungen er Handlungen begeht, welche dem gewöhnlichen Inhalt seines Denkens vollkommen fremdartig sind, ohne daß dabei die Fähigkeit zu zusammenhängenden und bis zu einem gewissen Grade unter sich folgerichtigen Handlungen aufgehoben wäre“.

Wir wissen nun schon aus unseren Beobachtungen, daß der hypnotische Zustand alle Grade der Bewußtseinsveränderung vom normalen Wachzustande an bis zu der stärksten Ausprägung der eben geschilderten Bewußtseinseinengung stetig durchläuft. Es gibt also verschiedene Tiefengrade des hypnotischen Zustandes; und je nach dem Tiefengrade, den ein hypnotischer Zustand jeweils erreicht, hat man Einteilungen der Hypnose nach Tiefengraden oder Stadien versucht. Es ist klar, daß ein derartiges Herausgreifen von Stadien etwas Willkürliches hat, da ein kontinuierlicher Übergang von einem zum anderen Stadium stattfindet. Es ist deshalb völlig gleich berechtigt oder unberechtigt, ob man mit Dessoir zwei, mit Forel und Charcot drei, mit Liébeault sechs oder gar mit Bernheim noch mehr Stufen des Tiefengrades aufzustellen für gut befindet. Falsch aber ist die allgemeine Ansicht der Forscher, daß ein jeder derartiger Tiefengrad sich durch irgendeinen objektiven Index charakterisieren lasse; etwa, wie Forel mit Janet will, das somnambule Stadium durch die Amnesie und die Wirkung posthypnotischer Suggestionen, während derartige Indices bei geringeren Tiefengraden noch nicht auftreten sollen. Ich habe somnambule Zustände ohne Amnesie und ganz leichte Hypnosen mit starker posthypnotischer Suggestionswirkung durchaus nicht selten beobachtet. Freilich gibt es eine gewisse Typik des Eintretens der einzelnen äußeren Symptome des hypnotischen Zustandes. So tritt die gesteigerte motorische Willfährigkeit („Kataplexie") im allgemeinen (Ausnahmen sind nicht selten!) schon bei relativ leichter hypnotischer Bewußtseinseinengung auf; zur Beeinflussung der Sensibilität ist in der Regel bereits eine größere Tiefe der Bewußtseinsveränderung erforderlich. Das Persönlichkeitsbewußtsein insbesondere in seiner emotiven Sphäre ist bei psychisch labilen Menschen schon in geringeren hypnotischen Tiefengraden einer Suggestiveinwirkung offen als bei gefestigteren Naturen. Starke Veränderungen des Persönlichkeitsbewußtseins und halluzinatorische Entrücktheit erfordern den eigentlichen somnambulen Zustand, der auch mit jeweils individuell schwankender Sicherheit und Schnelligkeit eintritt. Die totale Spontanamnesie tritt nur bei besonders starken Tiefengraden der Hypnose (nach deren Abklingen) auf, ebenso die vollständige Beziehungslosigkeit zur Außenwelt während des hypnotischen Zustandes. Das Wichtigste bleibt, daß je nach der psychischen Struktur der hypnotisierten Persönlichkeit alle diese äußeren Indices sowohl in ihrer wechselseitigen Folge als auch in ihren psychologischen Beziehungen zur Tiefe des hypnotischen Zustandes weitgehenden Schwankungen unterworfen sind. Ähnliche Schwankungen des Verhaltens sehen wir ja auch bei spontanen, insbesondere psychogenen Bewußtseinsveränderungen in weitem Ausmaße.

Hier ist vielleicht noch einer Behauptung Hirschlaffs zu gedenken: daß nur die tieferen Grade der Bewußtseinseinengung den Anspruch erheben könnten, für echte hypnotische Zustände zu gelten, daß hingegen die leichten Grade von Schlafartigkeit und gesteigerter Willfährigkeit ohne objektive mnestische und motorische Anzeichen als „pseudohypnotische“ Zustände aufgefaßt werden müßten. Dies ist eine reine Frage der Terminologie. HIRSCHLAFF hat sicher insofern recht, als jede Hypnose vom Wachzustande aus zunächst über die von ihm als pseudohypnotisch bezeichneten Zustände in die eigentlichen hypnotischen Tiefenschichten hinabgleiten muß; er hat auch insofern recht, als es vielfach Fälle gibt, wo dieses tiefere Hinabgleiten nicht erreicht wird. Irrig scheint mir seine Forderung, jene leichtesten Zustände nicht mehr als zum Wesen der Hypnose gehörig zu betrachten; hierzu gelangt er wohl auf Grund einer allzu starken Angleichung der hypnotischen Bewußtseinstrübung an die hysterische Bewußtseinstrübung, deren viele Gemeinsamkeiten nicht geleugnet werden sollen und uns alsbald noch beschäftigen werden. Zweifellos gibt es viele Fälle, bei denen eine hypnotische Bewußtseinsveränderung selbst leichten Grades überhaupt nicht eingetreten ist, und die dennoch von den Vp., vielleicht um dem Arzt gefällig zu sein, vielleicht aus Autosuggestibilität, als „Hypnose“ hingenommen werden. Das sind aber natürlich keine hypnotischen Zustände, und für sie wird HIRSCHLAFFS Bezeichnung zutreffen. Es ist auch gewiß schwierig, im einzelnen Falle zu entscheiden, ob es sich um eine derartige Selbsttäuschung einer Vp. über ihren Zustand handelt oder schon um leichte Grade hypnotischer Bewußtseinsveränderung. Der Radikalismus BABINSKIS, der die Existenz eigengearteter hypnotischer Zustände überhaupt leugnet, steht jedenfalls in striktem Gegensatz zu den jederzeit beobachtbaren Tatsachen.

Das dritte bedeutsame Merkmal, welches unseren bisherigen Beobachtungen gemeinsam war, war die Wirkung der Suggestion. Wir fanden diese Suggestionswirkung sowohl in der Hypnose als auch außerhalb der Hypnose im sog. Wachbewußtsein vor; freilich verstärkt sie sich offensichtlich mit der Zunahme des Tiefengrades der Hypnose. Wir konnten auch bereits feststellen, daß die Suggestion ihrer Natur nach etwas zu tun habe mit dem „Rapport“, welcher ja den eigentlichen Inhalt des eingeengten Bewußtseinszustandes ausmachte. Wir fanden die Suggestionswirkung nicht lediglich auf den intrahypnotischen Zustand beschränkt, sondern mit der Tendenz behaftet, über ihn hinaus fortwirksam zu bleiben; wir fanden sie auf körperlichem und psychischem Gebiete wirksam. Auf beiden Gebieten aber sahen wir auch deutliche Grenzen ihrer Wirksamkeit. In körperlicher Hinsicht mußte sich die Suggestivwirkung auf all diejenigen funktionellen Änderungen beschränken, die psychogen erzeugt zu werden vermögen; die Suggestionswirkung ist hier ein Spezialfall von psychogener Wirkung. Allerdings geht die Wirkung der Suggestion oft weit über die im Einzelfalle vermutete Breite psychogener Reaktionsfähigkeit hinaus und erreicht das „hysterische Maximum“ des überhaupt psychogen Erzeugbaren. Innerhalb des psychischen Gebietes ist es ebenfalls nicht so, daß die Suggestivwirkung die Gewalt besäße, die suggerierte Persönlichkeit bis in ihre Fundamente hinab umzugestalten und neu zu formen. Zwei Schranken zeigen sich vielmehr alsbald aufs deutlichste. Die eine besteht in den Grundlagen des Selbstwertes der Persönlichkeit, so wie dieser von ihr mit unausrottbarer Lebendigkeit erlebt wird; in jenen Grundlagen, die durch Erlebnis und Erziehung zum Wesen des eigentlichen Selbstgefühls und der subjektiven Existenzmöglichkeit geworden sind. Wir sahen, daß Suggestionen, die öffentlich gegen diese Selbstachtung verstießen, die unvereinbar waren mit diesem Persönlichkeitsgefühl, nicht realisiert wurden. Hier blieb der Eigenwille und die Eigenaktivität, hier blieb das aktive autonome Ich des Suggerierten selbst in der Somnambulhypnose siegreich. Und wir können hieraus einen Rückschluß machen auf den Umfang, in welchem die „Willenstätigkeit“ in der Hypnose überhaupt suggestiv „ausgeschaltet“ wird. Es ist nur bedingt richtig, daß der Hypnotisierte „nicht will“ oder „willenlos“ ist, wenngleich er sein Handeln unter der Suggestion als ein ungewolltes erlebt. Vielmehr „will“ er entweder ebenso, wie der Suggestor es will, und die Gegenimpulse sind weit weniger wirksam oder kommen gar nicht erlebnismäßig zum Anklingen; oder er „will“ überhaupt nicht, hat also zwar keine Willensanspannung und kein Willenserlebnis im Sinne der Suggestion, aber auch nicht das Erlebnis des Gegenwillens. Zuweilen freilich hat er das Erlebnis des fruchtlosen Gegenwillens, insbesondere bei posthypnotischen Suggestionen, und handelt dann unter dem Erlebnis des Zwanges. Im letzteren Falle aber sind die Handlungen, die in Frage kommen, solche, die nicht entscheidend mit dem Wesen seiner eigenen Persönlichkeit zu tun haben, die mit dem Wesen dieser eigenen Persönlichkeit nicht unvereinbar sind. Daß ein Eigenwille des Suggerierten nicht selten noch vorhanden ist und nur dadurch scheinbar überdeckt wird, weil er im Dienste der Suggestion tätig ist, dies zeigen insbesondere die von französischen Forschern vielfach angestellten Versuche, wonach posthypnotisch nur eine allgemeine Aufgabe suggeriert wird, die Mittel zur Ausführung aber der Vp. überlassen bleiben. So berichtet Tourette von einem Versuch Charcots, wonach eine Dame posthypnotisch einen Herrn zum Trinken eines Glases Limonade veranlassen sollte; dieser hatte die Instruktion, sich möglichst lange zu weigern; und es war nun interessant zu beobachten, wie die Dame ihre ganze Geschicklichkeit und ihren ganzen Charme aufbot, um den Herrn immer wieder zum Trinken der Limonade zu nötigen. Sie entfaltete hierbei eine ganz bedeutende willentliche Eigentätigkeit an Überlegungen wie an Handlungen, die ihr keineswegs im einzelnen suggeriert waren. Ähnliches kann man sehr häufig beobachten. Es ergibt sich also als erste Schranke für die Suggestionswirkung: der durch Erziehung und Erlebnis festgelegte subjektive Inbegriff der eigenen Persönlichkeit und ihres Wertfundamentes, der vom Willen so stark beschützt wird, daß die Suggestion wirkungslos bleibt, sobald ihr Inhalt damit unvereinbar wird. Eine absolute Schranke für die Suggestionswirkung ist dies freilich nicht; es findet gewissermaßen ein Wettstreit statt zwischen diesen Selbstwertgrundlagen des Persönlichkeitsgefühles einerseits und der Stärke des Rapportes und der affektiven Bindung an den Suggestor andererseits. Immer wiederholte hypnotische Einwirkungen zeitigen in letzterer Hinsicht zuweilen einen Zustand förmlicher Hörigkeit, in welchem wohl auch einmal rücksichtslos über die eigene Persönlichkeit hinweg gehandelt zu werden vermag (MOLLS hypnotische Dressur).

Die zweite Schranke für die psychische Wirkung von Suggestion ist keine erlebnismäßig gesetzte, sondern eine objektive. Sie ist als solche ebensowenig übersteigbar, wie auf körperlichem Gebiet etwa eine organische Störung des Zentralnervensystems subjektiv überwindbar wäre. Sie liegt in den vorgegebenen konstitutionellen Anlagen und Dispositionen psychischer Art. Gegen diese ist Suggestion machtlos. Sie vermag nicht, aus einem Imbezillen eine Geistesgröße zu machen; sie vermag nicht, eine charakterogene Paranoia zur inneren Umkehr zu bringen, sie vermag nicht einmal die Disposition zur Zwangsbildung zu beheben, so ausgezeichnete Dienste sie gegen die einzelnen Zwangssituationen selber leisten mag.

Die einzelnen Suggestionsinhalte sind beim gleichen Menschen von verschieden starker Wirksamkeit, und dies hängt gänzlich ab von der jeweiligen gesamten Persönlichkeit des Suggerierten. Bei einem erfüllt sich die körperliche Suggestion leicht, die innerpsychische schwerer; beim anderen erfüllt sich die aufs eigene Ich gehende Suggestion leichter als die auf das Gegenstandsbewußtsein gerichtete; ein dritter ist selbst leichter halluzinatorisch zu entrücken, als es gelingt, eine posthypnotische Stimmungsveränderung von einiger Nachdauer zu setzen; bei einem vierten wollen mnestische Ausschaltungen absolut nicht glücken usw. Die hier bestehenden Differenzen ordnen sich in die Typik der Reaktivitätsformen im allgemeinen ein, von denen schon eingangs des Buches gesprochen wurde. Auf diese psychologischen Zusammenhänge ist von der bisherigen Hypnoseforschung noch viel zu wenig geachtet worden; diese war nur zu geneigt, jeden vereinzelten Befund, der bei irgendeiner besonders reagiblen Persönlichkeit einmal behoben wurde, zu verallgemeinern und der Hypnose zuzuschreiben, anstatt der psychophysischen Abartigkeit des Suggerierten. Sicherlich realisieren sich diejenigen Suggestionen am besten, die auch in der Art ihrer Setzung der Erlebnisfähigkeit und den Verarbeitungsweisen der jeweiligen Vp. am besten angepaßt sind. Unterscheiden wir die imperativen und prohibitiven Parallelsuggestionen von den deskriptiven, also von denjenigen, die ihr Ziel dem Suggerierten erlebnismäßig nahebringen und einfühlbar machen, so werden wir die psychotherapeutischen Vorzüge der letzteren und ihren erzieherischen Einfluß besonders hochstellen. Zu warnen ist jedenfalls vor dem Schematismus brüsker Imperative bei der Suggestionsgebung.

Der historische Weg der Theorienbildung über die Hypnose.

Bis hierher reicht die Beobachtung und die Zusammenfassung der Tatsachen, die wir über die Hypnose aufstellen können. Was nun folgt, ist erklärender und irgendwie theoretischer Natur. Es ist daher nicht in dem Sinn bleibender und gesicherter Bestand der Forschung wie das Bisherige. Und es wird uns nicht wundern, wenn die Erklärung der Hypnose im Laufe der medizinischen Geschichte einem erheblichen Wandel unterworfen ist. Eine Einigung ungefährer Art besteht hier erst seit etwa einem Menschenalter. Damals reiste als einer der ersten Schauhypnotiseure ein Mann namens HANSEN durch Europa, und sein Auftreten veranlaßte die deutsche Forschung, sich den Problemen der Hypnose zuzuwenden. HEIDENHAIN, PREYER, BÄUMLER trugen die ersten Materialien zusammen; EULENBURG, BENEDICT, KRAFFT-EBING, FOREL, MOLL und DESSOIR vertieften die gewonnenen Erkenntnisse; gleichzeitig einigten sich in Frankreich die beiden Forschungsrichtungen der CHARCOTschen und der BERNHEIMschen Schule hinsichtlich der Erklärung der Hypnose miteinander; und seitdem ist grundsätzlich Neues über dieses Forschungsgebiet nicht mehr zutage gefördert worden. Seitdem steht die rein psychologische Erklärung zum mindesten als heuristische Forderung fest; ist die Möglichkeit einer befriedigenden Erklärung der hypnotischen Erscheinungen mit rein psychologischen und psychopathologischen Mitteln endgültig dargetan.

Dem war nicht immer so. Noch heute ist die allgemeine Volksmeinung, lebhaft gefördert von geschäftstüchtigen Heilmagnetopathen und von eitlen Schauhypnotiseuren, gänzlich darauf eingestellt, im Wesen der Hypnose etwas mit natürlichen Mitteln nicht restlos Auflösbares zu suchen. Entweder wird an eine magnetische Lebenskraft sui generis, die sich in der Hypnose vom Suggestor auf den Suggerierten übertragen ließe, gedacht, oder irgendwelche mystischen Einflüsse anderer Art, für die okkulte oder übernatürliche Theorien einstehen müssen, werden herangezogen. Dadurch rückt die Hypnose in der Volksmeinung so eng neben die Gedankenübertragung (Telepathie), die psychische Fernwirkung auf leblose Dinge (Telekinesie), die okkultistische Materialisation und ähnliche Phänomene, über die im Zusammenhang dieser Darstellung nicht gehandelt werden kann. Dies hat neben dem volkspsychologischen Grunde auch noch historische Ursachen, die sich aus der Geschichte der Theorien über die Hypnose ergeben.

Bekanntlich hat MESMER (1734—1815) das Verfahren der Hypnotisierung durch die nach ihm genannten Striche über den Körper entdeckt. Er war eine abenteuerliche Existenz, ohne wissenschaftliche Kritik und wohl auch ohne inneren Halt. Er war überzeugt, eine unbekannte Naturkraft, den tierischen Magnetismus, entdeckt zu haben und durch sein Verfahren zu Heilzwecken in Anwendung zu bringen. Nach einer kürzeren Zeit des Wirkens in Wien begab er sich nach Paris. Wie jede medizinische Entdeckung therapeutischer Art vom Publikum als eine Sensation aufgefaßt und maßlos überspannt wird, so geschah es auch damals. Während die Fachwissenschaft sich kritisch ablehnend beiseite hielt und die Akademie der Wissenschaften in mehreren Sitzungen zu keiner eindeutigen Entscheidung über den Wert der neuen Entdeckung kommen konnte, richtete der Minister dem von der Wissenschaft angefeindeten, vom Publikum bewunderten Manne ein eigenes Hospital ein. In diesem Hospital standen Kübel voll Eisenfeilspänen zwischen den Betten, um die „magnetische Wirkung" zu erhöhen. Von diesem Hospital nahm die Erklärung der Hypnose durch eine besondere biologische Energie ihren Ausgangspunkt und drang in die breiten Volksschichten ein. Sie gab der mystischen Richtung des Geistes ein reiches Gebiet der Betätigung. Aber auch die Wissenschaft wurde, dank der intensiven Hingabe des MESMERschülers PUYSÉGUR, davon ergriffen. Die romantische Geistesrichtung kam dem entgegen. Die Auffassung der MESMERschen Entdeckungen als besonderer biologischer Phänomene im Sinne des „tierischen Magnetismus" finden wir z. B. bei SCHOPENHAUER noch befreit von mystischem Gepräge. Bei JUSTINUS KERNER erleben wir bereits, daß die Bewußtseinsentrückung in ihrer Eigenart eine mystische Deutung erfahren hat und mit dem Hellsehen, das seit SWEDENBORG ebenfalls zum wissenschaftlichen Inventar der romantisch-mystischen Geistesrichtung gehörte, zusammengebracht wurde. Etwas später hat REICHENBACH als erster die „magnetischen" Abstrahlungen insbesondere von den Fingerspitzen, aber auch von dem gesamten übrigen Körperumriß, „gesehen". Seine Lehre vom „Od" gibt der ursprünglich noch biologischen Auffassung des tierischen Magnetismus die entscheidende mystische Wendung. Er setzte sich mit „Sensitiven" in einen absolut dunklen Raum: und dann sah er die Strahlen des „Od", farbige, verschwimmende Ränder und Hüllen, welche den Körper der Sensitiven umgeben und „polar" gefärbt waren. REICHENBACH faßt dieses Od teils als eine Lebenskraft oder Energieausstrahlung auf, wie schon MESMER seinen „Magnetismus" aufgefaßt hatte — teils aber auch als eine mystische Offenbarung der eigentlichen oder höheren Wesensart des Menschen. Damals fand die Aufnahme der

Weisheit Indiens in Deutschland statt, und ihre Mystik färbte diese romantische Deutung des Magnetismus weiter um. Nach ihr hat der Mensch mehrere Stufen der Wesenheit und vermag durch Entrückung und Versenkung sich von der niederen irdischen in die höheren Stufen zu erheben. In der „odischen" Hülle glaubte man nun eine solche höhere Stufe, den „Astralleib" zu erkennen. Dieser Astralleib trennte sich in der Entrückung, deren sinnfälligste Art und Weise ja die Hypnose ist — vom irdischen Körper —; ihm eigneten die odisch-magnetischen Kräfte, um ohne Wissen und Willen des irdischen Menschen übernatürliche Eingriffe zu vollführen. So erhält Suggestion und Hypnose ein mystisches Gepräge. Und wir sehen hier den historischen Grund, warum Hypnotismus und Okkultismus auch heute noch — ohne einen sachlichen Anlaß — bei vielen Menschen unwillkürlich enge Nachbarschaft halten. Auch für die Wirkung der Telepathie, der Telekinesie und der Materialisation gaben jene „magnetischen" Kräfte sozusagen die Energiequellen oder die besondere biologische Qualität einer Vis formativa her, um sie als innerhalb des Naturganzen möglich und verständlich erscheinen zu lassen. Weiter haben sich auch in der neueren Zeit Ärzte, wie SCHRENCK-NOTZING, KOTIK, TISCHNER, HYSLOP, BRUCK u. a. insofern zur Teilnahme an diesen Erklärungen heranziehen lassen, als sie die Möglichkeit einer unbekannten psychophysisch wirkenden Naturkraft schon aus der Tatsache der Unaufgeklärtheit gewisser okkulter Phänomene gefolgert wissen wollen. KINDBORG und SIDNEY ALRUTZ wollen noch ganz neuerdings direkte energetische Wirkungen der MESMERschen Striche experimentell nachgewiesen und in ihren einzelnen Wirkungen durchaus von jedem Suggestionseffekt abgegrenzt haben.

Demgegenüber wird die Forschung bei aller objektiven Hinnahme ungeklärter psychologischer und psychophysischer Probleme, wie sie in der Telepathie und vielleicht überhaupt im Okkultismus vorliegen, an ihrem alten LEIBNIZschen Grundsatz wissenschaftlichen Arbeitens festzuhalten haben: daß die Erklärungsgründe nicht ohne Not zu vervielfachen seien. Und insbesondere wird für die Hypnose gesagt werden müssen, daß eine solche Heranziehung unbekannter Naturkräfte zu ihrer Erklärung durch kein einziges Phänomen gerechtfertigt, geschweige denn notwendig gemacht worden sei. Es liegt auch im Interesse des ärztlichen psychotherapeutischen Wirkens, wenn man die Hypnose auf Grund dieser Feststellung aus der interessanten aber nicht gefahrlosen Nachbarschaft befreit, in die sie geraten ist.

Der erste Arzt, der sich mit dem Hypnotismus wissenschaftlich beschäftigte und ihm auch den Namen gab, war BRAID. Seit ihm sind die physiologischen Erklärungen des hypnotischen Zustandes in Gebrauch gekommen. Sehen wir von allerhand „molekularmechanischen" Deutungen, etwa von der Erklärung durch veränderte Zustände der

Ganglienzellen usw., ab, so finden wir von BRAID bis zu HEIDENHAIN und CHARCOT immer wieder zwei Momente in den Vordergrund gerückt: erstens die Analogie zum Schlafzustand und den Rückschluß auf die physiologisch-biologische Gleichartigkeit von Hypnose und Schlaf, insbesondere was die Verhältnisse des Zentralnervensystems angeht. SCHILDER nimmt dies noch jetzt an. Und zweitens, als unmittelbaren Ausdruck des Wesens der Hypnose, eine Herabsetzung des neuromuskulären Tonus. CHARCOT selber, der so unendlich viel zur Erklärung der Hypnose beigetragen hat, ging dennoch von dieser physiologischen Auffassung des Wesens der Hypnose niemals ab, wie er denn auch noch an die direkte Einwirkung von Metallen und Magneten auf den Tonus des Zentralnervensystems glaubte und daraus ganze therapeutische Hilfsdisziplinen zu entwickeln suchte.

Zur physiologischen Deutung der Hypnose könnte man auch, um dieses wenigstens kurz zu streifen, die sogenannte Hypnose von Tieren heranziehen — oder wenigstens diejenigen Vorgänge im Verhalten gewisser Tiere, die man so nennt. RIEGER hat schon vor über 40 Jahren beobachtet, daß Frösche, denen man sanft und rhythmisch über den Rücken streicht, in Starrezustände verfallen und erteilte Körperhaltungen willenlos beibehalten. DOURAN stellte bei Krebsen das gleiche fest, wenn man diese auf Kopf und Scheren gestützt festhält und die Rückseite, insbesondere des Schwanzes rhythmisch streicht: die Krebse werden starr mit überstreckter Schwanzhaltung. Auch manche Vögel, die man brüsk in eine überstreckte Kopf- und Halshaltung verbringt, erstarren darin (z. B. Hühner). MANGOLD hat der tierischen Hypnose ein besonderes Werk gewidmet. Es ist unklar, worauf die beobachteten tierischen Katalepsien beruhen, ob sie mit der Hypnose — in demjenigen Sinne, in dem wir beim Menschen von einer solchen sprechen — überhaupt etwas zu tun haben. Das Gemeinsame dürfte in dem Physiologischen liegen, in den Reaktionen der gleichen Apparate des Nerven- und Muskelsystems hinsichtlich ihrer Spannungsänderung. Insoweit wird man also mit der Forschung von BRAID bis SCHILDER mitgehen können, deren stärkster Exponent CHARCOT war.

Andererseits hat CHARCOT mit genialer Intuition eine Beziehung als vorhanden erkannt, die ihm merkwürdigerweise trotz ihrer psychologischen Wahrscheinlichkeit und augenscheinlichen Berechtigung von fast allen Forschern seiner und der folgenden Zeit zunächst bestritten wurde: die Beziehung der hypnotischen Bewußtseinsveränderung zu den hysterischen Bewußtseinsveränderungen.

Wir haben bereits bei der Beschreibung der hypnotischen Bewußtseinsveränderung gesehen, daß sie den spontanen Dämmerzuständen reaktiver Art, die durch affektive, traumatisch wirksame Situationen bedingt werden, in ihrem Erscheinungsbilde sehr nahestehen und fließende Übergänge zu ihnen aufweisen. Ferner stellt die Entstehung der hypnotischen Bewußtseinsveränderung geradezu einen Schulfall einer Psychogenese dar, eines mit psychischen Mitteln und Mechanismen gesetzten psychophysischen Geschehens. Und endlich sahen wir die Suggestionswirkung in der Hypnose auf psychischem wie auf physischem Gebiete völlig an die Grenzen und die Wirkungsmechanismen des Psychogenen gebunden. Die Ähnlichkeit der Mechanismen, vermittels derer in der Hypnose und in der Hysterie analoge Phänomene entstehen, ist augenfällig. Berechtigt ist an dem Einwand der Gegner der Auffassung CHARCOTS, daß keinesfalls nur solche Fälle zu hypnotisieren sind, die sich als Hysterie im Sinne der klinischen Konvention klassifizieren. Die Breite des Vorkommens hypnotischer Beeinflußbarkeit ist eine unvergleichlich größere. Andererseits darf man nicht vergessen, daß der Hysteriebegriff CHARCOTS von der neueren Forschung längst als ein künstlicher und allzu enger abgetan worden ist. Die Disposition zur Entstehung psychogener Phänomene, also „hysterischer" Symptome, ist bei einer sehr großen Anzahl von Menschen vorhanden, die wir unter gewöhnlichen Umständen nicht den geringsten Grund haben als hysterische Charaktere oder hysterische Konstitutionen anzusprechen, und bei denen wir selbst dann nicht von hysterischer Erkrankung reden würden, wenn eine derartige Disposition sich einmal bei ihnen aktualisierte. Auch der Krieg hat die außerordentliche Verbreitung dieser Disposition zur hysterischen Reaktion gezeigt; nach einem Worte HOCHES kommt es lediglich auf die Stärke des exogenen Faktors an, um den Nachweis dafür zu erbringen, daß jeder Mensch „hysteriefähig" sei. Wir verweisen ferner auf unsere Ausführungen in dem ersten Teile dieses Buches, wo wir die hysterischen Reaktionen als eine der allgemeinen Grundlagen affektiver Reagibilität überhaupt psychologisch zu begründen suchten. In diesem Sinne ist die Disposition zu psychogenen Mechanismen nicht sowohl eine Krankheitsursache als eine allgemeine Charaktereigenschaft, die sich bei einer Reihe von Charakterstrukturen als deren adäquate und dynamisch eindeutig bestimmbare Reaktionsform vorfindet. Die Menschen mit dieser Disposition werden es sein, die auch der Hypnose zugänglich sind; und in diesem Sinne besteht die CHARCOTsche Analogisierung, befreit von der Enge seines klinischen Hysteriebegriffs und psychologisch gewendet, durchaus zu Recht.

Die psychologische Erklärung von Hypnose und Suggestion.

Die psychologische Erklärung der Hypnose, auf die nach dem bisher Gesagten alles hindrängt, ist zuerst von FARIA in Angriff genommen worden; später hat die Nancyer Schule ihr sehr umfangreiche Forschungen gewidmet, die allerdings mehr in die Breite als in die Tiefe gingen. Seitdem hat die psychologische Erklärung der Hypnose in der Geschichte eine unbestrittene Geltung erlangt.

Aus allem Bisherigen ergibt sich als beherrschendes Erklärungsprinzip der Hypnose und ihrer Erscheinungen immer wieder eines und dasselbe: die Suggestion und ihre Wirkung. Es gibt im gesamten Bereich der Hypnose nichts, was nicht durch Suggestionswirkung erklärt werden könnte und müßte. Überdies haben wir Suggestionswirkungen ohne Hypnose gesehen, welche alle Erscheinungen der hypnotischen Suggestion hervorbrachten. Was aber ist Suggestion? Auf die Beantwortung dieser Frage spitzt sich uns auch das Problem der Hypnose zu.

Wir beobachten bei der Suggestion folgendes: der Suggerierte nimmt etwas, vom Suggestor als dessen Willensmeinung Kundgegebenes, in sein Bewußtsein auf; und der aufgenommene Bewußtseinsinhalt hat die Tendenz, die seelischen Vorgänge im Suggerierten und ebenso dessen Handlungen in seinem Sinne zu determinieren. Diese Tendenz ist eine sehr nachdrückliche, sie kann als Zwang wirken und als solcher erlebt werden; sie erstreckt sich auch auf die dem willkürlichen Einfluß des Ich entzogenen geistigen und psychophysischen Zusammenhänge. Sie besteht auch dann noch fort, wenn der Bewußtseinsinhalt selber, in welchem sie erteilt wurde, völlig der Erinnerung entzogen ist.

Das Wesentliche an diesem Vorgang ist psychologisch gesehen die Ausschaltung der Persönlichkeit des Suggerierten von ihrem Einfluß auf eine einsichtige Motivsetzung. Diese Ausschaltung kommt dadurch zustande, daß die Persönlichkeit des Suggestors denjenigen Platz in dem Zusammenhang von Erleben und Reaktion einnimmt, den eigentlich das Ich des Suggerierten einnehmen müßte. Daß der Suggestor eine derartige machtvolle Stellung im seelischen Zusammenhange des Suggerierten einnimmt, liegt offenbar daran, daß er für den Suggerierten einen affektiven Komplex bildet. Dieser affektive Komplex ist von einer solchen Mächtigkeit und Wirkungsbereitschaft, daß er die übrigen Vorgänge im Ich des Suggerierten, soweit sie für die Motivsetzung in Frage kommen könnten, völlig ausschaltet. Die Reaktion des Suggerierten auf den Suggestor ist also eine Komplexreaktion (siehe früher). Der Suggestor hat diesen Komplexwert für den Suggerierten auf Grund von besonderen Dispositionen des letzteren. Auf Grund dieser Dispositionen, die man unter dem Begriff der Suggestibilität zusammenfaßt, wird das Erlebnis des Suggestors für den Suggerierten ein Komplex von solcher Wirkungskraft und Spezifität, daß er das Bewußtsein ausfüllt, einengt und es zugleich für jede andere seelische Regung sperrt. Diese Dispositionen gehören zu den archaischen Tiefenschichten der Seele, die wir in inniger Wechselbeziehung mit der Affektivität vorgefunden und beschrieben haben (siehe S. 21 ff., 61 ff.). An Stärke schwanken sie bei den verschiedenen Menschen, können auch wohl bei starkem Überbau kritischen Selbstbewußtseins völlig gehemmt und unterdrückt sein; sie sind aber ein überall vorgebildetes entwicklungspsychologisches Erbteil eines primitiveren Seelenstadiums und gehören zu der Sphäre magisch-katathymer Gestaltungen affektiven Reagierens. Sie aktualisieren sich, sobald durch affektive Vorgänge der wachbewußte Oberbau kritischer Reflexion und bewußter Willenseinstellung ausgeschaltet wird. Ein Beispiel dafür bildet die Psychologie der von einem gemeinsamen Affekt beherrschten Masse. In jedem einzelnen Massengliede ist die Ansprechbarkeit für den beherrschenden Affekt gesteigert und dasjenige, was wir Suggestibilität nennen, erhöht. Es handelt sich dabei sicherlich nicht um eine einzelne spezifische Disposition dieser primitiven Schicht. Wir kennen eine ganze Reihe von Erscheinungsweisen affektiver Selbsthemmung und affektiver Hingabe an den Einfluß anderer in bezug auf das eigene Seelenleben und die eigenen Motivsetzungen: Gehorsam, Fügsamkeit, Leitbarkeit, Unterordnung, gesteigerte Willfährigkeit, Gläubigkeit usw. — und wir können psychologisch feststellen, daß die Suggestibilität fließend aus solchen Vorstufen erwächst. Vor allem beim Kinde finden wir Züge, welche uns diese Einstellung besonders wirksam und durch die Erziehung gefördert zeigen. Die Anerkennung der Macht eines andern, das Gefühl eigener Ohnmacht und Hifsbedürftigkeit, das geheimnisvoll Übergeordnete des anderen, Gläubigkeit und Erwartung seines Einflusses und seines Erfolges — dies alles sind affektive Einstellungen, die ganz besonders an jene magisch-zauberischen Gefühlsprimitivismen, Vorstellungsarchaismen und Affektprojektionen früherer Entwicklungsstadien der Stammesgeschichte der Seele appellieren, als deren Effekte wir psychogene Erscheinungen aufzufassen gelernt haben. Es sind also Sondergestaltungen der affektiven Bindung des Suggerierten an den Suggestor, wie wir sie als das Wesen jeder Psychotherapie studiert haben, welche sich auch in der Suggestibilität ausleben. Diese Sonderformen beruhen dynamisch auf jenen vorgebildeten Dispositionen, ohne daß ihnen eine Spezifität zukäme. Inhaltlich wiederholen sie bestimmte frühkindliche Gefühlseinstellungen der Passivität, Hingabe und Willfährigkeit, die getragen sind von den Gefühlsbindungen an die machtvoll überlegenen Persönlichkeiten der Eltern, an deren schrankenlose irrationale Übermacht und zugleich an ihre gläubig und erwartungsvoll hingenommene Hilfe und Güte. Im Effekt hat das Wiederaufleben dieser primitiven katathymen Einstellungen eine Bewußtseinseinengung und Absperrung der einsichtigen Überlegung von den Reizverarbeitungen und Motivsetzungen des aktuellen Zustandes in mehr oder weniger weitgehendem Maße zur Folge.

In diesen Wiederbelebungen affektiver Tiefenschichten durch die Relation zwischen Suggestor und Suggerierten, in dieser Gestaltung des Rapports durch die speziellen Gefühlsbindungen des Suggerierten an den Suggestor sehen wir das eigentliche Wesen der Suggestion. Und hierin sehen wir auch ihren Wirkungsgrund und seine Abgrenzung durch den Bereich des psychogen Wirksamen überhaupt.

Die Hypnose nun besorgt die Ausschaltung des aktuellen Wachbewußtseins durch die Technik und Reihenfolge ihrer Suggestionen gleichsam methodisch vorher, um dadurch die „eigentlichen" Suggestionen auf einen besonders bereiteten seelischen Boden um so wirksamer und nachhaltiger einzupflanzen Sie macht durch methodisch erzielte Bewußtseinseinengung den ihr Unterworfenen suggestionsbereit. Durch die Ausschaltung des Erlebniswertes der Außenwelt, durch die Ausschaltung der innerseelischen Aktivität, durch die Fixierung der gesamten Eindrucksfähigkeit an den Suggestor trägt sie dazu bei, das Seelenleben um den Suggestor und die von diesem ausgehenden Eindrücke herum gleichsam zu zentrieren und die allgemeine affektive Bindung dadurch in die speziellen Formen und Gestaltungen zu überführen, die wir gesteigerte Suggestibilität nennen.

Diese psychologische Erklärung der Hypnose mag nicht in allen Punkten befriedigende Aufklärung bringen: nach dem gegenwärtigen Stande unseres Wissens enthält sie immerhin die größte Wahrscheinlichkeit.

Weiteres zur Psychologie von Suggestion und Autosuggestion.

Die letzten Bemerkungen über die archaische Fundierung der Suggestion und der Hypnose könnten den Anschein unterstützen, als handele es sich bei dem Zustandekommen suggestiver Erscheinungen gewissermaßen um Ausnahmephänomene im seelischen Geschehen, um Sonderfälle, die aus dem gewöhnlichen Seelengeschehen herausfielen und besonderer Deutung aus solchen Fundamenten bedürften, die im gewöhnlichen Leben und Erleben keine Rolle spielen. Straus hat neuerdings in einem ausgezeichneten Werke der von mir oben skizzierten Psychologie der Suggestion vorgehalten, sie gehe viel zu ausschließlich von den experimentellen isolierbaren Suggestionsphänomenen aus und rücke dadurch das psychologische Fundament derselben in eine Sonderstellung, die dem wirklichen Erleben nicht entspräche. Es ist nun schon für die praktische Lebenskenntnis gar nicht zu bezweifeln — und ich habe dies selber schon an anderer Stelle vor Erscheinen des Strausschen Werkes hervorgehoben, ebenso wie viele andere vor mir —, daß der Suggestion ein ganz anderer und vollerer Gehalt von Bedeutsamkeit für Leben und Gemeinschaft zukommt, als dies der in einem Experiment sozusagen rein herausgeschälten, direkten und hypnotischen Suggestivwirkung anzusehen ist. Insbesondere die Wachsuggestion beweist überall in den Seelenvorgängen des Einzelnen wie vor allem in den zwischenmenschlichen Beziehungen ihre Macht und Geltung. Nur besteht hier weder beim Äußernden noch beim Beeinflußten ein Wissen darum, daß es sich um Suggestion handelt. In allen Fällen, wo der Beeinflußte den Suggestivcharakter der Kundgabe des Äußernden nicht miterfaßt, sprechen wir von larvierter Suggestion. Oder — was noch ein besonderes Problem aufgibt — der einzelne Mensch ist sein eigener Suggestor, — er ist Suggestor und Suggerierter zugleich: Autosuggestion. Oder es ist überhaupt kein konkreter Einzelsuggestor vorhanden, sondern eine Vorstellung oder Erregung oder Situation gewinnt suggestive Wirkung, wie bei der Massensuggestion oder der seelischen Induktion. Für die vulgärpsychologische Betrachtung liegen die Sachen so: wir sind von einem Gedanken, einem Plan, einem Eindruck gleichsam besessen; wir kommen von ihm nicht los; er hält uns gebieterisch gepackt; Verstand und Selbstkritik vermögen nichts dagegen. Der Inhalt dessen, was uns so gepackt hält, kann uns von außen her aufgedrängt oder zugeflossen sein; er kann in uns selber aufgeblitzt sein, er kann in mühseliger Konzentration von uns erarbeitet und in den Mittelpunkt unseres Bewußtseins gestellt worden sein. In der Wirkung ist es dasselbe. Immer ist es irgendwie die affektive Nachwirkung des betreffenden Inhaltes, die der ruhigen Verstandesarbeit und Einsicht spottet. Unser Bewußtsein ist durch diese affektive Kraft eines derartigen Inhaltes auf diesen eingeengt; alle anderen Seelenvorgänge und Interessen sind entweder aus dem Bewußtseinsmittelpunkt herausgedrängt, in ihrer Tendenz gehemmt, oder stellen sich in den Dienst der affektiv dominanten Aufgabe oder Vorstellung. Das irrationale Moment dieser affektiven Herrschaft trennt die Wirkungsweise solch eines dominanten Bewußtseinsinhalts grundsätzlich von allem, was wir uns einsichtig vorsetzen und überlegt beabsichtigen, von aller Überzeugung und „wohlerwogenen" Entscheidung. Von dieser affektiven Überwertigkeit eines Bewußtseinsinhaltes ist jeder seelische Suggestiveffekt ein Sonderfall.

Erlangt ein solcher Inhalt seine affektive Überwertigkeit für Leben und Handeln eines Menschen aus dessen eigenem Erleben, so liegt Autosuggestion vor. Der Mensch starrt gleichsam ständig auf diesen einen Inhalt; er versinkt in ihm — oder wie unsere Sprache so schön sagt: er versenkt sich in ihn; er ist auf ihn konzentriert; er wird von ihm gelenkt, geleitet, im Banne gehalten. Dies alles sind bildliche Redeweisen, die zur Umschreibung des eingeengten Bewußtseins dienen, das von jenem einen Inhalt erfüllt wird. Verständige Einsicht und verständiger Wille kann unabhängig von diesem Tatbestand fungieren: dabei können sich diese Funktionen entweder als ohnmächtig erweisen, denn ihre kritische Ablehnung bleibt wirkungslos — und der überwertige autosuggestive Inhalt wird zum Zwang. Oder sie können, unabhängig von der affektiven Überwertigkeit des Inhaltes, denselben akzeptieren: dann sind sie in eine Dienerstellung berabgedrückt; und es folgt die Selbsttäuschung, als sei der überwertige Inhalt das Ergebnis sachlicher Einsicht und Stellungnahme. Oder es besteht überhaupt kein Wissen um die affektive Genese der Bedeutsamkeit dieses Inhaltes für die Motivation; und dieser Fall ist der gewöhnlichste. Er liegt z. B. vor in den meisten Fällen von Liebe und Liebeshörigkeit des gewöhnlichen Lebens. Von ihm wird auch im Gemeinschaftsleben auf allen Gebieten ständig Gebrauch gemacht, und zwar ist da in der Regel der wirksame Faktor in der früher beschriebenen Weise an die Persönlichkeit des Kundgebenden oder Äußernden geknüpft. Das Gemeinschaftsleben ist nur durch diese affektive Empfänglichkeit für den Wirkungswert des anderen möglich; und so sind die Theorien verständlich, welche in der Suggestibilität letzten Endes den Grund der Möglichkeit aller Gemeinschaftsbildung erblicken. Alle Gefühle des Miterlebens mit dem andern, der Sympathie und Antipathie, alle sozialen Triebe werden von manchen soziologischen Schulen mit der Suggestivempfänglichkeit in Zusammenhang gebracht, und diese wird auf die „Kollektivseele" zurückgeführt. Und Gemeinschaft entsteht nicht, wie noch ROUSSEAU wollte, aus Erwägungen des Verstandes, die sich in „sozialen Verträgen" niederschlagen, sie entsteht triebhaft, aus innerem Bedürfnis eines jeden ihrer Glieder, und diese Triebe sind irrational und eng verknüpft mit den stammesgeschichtlich ererbten Dispositionen der Suggestibilität. Erwägungen und Verfassungen dienen lediglich dazu, die Triebgemeinschaften zu organisieren. Aber soziale Triebe und Suggestibilität sind ohne einander nicht möglich. — Gewiß kommt in derartigen sozialen Theorien die ungeheure Bedeutung der Suggestion für das gesamte Gemeinschaftsleben zu ihrem Rechte. Und wir dürfen zugestehen: was der Arzt im hypnotisch-suggestiven Versuch ins Spiel bringt, ist keineswegs ein Ausnahmephänomen, sondern nur eine methodisch exakt herausgearbeitete, konzentrierte Form eines seelischen Mechanismus, der überall wirkt und mit allen Erscheinungen und Vorgängen des wirklichen Lebens verflochten ist.

STRAUS hat — zwar nicht ausdrücklich aus derartigen Erwägungen heraus, aber doch wohl unter dem Druck der Ubiquität von Suggestion — gegen alle jene psychologischen Auffassungen der Suggestion sich wenden zu müssen geglaubt, welche den Suggerierten als bloße passive Beute des Suggestionsvorgangs hinstellen. Nach den hypnotischen Experimenten lag eine derartige Auffassung ja nahe, und ist auch vielfach vertreten worden: daß sich der Suggerierte in einem rein passiven Zustand befinde, im Zustande bloßer Hinnahme; daß die Bewußtseinseinengung und die affektive Intensivierung des Suggestionsinhaltes an sich schon die Suggestivwirkung mit sich bringe, und daß daher das suggerierte Handeln motivlos sei, daß ihm die subjektive Motivation überhaupt fehle. Ich darf hier nebenbei vielleicht bemerken, daß STRAUS mich persönlich zu Unrecht zu der Gruppe dieser Theoretiker hinzurechnet, deren markantester wohl LIPPS ist; ich habe nicht behauptet, daß der Suggestionsbehandlung das Erlebnis subjektiver Motivation fehle, ich habe lediglich das Vorliegen einsichtiger Motivation verneint. Letzterem stimmt STRAUS auch selber zu. Den „Zustandstheorien" hält STRAUS entgegen: sie wollen die widerspruchsvolle Aufgabe lösen, einerseits die Störungen der Motivation zu erklären, andererseits aber verständlich zu machen, wie gerade hieraus die Sicherheit und Entschiedenheit im Erlebnis des Suggerierten hervorgehe. Diese Theorien fassen die Suggestion durchweg als das Korrelat eines besonderen Bewußtseinszustandes auf, der durch die affektiven Einwirkungen des Suggestors auf den Suggerenden bei diesem herbeigeführt wird. Die Eigenart dieses Bewußtseinszustandes, nämlich die Einengung des Blickfeldes, verringert die Gegenvorstellungen zu den vom Suggestor kundgegebenen Inhalten; daher werden alle Kundgaben des Suggestors in diesem Bewußtseinszustand von dem Aufnehmenden angeeignet und bejaht. STRAUS betont, daß hiernach die Beziehungen zwischen diesen beiden Personen zwar Ursache der Suggestion wären, aber nicht das Motiv für den Suggerierten. Ebenso fehlt nach dieser Theorie dem einzelnen suggerierten Inhalt jede durch die Kundgabe begründete Beziehung auf den Suggestor; das isolierte Eintreten des Inhaltes ins verengte Bewußtsein ist der alleinige Erklärungsgrund der Suggestivwirkung. STRAUS lehnt diese Theorien ab, und wie ich glaube mit Recht. Sie müssen sich nämlich auf die allgemeine Annahme stützen, daß es psychologisch überhaupt möglich sei, irgendeine einzelne beziehungslose Gegebenheit zu bejahen, so daß diese Bejahung allein von der Form abhängt, in der sich der Inhalt dem Bewußtsein darbietet: nämlich wenn der Schauplatz des Bewußtseins in seinem ganzen Umfange durch e i n e n Inhalt ausgefüllt ist, so soll dies Bejahung bedeuten. Es ist theoretisch nicht schwer, den psychologischen Irrtum dieser Annahme nachzuweisen. Bejahung ohne Beziehung ist psychologisch nicht möglich.

Im Gegensatz zu diesen Theorien muß man mit STRAUS die Suggestion als intentionales Erleben, als aktives Verhalten des Suggerierten auffassen. Das suggestive Annehmen eines Inhaltes ist motiviert und ruht nicht lediglich auf außerbewußten Ursachen. Der Mangel sachlicher, einsichtiger Begründung bei Suggestionserscheinungen stellt noch nicht einen Mangel der Motivation überhaupt dar. Motive des Bejahens oder Verneinens, Aneignens oder Verwerfens sind die Beziehungen, die zwischen einem einzelnen Inhalt und dem zugehörigen Ganzen bestehen.

Motiviertes Bejahen oder Verneinen als psychologischer Vollzug muß bloß genau von der Einsicht unterschieden werden. Bei der Suggestion handelt es sich darum, den psychologischen Akt der Motivierung unabhängig von dieser Einsicht zu fundieren. Die für die Suggestion bezeichnenden Motive bilden nun nicht die einsichtigen Sachzusammenhänge, sondern die Beziehungen zwischen dem suggerierten Inhalt und der Person des Suggestors. Jede Kundgabe ist die Kundgabe einer äußernden Persönlichkeit; und in der natürlichen Einstellung entstammt das Motiv zur Annahme oder Ablehnung niemals allein der Einsicht in den Sachzusammenhang, sondern immer vorwiegend der unmittelbaren Erfassung, dem Erleben dieser Beziehung der Äußerung zum Äußernden. Ferner gibt es noch einen dritten Kreis von Motiven, der durch die Interessensphäre des Aufnehmenden selber gebildet wird, und dem die Erscheinungen der Autosuggestion entspringen.

Wo der Sachzusammenhang als Motiv hinter den Motiven der beiden letztgenannten Kreise zurücktritt, da sprechen wir in allen Fällen von Suggestion, auch wenn der Inhalt der Suggestion sachlich richtig ist. In der natürlichen Einstellung sind nun stets Motive aus diesen drei verschiedenen Motivkreisen anzutreffen, so daß die Suggestion als integrierendes Moment alles Erlebens bezeichnet werden muß. Die Grade der Suggestion oder Autosuggestion hängen von dem verschiedenen Gewicht der Motive aus diesen drei Kreisen ab. Von der Konkurrenz der Motive wird der Vorgang und das Ergebnis der Suggestion im konkreten Einzelfalle bestimmt.

Straus sagt hiermit nichts, was sich nicht widerspruchsfrei mit unseren früheren psychologischen Ausführungen vereinbaren ließe, insbesondere mit denjenigen über die Rolle der Affektivität und ihres entwicklungspsychologischen Unterbaues. Was wir Suggestibilität genannt haben, war hiernach eben die Ansprechbarkeit für solche Motive, die aus dem Erleben der Relation von Kundgaben zum Kundgebenden entspringen. Nichts spricht dagegen, daß aus mannigfachen vorgebildeten Dispositionen eine besondere suggestible Bereitschaft dieser Art hervorgehen könne.

Um der Kundgabe eines anderen diesen bejahenden Suggestivnachdruck zu verleihen, muß dieser andere für den Aufnehmenden eine besondere affektive Bedeutung haben. Immer ist das erste Erleben einer Kundgabe ein solches, welches die Person des Äußernden in ihrer Beziehung auf die betreffende Kundgabe umspannt. Hat der Äußernde einen bedingungslosen Wert im Erlebnismoment, so wird seine Erlebniswelt und die des Aufnehmenden zu einer Einheit. Das „Wirerleben“ beherrscht das zurücktretende Icherleben des Aufnehmenden. Diese Weise des Erlebens ist vermutlich die psychologisch ursprüngliche, aus welcher objektivierende Einsicht in Sachzusammenhänge erst sekundär abdifferenziert worden ist. Auch hier sehen wir wieder, wie gut sich die Aufstellungen von STRAUS in das entwicklungspsychologische Gesamtbild einfügen, welches wir weiter oben gegeben haben. Bei der Autosuggestion, die in allen wesentlichen Momenten der Fremdsuggestion gleich gerichtet ist, tritt an die Stelle der „Wirbildung" das Verbundensein mit dem eigenen vitalen und sozialen Selbst. Die Beziehung des einzelnen Inhaltes auf diese vitalen und sozialen Interessen wird zum Motiv der Bejahung. Die psychologischen Aufstellungen von COUÉ und BAUDOUIN über die Autosuggestion, die mit einer gewissen Flüchtigkeit einfach dahin gehen, daß „das Unterbewußtsein" gewisse Vorstellungen „verwirkliche", sind abzulehnen. Aus welchem Grunde sollte „das Unterbewußtsein" sich dazu veranlaßt sehen? BAUDOUIN meint, dies geschehe, wofern nur eine Vorstellung genügend intensiv sei. Können wir Vorstellungen genügend intensivieren, so muß das „Unterbewußtsein" sie verwirklichen, es mag wollen oder nicht. COUÉ läßt ihm keine Wahl: man betet seinen Heilspruch, den er offenbar für eine „Vorstellung" hält: *Es geht mir in jeder Beziehung besser* — und nun weiß das arme Unterbewußtsein nicht mehr aus noch ein; es ist gefangen und muß tun, was man von ihm verlangt! Der Fehler COUÉs und seines Schülers liegt darin, daß der Begriff der „Verwirklichung von Vorstellungen" nicht genügend geklärt ist. Diese Verwirklichung, die dem „Unterbewußtsein" zugeschrieben wird, haftet offenbar an der Intensität der Vorstellung. Jede Idee strebt — nach dieser Lehre — nach Verwirklichung, wenn sie im Brennpunkt der Aufmerksamkeit liegt. Wäre dem so, so wäre zunächst gar nicht einzusehen, wozu es dann noch eines „Unterbewußtseins" zu diesem Behufe bedarf. Es ist aber nicht so: man kann sich etwas sehr klar vorstellen, ohne daß irgendeine Tendenz auftritt, das Vorgestellte zu verwirklichen. Man stelle sich beispielsweise einmal „Äther", „Bündnis" oder „elektrisches Potential" recht intensiv vor — wo ist eine Tendenz zur Verwirklichung? Das ist eine sinnlose und flache Rederei. Ihr gegenüber halten wir an der oben skizzierten Auffassung, wie sie STRAUS herausgearbeitet hat, fest.

Literatur zu Kapitel 5—7.

Auch hier kann nur eine ganz kleine Auswahl der grundlegenden und interessanten Arbeiten oder der einführenden Zusammenfassungen geboten werden.

ALRUTZ: Problems of hypnotism. Proceedings of the Society for psychical research Bd. 83, 32. (Ein deutscher Auszug erschien als „Neue Strahlen des menschlichen Organismus". Stuttgart 1924.)

ASTRUCK: Über psychische Beeinflussung des vegetativen Nervensystems in der Hypnose. 1. Teil: Hypnotische Beeinflussung der Herztätigkeit und der Atmung. Arch. f. d. ges. Psychol. Bd. 45.

BAUDOUIN: Suggestion und Autosuggestion. Dresden 1922. — Derselbe: Die Macht in uns. Dresden 1924.

BAUER und SCHILDER: Ein prinzipieller Versuch zur Neurosenlehre. Wien. klin. Wochenschr. 1919. — Dieselben: Über einige psychologische Mechanismen funktioneller Neurosen. Dtsch. Zeitschr. f. Nervenheilk. Bd. 64.

BÄUMLER: Der sogenannte animalische Magnetismus oder Hypnotismus. Leipzig 1881.

BENEDICT: Hypnotismus und Suggestion. Leipzig u. Wien 1894. (Sehr temperamentvolle Ablehnung der posthypnotischen und somnambulen Erscheinungen. Hält den Hypnotismus für einen Schwindel und eine Gefahr.)

BERNHEIM: Die Suggestion und ihre Heilwirkung. Leipzig u. Wien 1888.

BINSWANGER: Über die Erfolge der Suggestivtherapie. Wiesbaden 1892.— Derselbe: Die Hysterie. Wien 1904.

BINET: La Suggestibilité. Paris 1900.

BINET und FÉRÉ: Le Magnétisme animal. Paris 1887.

BIRNBAUM: Psychische Verursachung seelischer Störungen und die psychisch bedingten abnormen Seelenvorgänge. Wiesbaden 1918.

BLEULER: Zur Psychologie der Hypnose. Münch. med. Wochenschr. 1889. (Selbstschilderung.)

BRAID: Der Hypnotismus. Ausgewählte Schriften. Deutsch herausgegeben von W. PREYER, Berlin.

BREUER und FREUD: Studien über Hysterie, 4. Aufl. Leipzig u. Wien 1922.

BUNNEMANN: Über die Erklärbarkeit suggestiver Erscheinungen. Monatsschr. f. Psychiatrie u. Neurol. Bd. 54.

CHARCOT: Clinique des maladies du système nerveux. Paris 1892. Insbesondere Bd. 2. Vorlesung 25 bis 31.

CZERMAK: Beobachtungen und Versuche über hypnotische Zustände bei Tieren. Pflügers Arch. f. Physiol. 1873.

EICHELBERG: Durch Hypnose erzeugtes hysterisches Fieber. Dtsch. Zeitschr. f. Nervenheilk. Bd. 68—69.

EULENBURG: Die Suggestionstherapie und Elektrotherapie. Berl. klin. Wochenschr. 1892. (Wendet sich gegen MOEBIUS' Behauptung der bloßen Suggestionswirkung elektrischer Behandlung.)

FERENCZI: Introjektion und Übertragung. Jahrb. f. psychoanalyt. Forsch. usw. Bd. 1.

FLATAU: Kursus der Psychotherapie und des Hypnotismus. Berlin 1918.

FOREL: Der Hypnotismus oder die Suggestion und die Psychotherapie, 7. Aufl. Stuttgart 1918.

FRANK: Affektstörungen: Studien über ihre Ätiologie und Therapie. Berlin 1913.

FRIEDLAENDER: Grundlinien der psychischen Behandlung. Eine Kritik der psychotherapeutischen Methoden. Zeitschr. f. d. ges. Neurol. u. Psychiatrie Bd. 42. — Derselbe: Die Hypnose und die Hypnonarkose. Stuttgart 1920.

FRIEDRICHS: Zur Psychologie der Hypnose und der Suggestion. Stuttgart 1922.

GERSTMANN und SCHILDER: Zur Frage der Katalepsie. Med. Klinik 1921.

GRAFE und TRAUMANN: Zur Kenntnis des Muskeltonus. III: Der Gesamtumsatz bei hypnotisch erzeugter Muskelstarre. Dtsch. Zeitschr. f. Nervenheilk. Bd. 79.

GROSSMANN: Die Bedeutung der hypnotischen Suggestion als Heilmittel. Berlin 1894.

GUMPERTZ: Über doppeltes Bewußtsein. Berl. klin. Wochenschr. 1901.
HALLAUER: Über Scheinnarkose. Dtsch. med. Wochenschr. 1908. — Derselbe: Referat auf d. Kongr. f. Gynäkologie. Arch. f. Gynäkol. 1922.
HARTSTEIN: Das sogenannte hysterische Fieber. Dissertation. Berlin 1919. (Daselbst frühere Literatur.)
HAUPT: Zur Frage nach dem Wesen der Hypnose. Dtsch. med. Wochenschr. 1924. — Derselbe: Zur Psychologie des hypnotischen Zustandes. Zeitschr. f. d. ges. Neurol. u. Psychiatrie Bd. 86. — Derselbe: Untersuchungen über Hypnose und Suggestion. Psychiatrisch-neurol. Wochenschr. 1923.
HECKER: Hypnose und Suggestion im Dienste der Heilkunde. Wiesbaden 1893. (Ein heute noch völlig modern wirkender Vortrag des berühmten Psychiaters.)
HELLER und SCHULTZ: Über einen Fall hypnotisch erzeugter Blasenbildung. Münch. med. Wochenschr. 1919.
HEIDENHAIN: Der sogenannte tierische Magnetismus. Physiologische Beobachtungen. Leipzig 1880.
HILGER: Die Hypnose und die Suggestion. Jena 1909.
HIRSCHLAFF: Hypnotismus und Suggestivtherapie. Leipzig. 2. Aufl. 1919. — Derselbe: Suggestion und Erziehung. Berlin 1914.
JACOBI: Die Stigmatisierten. München 1923.
JANET: Der Geisteszustand der Hysterischen. Leipzig u. Wien 1894. (Besonders das Kapitel: Die Amnesien.) — Derselbe: L'automatisme psychologique. Paris 1889. (Enthält die Entdeckung des Auffindens und Abreagierens seelischer Traumen in der Hypnose.) — Derselbe: Les médications psychologiques. Paris 1919. 3 Bde.
JOLLY: Hypnotismus und Hysterie. Münch. med. Wochenschr. 1894. — Derselbe: Über Hypnotismus und Geistesstörung. Arch. f. Psychiatrie Bd. 25.
JONES: Therapie der Neurosen. Leipzig, Wien u. Zürich 1921.
KAUFFMANN: Suggestion und Hypnose, 2. Aufl. Berlin 1923. — Derselbe: Über hysterisches Fieber. Zeitschr. f. d. ges. Neurol. u. Psychiatrie Bd. 5.
KINDBORG: Ist die gegenwärtige wissenschaftliche Auffassung des Hypnotismus richtig? Dtsch. med. Wochenschr. 1924.
KLEMPERER: Suggestion und Autosuggestion. Ther. d. Gegenw. Bd. 65.
KOHNSTAMM: Das Unterbewußtsein und die Methode der hypnotischen Selbstbesinnung. Journ. f. Psychol. u. Neurol. Bd. 23.
KRAFFT-EBING: Eine experimentelle Studie auf dem Gebiete des Hypnotismus, 2. Aufl. Stuttgart 1889. (Enthält als erstes Werk die Versetzung einer Kranken in ihre Kindheit durch hypermnesierende Hypnose.)
KRARUP: Hypnoide Handlungen, Amnesie, Wiedererinnerung durch Hypnose. Zeitschr. f. d. ges. Neurol. u. Psychiatrie Bd. 90.
KRETSCHMER: Medizinische Psychologie, 2. Aufl. Leipzig 1922.
KRONFELD: Hypnose und Suggestion. Berlin 1924.
LEWANDOWSKY: Zur Entwicklung der neurologischen Therapie. Therapeut. Monatsh. 1909.
LEVY-SUHL: Die hypnotische Heilweise und ihre Technik. Stuttgart 1922. — Derselbe: Vom Wesen der Hypnose. Dtsch. med. Wochenschr. 1919.
LIPPS: Suggestion und Hypnose. Sitzungsber. d. bayr. Akad. d. Wiss. 1897. Bd. 2.
LOEWY: Die Beziehungen zwischen Psyche und Statik. Zeitschr. f. d. ges. Neurol. u. Psychiatrie Bd. 65.
MANGOLD: Hypnose und Katalepsie bei Tieren. Jena 1914.

MARCINOWSKI: Selbstbeobachtung in der Hypnose. Zeitschr. f. Hypnotismus Bd. 9.
MARTIN: Ein experimenteller Beitrag zur Erforschung des Unterbewußten. Leipzig 1915.
MESMER: Magnetismus oder System der Wechselwirkungen, Theorie und Anwendung des tierischen Magnetismus als die allgemeine Heilkunde zur Erhaltung des Menschen. Berlin 1814.
MOHR: Psychotherapie. Handb. d. Neurol. Bd. 1. Berlin 1913.
MOLL: Der Hypnotismus mit Einschluß der Psychotherapie und der Hauptpunkte des Okkultismus, 5. Aufl. Berlin 1924.
MOSSE: Über Suggestion und Suggestionstherapie im Kindesalter. Langensalza 1922.
NUSSBAUM: Neue Heilmittel für Nerven. Berlin 1888. (Warnt vor der Hypnose.)
OEDER: Einseitige Steigerung der Körpertemperatur. Med. Klinik 1916.
PAWLOW: Die Arbeit der Verdauungsdrüsen. Wiesbaden 1898.
PREYER: Der Hypnotismus. Leipzig u. Wien 1890.
REHN: Über myoelektrische Untersuchungen bei hypnotischer Katalepsie. Klin. Wochenschr. Bd. 1.— Derselbe: Myoelektrische Untersuchungen bei Striatumerkrankungen. Ebenda Bd. 1.
RICHER: Études cliniques sur la grande hystérie etc. Paris 1885. (Enthält im 4. Teil eine systematische Geschichte und Darstellung des Hypnotismus im Sinne der CHARCOTschule.)
ROSENBACH: Nervöse Zustände und ihre psychische Behandlung. Berlin 1903.
SAXINGER: Gefühlssuggestion und Phantasiegefühle. Zeitschr. f. Psychol. Bd. 46.
SCHAFFER: Zur Technik der hypnotischen Behandlung. Zeitschr. f. Psychiatrie Bd. 1.
SCHEIBER: Über das Verhältnis der Elektrotherapie zur Suggestionstherapie. Berl. klin. Wochenschr. 1894. (Wendet sich gegen MÖBIUS' Behauptung der bloßen Suggestionswirkung elektrischer Behandlung.)
SCHILDER: Über das Wesen der Hypnose. Berlin 1922. — Derselbe: Zur Psychologie epileptischer Ausnahmezustände mit besonderer Berücksichtigung des Gedächtnisses. Zeitschr. f. Psychiatrie Bd. 80. — Derselbe: Behandlung der retrograden Amnesie eines wiederbelebten Erhängten durch Hypnose. Med. Klinik 1923.
VON SCHRENCK-NOTZING: Über Suggestion und suggestive Zustände. Zeitschr. f. Hypnotismus Bd. 1.
SCHULTZ, J. H.: Die seelische Krankenbehandlung. Jena 1919. — Derselbe: Taschenb. d. psychotherapeut. Techn. Berlin 1924.
SPERLING: Einige therapeutische Versuche mit der Hypnose. Neurol. Zentralbl. 1888. (Erste Arbeit mit besonnener Indikationsstellung.)
STRAUS: Wesen und Vorgang der Suggestion. Berlin 1925.
TEUSCHER: Über Suggestivbehandlung der Kinder. Zeitschr. f. Hypnotismus Bd. 8.
TROEMNER: Hypnotismus und Suggestion, 4. Aufl. Leipzig.
DE LA TOURETTE: Der Hypnotismus und die verwandten Zustände vom Standpunkt der gerichtlichen Medizin. Hamburg 1889. (Enthält die genaue Geschichte des Mesmerismus in Frankreich bis auf CHARCOT.)
VOGT: Die direkte psychologisch-experimentelle Methode in hypnotischen Bewußtseinszuständen. Zeitschr. f. Hypnotismus Bd. 5. — Derselbe: Über die Natur der suggerierten Anästhesie. Ebenda Bd. 7. — Derselbe: Spontane Somnambulie in der Hypnose. Ebenda Bd. 6 u. 7.

von Voss: Der Hypnotismus. Halle 1907.
Wetterstrand: Der Hypnotismus und seine Anwendung in der praktischen Medizin. Wien u. Leipzig 1891.
Westphal: Gesammelte Abhandlungen Bd. 1. Berlin 1892.
Wilmanns: Der Fall Hartlieb. Hysterische Gefängnispsychose. Periodische endogene Verstimmungen mit hysterischem Fieber. Zentralbl. f. Nervenheilk. u. Psychiatrie. 1908.
Wundt: Hypnotismus und Suggestion, 2. Aufl. Leipzig 1911.

IV. Hypnose und Suggestion in der Psychotherapie.

8. Allgemeine Indikationen und Gegenindikationen.

Zur Frage der Gefahren der Hypnose.

Bevor wir uns den Fragen der ärztlichen Anwendung der Hypnose widmen, also dem ärztlichen Indikationsgebiet, muß kurz gestreift werden, ob der Vorgang des Hypnotisiertwerdens selber irgendwelche Schädlichkeiten mit sich zu bringen geeignet ist. Diese Tatsache als solche ist in einer gewissen Zahl von Fällen über jeden Zweifel beglaubigt (Siemerling, J. H. Schultz). Aber die Ursache hierfür scheint vorwiegend in einer unzweckmäßigen Auswahl der Fälle und des Vorgehens gelegen zu haben, und es waren vor allem ärztlich Unberufene, die in diesen Fällen als Suggestoren auftraten. Nimmt man aber vorweg, daß die Hypnose nur auf Grund gegebener Indikationen und geeigneter Auswahl der Fälle — in Rücksicht auf deren Konstitution und seelischen Zustand — angewendet wird, so ist im Verfahren als solchem eine besondere Gefahrenquelle sicherlich nicht vorhanden. Es kann einmal vorkommen, daß ein Angstzustand, ein Unruhezustand, ein benommenes Bewußtsein, ja ein Stupor psychogener Art sich vorübergehend an die Hypnose anschließt; ebenso kann sich ein psychogener Anfall einstellen. Ich habe einmal erlebt, daß bei einer ärztlichen Demonstrationshypnose im Somnambulstadium ein epileptischer Anfall bei einem Epileptiker mit habituellen und Gelegenheitsanfällen auftrat; nach der Beendigung des Anfalls war auch der hypnotische Zustand verschwunden. Derartige Zwischenfälle sind, wie schon Moll mit Recht hervorhebt, flüchtig, daher bedeutungslos und so gut wie sicher vermeidbar, wenn der zu Behandelnde vertrauensvoll in die Hypnose hineingeht, in einer seinem Gefühlsleben entsprechenden Weise suggeriert und vor allem durch psychologisch feinfühlige, vorsichtige und wirksame Desuggestionen aus der Hypnose wieder herausgeführt wird. Es sollte nie versäumt werden, in der Desuggestion gleichzeitig dem Hypnotisierten die zunehmende Befreiung von der hypnotischen Gebundenheit erlebnismäßig deutlich werden zu lassen. Nach der Hypnose lasse man die Behandelten nicht gleich aus dem Hause, sondern erlege ihnen eine Nachruhe von einer Viertelstunde im Hause des Arztes auf und vergewissere sich vor ihrem Fortgang von ihrem Wohlbefinden. Die häufig geäußerte Furcht, jemand könne nach der Hypnose „nicht aufwachen", ist ein Laienurteil aus der magisch-emotionalen Sphäre. Wenn irgendeine hysterische Persönlichkeit diese Befürchtung durch ihr Verhalten erwartungsneurotisch realisiert, so hilft am besten Neglektionstherapie: für den Arzt ist der Hypnotisierte wach, sobald der Arzt es sagt; stellt er sich weiter schlafend, so ist dies kurz und energisch zu unterbinden.

Auch die durch häufig wiederholte Hypnosen zuweilen befürchtete Preisgabe der seelischen Unabhängigkeit ist so lange keine schädigende Wirkung der Hypnose, als es der Arzt ist, von welchem der Hypnotisierte sich abhängig fühlt. Man kann der Einschleifung hypnotischer Zugänglichkeit für jeden Beliebigen dadurch vorbeugen, daß man dem Behandelten die Suggestion gibt: er sei nur von seinem behandelnden Arzt hypnotisierbar und sonst von niemandem (MOLL).

Häufig wird die eines sensationellen Beigeschmacks nicht entbehrende Frage aufgeworfen, ob jemand in der Hypnose zur Ausübung eines Verbrechens, sei es während des hypnotischen Zustandes, sei es in der Posthypnose willenlos veranlaßt werden könne. Ich halte dies in allen denjenigen Fällen für möglich, wo die Gefühlsbindung zwischen Hypnotisiertem und Suggestor stärker wird als die seelischen Hemmungen, und wo zugleich die Art des angemuteten Verbrechens nicht in unüberwindlicher Weise gegen die Selbstwertgrundlagen des Hypnotisierten verstößt. Diese Fälle werden hinsichtlich schwerer und gemeiner Verbrechen recht selten sein. Handelt es sich aber nicht gerade um ehrlose Delikthandlungen, so kann etwas derartiges vorkommen. Merkwürdigerweise ist die Zahl der in foro verhandelten Kriminalfälle mit einer derartigen psychologischen Vorgeschichte ganz außerordentlich gering, ja man kann sagen, ganz einwandfrei beglaubigt ist bisher keine einzige derartige verbrecherische Tat hinsichtlich ihrer Verübung im hypnotischen oder posthypnotischen Zustand. Die französischen Publikationen TOURETTES usw. sind nicht recht beweisend. Und experimentell — wie FOREL und andere es wollten — ist die Frage nicht lösbar. Natürlich werden sich aber die Täter bei geeigneter Sachlage gern in irgendeiner Form auf die durch die angebliche Hypnose bedingte Willensunfreiheit berufen; aber der tatsächliche Nachweis des hypnotischen Zustandes zur Zeit der Handlung ist sehr schwer zu erbringen und immer mit Skepsis zu betrachten.

Eine ernstere Seite der Sache liegt für den Arzt in der Gefahr, daß er eines Vergehens oder Verbrechens an einem Hypnotisierten beschuldigt werden kann: etwa der Freiheitsberaubung, falls hinterher die Behauptung auftaucht, der Behandelte sei gegen seinen Willen hypnotisiert worden. Oder der Gesundheitsschädigung im Sinne fahrlässiger

Körververletzung durch angebliche üble Folgen der Hypnose. Oder schließlich auch des sexuellen Mißbrauchs in der Hypnose. Diese Gefahren sind solche des ärztlichen Berufslebens überhaupt. Man schützt sich am besten, indem man keinen Menschen gegen seinen Willen zu hypnotisieren versucht — was ohnedies schwierig sein dürfte. Gegen die Behauptung schädlicher Folgen wird man das an früherer Stelle über die angeblichen Schädlichkeiten der Hypnose Gesagte anführen können, zugleich mit der Aufdeckung der psychopathologischen Eigenart derer, welche solche Schädigungen bei sich selber behaupten und zum Gegenstand eines Rechtsstreites machen. Gegen die Anschuldigung sexuellen Mißbrauchs kann man sich schützen, indem man ohne Wissen der hypnotisierten Persönlichkeit einen zuverlässigen Zeugen hinter der Türe der Behandlung beiwohnen läßt. In jedem Falle derartiger Gefährdung sollte der Arzt die Vernehmung der anschuldigenden Persönlichkeit durch einen Sachverständigen beantragen, dem die tatsächliche Feststellung anheimfällt, wieweit überhaupt der Tatbestand der Hypnose gegeben war, wieweit die Erinnerungsfähigkeit in diesem Zustande auf Treue und Glaubwürdigkeit Anspruch zu erheben hat, und wieweit die ganze psychische Persönlichkeit des anschuldigenden Teils nicht schon an sich die Unbegründetheit der Beschuldigung nahelegt. Die sexuellen Falschbezichtigungen hysterischer und psychopathischer Persönlichkeiten sind unvergleichlich häufiger als derartige Delikte.

Absolute und relative Kontraindikationen. Die Hypnotisierbarkeit.

Bei einer therapeutischen Hypnose — oder richtiger bei einer Reihe therapeutischer Hypnosen — muß der Arzt sich über folgendes klar sein: Wen er hypnotisiert, warum er diese Form der Behandlung wählt, und wie weit er mit derselben zu kommen gedenkt. Stellen wir zunächst die Kontraindikationen fest.

Daß man vor jeder Festsetzung eines Heilplans eine genaue Diagnose gemacht haben muß, bedarf natürlich keines Wortes und wird hier nur insofern überhaupt erwähnt, als sich natürlich organische Krankheiten und ihre Symptome und cerebrale Prozesse und ihre Symptome absolut nicht zur lediglich psychischen Behandlung, und somit auch nicht zur Hypnose, eignen. Eine solche Behandlung in derartigen Fällen wäre ebenso nützlich wie „Choralsingen zur Löschung eines Brandes“; zugleich aber enthielte sie einen Kunstfehler, sobald die durch den objektiven Krankheitsbefund erforderten Maßnahmen über ihr vernachlässigt würden. Damit ist nicht gesagt, daß die Anwendung der Hypnose im Bereiche organischer Erkrankungen unterbleiben müßte: wo sich organische Prozesse, funktionelle Überlagerungen und psychogener Ausbau zu einem komplexen Krankheitsbilde gestalten, dessen Auflösung nicht der kausaltherapeutischen Einwirkung auf den eigentlichen organischen Krankheitsprozeß allein zu gelingen vermag, da soll man psychotherapeutisch wirken, und kann dies auch mit den Mitteln der hypnotischen Behandlung tun. Man kann so Erleichterungen wesentlicher Art herbeiführen, wenn dieselben auch nur symptomatisch sind. WETTERSTRAND und neuerdings SCHULTZ und JONES haben daher auch verneint, daß die Hypnose eine absolute Kontraindikation in dem organischen Charakter einer Krankheit besäße; sie raten sogar bei schweren, chronischen und unheilbaren Krankheiten, wo andere Therapie versagt, zu ihrer symptomatischen Anwendung. Erst unlängst hat TSCHERNING einen Fall von hochgradiger Inanition und Macies durch Hypnosen allmählich dazu gebracht, wieder Nahrung zu vertragen, und ihn dadurch geradezu vom Tode zurückgerissen. Er empfiehlt die „einschleichende" Hypnose bei organisch-internen Fällen als wichtiges symptomatisches Erleichterungsmittel. „Selbst zur Erleichterung der oft so qualvollen Todesstunden haben wir dieselbe mit dem Erfolge angewandt, daß aus dem wilden Toben des Patienten ein friedliches Einschlummern wurde." Eine Mitteilung von um so größerer Bedeutung, als sie aus der Schule SCHLAYERS stammt. — In Fällen, in denen sich organische und psychische Faktoren miteinander verbinden, ist die Hypnose unter Umständen ein geeignetes Mittel, das Krankheitsbild rein auf seinen organischen Kern zurückzuschrauben. Ebenso kann sie zuweilen auch ein differentialdiagnostisches Hilfsmittel zur Unterscheidung psychogener von organischen Störungen sein: z. B. bei Tremorformen, bei Torsionsspasmus, bei Restsymptomen nach lethargischer Encephalitis, bei Fällen von Schwerhörigkeit unklarer Art usw.

Kontraindiziert ist die Hypnose bei allen echten Psychosen, sowohl denen des manisch-depressiven Irreseins als auch denen der Schizophreniegruppe. Bei echten endogenen Melancholien gelingt sie so gut wie niemals, und schon dieser Versager bestärkt das Krankheitsgefühl, anstatt daß die Therapie es lindert. Allen schizophrenen Psychosen — bei deren vielen die Hypnose an sich gut gelingt — ist die Gefahr eigen, diese Behandlung im Sinne der Beeinflussungsideen paranoisch zu verwerten. Reaktive Depressionen sind geeigneter zur Hypnose als Melancholien; auch bei ihnen freilich ist oft kein Erfolg erzielbar.

Auch bei abnormen Persönlichkeiten kann die Hypnose kontraindiziert sein. Sie mißlingt für gewöhnlich bei jenem psychasthenischen Typus JANETS, der nicht von der ängstlichen Selbstbeobachtung und Selbstzersetzung loskommt — einem Typ, der ohnehin gegen jede ärztliche Hilfe mißtrauisch-ablehnend eingestellt ist. Sie ist fast immer wirkungslos bei endogenen epileptoiden Verstimmungen und bei den meisten Erethismen. Bei ängstlich-aufregbaren Naturen, oder bei Menschen, die zu ratloser Unruhe oder zu Hypnoiden neigen, können sich passagere Nachwirkungen unerfreulicher Art einstellen. Es kommt also sehr auf die Auswahl der ungeeigneten Fälle und ihre Ausschließung von dieser Art psychotherapeutischen Vorgehens an.

Nicht ohne Grund ist von fast allen ärztlichen Hypnotherapeuten immer wieder der Rat erteilt worden: mit den leichtesten Stadien der Hypnose tunlichst auszukommen, sich Zeit und Geduld zu lassen und allmählich und schrittweise vorgehend die Behandelten an dieses Verfahren zu gewöhnen, sie aber niemals brüsk in Hypnose hineinzustoßen. Es kommt noch etwas Weiteres hinzu: daß nämlich der Arzt sich gegen das Mißlingen, oder vielmehr das Bemerken des Mißlingens durch den Behandelten, schützen muß — nicht etwa aus Autoritätssucht, sondern um eine Bedrohung seiner psychotherapeutischen Wirksamkeit durch derartige Versager zu vermeiden. Es empfiehlt sich daher, die Hypnose einzuleiten wie eine Ruheübung, dann mit einer Art wachsuggestiver Therapie zu beginnen, und diese allmählich bis in den Halbschlaf hinein von Mal zu Mal zu steigern. Auch sei die Art der Suggestionen niemals bloß imperativ, sondern stets lebendig deskriptiv; endlich unterlasse man posthypnotische Kontrollsuggestionen und Amnesierungsversuche tunlichst solange, bis man seines Erfolges sicher ist, wofür freilich ebensowenig objektive Kriterien angegeben werden können wie für das Vorliegen eines echten hypnotischen Zustandes überhaupt.

Nicht jeder Mensch ist hypnotisierbar. All den großen Prozentzahlen, die von gewissen Seiten als Beweis des Gegenteils genannt werden, sollte man rechte Skepsis entgegenbringen (Zusammenstellungen bei Troemner, Vogt, Mohr). Nach meinen Massenerfahrungen an Soldaten, die in einer Nervenabteilung eines Kriegslazarettes in meiner hypnotischen Behandlung waren, sind etwa die Hälfte derselben der Hypnose zugänglich gewesen; und kontrollierbare posthypnotische Effekte traten in etwa zwei Fünfteln der Fälle ein. Diese Zahlen sind ein wenig geringer als diejenigen von Nonne, decken sich aber auch mit meiner ärztlichen Sprechstundenerfahrung. Dabei ist das Soldatenmaterial aus naheliegenden Gründen wegen seiner naiven Einstellung zur Hypnose und wegen der gesteigerten instinktiven Willfährigkeit gegen den Arzt als Vorgesetzten noch ein besonders günstig für hypnotische Zwecke zusammengesetztes, zumal diese nervenkranken Soldaten vorwiegend akute psychogene Erkrankungen aufwiesen.

Kinder hypnotisiere man trotz ihrer starken Suggestibilität im allgemeinen nicht vor dem vollendeten 12. Lebensjahr. Ausnahmen mache ich nur bei Tics und bei Enuresis. Die Wachsuggestion genügt bei Kindern im allgemeinen völlig. Entgegen der herrschenden Auffassung fand ich beide Geschlechter im allgemeinen der Hypnose gleich zugänglich; nach dem 30. Lebensjahre ist freilich die hypnotische Zugänglichkeit des Mannes eine schwierigere. Ich habe aber Menschen aller Altersstufen, aller Bildungsgrade und aller möglichen seelischen Struktur ohne erhebliche Abweichungen in bezug auf ihre Hypnotisierungseignung befunden — wenn nur diejenige Einstellung zum ärztlichen Psychotherapeuten bestand, von welcher schon so oft in diesem Buche die Rede war. Daß dieselbe sich beim sensitiven Menschen im allgemeinen leichter herstellen und stärker ausbauen läßt, ist psychologisch einleuchtend. Ein anderes Prinzip der Auswahl der Fälle als dasjenige des psychotherapeutischen Verstehens der Persönlichkeit und ihrer Einstellung zum Arzt kann nicht gegeben werden und braucht auch nicht gegeben zu werden.

Jedenfalls erzwinge man die Hypnose nicht. KAUFMANN gibt ebenso wie SCHILDER und andere an, ihr Eintritt erleichtere sich und ihre Tiefe verstärke sich durch Anwendung narkotischer Mittel vor ihrer Einleitung; so richtig dies ist, so wenig erscheint mir im allgemeinen ein therapeutisches Bedürfnis für ein derartiges Parforceverfahren vorzuliegen. In besonderen Einzelfällen mag man 3—5 g Paraldehyd zu Hilfe nehmen.

Das Fehlen absoluter Indikationen und die rein symptomatische Wirkung der Hypnotherapie.

Wissen wir somit, wen wir hypnotisieren können, so müssen wir fragen: warum erwählen wir gerade die Hypnose als das Vehikel unserer psychotherapeutischen Bestrebungen? Und hier muß deutlich gesagt werden: Eine absolute Indikation zur Anwendung der Hypnose ist niemals gegeben. Oder mit den Worten eines hervorragenden Nervenarztes: Wir haben viel von der Hypnose gelernt, vor allem, daß wir sie entbehren können (KRON). Wir fassen ja die Hypnose nicht als therapeutischen Selbstzweck auf, sondern nur als ein Vehikel unserer eigentlichen Absichten. Sie ist eine der vielen möglichen Formen, um die affektive Bindung des Kranken an seinen Arzt zu dessen Beeinflussung ärztlich auszunutzen. Und sie hat vor anderen Formen nur die Erlernbarkeit als schematische Technik voraus. Ebenso, daß sie auf Menschen von geringerem geistigem Niveau und mit handgreiflichen körperlichen Äußerungsweisen eines Leidenszustandes am meisten unter allen psychotherapeutischen Verfahrensweisen den Eindruck dessen macht, was der Laie sich als „Behandlung" vorstellt. Dieser Eindruck beruht auf jenen magisch-zauberischen Primitivismen des katathymen Denkens, an welche gerade die Hypnose appelliert. In solchen Fällen ist sie die Methode der Wahl; aber die Psychotherapie erschöpft sich auch in solchen Fällen nicht etwa in ihr, sondern stellt sie nur als ihr äußerlich prononciertestes Mittel in den Vordergrund ihrer Arbeit, deren Hintergründe, dem Kranken äußerlich nicht so merklich, viel wesentlicher für den Gesamtgang der seelischen Behandlung sind. Sie ist eines unter vielen Instrumenten der Psychotherapie — ein Instrument, welches der Arzt kennen und handhaben muß —, aber sie ist nicht etwa die Psychotherapie.

Somit kommen wir zur dritten Frage: Was gedenken wir durch die Hypnose zu erreichen? Es muß sogleich geantwortet werden: Es gibt Ziele — und das sind gerade die eigentlichen und wesentlichen — in der Psychotherapie, deren Erreichung die Hypnose allein niemals zu erzielen vermag: die wirkliche innere Bewältigung von Lebenskonflikten, die wirkliche innere Wandlung zum „Stärkersein" im Sinne unserer psychotherapeutischen Norm, die wirkliche innerliche Annahme von Lebensforderungen, das wirkliche innere Hinauswachsen über Schwächen der Charakterentwicklung, die der Verwirklichung der Lebensziele im Wege stehen. Die Psychoanalyse — in demjenigen Sinne, in welchem wir sie bejaht haben — führt uns auf unserem psychotherapeutischen Wege an die Wurzeln jener Konflikte und Anpassungsschwierigkeiten, die sich im Leidenserleben gestalten. Sie erwartet, daß mit der Bewußtmachung und seelischen Überwindung dieser pathogenen Momente auch die Folgezustände symptomatischer Art überwunden werden. Wir sahen schon, zu dieser Erwartung ist nicht ohne weiteres Grund vorhanden: erstens weil die bloße Bewußtmachung der Pathogenese noch nicht ihren Fortfall zu bedeuten braucht, sodann aber, weil gerade die körperlichen funktionellen Folgezustände psychischreaktiver und psychogener Art sich im Laufe ihres Bestehens sehr fest einschleifen und von dem lebendigen Zusammenhang mit ihrer Psychogenese loslösen können — man denke an alle chronisch-funktionellen lokalisierten Neurosen. Die Hypnose nun geht den umgekehrten Weg: sie reißt gleichsam die Fassade des Krankheitsbildes ein, ohne Rücksicht darauf, welche Psychogenese es gestaltet hatte. Sie ist also symptomatische Therapie. Man kann mit ihr niemals mehr erzielen als den Fortfall und die Ausschaltung von Symptomen. Diese Tatsache erklärt die vielfachen Rückfälle oder symptomatischen Neubildungen, die sich bei solchen Fällen einzustellen pflegen; die Psychogenese derartiger Bildungen ist ja erhalten geblieben. Insofern ist eine lediglich hypnotische Behandlung unbefriedigend; die Hypnose kann nur in Verbindung mit den analytisch-psychagogischen Methoden, die sich gegen die Wurzeln der Leidenszustände richten, angewandt werden.

Über Psychokatharsis oder hypnotisches Abreagieren.

Vielfach wird behauptet, daß es eine Ausnahme von der eben genannten Regel gäbe; es wird ein Verfahren empfohlen, dem kausaler Wirkungswert nicht abzusprechen sei und welches die Hypnose zum Träger hat. JANET schilderte schon 1889 die Heilung eines 19jährigen

Mädchens, welches an psychischen Hysterismen und psychogenen motorischen Anfällen litt, in Erregungszustände geriet, dämmerhafte kindliche Szenen halluzinierte und Angstzustände aufwies. JANET explorierte das Mädchen in einer hypermnesierenden Hypnose und fand als Auslösung dieses hysterischen Erlebens ein seelisches Trauma, welches das Mädchen im Alter von 13 Jahren erlitten hatte. Die Heilung gelang ihm nicht durch bloßes Wegsuggerieren der einzelnen Symptome; diese trotzten vielmehr lange Monate dem hypnotischen Einfluß. Darauf ließ er die Kranke in der Hypnose ins Alter von 13 Jahren zurückkehren und ihr seelisches Trauma noch einmal erleben; hierbei suggerierte er ihr einen anderen Verlauf des Vorgangs, als er wirklich gewesen war. Sofort schwand ein Teil der — offenbar in seelischer Abhängigkeit von diesem Trauma stehenden — Symptombildungen. JANET ermittelte noch zwei weitere seelische Erschütterungen, deren erste die Kranke im Alter von sechs Jahren betroffen hatte, und beseitigte sie auf die gleiche Art und Weise.

Es ist also nicht das Verdienst von BREUER und FREUD, diese Art des psychologischen Mechanismus der Entstehung und Heilung hysterischer Symptome zuerst gefunden zu haben, sondern sechs Jahre früher hat der große französische Seelenforscher bereits alles wesentliche davon gewußt. Immerhin haben BREUER und FREUD im Jahre 1895 den Wert der hypermnesierenden Hypnose und den Wert des Abreagierens seelischer Traumen in der Hypnose an sieben instruktiven Fällen bekannt gegeben. Freilich legen sie nicht den gleichen Wert wie JANET auf die geschickte suggestive Lenkung der Abreaktion. FREUD und später FRANK sahen in diesem therapeutischen Vorgang eine kausale Psychotherapie: die affektive Störung wurde gleichsam an der Quelle, den traumatischen Ausgangspunkten, angefaßt und beseitigt. Während FREUD von diesem Verfahren zur eigentlichen Psychoanalyse fortschritt — eine Stellungnahme, der man Konsequenz nicht absprechen kann —, blieb FRANK bei diesem Heilverfahren, der sogenannten Psychokatharsis, stehen. SIMMEL hat von den FREUDschülern das gleiche Verfahren bei traumatisch-aktuellen Neurosen des Krieges erfolgreich angewandt. Auch J. H. SCHULTZ hat es mehrfach als eine besonders wirksame Form kausaler Psychotherapie empfohlen.

Ich für meine Person habe trotz vieler Versuche von diesem Vorgehen nur recht Unzulängliches gesehen. Es setzt die Eignung der Kranken für eine Somnambulhypnose voraus; es setzt das Gelingen einer Hypermnesierung voraus; und es setzt voraus, daß Kranke in diesem Zustand die volle Freiheit affektiver, motorischer und sprachlicher Äußerung haben. Erfahrungsgemäß treffen diese Voraussetzungen nur in recht seltenen Fällen zu. Sodann aber ist es keineswegs so, daß immer bestimmte einzelne Erlebnisse von traumatischer Nachwirkung dem neurotischen Konflikte zugrunde liegen und ihn in psychogenen Symptomen symbolisieren. Dieser Einwand ist es ja, der FREUD von der „Psychokatharsis" fort und zur Psychoanalyse hingeführt hat. Die allgemeine Anwendungsbreite, die insbesondere FRANK diesem Verfahren zuteil werden läßt, ist daher eine durchaus künstliche, und die von ihm erzielten Erfolge sind größtenteils, vom kausal-therapeutischen Standpunkt aus gesehen, nur fiktive. Die Indikation für dieses Verfahren dürfte sich, von der persönlichen Eignung des jeweiligen Kranken abgesehen, daher auf das recht enge Feld der im eigentlichen Sinne „traumatischen" Neurosen beschränken. Und auch hier dürfte größte Vorsicht am Platze sein: das Wiedererleben eines psychischen Schocks in einem Ausnahmezustand des Bewußtseins bringt so hohe seelische Spannungen mit sich, daß Gefahren und schädliche Nachwirkungen nicht völlig außer dem Bereich der Möglichkeit liegen. Psychokatharsis ist daher wohl mehr ein Schlagwort, als eine wirklich allgemein anwendbare psychotherapeutische Methode.

Die Abgrenzung des Anwendungsbereiches.

Die Symptomgebiete, auf denen die Hypnose sich bewährt, sind in erster Linie diejenigen der Psychogenie. Dies bedarf nach dem früher Gesagten keiner Begründung. Ferner eignen sich dem hypnotischen Zugriff vor allem die funktionellen körperlichen Vorgänge, welche wir als Begleiterscheinungen oder Ausdruckserscheinungen emotiven Geschehens sowie als deren Fixationen kennengelernt haben. Freilich gilt diese Eignung nicht von allen derartigen Symptomen in gleicher Weise. Je mehr die psychisch-reaktive Note in ihrem Zustandekommen deutlich ist, um so besser gelingt die hypnotische Überwindung; je mehr es sich um Habitualformen „objektivierter" Art (in unserem früheren Sinne) handelt, um so leichter können Versager auftreten.

Es hängt auch viel von der jeweiligen Bereitschaft ab, aus Gründen der Konstitution in bestimmte funktionelle Störungstypen zu verfallen. Die endokrinopathisch-vegetative Stigmatisierung einer Konstitution läßt sich in ihren Äußerungsformen durch die Hypnose nur zeitweilig und ohne Sicherung vor Rückfällen ausschalten. Man kann z. B. bei jenen Tachykardien, bei denen basedowoid-toxogene und psychisch-reaktive Komponenten zusammenwirken, mit der Hypnose wohl immer nur vorübergehende symptomatische Erfolge erzielen; das gleiche gilt von bestimmten Typen intestinaler, respiratorischer und sekretorischer Neurosen. Auch in solchen Fällen ist daher die Hypnose ohne die Mitwirkung physiotherapeutischer Maßnahmen keine ausreichende Behandlung. Je größer die allgemeine psychisch-nervöse und vasovegetative Labilität ist, um so schönere Erfolge wird man auch bei nichtpsychogenen Symptomen auf hypnotischem Wege erzielen.

Endlich kommt noch ein ganzes Bereich psychischer Symptome im Leidensbilde für die Hypnose therapeutisch in Frage: und zwar sowohl die psychogenen als die psychisch-reaktiven Erscheinungen emotioneller Art und ihre Ausgestaltung; von letzteren insbesondere die Angst- und Zwangssymptome.

Wachsuggestionstherapie.

Bevor wir auf einige technische Einzelheiten der speziellen Verfahrensweisen kurz eingehen, muß noch erwähnt werden, daß ganz die gleichen Indikationen wie die Hypnose auch diejenige Form der direkten Wachsuggestion aufweist, die in der Art ihrer Erteilung den hypnotischen Verfahrensweisen besonders ähnlich ist. Diese Wachsuggestivtherapie im engeren Sinne nehmen wir also der eigentlichen Psychagogik ebenfalls vorweg und schließen sie hier an; sie kommt in Frage bei Kindern unter zwölf Jahren und bei Menschen, bei denen der hypnotische Zustand aus irgendwelchen Gründen nicht erzielt werden kann oder soll. In der Praxis gehen Hypnose und Wachsuggestion dieser Art eine besonders innige psychotherapeutische Verflechtung ein. Zu ihnen gesellt sich auch die larvierte Suggestion in Form körperlicher Anwendung, sei es physikalischer, elektrischer oder arzneilicher Maßnahmen. Wie jeder Arzt weiß, haftet den einzelnen Arzneimitteln außer ihrer pharmakodynamischen Wirkung immer jeweils noch eine suggestive Wirkung an, deren Art aus der affektiven Einstellung des Leidenden zur Arznei überhaupt, und zu der verordneten Arznei im speziellen auf Grund früherer individueller Erlebnisse, hervorgeht. Für gewöhnlich steht sogar diese larviert-suggestive Wirkung der Arzneimittel in umgekehrtem Verhältnis zu ihrer pharmakologischen Brauchbarkeit: sie hängt ab von der Art der Aufmachung, der Reklame, dem Namen mit unbestimmt geheimnisvollen Gefühlsanklängen („Rad-Io“, „Satyrin“) und ähnlichen Äußerlichkeiten, von der Art der Verordnung usw. Der Arzt hat durchaus das Recht, solche Imponderabilien irrationaler Art in den Dienst psychotherapeutischer Wirkungen zu stellen. Natürlich soll er aber nicht etwa Schwindelpräparate aus derartigen Motiven heraus verordnen: hier ist Berufsethik und Verantwortlichkeitsgefühl ein sicherer Wegweiser.

Über die sogenannte Autosuggestivtherapie, die neuerdings von Coué und Baudouin wieder in den Vordergrund gestellt wurde, handeln wir an anderer Stelle (S. 276).

Literatur s. Kap. 9.

9. Psychotherapeutische Anwendungsweisen.

Funktionelle Motilitätssyndrome.

Werfen wir nunmehr einen Blick auf die einzelnen in Frage kommenden Syndrome und die Art ihres psychotherapeutischen Angehens, so ergibt sich für die groben, oftmals monosymptomatischen Funktionsstörungen der Motilität folgendes: psychogene Lähmungen weichen stets einem einmaligen, akuten Energieaufwand. Man muß in der Hypnose oder auch ohne dieselbe die gelähmten Glieder überrumpelungsartig so zur Funktion bringen, daß die aktive Innervationsmöglichkeit dem Leidenden schlagartig deutlich wird. Ob man die brutaleren Methoden des „Gewaltexerzierens" nach KAUFFMANN mit dem im Hintergrund drohenden „elektrischen Strome" anwendet oder mehr geheimnisvolle Manipulationen („Einspritzungen von nervenbelebenden Mitteln"), oder ob man die Tiefschlafhypnose anwendet: in jedem Falle muß der Kranke dazu kommen, etwa beim unwillkürlichen Mitgehen bei raschen passiven Bewegungen des gelähmten Gliedes durch den Arzt plötzlich zu fühlen: es bewegt sich wieder, ich bekomme es wieder in meine Gewalt. Ähnlich ist es bei Astasie-Abasie, auch bei psychogenen Spasmen und Kontrakturen ohne organische Sekundärdeformierungen. Die Aphonie weicht bei wachsuggestiver elektrischer Behandlung besser als in der Hypnose; gerade bei ihr kommt es besonders auf den überfallartigen Charakter des therapeutischen Vorgehens an: man erziele etwa durch einen unvermuteten galvanischen Schlag einen Überraschungs- oder Schmerzlaut, den man sofort mit dem Kommando „lauter" wiederholt fordert. Erfolgt er, so ist die Aphonie nach wenigen Suggestionen behoben, erfolgt er nicht, so lockt der Strom ihn aufs neue heraus. Stets ist die Erzielung stärkster Erwartungsspannung auf den Erfolg eine Vorbedingung desselben. Tremor, Tics und ähnliche Störungen der motorischen Innervationsregulierung bedürfen sorgsamer Kombination von direkter und larvierter Wachsuggestion, allgemeiner Ermutigung und Übung sowie hypnotischer Gefügigmachung. Natürlich ist zur Dauerheilung immer die finale Tendenz der Psychogenie therapeutisch zu berücksichtigen; dies lehrt uns die später geschilderte Psychagogik, innerhalb deren die hypnotisch-suggestive Symptomvernichtung nur ein Teil ist.

Als Beispiele führe ich die typischen Behandlungsweisen von zwei besonders häufigen Störungen an, mit denen der Arzt gerade in der Sprechstunde zu tun hat: das Stottern und den Schreibkrampf.

Das **Stottern** ist mannigfach deutbar: als „spastische Koordinationsneurose" (KUSSMAUL), also ähnlich wie Tremor und Tic — oder mit gleichem Rechte als „Beschäftigungsneurose" (DUCHENNE) wie Schreibkrampf, Klavierkrampf usw. — oder nach der „Lokalisation" als Organneurose. Man sieht wieder die Unzulänglichkeit derartiger äußerer Einteilungen. Natürlich muß man der deskriptiven Abgrenzung des Sprachfehlers von organisch bedingten Dysarthrien sicher sein, die meist auf den ersten Blick erkennbar ist, aber in einzelnen Fällen unmöglich sein kann (MAAS). Man hat sich viel um beschreibende Analyse dieser Sprechstörungen bemüht (GUTZMANN): die angegebenen Unterschiede lassen höchstens zu, das Stammeln, d. h. die fließende Sprache mit Fehlen einzelner bestimmter Laute, vom Stottern zu trennen. Wesentlich ist in beschreibender Hinsicht allein, daß beim Sprechen „unwillkürliche", durch funktionelle Spasmen bedingte Stockungen und Hemmungen auftreten. Die innervatorischen Behinderungen betreffen den Atemtypus, die Phonation und die Artikulation. Ihre Kombination ergibt den jeweiligen deskriptiven Typ des Stotterns, meist ausgestaltet durch sekundäre Mitbewegungen und Fehlinnervationen, besonders der expressiv-mimischen Muskelgebiete.

Der Stotterer ist in der Regel auch sonst neuropathisch stigmatisiert. Oft lernt er schon als Kind spät und dann nur stotternd sprechen (Schwachsinn, Debilität, psychopathische Erregtheit) — aber in der Entwicklung späterer Jahre ist dies zuweilen anscheinend völlig ausgleichbar, bis auf die bleibende Disposition zum Rückfall bei Gelegenheitsursachen. Bleibt die Sprechstörung aber von Beginn des Sprechenlernens an ohne Besserung bis über die Pubertät hinaus bestehen, so bietet sie jeder Psychotherapie eine ungünstige Prognose.

Weit häufiger ist es, daß das Kind zwar richtig sprechen lernt, aber das Gelernte bei irgendeiner Gelegenheit wieder „verlernt" und stottert. Neben Schwäche und Erschöpfung (schwere Infektionen, allgemeine Körperschwäche) — die aber vermutlich auch vorwiegend psychisch-reaktiv einwirken — sind es vor allem seelische Momente, emotive Traumen, die dazu beitragen: Angst, Schreck, Furcht, mit sekundären Fixierungsmechanismen dispositioneller oder situativer Art. Etwas später gibt das Erleben des Komplexes „Schule" den Rahmen für solche Rückfälle: „Überarbeitung", Strenge des Lehrers oder einzelne Situationserlebnisse bei sensitiven, schüchternen, schwerfälligen, unbeholfenen Naturen. Häufig ist Beginn in der Pubertät — in „unbewußten" seelischen Verhakungen mit dem Triebleben. Nach der Pubertät tritt nicht selten, mit der allgemeinen Festigung des Selbstgefühls, überraschende Besserung des Stotterns auf. Bei psychopathischen Kindern gibt es ein Nachahmen des Stotterns durch seelische Induktion. Beim Erwachsenen kommen Rückfälle nach seelischen Traumen und seelischer Belastung, insbesondere wenn er als Kind schon einmal gestottert hat.

Bis auf die prognostisch ungünstige erste Gruppe nehmen wir also, im Gegensatz zur herrschenden Richtung GUTZMANNS, der die psychischen Momente „immer nur für sekundär" erachtet, eine affektive

Psychogenese der Sprechstörungen in jedem Falle an. Freilich liegt ein körperliches Entgegenkommen lokalisierter Art fast immer zugrunde. Es handelt sich immer um sensitive Menschen von geringer Selbstsicherheit, die sich auch sonst charakterogen ausbaut. Der Sprechfehler ist nur ein, äußerlich besonders bemerktes, Syndrom dieser psychischen Artung. Wir sehen in ihm einen psychogenen Sperrungs- und Konversionsmechanismus, der habituell geworden ist und sich von seiner Psychogenese völlig verselbständigt abgelöst hat. An dieser Verselbständigung des habituellen Stotterns liegt es auch, daß die Psychotherapie es häufig nicht zu beseitigen vermag. Man kann ein gewisses Kriterium dafür aufstellen, wie stark die Beziehungen zur Psychogenese noch mitwirksam sind: wenn nämlich das Stottern bei affektiver Erregung zunimmt — etwa im Gespräch mit Vorgesetzten, mit Personen des anderen Geschlechts, oder wenn das Ablesen besser geht als das freie Sprechen. In solchen Fällen liegt die psychotherapeutische Situation günstiger. Dennoch hat auch sie nur in langer Arbeit Erfolg; Rückfälle und Versager sind nicht selten. Aus dem Gesagten zeigt sich ganz deutlich, daß eine Beschränkung der Psychotherapie auf das Stottern, ohne verständnisvolles Eingehen auf die ganze psychische Persönlichkeit, ihre latenten Konflikte und ihre psychischen Möglichkeiten, etwas völlig Äußerliches wäre. Psychoanalytische und psychagogische Arbeit ist also unumgänglich. Jedoch wird sie die eingeschliffene Habitualform des Stottermechanismus allein nicht auflösen können. Wir beschränken uns hier auf diese symptomatische Behandlung des Stottermechanismus. Man hat in weitem Ausmaß Übungsbehandlung empfohlen. Man zerlegt das Sprechen übungsmäßig in seine drei Komponenten. Man übt die Respiration: kurzes Einatmen, langes langsames Ausatmen unter sparsamer Luftverwendung. Man übt die Phonation, indem man den Stimmeinsatz bei der Vokalgebung vom leisen Hauch allmählich anschwellen läßt, bis voller Klang da ist. Man übt die Artikulation, indem man die schwierigen Konsonanten durch bestimmte Hilfstechniken leichter artikulierbar macht. So läßt man b, g, d durch Vorsetzen von m oder n artikulieren; bei stammelndem k oder l läßt man ng oder n sprechen und übt das Heben des Mundbodens, indem man gleichzeitig die Nase zuhält; bei fehlendem r (in der Regel wird l statt r gesprochen) läßt man den Doppellaut td üben; lispelndes s korrigiert man durch geeignete Fixierung der Zunge vor dem Spiegel.

Zu dieser ganzen Übungsbehandlung ist zu bemerken: ihr haftet der Nachteil äußeren Mechanisierens an. In den Anfangsstadien macht sie den Übenden noch unsicherer hinsichtlich seiner Sprechtätigkeit; und später konzentriert sie ihn dauernd auf eine sprachliche Selbstbeobachtung erwartungsneurotischer Art, die, wie wir gesehen haben, sehr ungünstig ist, insofern als sie die Basis erhöhter Fixierung des

Leidens abgibt. Die Erfolge sind denn auch, trotz aller gegenteiligen Behauptungen, recht unsichere und geringe.

Dennoch steckt in den Übungsanweisungen ein guter Kern. Man kann sie nämlich im Gewande von Suggestionen erteilen. Sie können also, ohne daß eine „Übung" im eigentlichen Sinne stattfindet, innerhalb der hypnotischen Behandlung eine bedeutsame Rolle spielen.

Jeder Stotterer, den ich gesehen habe, war hypnotisierbar. Das ist bei der Art dieser psychischen Persönlichkeiten nicht verwunderlich. Man wird also im Rahmen der gesamten Psychotherapie zur Hypnose greifen. Die Suggestionen gehen auf eine Sicherung des Selbstgefühls im allgemeinen, auf eine des sprachlichen Könnens im besonderen. Immer suggeriere man: „Die Worte kommen ganz von selbst aus dem Munde; Sie denken überhaupt gar nicht daran, wie Sie sprechen." Dann läßt man zum Beweis der eingetretenen Suggestivwirkung sprechen, und zwar noch in der Hypnose. Man läßt zunächst eingefahrene Reihen — etwa die Zahlenreihe — hersagen. Dies geht fast immer glatt. Nun ist das Sicherheitsgefühl des Stotternden bereits gewachsen. Und nun läßt man die Übungen, die wir oben beschrieben haben, in Form von Suggestionen je nach Lage des Falles ausführen, wobei sich sehr rasches Gelingen zeigt. Jeder erreichte Erfolg wird posthypnotisch-suggestiv fixiert. Dann gelangt man zu Worten und Sätzen von immer schwierigerem Charakter. Bereits nach wenigen hypnotischen Sitzungen ist eine auffallende Besserung da. Dann freilich beginnt erst der eigentliche Kampf mit der eingeschliffenen Habitualform des fehlerhaften Sprechens, und dieser dauert unter Umständen jahrelang. Er wird in hypnotischen Sitzungen nach vorangegangener Abreaktion in Abständen von mehreren Wochen durchgeführt. In der Regel kommt es hier, ebenso wie bei Tics usw., so, daß der Behandelte nach etwa zehn Hypnosen die Anweisung erhält, er sei jetzt gesund, solle aber sofort bei der Gefahr des Rückfalls zur Behandlung zurückkommen. Es zeigen sich dann je nach Lage des Falles Intervalle guten Sprechens von der Dauer einer Woche bis zu der eines Jahres.

Schreibkrampf und Beschäftigungsneurosen. Der Schreibkrampf soll uns hier nicht hinsichtlich seiner physiopathischen Grundlagen interessieren, sondern lediglich im Hinblick auf die psychogenetischen Momente. Was von ihm gilt, das gilt mutatis mutandis von allen Beschäftigungsneurosen. In allen Fällen findet sich unter seinen psychischen Komponenten eine mehr oder minder deutliche Abwehrtendenz gegen aktuelle emotive Schädigungen des Berufes, von Interesselosigkeit und Langeweile bis zur Furcht, in demselben zu versagen. Die Störung ist seelisch überdeterminiert: in der Regel leben sich auch noch andere Konfliktseinstellungen, von tieferer Latenz, in bezug auf Lebensfragen und häufig auf Sexuelles symbolisch darin aus. Schon der Charakter der Erkrankten gibt einen Hinweis darauf: in allen meinen Fällen waren es pedantische, übertrieben gewissenhafte Menschen von geringem Selbstgefühl; und hier wird die finale Tendenz der Störung, ihr Schutz- und Vorwandcharakter, deutlich. Die beginnende Störung wird erwartungsneurotisch verstärkt und fixiert und durch allerhand „Behandlungsmethoden" noch kompliziert: — es werden allerhand monströse Federhalter benutzt, die unter irgendeiner törichten scheinphysiologischen Doktrin konstruiert sind, oder es wird eine neue Art zu schreiben gelernt, wobei Hand und Fingerhaltung noch verkünstelter werden. Es zeigt sich auch hier wieder, wie falsch es wäre, diese Störung nur bei ihren äußeren Symptomen anzufassen. Dennoch muß gleichzeitig mit einer psychoanalytischen und psychagogischen Umbildung der Persönlichkeit auch die Fassade des Symptoms zertrümmert werden. Hierzu helfen hypnotische oder wachsuggestive „Entspannungen" der in Frage kommenden Muskelgebiete; natürlich muß das Schreiben zunächst verboten werden. Es hat sich mir bewährt, unmittelbar nach den Hypnosen eine fixierende Binde um das Handgelenk zu legen („Fechterbinde") und „mit dem ganzen Arm" Schreibintentionen innervieren zu lassen. Nach kurzer Zeit stärkt sich an solchen Äußerlichkeiten die innervatorische Selbstsicherheit; und das Symptom tritt zurück. Ähnlich liegen die Dinge bei den verschiedenen stimmlichen Versagern von Künstlern, von der Detonierung bis zum Stimmritzenkrampf. Ebenso ist bei spastischen Tremorformen psychisch-reaktiver Art die Entspannungsübung systematisch und methodisch durchzuführen.

Motorische Anfälle. Den motorischen Anfall auf psychogener Grundlage und als Habitualform psychisch-reaktiver Art bei vasalvagotonischen und epileptoiden Konstitutionstypen kann man hypnotisch kupieren. Ist er bereits eingetreten, so wird dies nur in den rein hysterischen Fällen gelingen — man tut gut, ihn in einen Schlafzustand überzuführen.

Sogenannte Reflexneurosen.

Schließen wir einige Beispiele sogenannter Reflexneurosen hier an, ohne zu übersehen, daß diese Bezeichnung fast niemals zutrifft, und auch im zutreffenden Falle nur auf Unwesentliches gerichtet ist. Reflektorische Spasmen äußern sich im engen Zusammenhange mit emotionalen Ereignissen nicht selten als Schluckbeschwerden, Schlingkrämpfe, Erbrechen usw. Es spricht sehr für die tiefe Begründung Freudscher Ansichten, wenn auch der unvoreingenommene Beobachter feststellen muß, daß hinter dem aktuellen traumatischen Moment stets sexuelle Verdrängungen und Konflikte wirksam waren — meine Fälle, sämtlich weiblichen Geschlechts, boten alle diesen Befund. Eine andere Frage ist freilich, ob man in solchen Fällen psychologisch immer in der Lage ist und gut daran tut, dem Leidenden ein Bewußtsein um diese Dinge zu verschaffen. Aus sozialen und konventionsmoralischen Gründen kann das sogar schädlich sein. Ein vernünftiges hypnotisches Regime ist schon deswegen nötig, um der Gefahr von Ernährungsstörungen raschestens vorzubeugen; man kann damit nicht soviel Monate warten, bis die orthodoxe Psychoanalyse endlich zu ihrem Ziel gelangt. Man hüte sich aber vor Brutalisierungen des Leidenden: etwa indem man ihn in der Hypnose etwas schlucken läßt, um ihm seine Fähigkeit zu demonstrieren. Das kann üble Folgen haben. Man bedenke immer, daß die Störung ihre tiefe seelische Notwendigkeit in den Voraussetzungen im Leidenden hat, und nutze daher die Hypnose vorwiegend in der Richtung aus, daß man den Behandelten sein inneres Freiwerden und Überlegenwerden suggestiv erleben läßt.

Zu den Reflexneurosen zählen auch diejenigen Asthmaformen, deren neurogener Ursprung feststeht. Von diesen sind keineswegs alle psychisch-reaktiv fundiert oder auch nur ausgelöst, wenngleich wohl alle von starken emotionalen Erscheinungen begleitet werden. Ohne vorwiegende Behandlung der speziellen endokrinopathischen Verfassung, des nervös-vegetativen Status und des lokalen Befundes bleibt die Asthmatherapie immer eine Pfuscherarbeit. Andererseits darf die Psychotherapie nicht übersehen werden. Es gibt Fälle, wo gerade wie beim motorischen Anfall die asthmatische Attacke eine bereitliegende Habitualform für alle seelisch-reaktiven Konversionen darstellt. Besonders gern wird sie zum symbolischen Ausdruck der Unzufriedenheit, des Leidens an unerfüllten Bedürfnissen, des Minderwertigkeitsgefühles. Ein junger Künstler mit ganz eingewurzeltem bronchiogenem Asthma verfiel regelmäßig in eine Attacke, sobald er, in einer hoffnungslosen Liebe befangen, daran denken mußte, wie unglücklich er eigentlich sei. Es zeigten sich tiefgehende Überdeterminationen für das Festhalten an dieser Liebesbindung. Psychisch konnte er so frei gemacht werden, daß solche situativ-emotionellen Asthmaanfälle ausblieben. Die prophylaktische Hypnose verfing aber erst, als die Konflikte analytisch und anagogisch von ihm überwunden worden waren.

Nervöse Potenzstörungen.

Man kann auch die nervösen Potenzstörungen in dieses Gebiet rechnen, obwohl der physiologische Mechanismus für ihren Aufbau das am wenigsten Bedeutsame ist. Sie sind zugleich ein Beispiel für die zwittrige Natur des Begriffes der sogenannten Organneurosen überhaupt. Bei der Bedeutung, die sie für die ärztliche Praxis haben, seien ihnen einige Darlegungen gewidmet. Lange Zeit waren sie das Feld lokalistisch-urologischer Auffassung und lokalistisch-ätiologischer Einstellungen. Aber die überwältigende Mitwirkung seelisch-reaktiver und psychogener Bedingungen in ihrer Pathogenese ließ sich auf die Dauer nicht verkennen. Immerhin bleibt das Problem, warum sich diese gerade am Geschlechtsapparat manifestieren, und zwar in denjenigen funktionellen Eigenarten, die als typische, immer wiederkehrende lokale Krankheitsbilder erscheinen. Die abartige seelische Verarbeitung des Bewußtseins der Geschlechtlichkeit und ihrer Aufgaben reicht zur Erklärung nicht immer voll aus. Es müssen außerseelische Bedingungen hinzukommen, welche diese besondere Eigenart der funktionellen Objektivierung begünstigen. Solche finden wir in den allgemeinen konstitutionellen Faktoren, auf welchen die Bereitschaft zu derartigen Reaktionen sich aufbaut: asthenischer Habitus mit verschiedener Stigmatisierung, im Sinne von Infantilismen, oder mit Tendenz zu eunuchoidem Hochwuchs, oder mit spasmophiler oder basedowoider Eigenart — letzteres beides insbesondere bei der Ejaculatio praecox, dem Pollutionismus und den Hypersekretionen im ganzen Geschlechtsapparat. Aber auch Andeutungen in Richtung der Hypothyreose oder einer Insuffizienz des Hinterlappens der Hypophyse kommen vor. Diese Konstitutionsmerkmale sind meist nicht voll ausgebildet; aber auch bei nur andeutungsweisem Vorhandensein schaffen sie jene Labilität, auf deren Boden seelische Hemmungen und Beeinflussungen gerade der Sexualfunktionen besonders leicht wirksam werden. Natürlich ist ferner die allgemeine Widerstandskraft des Nervensystems und der Grad seiner reflektorischen Erregbarkeit oder Erschöpfbarkeit wichtig. Hier zeigen sich die Wirkungen der allgemeinen Körperverfassung, insbesondere die des Kreislaufs; toxische und infektiöse Momente können noch eine spezifische funktionelle Bereitschaft zu Potenzstörungen hinzubringen, wie man dies vom Tabakmißbrauch festgestellt hat. Auch andere konstitutionelle Störungen: Diabetes, Arthritismus, frühe Arteriosklerose, Fettsucht stehen nach meinen Erfahrungen in Zusammenhang mit der Disposition zu genitalen Funktionsstörungen. Hierzu treten, in ihrer Bedeutung sehr umstritten, die lokalen Dispositionen im Sexualapparat selber. Ich persönlich bin, an Hand großer Erfahrung, der Überzeugung, daß deren Einfluß weitaus überschätzt zu werden pflegt. Ja ich glaube, vor der urologisch beliebten Annahme von „Reizzuständen" in der Harnröhre, im Prostatagebiet, in den Ductus ejaculatorii usw. warnen zu sollen. Das Caput gallinaginis wird oft zu Unrecht malträtiert! Wo Entzündungen vorangingen oder latente örtliche Infektionen fortbestehen, da kann diese Auffassung von der lokalen Disposition zwar zu Recht bestehen; allein auch in solchen Fällen ist das sexuelle Versagen fast stets eine seelische Folge der überstandenen Infektion, nicht eine körperliche. Nicht jede Prostata ist „vergrößert", weil der Untersucher erwartungsmäßig auf diesen Befund eingestellt ist. Und nicht jede ist in einem Reizzustande, weil der ängstliche Patient ihre Palpation als Schmerz empfindet. Andererseits können sich Urethrorrhoe, Prostatorrhoe, Pollutionismus und Spermatorrhoe auch ohne jeden vorhergehenden lokalen Reizzustand auf rein seelischer Grundlage bis zu Graden entwickeln, von denen man dies kaum zu glauben vermag. Natürlich ändern sich mit dem Eintritt der Störung die örtlichen Innervationsverhältnisse, welche die Durchblutung und die Abfolge von Erektions- und Ejaculationsreflex regeln. Sie fixieren sich im Sinne der Störung, schleifen sich ein und machen das Syndrom im Laufe der Zeit von psychischen Momenten immer unabhängiger.

Die seelischen Bedingungen liegen in den Gestaltungen des Charakters. Man findet stets starke Gefühlsansprechbarkeit und Gefühlsnachwirkung bei unsicherem Selbstgefühl, Neigung zu Schüchternheit und Befangenheit, oftmals mit einer Tendenz zu erwartungsneurotischer oder hysteriformer Fixierung von seelischen Schädigungen oder Befürchtungen. Bisweilen sind diese Züge durch ihr scheinbares Gegenteil überkompensiert: Schneidigkeit und übertriebene Pose, scheinbare Energie und korrekte Würde. Hinter diesen Masken findet man aber leicht die weiche und leitbare Sensitivität. Die Erlebnisfaktoren liegen zum Teil auf frühkindlicher Stufe und machen psychoanalytische Behandlung in jedem einzelnen Fall notwendig. Sie laufen fast immer auf besondere Einflüsse hinaus, welche die elterliche Erziehung und die affektive Bindung des Kindes an die Eltern zeitigt oder für später in Bereitschaft stellt. Wie im einzelnen der Ödipuskomplex von diesen frühkindlichen Entwicklungen passiert wird, welche Verdrängungen keimhafter sexualer Teiltriebe stattfinden und welche Entwicklungen gegenüber dem Problem der Geschlechtlichkeit überhaupt auf diese Weise vorgebildet werden, ist individuell verschieden. Man achte besonders auf die gerade in solchen Fällen vielfach nicht wegzuleugnenden Wirkungen des Kastrationskomplexes. Es bleibt nach diesen Einflüssen eine latente Nachwirkung in Form einer gewissen Sexualscheu bestehen. Diese äußert sich nach vollendeter Reifung in Ängstlichkeit vor dem Weibe und vor dem Geschlechtlichen als einer Aufgabe, deren Bewältigung in Zweifel gestellt wird. Mit ängstlicher Erwartung, Unsicherheit und oftmals mit Minderwertigkeits- und Schuldgefühlen tritt der Mensch an diese Aufgabe heran. Wird sie aktuell, so treten akut auslösende Erlebnisfaktoren situativer Art auf. Der Weg der Kohabitation ist nun versperrt. Häufig findet sich hypochondrischer Ausbau, meist in Anknüpfung an die Onanie des Pubertätsalters. Mit breiten Zonen geht dieses Syndrom in die Bilder der allgemeinen Psychoneurose über. Zuweilen finden sich Zuspitzungen, die besonders schonungsvolle seelische Führung verlangen, oftmals auch ihr trotzen: die Hemmung gegenüber der eigenen Ehefrau bei erhaltener Potenz gegenüber allen anderen Frauen, und ähnliches.

Die Behandlung ist in erster Linie, gemäß diesem Strukturaufbau, eine psychotherapeutische. Psychoanalyse ist nirgendwo angebrachter. Aber auch die direkte Suggestion und die Hypnose werden nicht entbehrt werden können. Larvierte Suggestionen binden sich ferner an körperlich-therapeutische Maßnahmen und stellen, durch das Vertrauen auf die Arzneiwirkung, die ängstliche Erwartungsneurose allmählich im Sinne der Therapie um. Was die direkte Suggestion anlangt, so ist nach dem Gesagten in der Regel eine erhöhte Suggestibilität leicht erzielbar, in einem großen Teil der Fälle auch eine hypnotische Ansprechbarkeit. Lediglich diejenigen Fälle, bei denen eine gesteigerte Selbstbeobachtung und Zweifelsucht vorliegt, werden hier Schwierigkeiten machen können. Das Wesentliche ist die Erzielung völliger Ruhe und Entspannung und gesteigerter Beeindruckbarkeit. Es kommt weniger auf die äußere Form als auf das seelische Regime von Suggestionen an, die eine Art von systematischer Erziehung zu Selbstbewußtsein und Selbstsicherheit, zum Abstand gegenüber der geschlechtlichen Anforderung selber darstellen oder vorbereiten sollen. Die Loslösung der Kranken von ihrer eigenen ängstlichen Selbstbeobachtung, ihre Hinwendung zum Weibe, ihre Erziehung zur Freude am Erfolge müssen durch Einordnung dieses Regimes in den Rahmen einer Psychagogik mit allen Mitteln individueller Einfühlung angestrebt werden. Die Unschädlichmachung der für die Symptomentstehung bestimmend gewesenen Einflüsse muß bis ins einzelne erfolgen.

Man regele die Lebensführung. In sexueller Hinsicht wird man die erektiv Gehemmten anders hygienisch einstellen müssen als die an Ejaculatio praecox Leidenden: Ersteren wird nach bekannter Vorschrift die geschlechtliche Vereinigung für längere Zeit verboten sein, letztere werden im Gegenteil zum Versuch einer absolut regelmäßigen sexuellen Lebensführung mit Offenheit und Freimut anzuhalten sein, um nicht durch sexuelle Abstinenz die geschlechtliche Spannung und Erregbarkeit zu steigern und das Symptom zu verschärfen. Von örtlichen Maßnahmen sollte nur in geringem Umfang Gebrauch gemacht werden. Sie haben sich auch da, wo sie an sich berechtigt waren, für die seelische Lösung des Kranken von der Organneurose immer wieder als hemmend erwiesen. Die Ätzung des Samenhügels und in gewissem Grade auch die Massage der Prostata lenken die Aufmerksamkeit der Kranken allzu stark auf den von ihnen vermuteten Sitz der Erkrankung, kommen latenten Kastrationstendenzen der frühkindlichen Einstellung symbolisch entgegen und bestätigen die falsche Überzeugung, daß im Geschlechtsapparat selber etwas krank sein müsse. Bei der Ejaculatio praecox lassen sich lokale Bäder, kühlende Klysmen und Kühlsonden wohl nicht immer umgehen. Die arzneiliche Behandlung der letzteren beschränke sich auf Sedativa zur Dämpfung der erhöhten Reflexerregbarkeit. Kombiniert sich diese Störung mit erektiver Hemmung, so ist zunächst die Behandlung des vorzeitigen Samenergusses geboten; erst nach deren Beendigung gehe man die erektive Hemmung an. Die Behandlung der Ejaculatio praecox erfordert große Geduld und Ausdauer und ist keineswegs immer erfolgreich.

Viel günstiger liegen die Verhältnisse bei der erektiven Hemmung, die durch aktive zielstrebige Behandlung in der Regel in wenigen Wochen behoben werden kann. Die medikamentöse Behandlung richte sich auf eine allgemeine Tonussteigerung im Nervensystem, auf eine Steigerung der reflektorischen Erregbarkeit bzw. eine Senkung der Reizschwelle reflexogener Zonen, sowie auf eine Änderung in der lokalen Durchblutung der Genitalorgane und ihrer Spinalzentren. Man gebe dem Leidenden das Mittel nicht etwa selbst in die Hand, denn er neigt aus ängstlichem Selbstmißtrauen zum Mißbrauch desselben. Nach dem ersten Erfolge ist das Gespenst meist dauernd gebannt. Bei matrimonialer Impotenz tritt diejenige psychagogische Führung in ihr Recht, die bei Zwangserscheinungen stattfinden soll.

Nach dem gleichen Schema ist auch der seltene und therapeutisch schwer zugängliche Aspermatismus FÜRBRINGERS, die Trennung von Erektion und Ejaculation und das Ausbleiben der letzteren in actu, anzugehen. Charakterogene Momente und sexuelle Verdrängungen spielen in diesem Bilde — nach den vier von mir behandelten Fällen zu urteilen — eine gewaltige Rolle in Verbindung mit zwangsneurotischen und erwartungsneurotischen Dispositionen.

Gynäkologische Funktionsstörungen.

Es sei hier nur kurz erwähnt, daß für die unzähligen gynäkologischen Affektionen funktioneller Art genau die gleichen grundsätzlichen und therapeutischen Erwägungen zu gelten haben, wie wir sie für das Gebiet männlicher Funktionsstörungen am Genitaltraktus angestellt haben. Ja, für das Weib gelten diese Erwägungen mit noch zwingenderer Kraft. Liegt es doch im Wesen der Weiblichkeit, psychische Leidenszustände, Konfliktserlebnisse und das gesamte emotionale Erleben überhaupt körperlich in diejenigen Erscheinungen und Vorgänge zu projizieren, welche die Träger der spezifisch weiblichen Funktionen sind und daher besondere Symbolisationen dafür abgeben. WALTHARD, FÜTH und W. LIEPMANN haben von den neueren Gynäkologen die Schranken operativen Spezialistentums mit seinen körperlichen Mittelchen und Scheinmittelchen am energischsten nach dieser Richtung hin durchbrochen. Es wird Zeit, daß die Gynäkologie sich von einer Lehre weiblicher Sexualfunktionen zu einer solchen von den psychophysischen Dynamismen der Weibhaftigkeit überhaupt wandelt. In diesem Sinne sehen wir in LIEPMANNS Versuch, typische „psychoorganische Korrelationen" des weiblichen Organismus aufzustellen und in ihrer symptomgestaltenden Bedeutung zu erfassen, ein verheißungsvolles Anzeichen. Hierzu kommt die Beurteilung der Milieufaktoren, die für das Weib in unserer sozialen Ordnung typisch und bestimmend sind: anstrengende Berufspflicht, womöglich zugleich mit Hausfrau- und Mutterpflichten ohne die Möglichkeit genügender Erholung und Ruhe, materielle Sorgen, Abhängigkeit von den Eigenarten des Ehemannes oder der sonstigen Umgebung; endlich und vor allem die spezifisch weiblichen Sexualkonflikte. Die Angst vor der unehelichen Schwangerschaft, der Kampf zwischen Mütterlichkeitswünschen und Gebärfurcht, die Enttäuschungen weiblicher Erotik durch die nüchterne und oft brutale Wirklichkeit, direkte sexuelle Insulte dürften die häufigsten Auslösungen darstellen. Hinzu kommt, daß, wie schon LIEPMANN hervorgehoben hat, das Weib eine weitaus stärkere Einengung seiner erwartungsmäßigen und beobachtenden Einstellung auf die eigenen Körper- und Geschlechtsvorgänge aufweist, als der Mann. Dadurch aber entsteht eine erhöhte Bereitschaft, funktionelle, insbesondere vasomotorische und sekretorische Alterationen emotiver Art am Genitalapparat entstehen zu lassen. Die Menstruation mit ihrer Periodik gibt für diese Erwartungseinstellungen und Selbstbeobachtungen ein besonders geeignetes Material her. So spricht LIEPMANN von der psychogenen „Konzentrationsbedingtheit" fast aller gynäkologischen Funktionsstörungen. Alle lokalen funktionellen Beschwerden gynäkologischer Art sollten im Hinblick auf die Mitwirkung seelischer Momente an Pathogenese und Gestaltung betrachtet, und statt oder neben lokalen Maßnahmen mit einem allgemeinen psychotherapeutischen Regime behandelt werden. Psychoanalyse, suggestive Therapie und vor allem die Psychagogik in den jeweils gebotenen konkreten Anwendungsweisen auf den einzelnen Fall sollen und werden die oft unzulänglichen lokalen Prozeduren, welche der Gynäkologe bisher für ausreichend gehalten hat, mehr und mehr in den Hintergrund drängen. Die psychogen-vasomotorische Genese gilt nach KEHRER in einem noch gar nicht voll übersehbaren Umfange von den Dysmenorrhoen. Sowohl der Schmerz als auch seine Lokalisation als auch Intensität und Verlauf der Blutung hängen in überwältigender Weise von seelischen Einflüssen ab. Bekannt ist ja jener typische Fall von Amenorrhoe aus der Furcht schwanger geworden zu sein: die Periode kehrt ohne weiteres wieder, sobald diese Furcht behoben ist. Neben den menstruellen Anomalien sind es andere uterine Blutungen, bei denen psychische Reize auslösend und steigernd wirken. Die physiologischen Grundlagen dafür brauchen wir hier nicht zu erörtern. Die gleiche Auffassung gilt auch gegenüber der sogenannten Metritis, die durchaus keine Entzündung zu sein braucht. Schon v. JASCHKE und PANKOW, LIEPMANN und andere haben ihre Entstehung aus psychogener Hyperämie der Gebärmutter nachgewiesen: aus erwartungsneurotischen Befürchtungen steigert sich die vasomotorisch-lokale Erregung; erhöhte Durchblutung, Stase und Reizzustand schaffen Schwellung, Bindegewebswucherung, verdickte Uteruswände und klinisches Bild. Das gleiche gilt von vielen beliebten Schlagwortdiagnosen: „Eierstocksentzündung", „Knickung", „Verlagerung" — dem Hauptgebiete des „Pithiatismus". Es gilt nach KEHRER von der Frigidität und allen ihren Folgeerscheinungen hinsichtlich der uterinen Funktionen. Die letzteren bestehen in Dysmenorrhoen, Metropathien, ja bisweilen in Myombildungen. Es gilt in umfassender Weise von lokalen Hypersekretionen („Ausfluß"). Altbekannt ist auch, daß Frigidität und Vaginalhyperästhesien psychotherapeutisches Betätigungsfeld sind. Die vaginale Hyperästhesie ist oft eine Schutz- und Abwehrmaßnahme psychogener Entstehung, geboren aus Furcht, Angst oder falscher Einstellung zur Sexualität. Man muß den konkreten Ursachen und Erlebnissen dieser falschen Einstellung verständnisvoll nachgehen. Sie führt mitunter bis zum Reflexkrampf des Vaginismus. Sie kann mit der Frigidität vergesellschaftet sein. Häufig kommt letztere isoliert vor und hat auch dann fast immer seelische Grundlagen, die sich allerdings nicht ganz selten auf einer abnormen vegetativ-endokrinen Verfassung aufbauen. In allen diesen Fällen ist die seelische Analyse und Behandlung weit wichtiger als die körperlich-lokale. Und immer sind im Rahmen derselben Suggestivmaßnahmen geeignet, das Symptom auszulöschen oder doch zum Verblassen zu bringen.

Nur als Kuriosum sei erwähnt, daß BONJOUR auf posthypnotischem Wege Beginn und Dauer eines Geburtsvorganges erfolgreich festgelegt haben will. Dem Gebärakt in der Hypnose ist ein solcher im narkotischen Dämmerschlaf doch wohl in jeder Hinsicht vorzuziehen, besonders auch mit Bezug auf die psychologischen Folgewirkungen.

Enuresis nocturna.

Zu den Reflexneurosen zählt endlich dem Mechanismus nach auch das Bettnässen. Beim Erwachsenen war es im Kriege der Ausdruck mehr oder weniger bewußter Fluchttendenzen aus der Front. Bei meinen Sprechstundenfällen handelte es sich, bei beiden Geschlechtern, um symbolische Ersatzbildungen aktuell gehemmter oder verdrängter aggressiver Sexualtendenzen. Die psychoanalytische Untersuchung fördert reiches und kompliziertes Material darüber. Beim Kinde handelt es sich um ein neuropathisches Syndrom, dem nur in sehr seltenen Fällen ein Hinweis auf ernstere zugrunde liegende Störungen, etwa spasmophiler oder epileptischer Art, zu entnehmen ist. Man hat sensible und motorische Formen unterscheiden wollen, im praktischen Einzelfalle meist ohne Sicherheit. Die Hypnose beseitigt das Symptom in den weitaus meisten kindlichen Fällen; man braucht nicht erst zur epiduralen Injektion und derartigen grobphysischen Maßnahmen zu greifen. Man kann in der Hypnose die sensible Schwelle für die Empfindung der Blasenfülle suggestiv senken, man kann das Kind auch sein „ordentliches“ Verhalten während der Nacht in der Hypnose erleben lassen; SCHULTZ empfiehlt, eine posthypnotische Suggestion so zu geben, daß der Patient vor dem Einschlafen ein Zifferblatt fixieren muß, auf dem die Zeiten des Erwachens und der Blasenentleerung markiert sind.

Funktionell sensible Syndrome.

Die sensiblen und sensorischen Funktionsstörungen sind symptomatisch der hypnotisch-suggestiven Therapie in etwas geringeren Grenzen zugänglich als die bisher genannten. In der Tat kann die Hypnose Schmerzen beseitigen; bei organisch bedingten Schmerzen ist der Erfolg fast immer unsicher und ganz vorübergehend. Neben den rein psychogenen Schmerzen kommt vor allem jenes Gebiet in Frage, wo eine „Algie“ nach einer abgelaufenen Neuritis „hängen bleibt“. Ebenso gibt es ein „Grenzgebiet“ zu myalgischen Schmerzen, bei welchen psychisch-reaktive Mitwirkungen und fixierende Verstärkungen unverkennbar sind. Der Arzt trifft sie besonders häufig bei sogenanntem „Rheumatismus“. Hinter diesen Schmerzen stecken sehr oft Unlustaffekte und Sorgen des Daseinskampfes. Der Arzt soll ihnen die gebührende Rechnung tragen. Besonders häufig manifestieren sich diese Schmerzen am Kopfe. Aus der großen und bunten Fülle der Pathogenese des Kopfschmerzes kommen für die hypnotisch-suggestive Behandlung vorwiegend die psychogenen, psychisch-reaktiven und habituell gewordenen Fälle in Frage, bei welchen ungelöste Konflikte und Minderwertigkeitseinstellungen verschiedener Art und Provenienz im Kopfe gleichsam symbolisch lokalisiert werden. Man erkennt sie unschwer an der Beweglichkeit und Plastik der Schilderung, die der Leidende von ihnen gibt. Natürlich kann man auch Fälle von angiospastischem und angioparalytischem Kopfschmerz suggestiv angehen, wird aber nicht immer Erfolg haben. Vor der echten Migräne versagt die psychische Behandlung ebenso wie vor allen organischen Kopfschmerzfällen. Das gleiche, was von den Algien gesagt worden ist, gilt auch von den Parästhesien.

Sensorische Ausfälle lassen sich mit der „faradischen Hand“ wachsuggestiv und hypnotisch behandeln oder im Wege der Überrumpelung akut beheben. Voraussetzung ist ihr rein psychogener Charakter.

Vasovegetative und Organneurosen.

Im Gebiete der vasovegetativen Neurosen, der sogenannten Organneurosen im engeren Sinne, hat die Psychotherapie, und hier die hypnotisch suggestive Methode in Verbindung mit entsprechender Psychagogik, neuerdings durch BUNNEMANN und vor allem durch HEYER einen breiteren Platz gefunden. Man sei aber nicht optimistisch: ohne symptomatische körperliche Therapie und geeignete Hygiene reicht sie nicht so weit, wie es erwünscht wäre. Dies liegt an dem chronisch-habituellen Charakter der Symptome und daran, daß die Innervationsverhältnisse von jeder Mitwirkung der „Willkür" viel weiter abseits stehen als bei den bisher genannten Funktionsstörungen. Kann man einen psychotherapeutischen Einfluß auf die Emotionalität des Leidenden und auf seine geistige und emotive Stellung zu seinem Leiden gewinnen, so tritt dieses stärker zurück, als wenn man das Symptom direkt suggestiv angeht. Dies gilt von psychogenen Herzsymptomen ebenso wie von den motorischen und sekretorischen Intestinalneurosen und selbst vom Ulcus ventriculi und duodeni. Immer ist der Konstitutionstyp und die Disposition physiopathischer Art bei der gesamten Therapie in nicht geringerem Grade zu berücksichtigen als das manifeste Symptom. Die warmherzige Befürwortung hervorragender Internisten in bezug auf psychische Behandlung (G v. BERGMANN, v. WEIZSÄCKER, HEYER) wird der nicht völlig teilen, der in der eigenen Praxis ständig derartige Fälle behandelt. Dennoch ist hygienische und psychagogische Führung, die den gesamten Organismus in Rücksicht zieht, bei diesen Organneurosen oft von schönen Erfolgen gekrönt. Gewiß symbolisieren sich z. B. in der Verstopfung beim weiblichen Geschlecht vielfach Verdrängungserscheinungen sexueller Wünsche, frühkindlicher erogener Zonen und ganz aktueller Sorgen und Pflichten. Aber die Verstopfung mit FOREL hypnotisch anzugehen, erscheint ein wenig abstrus. Was Hyperhidrosis und örtliche halbseitige oder allgemeine sekretorische Symptombildungen anlangt, so ist es bei psychisch-reaktiver Genese nicht unmöglich, sie hypnotisch zu überrennen. Es ist mir aber einige Male nicht gelungen. In bezug auf Dermatosen mit psychischem Einschlag dürften die außerordentlichen Ergebnisse BUNNEMANNS doch recht vereinzelt sein. Immerhin bieten die psychogenen Erytheme und wohl auch die Exsudationsprozesse urtikarieller und bullöser Art, bei denen wir trotz dem Einspruch TÖRÖKS doch wohl nicht ganz um psychogene Mitbedingungen herumkommen, nicht ganz selten gute psychotherapeutische Chancen (KRONFELD und SCHAPIRO). In begrenzter Weise gilt das sogar von vasomotorisch-trophischen Störungen der Haut auf neurotischer Grundlage. Auch beim Pruritus und selbst bei Ekzemen mit Juckreiz kann die Hypnose, durch Ausschaltung des letzteren, manchmal zum Abheilen mithelfen.

Habituell emotionale Störungen.

Je mehr wir uns dem Gebiet nähern, in welchem auch die Symptomgestaltung innerhalb des seelischen Lebens stärker erfolgt als innerhalb der somatischen Funktionen, um so klarer wird die Begrenzung der hypnotisch-suggestiven Symptombehandlung. Das Symptom ist eben nicht das „Eigentliche", es ist nur eine Symbolisierung dieses Eigentlichen; und das Ziel der Psychotherapie führt immer über das Symptom hinaus in das menschliche Herz. Dennoch leiden die Kranken vor ihrem erlebenden Bewußtsein an dem manifesten Symptom; und die Psychotherapie kann nicht an ihm vorbeigehen. Ein ungeheurer Effekt gerade auch im Hinblick auf die psychogenetische Konfliktsauflösung ist schon erzielt, wenn der Leidende mit dem gläubig-erwartungsvollen Bewußtsein ihres Erfolges an die aktive Mitarbeit geht. Und wie sollte sich diese Einstellung besser erzielen und in den Augen des Leidenden rechtfertigen lassen, als indem es dem Arzt gelingt, durch seine suggestive Macht das manifeste Symptom von vornherein auszuschalten oder doch verblassen zu lassen. Dies ist der Grund, aus welchem auch praktisch das bloße Beharren in der psychoanalytischen Behandlung mir nicht so fruchtbar dünkt als das gleichzeitige aktive Angehen auch der seelischen Symptome.

In Frage kommen hier für die Hypnose zuvörderst die habituellen Emotionsstörungen mit psychophysischer Ausgestaltung. Wir kennen sie in den sogenannten neurasthenischen Symptomen: der erhöhten *Ermüdbarkeit* und *Arbeitsunfähigkeit*, dem *Konzentrationsmangel* und all jenen Einkleidungen einer Lebensunlust, die ihr einen objektivierten Krankheitsvorwand geben. Im Rahmen einer sehr sorgsam individualisierenden persuasiv-analytischen Einleitung der Psychotherapie tut die Hypnose zu ihrer Behebung vortreffliche Dienste. Man ziele mit den Suggestionen direkt auf Erhöhung und Sicherung des Selbstbewußtseins, auf überlegenen Abstand von kritischen aktuellen Situationserlebnissen, und erst daran schließe man die direkten ausschaltenden Suggestionen des Symptoms gleichsam als natürliche Folgen. Die Erscheinungen der Neurasthenie sind meist zusammengesetzte. Neben Ausfällen neurochemischer Steuerung und jenem psychischen erwartungsneurotischen Zirkel kommen sekundäre Bearbeitungen des Symptomerlebens ausgestaltet hinzu. So entstehen Bilder wie der „Schwindel" in seinen verschiedenen Formen, die habituellen Kopfschmerzen usw. Verfehlt wäre es, in der Hypnose einfach zu versichern, die einzelnen Symptome seien nicht mehr da. Man muß sie für das Erleben des Leidenden womöglich in einer gewissen dramatischen Spannung sich auflösen lassen. Ein besonders günstiger Boden für diese Behandlung sind die Schlafstörungen. Auch sie sind aufbaumäßig recht verschieden bedingt; es gibt sicherlich eine physisch-funktionelle

Disposition zur Verringerung der Schlaftiefe, die wieder von einer erhöhten sensiblen und sensorischen Empfindlichkeit unterstützt wird. Letztere verstärkt unterschwellige Schlafstörungen zu Weckreizen. Eine erhöhte affektive Ansprechbarkeit und Nachwirkung verstärkt diese Störungen hinsichtlich ihrer Wirkung auf die aktive seelische Intention zum Einschlafen. Ist diese erst einmal gestört, so fixiert sich der Zustand erwartungsneurotisch. Ruhe- und Einschlafübungen unter suggestiver Kontrolle und direkte Schlafsuggestionen wirken unter Umständen sehr stark und lange nach. Ein süddeutscher Hochschullehrer mit chronischer Schlaflosigkeit kommt seit vielen Jahren jährlich einige Tage zu einer derartigen psychotherapeutischen Einwirkung auf seine Schlaffähigkeit zu mir; die Wirkung hält dann das ganze Jahr über an. Die emotiven Motoren, das Eigentliche des Vorganges, müssen natürlich unabhängig davon psychagogisch angefaßt werden. Auf die Träume ist besonders zu achten. Man scheue vor Kombinationen mit Schlafmitteln durchaus nicht zurück; sie machen die striopallidären und paläencephalischen „Schlafapparate" disponierter und ansprechbarer.

Hierher gehören ferner die Angstzustände. In Frage kommen natürlich nur als psychogen erkennbare, ohne somatische Entsprechungen organischer Art auftretende Angstzustände, die teils unverhüllt, teils larviert hinter vasomotorischen und intestinalen „Äquivalenten" (STEKEL) sich darstellen, außerordentlich verbreitet sind und vom Praktiker vielfach als neurasthenische Symptome gedeutet werden. Wir haben mehrfach auf den engen psychologischen Zusammenhang hingewiesen, welchen Ängstlichkeit, Erwartung, Reizbarkeit und Symptom im Gebiete psychoneurotischer und organneurotischer Vorgänge bilden. Es ist — darauf wiesen wir schon bei Erörterung der Psychoanalyse hin — kein Zweifel, daß sie fast stets aktuellen Schädigungen des Sexuallebens entspringen. Das erste Zusammentreffen mit dem sexuellen Problem zeitigt Ängstlichkeit, cirkumscripte Angstzustände und somatisch-funktionelle Angstäquivalente sowohl bei Jungfrauen als auch bei Jünglingen. Anästhesie des Weibes in der Brautnacht, lange Masturbation, frustane Erregungen oder gewollte Abstinenz und klimakterische Vorgänge sind insbesondere von pseudoneurasthenischen Angstäquivalenten, zuweilen auch von unverhüllten Angstzuständen, begleitet. Nicht ganz selten tragen äußere Umstände, insbesondere nervöse Erschöpfung oder Überarbeitung, aktuelle Lebenssorgen usw. zu ihrer Entstehung bei, und hier ist ein fließender Übergang zur allgemeinen Neurasthenie. Die Ängstlichkeit kann gegenstandslos sein, sie kann sich auch gegenständlich binden, und wird dann in der Regel auf die allgemeinen Gesundheitsverhältnisse sowie auf diejenigen spezieller Organe gehen. Sie kann übergreifen auf Befürchtungen für die nächsten Angehörigen, für die Nachkommenschaft usw.; sie kann endlich auf die allgemeine soziale Lage, Beruf und Vermögen ausstrahlen. Übergänge zur Hypochondrie, zur Skrupelsucht, zu Zwangsbildungen sind häufig. Die Ängstlichkeit ist gleichsam die Matrix der verschiedensten neurotischen Gestaltungen, ein unmittelbarer Ausdruck geschwächten Lebensgefühles und des Zweifels an der Anpassungsfähigkeit in bezug auf die Lebensbedingungen. Zuweilen kommt die Angst anfallsartig und unverhüllt, als Todesangst oder als Schreck, mit allen vasomotorischen und intestinalen Erscheinungen, die diesen Affekt begleiten, sei es im Wachen, sei es im Schlaf und Traum. Zuweilen gibt es selbst Bewußtseinsveränderungen leichter Art, so die bekannten „Schwindel"- und Ohnmachtszustände. Weit häufiger aber larviert sich die Angst, ohne selber bewußt zu werden, hinter einem Syndrom aus der physischen Begleitsphäre. So bilden sich Tachykardien, pseudoanginöse Zustände, Atembeklemmungen, asthmaartige Anfälle, vasomotorische Übererregbarkeit, Schweißausbrüche, Diarrhöen, Pollakisurie, ferner Kongestionen, Kopfschmerz, Schlaflosigkeit und Aufschrecken im Schlaf, endlich Parästhesien insbesondere auf vasokonstriktorischer Grundlage. All diese organneurotischen Symptome sind im Grunde erwartungsmäßig ausgebaute und festgelegte larvierte Angstzustände, und für die meisten derselben steht eine sexuelle Ätiologie ein. Man sieht auch die Brücken, welche von hier aus zu den funktionellen Versagern der Genitalsphäre in actu sich hinüberziehen.

Berücksichtigt man die Ätiologie, so ist die Behandlung der Angstzustände bei verständnisvoller Führung des Leidenden im allgemeinen eine leichte.

Ganz ähnlich verhält es sich mit den sonstigen erwartungsneurotischen Fixierungen, von denen ja schon mehrfach die Rede war. Auf seelischem Gebiet kommt vor allem die Erwartungsangst vor bestimmten Situationen, die „Angst vor der Angst", das Lampenfieber, in Frage. Die suggestive Therapie, verbunden mit seelischer Führung, ist auch hier fast immer erfolgreich.

Abnorme Bewußtseinsverhältnisse akuter Art.

Daß man hypnotisch-suggestiv auch abnorme Bewußtseinsverhältnisse akuter Art angehen kann, etwa Dämmerzustände oder Stuporen oder Verwirrung auf psychogener Basis, sei nur nebenher erwähnt. Man wird die Hypnose leicht bei ihnen entbehren können, denn die einfache Herstellung jener affektiven Beziehungen zum Arzt, wie wir sie in dem Abschnitt „vom seelischen Einfluß des Arztes" allgemein beschrieben haben, genügt in der Regel ohne jeden Kunstgriff, um das akute Symptom zu beseitigen. Die psychogenetischen Grundlagen desselben bedürfen natürlich tiefergreifender ärztlicher Arbeit.

Abnorme seelische Inhaltsgestaltungen.

Eine letzte Gruppe seelischer Symptome sei gestreift. Ihre psychotherapeutische Beeinflussung gehört nicht in dieses Kapitel, sondern wird in der Psychagogik zur Darstellung gelangen. Der Arzt wird aber häufig in die Lage kommen, gerade bei diesen Symptomen vom Leidenden selber um hypnotische Behandlung angegangen zu werden; und als Verfahren, wenn es dem Leidenden als besonders wirksam imponiert, muß auch ein hypnotisches Regime in die psychotherapeutische Gesamtbestrebung eingeordnet werden. Es sind dies die Suchten, die Perversionen und die Zwangszustände. Man beginne niemals die Psychotherapie der Symptome von Perversion und Zwang mit der Hypnose. Man arbeite zunächst intensiv psychoanalytisch mit dem Leidenden und verschaffe ihm so eine hellere Bewußtheit des Distanzerlebens und die Möglichkeit, Auswege wenigstens zu sehen — wenn sie überhaupt vorhanden sind. Zugleich steigere man mit allen Mitteln des verständnisvollen Arztes die Gefühlsbindung des Leidenden. Die Menschen, welche gerade an diesen Symptomen leiden, leiden oft weit mehr als an ihrem Symptom an der seelischen Verarbeitung desselben in bezug auf ihren Eigenwert. Man mache ihnen die Möglichkeit der Selbstbejahung evident, stelle sie so in starke Erwartungsspannung auf die eigene aktive Fähigkeit zur Symptombewältigung ein — und lasse dann erst die hypnotische Behandlung wie eine Erlösung über sie kommen. Es gibt, insbesondere bei Zwangskranken, nicht wenige Fälle, in welchen die Hypnose überhaupt erst nach einer derartigen Wegeebnung gelingt. Andererseits habe ich weder einen Süchtigen noch einen Zwangskranken ohne jede Mitwirkung hypnotischer Methoden jemals freibekommen, auch wenn ich das starke Gefühl hatte, daß die Hypnose im Rahmen meines Gesamtvorgehens nur eine unwesentliche äußere Form darstellte. Was den Inhalt der Suggestionen anlangt, so muß man dem Perversen wie dem Süchtigen neben Sicherung des Selbstgefühls und immer erneuter Eröffnung des Distanzerlebens vor allem die positiven seelischen Entwicklungsmöglichkeiten und Ziele seines Lebens und seiner Persönlichkeit in den fraglichen Punkten aufprägen; erst an diese Suggestionen knüpfe man das Verblassen des Triebes, der sie quält und von jenen positiven Zielen abzieht. Beim Perversen hüte man sich vor jedem suggestiven Befehl zum normalen Sexualleben lange Zeit hindurch; Ausnahmen werden wir später besprechen. Beim Süchtigen weiche man sozusagen nicht aus seinem Bewußtsein als Warner und Führer; auch dann wird man Mißerfolge haben, sobald man den Grund zur Flucht in die Sucht nicht durch eine Lebensbereicherung an konkreten Inhalten ausgleicht, an denen sich die süchtige Persönlichkeit aufrichten und betätigen kann. Die Mißerfolge sind zahlreich; zahlreicher als bei der schematischen und unpsychologischen Isolierung in

Anstalten usw. Dafür hat man die Freude, nach wirklich erfolgter Heilung jedem Rückfall im Wege zu stehen.

Bezüglich der Zwangsneurosen liegen die Dinge so, daß gewisse Fälle überhaupt nicht geheilt werden können. Es sind jene, in denen Zwangsdispositionen familiär erblich sind, und die man von schizophrenen Psychosen eigentlich überhaupt nicht sicher unterscheiden kann — nur daß ihr Krankheitsbewußtsein und ihre Selbstkritik nicht zur schizophrenen Psychose passen will. Aber auch diesen Zwangskranken kann man als Arzt viel bedeuten: man kann ihnen die häufige Angst nehmen, ganz in die Herrschaft der sie quälenden willensfremden Macht zu geraten, geisteskrank zu werden usw. Man kann sie sich bis zu einem gewissen Grade mit ihren Zwangsbildungen abfinden lassen. In den anderen Fällen hängt alles von der Übertragung ab, die beim Zwangskranken viel schwerer erzielbar und wechselnder ist als bei anderen Kranken. In der Hypnose hüte man sich vor jeder Brutalisierung; eine solche ist es z. B., wenn man, wie vielfach empfohlen wird, einen Menschen mit Zwangsabscheu gegen bestimmte Nahrung in der Hypnose alsbald suggestiv zum Verzehren derartiger Nahrung zwingt. Ist ein derartiger Nahrungskomplex ganz durchanalysiert und vom Leidenden in große Distanz gebracht, dann erst kann man, wenn es sein muß, den praktischen Folgeschritt wagen, ihn diese Nahrung zu sich nehmen zu lassen. Auch bei den Suggestionen der Zwangskranken ist die Sicherung der seelischen Persönlichkeit, die Hebung des Selbstvertrauens, des Gefühls der inneren Freiheit, des Distanzerlebens weit wichtiger als die blinde Ausschaltung des einzelnen Zwangssymptoms.

Literatur zu Kapitel 8—9.

Vergleiche Literaturverzeichnis zu Kapitel 7, dazu noch folgende:

von Bergmann: Zur Pathologie des chronischen Ulcus pepticum. Berl. klin. Wochenschr. 1916.

Bonjour: Verhandlungen des 3. internationalen Kongresses für Psychologie und Psychotherapie, München 1920.

Brandess: Über seelisch bedingte Störungen der Menstruation. Stuttgart 1925.

Bunnemann: Über psychogene Dermatosen. Zeitschr. f. d. ges. Neurol. u. Psychiatrie Bd. 38.

Costa: Zur Lehre vom Asthma bronchiale. Dtsch. med. Wochenschr. 1922.

Forel: Die Heilung der Stuhlverstopfung durch Suggestion. Berlin 1894.

Friedlaender: Hypnose und Rechtspflege. Zeitschr. f. d. ges. Neurol. u. Psychiatrie Bd. 84. — Derselbe: Zur Psychologie und Psychotherapie der Angst- und Zwangsneurosen. Münch. med. Wochenschr. 1923.

Gutzmann, H.: Vorlesungen über die Störungen der Sprache. 1893. (Dort Literatur.)

Hellwig: Ein Beitrag zur Frage der Beziehung zwischen Hypnose und Verbrechen. Ärztl. Sachverst.-Zeit. Bd. 29.

HEYER: Psychische Faktoren bei organischen Krankheiten. Münch. med. Wochenschr. 1922. — Derselbe: Psychische Einflüsse auf die Motilität von Magen und Darm. Klin. Wochenschr. Bd. 2.

KAUFMANN: Die planmäßige Heilung komplizierter psychogener Bewegungsstörungen bei Soldaten in einer Sitzung. Münch. med. Wochenschr. 1916.

KEHRER: Zur Frage der Behandlung der Kriegsneurosen. Zeitschr. f. d. ges. Neurol. Bd. 36. — Derselbe: Die Frigidität. Dresden 1922.

KRON: Nervenkrankheiten. In Grenzgebiete der Medizin und der Zahnheilkunde, 2. Aufl., bearbeitet von KRONFELD. Leipzig 1923.

KRONFELD und SCHAPIRO: Heilwert, Indikationen und Technik der Psychotherapie bei dermatologischen und urologischen Fällen. Sitzber. d. Berl. Dermatol. Ges. 1925.

KUSSMAUL: Die Störungen der Sprache, 2. Aufl. Leipzig 1882.

LANGE: Über die Indikationsbreite der therapeutischen Hypnose. Klin. Wochenschr. Bd. 1.

LIEGNER: Die Suggestivbehandlung in der Frauenheilkunde. Zentralbl. f. Gynäkol. Bd. 46.

LIEPMANN, W.: Gynäkologische Psychotherapie. Berlin u. Wien 1924.

MOOS: Kausale Psychotherapie beim Asthma bronchiale. Münch. med. Wochenschr. 1923. — Derselbe: Die Lösung spastischer Zustände unter Einwirkung der Psychotherapie. Zeitschr. f. klin. Med. Bd. 99. — Derselbe: Über den Wert der Behandlung der Psyche bei internen Erkrankungen, ihre Methoden und ihre Erfolge. Ther. d. Gegenw. Bd. 62.

MOSSE: Über Suggestion und Suggestionstherapie im Kindesalter. Zeitschr. f. Kinderforschg. Bd. 27.

NADOLECZNY: Über organische und funktionelle Stimmstörungen im Heeresdienst. Dtsch. med. Wochenschr. 1917.

NONNE: Zwei Referate auf der 8. Jahresversammlung Deutscher Nervenärzte 1916.

POTOTZKY: Die Kampfertherapie der Enuresis. Dtsch. med. Wochenschr. Bd. 48.

RAEFLER: Die Hypnose in der Gynäkologie. Zentralbl. f. Gynäkol. Bd. 45.

SCHULTZ, J. H.: Gesundheitsschädigungen nach Hypnose. Halle 1922.

SIEMERLING: Hypnotismus und Geistesstörung. Arch. f. Psychiatrie Bd. 65.

SIMMEL: Drei Referate zur Psychologie der Kriegsneurosen. Leipzig u. Wien 1919.

STEKEL: (siehe früher).

TSCHERNING: Heilung eines schweren lebensbedrohenden Inanitionszustandes durch Hypnose. Fortschr. d. Med. Bd. 40. — Derselbe: Über die somatische und psychische Konstitution bei Ulcus ventriculi. Arch. f. Verdauungskrankh. Bd. 31.

WALTHARD: Psychotherapie. In Biologie und Pathologie des Weibes, Bd. 2. Berlin u. Wien 1924. (Dort Literatur.)

WESTPHAL: Über kausale Psychotherapie bei Organneurosen. Münch. med. Wochenschr. Bd. 69.

ZANGGER: A note on the treatment of nervous insomnia. Lancet Bd. 200.

V. Die Psychagogik.

10. Das Zusammenwirken und die Grenzen der psychotherapeutischen Verfahrensweisen in der Psychagogik.

Von der Bildsamkeit.

Hypnose und Suggestion reißen die symptomatologische Fassade des Leidenserlebens ein. Sie beseitigen *nicht* die seelischen Voraussetzungen, aus welchen sich das Leidenserleben notwendig gestalten mußte. Es gestaltet sich nicht immer *nur* aus *seelischen* Voraussetzungen: ein großer Teil gestaltender Einflüsse liegt in den Milieubedingungen; und auf diese hat der Arzt nur begrenzten Einfluß. Es gibt solche außerseelischen pathogenen Bedingungen, sowohl in der körperlichen Krankheit als besonders im Milieu des Leidenden, welche bei *jedem* Menschen mit unerbittlicher schicksalsmäßiger Bestimmtheit zum Leidenserleben und zum Konfliktserleben führen. In solchen Fällen ist auch der Psychotherapeut machtlos: er kann mit dem Leidenden zur tiefen Einsicht in diese Notwendigkeit gelangen; er kann vielleicht durch die Erzielung intellektuellen Distanzerlebens und durch die Erzielung starker Selbstbejahung im Leidenden beruhigend und mildernd wirken — aber das Schicksal ist stärker.

Immerhin sind diese Fälle selten. Weitaus überwiegt die Zahl und Buntheit der Fälle, in welchen ein anderer Mensch als der Leidende unter den gleichen Bedingungen *andere Wege* der Charakterentwicklung zu gehen fähig gewesen wäre. Daß es in solchen Fällen zu Konflikten und zum Leiden kommt, und die Art der Gestaltungen, die daraus erwachsen, dies ist in der seelischen Persönlichkeit des Betreffenden gelegen. Und der Arzt wird sich zu fragen haben: *mußte* das so sein? Waren oder sind nicht auch in *diesem* leidenden Menschen seelische Möglichkeiten, durch deren Verwirklichung oder Entwicklung sein Schicksalsweg hätte anders verlaufen können, so daß es selbst unter den gleichen aktuellen äußeren Bedingungen nicht zum Leiden oder Konflikt zu kommen brauchte? Und ist es schon zu spät, um noch jetzt hier den Hebel anzusetzen?

Bei solchen seelischen Eigenarten, die unmittelbar organisch bedingt sind, wird sich deren Einfluß auf Lebensgestaltung, Konflikte und Leidensentstehung nicht beheben lassen. Von ihnen reden wir im folgenden nicht mehr. Es bleibt aber das ungleich größere Reich jener seelischen Präformationen, die als Möglichkeiten in einem jeden in typischer Weise liegen, und von denen die gelebte Wirklichkeit und ihre Sonderumstände in der individuellen Entwicklung immer nur bestimmte Einzelzüge herausholen, zur Herrschaft bringen, oder unterdrücken und schwächen. Solange der Mensch *bildsam* ist, d. h. noch eine äußere

Ansprechbarkeit in bezug auf die in ihm liegenden unentwickelt gebliebenen seelischen Voraussetzungen besitzt, so lange können entscheidende äußere Erlebnisse ihn noch umbilden. Es wird sich darum handeln, das Erleben des Arztes im Leidenden zu einem solchen entscheidenden Umbildungsfaktor zu gestalten. Daß diese Möglichkeiten im Erleben des Arztes durch den Leidenden liegen, wie sie beschaffen sind und heraufgeführt werden können: davon war im Abschnitt vom Einfluß des Arztes bereits die Rede.

Die Selbsttäuschung der „Willenserziehung". Der Couéismus.

Es geht nun aber nicht an, in der naiven Weise zu verfahren, die etwa der ausgezeichnete und menschenfreundliche P. E. Lévy als „*Willenserziehung*" bezeichnet hat: in dem Kranken die Autosuggestion festzusetzen: „Ich will über mein Leiden hinwegkommen." Das will er ohnehin; aber er kann es nicht; deshalb kommt er ja zum Arzt. Man kann diesen Willen suggestiv unterstützen — und man mag das Erlebnis dieser Unterstützung mit Lévy und Coué eine Autosuggestion nennen: man kommt damit im einzelnen Falle nicht weiter als mit den hypnotischen Suggestivmitteln überhaupt. Es besteht lediglich der Vorzug, daß an die aktive Mitarbeit des Leidenden appelliert wird, und daß der Leidende sieht, sein Arzt *glaubt* an diese Fähigkeit zur aktiven Mitarbeit und an deren Erfüllung. Es handelt sich also um eine larvierte Form des *Erlebens der Selbstbestätigung* des Leidenden durch den Arzt, deren affektive Kräfte in den Dienst der Leidensüberwindung gestellt werden (siehe S. 143, 145ff.).

Man kann auch nicht so vorgehen wie Dubois, der „moralische Orthopäde", der dem Leidenden sagt: „Du leidest nur, weil du falsch denkst. Korrigiere deinen Denkfehler, und du hast die richtige Stellung zu deinem Leiden und seinen Voraussetzungen: und das Leiden schrumpft zusammen." Wir finden hierin, versteckt unter einer falschen rationalisierenden Doktrin, als wirksamen psychotherapeutischen Faktor *das Distanzerleben* des Leidenden zu sich selbst, von welchem wir an früherer Stelle sprachen (siehe S. 145ff.). Beide Verfahrensweisen als solche sind Suggestion. Sie haben vor der hypnotischen und direkten Suggestion den großen Vorzug, daß der Leidende keine passive, unterworfene und hilflose Rolle beim psychotherapeutischen Vorgang spielt, sondern *aktiv* mit dem Arzte an der Symptomüberwindung arbeitet. Sie haben aber den Nachteil gegenüber der hypnotischen oder direkten Suggestion, daß der Erfolg gänzlich von den verfügbaren aktiven Tendenzen des Leidenden gegenüber seinem Leiden abhängt. Diese sind in der überwiegenden Mehrzahl der Fälle gering. Der Arzt und seine Macht soll für sie einstehen, da sie versagen: und er wirft den Leidenden auf sie zurück. Kein Wunder, daß die praktischen Erfolge dieser ärztlichen Einstellung auch im Symptomatisch-Therapeutischen weit hinter der hypnotischen und direkten Suggestion zurückstehen.

Mit diesen Ausführungen soll nun nicht gesagt sein, daß die beiden Wege, deren psychologischen Unterbau wir soeben prüften, in der therapeutischen Praxis ungangbar seien. Kommt doch alles auf die Einkleidung des Verfahrens im Einzelfalle an, und ob diese Einkleidung sich dem Gedankengang anpaßt, an den der Kranke als Heilungsweg glaubt. Wenn wir auch das tiefere Wissen um den eigentlichen Mechanismus der seelischen Führung haben, so braucht ihn durchaus noch nicht der Leidende selber zu haben. Oft ist dies sogar schädlich. Hat er ein besonderes Idol des Heilungsweges, welches sich mit unserem Wissen um den Führungsmechanismus halbwegs verträgt, so werden wir ihm dasselbe nicht rauben, sondern werden es zur seelischen Führung ausnützen; die Hauptsache ist, daß wir auf diese Weise die aktive und freudige Mitarbeit des Leidenden für uns gewinnen. Von der Steigerung des Willens, vom Willenstraining erhoffen sich viele den Sieg über innere Schwächen: über Mangel an Ausdauer, über Hemmungen der Entschlußkraft, über impulsive Unlust — oder auch gegenüber mächtig andringenden affektiven Einflüssen verschiedener Art. Der Alkoholiker, der maßlose Raucher, der schwächlich Weiche, der Zerfahrene, der Schüchterne — sie alle verlangen vom Arzte eine „Steigerung des Willens". Ist in der psychologischen Durchdringung des betreffenden Falles jenes Maß von Übertragung erzielt, welches eine therapeutische Auswertung gestattet, so bediene man sich getrost der Einkleidung, an der dem Kranken gelegen ist. Man nütze seine aktive Mitarbeit an der Bewältigung der Schwäche aus, um ihn die Stärkung seines Willens immer wieder erleben zu lassen und ihn in seiner willentlichen Selbstsicherheit zu bestätigen und zu kräftigen. Man stelle ihn vor Aufgaben, die man gemeinsam mit ihm bewältigt. Ich habe mich nicht gescheut, mich neben solche Menschen zu setzen und sie unter meiner Aufsicht ihre Schularbeiten machen, ihre Doktordissertation schreiben zu lassen, bei einem Hochschullehrer mit Platzangst zu jeder Vorlesung mit zu gehen, einen Kranken mit Reisefurcht immer wieder auf Eisenbahnfahrten zu begleiten usw., stets ermutigend, konzentrierend und übend einzugreifen, bis das Bewußtsein des Wollenkönnens stark und gesichert war. Gerade in solchen Fällen ist eine gewisse Autorität und Gehorsam fordernde Sicherheit des Arztes besonders vonnöten.

Ein wenig anders liegen die Verhältnisse in jener Gruppe von Leidenden, die infolge allzu heller Bewußtheit, skrupelsüchtiger Selbstbeobachtung oder sonstiger Hemmungen sich nicht frei und gerne dem suggestiven oder hypnotischen Zugriff des Arztes überlassen mögen, die aber auch zur „Willenserziehung" in dem eben geschilderten Sinne kein Vertrauen haben. Sie haben selbst alle Willenskräfte aufgeboten und glauben nicht mehr, daß mit dem bloßen Willen das Leiden zu bewältigen sei. Oft waren sie förmlich willentlich verkrampft in den Kampf gegen eine Phobie: Platzangst, Stubenangst, Lampenfieber usw. — und doch war die Phobie stärker als ihr Wille. Da ist nun seit einigen Jahren eine neue Mode und neue Gläubigkeit aufgekommen, und hat sich über die ganze gebildete und mehr noch halbgebildete Welt verbreitet — und dieser Typus der Leidenden erhofft von ihr eine besondere Wirksamkeit. Es sind die — sachlich sehr alten, aber neu aufgeputzten — populären Lehren von Coué und Baudouin: die „Autosuggestion", die Kraft der eigenen Vorstellung führe den Leidenden zum Siege über seine Hemmungen, Phobien usw. Zwei Dinge sind an dieser Lehre wesentlich: indem die Intensität der Vorstellung und des Vorstellenkönnens mit dem Zauber einer ungeahnten autosuggestiven Kraftwirkung umkleidet wird, löst sich der Willenskrampf. Die Gabe intensiver Vorstellung ist dem phantasieanregbaren Leidenden dieses Typus meist besonders verliehen. Läßt man ihn die Vorstellung des ungehemmten Könnens mit Bezug auf seinen Fall im Zustande der Beruhigung intensiv erleben, so wächst seine innere Selbstsicherheit daran, daß dieses Erleben gelingt. Und ferner: Der Einfluß des Arztes, seine Macht und Übermacht tritt für das Erleben des Leidenden wohltätig zurück. Er fürchtete doch gerade den Gedanken, seinen Willen unfrei zu machen, dem hypnotischen oder suggestiven Eingriff eines andern sich auszusetzen; und diese bewußte oder unbewußte Einstellung trieb ihn von der Hypnose fort. Jetzt aber wird der Arzt bloß der Anreger, der Wegweiser, die eigentliche therapeutische Leistung wird — für das Erleben des Leidenden — seiner eigenen aktiven Fähigkeit zugesprochen, nämlich der Kraft seiner Vorstellung. An die Stelle der Übertragung auf den Arzt tritt in weitem Umfange der Glaube an den Couéismus. Die Heilatmosphäre des Couéismus haftet an der halbpopulären ungeheuren Propaganda, die in diesem Umfange eben nur ein Nichtarzt um sich verbreiten kann, ein Mann, der die Kunst nicht erst mühsam zu erlernen brauchte, sondern irgendwie mit ihr „begnadet" erscheint. Sie haftet ferner aber gerade an dieser Vermischung von Schlagworten wie „Autosuggestion" und „Allmacht der Autosuggestion" mit dem Appell an die Kraft der Vorstellung; die Phantasie kann sich ausleben, die Wunschphantasie, das Leben zu meistern, genügt, um es wirklich zu meistern —: was für ein schöneres Evangelium für psychisch Leidende könnte es geben? Daß die theoretischen Grundlagen des Couéismus falsch sind, und daß das Verfahren selber von einer oft geradezu töricht erscheinenden Flachheit und trivialen Formelhaftigkeit ist, ändert nichts an der Ausnützung seiner psychotherapeutischen Werte als Einkleidung für unsere eigentlichen seelischen Führungszwecke. Man läßt den Leidenden in tiefer Beruhigung alles Das intensiv erleben, was er in Wirklichkeit nicht leisten zu können vermeint; man läßt ihn den Vollzug dieser Leistung, das Verschwinden des Leidens erleben — und nennt diese Vorstellungsreihe eben „Autosuggestion". Durch einen — recht plumpen — Suggestionstrick kann man, nach dem Rezept dieser Schule, zuvor noch dem Leidenden ein Bewußtsein gesteigerter „Vorstellungs"- und „Autosuggestions"-Kräfte verschaffen; er stellt sich in steifgespannter Körperhaltung vor den Arzt, und dieser berührt ihn, so daß er bald vornüber, bald hintenüber zu fallen droht. Nun muß der Kranke sich intensiv die Vorstellung bilden, er werde fallen — und dies Verfahren wird „geübt", bis sie sich „autosuggestiv" verwirklicht, und der Kranke nach immer leichterer Berührung des Arztes, zuletzt ganz ohne dieselbe, ins Pendeln gerät. Also eine recht triviale Verflachung der „fraktionierten" Suggestionsgebung von O. Vogt — ohne dessen feine Psychologie; ein Verfahren übrigens, das von Moutin schon seit langem angegeben wurde. Immerhin: der Kranke hat also auf diese Art das Erlebnis eigner „Autosuggestionskraft" aus seiner intensiven Vorstellungsfähigkeit; diese macht jetzt das „bessere Ergehen" zu ihrem Gegenstand: und den Rest besorgt seine Gläubigkeit. Und sie wird ebenso wie dieses Erleben selber für die eigentliche seelische Führung des Leidenden psychologisch ausgenützt.

Wir kommen zu dem Schluß: praktisch-therapeutische Werte schlummern in jeder dieser drei Verfahrensweisen: der „Willenserziehung", der „moralischen Orthopädie" und dem „Couéismus". Aber eine jede von ihnen ist, wenn man aufs Eigentliche geht, nur eine Einkleidung, und wer sie für die Psychotherapie selber hält, unterliegt einer Selbsttäuschung. Auch sie sind nur äußere Rahmen und Vehikel für die eigentlichen Zwecke seelischer Führung; als solche sind sie in bestimmten Fällen willkommen; die seelische Führung selber aber muß hinter ihnen stehen und jenseits ihrer gründen.

Die Psychoanalyse und das psychagogische Komplement.

Nun haben wir den Weg der *Psychoanalyse*[1]). Sie, und sie allein, faßt den aktuellen Konflikt und das aktuelle Leiden an seinen Wurzeln an. Sie hebt — und das gilt auch, wenn sie sich in die oft falschen For-

---

[1]) Es sei noch einmal betont, daß wir im folgenden mit „Psychoanalyse" nur jenen Weg ins Unbewußte, in die seelischen Tiefenschichten meinen, dessen große und tiefe Idee sich aus der Lebensarbeit Freuds herauskrystallisiert und edelster Bestand seelischen Eingehens auf menschliches Leid bleiben wird — auch wenn das doktrinäre Kleid der Schule längst abgetragen sein wird.

meln ihrer Orthodoxie einkleidet — konkrete seelische Voraussetzungen in der Charakterentwicklung von frühester Kindheit an ins Licht des Bewußtseins und sagt dem Leidenden: „Damals sind diese und jene Kräfte in dir gebunden, gehemmt, unterdrückt, verdrängt, verwandelt worden. Sie sind jetzt nicht mehr verdrängt: Du kennst sie, sie sind in deinem Besitz. Du kannst also wieder frei über sie verfügen. Zugleich hätte damals, als dieser oder jener Komplex in dir entstand, auch alles anders kommen können; diese und jene Möglichkeiten in dir waren vorhanden. Du kannst diese Kräfte jetzt wieder so verwenden, daß du ja zu ihnen und dir sagen kannst, daß du aus der konkreten Leidenssituation gleichsam automatisch herauskommst."

An dieser Einstellung ist *mehr* zu finden als die bloße analytische Auflösung. Es war schon davon die Rede. Wäre aber auch nicht mehr daran zu finden als die Erzielung jener letzten restlosen Bewußtheit, so ist auch dies Erlebnis schon bedeutsam im Sinne eines nicht mehr überbietbaren Distanzerlebens zum eigenen Ich. Es ist dabei völlig gleichgültig, ob dasjenige, was da erlebt wird, „richtig" ist; auf die Tatsache des „als richtig"-Erlebens kommt es an. Noch wesentlicher aber ist der *Weg* zu diesem Erleben. Er ist der Weg über Widerstände, der Weg zu letzter Wahrhaftigkeit und Ehrlichkeit gegen sich selbst. Auf diesem Wege wird das Bewußtsein um eigene seelisch-geistige Möglichkeiten weit und hell; je weiter man auf ihm fortschreitet, um so mehr Anlaß erwächst für den Leidenden, Selbstsicherheit und Selbstbejahung, von Zweifeln wie von Übertriebenheiten frei, erleben zu können.

Und doch mußten wir schon darauf hinweisen, daß die Psychoanalyse als psychotherapeutisches Verfahren ihre *Grenzen* hat. Sie liegen in der Passivität des Arztes gegenüber dem zu erreichenden Ziele. Es ist nicht richtig, daß ein Konflikt aufhört zu bestehen, daß ein Komplex nicht mehr wirkt, daß ein Leidenszustand vergeht — und gerade dann, wenn er objektivierte habituelle Form angenommen hat —, wenn der Arzt nicht *mehr* tut, als dem Leidenden zur Selbsterkenntnis zu verhelfen. Der Arzt muß den Sinn des Leidens für den Leidenden zerbrechen; er muß die teleologische Tendenz des Symptoms überwinden — sowohl objektiv, als auch für das Erleben des Leidenden, indem er ihm den „Krankheitsgewinn" entreißt. Er muß den Kranken über sich selbst hinaus weisen, ihm eine seelische und geistige Zukunft ermöglichen, in welcher der Leidende die Idee oder Fiktion des „Stärkerseins" realisiert. FREUD hat dies früh erkannt. Und er hat die Herausführung aus dem Leiden, sobald der Konflikt an seinen Wurzeln aufgegraben wurde, der ärztlichen Suggestion anheimgestellt. Aber er hat niemals den Inhalt dieser angeblichen Suggestion formuliert. Der Weg zum latenten Konflikt, zur Libidoorganisation, wurde ihm allmählich in seiner Forschung wichtiger als der Weg aus dem aktuellen Leidenserleben heraus.

Es ist nun sicher zu eng, die Arbeit des Arztes, die da beginnt, wo FREUD aufhört, lediglich auf die Kräfte der Suggestion zurückzuführen. Hat uns doch gerade FREUD gezeigt, daß die Suggestion nur ein Sonderfall ist, in welchem sich die affektiven Bindungen des Kranken an seinen Arzt auswirken. Das Ganze dieser affektiven Bindungen aber, die wir an früherer Stelle dargelegt haben (siehe S. 137ff.), ist in den Dienst der Leidensüberwindung und der Idee des Stärkerseins auch in Lebenskonflikten zu stellen. In welchen Formen man diese affektive Bindung therapeutisch auswertet: als inneres geistig-seelisches Mitleben des Arztes mit dem Leidenden, als mitreißende Suggestivität, als kritisch kühle Unterweisung usw.: immer steht es im Dienste der Verwirklichung erzieherischer Aufgaben. Ob der Arzt an ontogenetisch frühe affektive Einstellungen des Leidenden appelliert, die ihn zum Symbol des Vaters, der Mutter, des Ichideals des Leidenden machen, oder ob er die Selbstkritik des Leidenden personifiziert usw. — ob identifizierende, nachahmende oder folgsame oder libidinös-symbolische Einstellungen des Leidenden zum Arzte ausgenützt werden: stets muß die Ausnützung so erfolgen, daß dadurch im Leidenden selber Kräfte frei werden, in aktiver Mitarbeit sich nach seinen aktuellen Bedürfnissen und Voraussetzungen umzuformen, seelisch zu bereichern und zu erfüllen, so wie es im Sinne des psychotherapeutischen Zieles liegt.

Es war E. G. JUNG und etwa gleichzeitig ALFRED ADLER, welche dieses Moment des Ausbaues der Psychoanalyse in den Vordergrund gestellt haben.

Die Problemstellung der Psychagogik.

Formulieren wir also dasjenige, was uns bei jeder psychotherapeutischen Aufgabe mit dem bisher Gesagten als erreichungsbedürftig und erreichbar erscheint: Beruhigung, Einreißen der Symptomfassade (Suggestion). Distanzerleben, Sicherung des Selbstvertrauens in noch unausgenützte seelische Möglichkeiten zur Leidensüberwindung (Psychoanalyse, Bindung an den Arzt). Wie ist hieraus die Überwindung der Leidens- und Konfliktszustände konkret weiter zu gestalten?

In sehr vielen Fällen ist sie mit diesen Vollzügen bereits erreicht. Wir haben, wo wir von den Anwendungen der Hypnose sprachen, bereits gesagt, *welche* der dort erwähnten Leidenssymptome und Objektivierungen durch Psychoanalyse und direkte Suggestion ohne Rest behebbar sind. Auf sie kommen wir im folgenden also nicht mehr zurück. Es bleibt jenes Gebiet, wo sich das Erleben des einzelnen charaktergestaltend auf seelische Reaktions- und Entwicklungsbildungen zuspitzt, aus denen unmittelbar Leidenszustände erwachsen. Für dieses

Gebiet bedürfen wir der psychagogischen Herausführung auf Wegen, die wir im folgenden zu besprechen haben. Die bewegenden Kräfte liegen in der Gefühlsbindung des Leidenden an den Arzt, von denen genugsam die Rede war. Wie nützt sie der Arzt im Sinne der Psychotherapie konkret aus?

Die Idee des Stärkerseins erfüllt sich mit konkreten Inhalten, und seien sie auch illusionärer Art, aus der bestimmten gegenwärtigen Lebenssituation des Leidenden. Diese ist es, zu deren Überwindung er den Arzt anruft; und ihre Überwindung hat das aktuelle Ziel zu bleiben, dem selbst die tiefstschürfende Analyse nicht als Selbstzweck, sondern als Mittel und allenfalls als Nebengewinn gegenübersteht. Die Darstellung der Psychagogik muß also an diejenigen typischen menschlichen Erlebnisse und Erlebensweisen anknüpfen, an welchen sich der Charakter des einzelnen formt und bewährt. Wir haben diese Erlebnisse in der ärztlichen Charakterlehre zur Darstellung gebracht.

Literatur vgl. Kap. 14.

11. Die Psychagogik und die Präformationen des Selbstwertes.

Die Psychagogik der kindlichen Selbstwertgestaltung.

Wohl das bedeutsamste Erlebensbereich des Menschen, dasjenige, an welchem das *Bewußtsein des Eigenwertes*, der Selbstsicherheit, Selbstgeltung und Selbstdarstellung sich seine ersten Grundlagen und Gestaltungen schafft, liegt im *Kindesalter*. Der psychotherapeutische Arzt bekommt in den Leidenszuständen und Konflikten seiner Kranken immer nur Folgewirkungen später Art von diesen ersten grundlegenden kindlichen Erlebniswirkungen zu sehen. Er kann sie und muß sie in psychoanalytischer Arbeit seinen Kranken aufdecken und ihnen zum Distanzerleben dazu verhelfen. Einen Einfluß aber auf den ereignismäßigen Gang jener *kindlichen Erlebnisfestlegung der Selbstwertgrundlagen* hat er in der Regel nicht. Ihn haben allein die Erzieher, insbesondere die Eltern, und die kindlichen Umweltfaktoren, insbesondere Geschwister und Schule. Selbst wenn dem Arzte Kinder zugeführt werden, die an „*Kinderfehlern*" der Charakterbildung leiden: Jähzorn, Verstocktheit, Eigensinn oder Angst, Scheu, Verlegenheit (und deren körperlich-funktionellen Symbolismen) usw. — sieht er bereits verfestigte Auswirkungen und Reaktionen des kindlichen Selbstwertgefühls im Konflikt mit Erziehungseinflüssen und typischen Kindheitserlebnissen vor sich. Die psychagogische Führung der Kinder aus solchen Kinderfehlern heraus ist dadurch schwierig, daß dem Kinde in der Analyse keine Distanznahme zur Genese seiner Fehler zugemutet werden kann: es besitzt dazu nicht die geistigen Voraussetzungen. Kinderanalyse ist eine psychologische Untersuchung, keine Therapie. Andererseits ist das Kind weitaus bildsamer als der Erwachsene; in der Regel reicht zum Erfolg aus, das Kind in ein Milieu zu verbringen, in welchem der Konfliktsstoff zwischen den bisherigen Erziehungseinflüssen und seinem Selbstgefühl in Fortfall kommt. Die Einwirkung der erzieherischen Faktoren in dem neuen Milieu muß mit Liebe und Vorsicht darauf gerichtet sein, daß das Kind wieder zu einem sicheren Selbstgefühl kommt; dazu genügt, daß seine Liebe- und Anlehnungsbedürftigkeit ein Betätigungsfeld findet, daß es weder zurückgesetzt noch bevorzugt wird, daß neue Bewußtseinsinhalte es bereichern, es ablenken und an sich schon mit Lustgewinn verbunden sind. Dann verblaßt der eingefahrene Reaktionsmechanismus des verwundeten Selbstgefühls, der sich als Kinderfehler äußerte, sehr bald, schon weil sein Leerlauf zwecklos wäre. Die weitaus wichtigere Aufgabe ist hier die vorbeugende der *Erziehung*, welche das Anwachsen solcher Komplexbildungen rechtzeitig verhindert. Dem Arzt fällt kein Teil daran zu, und die Erzieher stehen in bezug auf dieses Programm ja selber noch in den ersten Anfängen. Das Kind muß gewiß lernen, Triebversagungen auf sich zu nehmen; und dies *kann* es lernen, wenn es entweder den Sinn dieser Versagungen einsieht, oder wenn es mit den Versagungen einen höheren Wert seines Gefühlslebens erringt. Diese höheren Werte sind natürlich zunächst auch Lustwerte; sie gehen auf Anerkennung des Kindes, auf seine Achtung gleich einem erwachsenen verantwortungsvollen Menschen, und sie gehen auf das Bewußtsein, daß das Kind durch diese Versagungen die Liebe seiner Erzieher erringt. Auch die Art und Stärke der Selbsteinschränkung und Versagung muß so beschaffen sein, daß das Kind sie ohne Enttäuschung und Bitterkeit leisten kann. Ohne dem Kind die Spiel- oder Wachtraumwelt seiner unbeschränkten Ichherrlichkeit zu rauben, muß man ihm doch an der Hand konkreter Erfordernisse den Sinn für die Wirklichkeit des Lebens wecken und ihm zugleich zeigen, daß die Selbstbeschränkung, welche die Wirklichkeit von ihm verlangt, auch von jedem anderen Menschen geleistet werden muß. Aber wie gesagt: diese Gesichtspunkte gehören der Erziehungslehre, nicht dem Arzte; er kann sie den Erziehern übermitteln, damit ist sein psychotherapeutisches Wirken in diesem Gebiete fast immer beendet.

Psychagogische Leitlinie bei Selbstwertunsicherheit.

Beim Erwachsenen mit unsicherem Selbstgefühl gelingt es in der Regel, ihm die Kindheitsquellen der Bildung desselben in mehr oder weniger großem Umfang zu erschließen. Und nun besteht die psychagogische Aufgabe darin, ihm zu zeigen: „Du bist damals durch nicht in dir liegende Zufälle auf ein falsches Geleise der Selbsteinschätzung und der Hinwendung zu dir selbst geraten. Eigentlich, d. h. noch vor diesen Zufallsumständen, bist du frei von jenen Selbsthemmungen gewesen;

und im Grunde bist du es noch heute: denn du kannst der starken Selbstbejahung, die der Arzt dir zuteil werden läßt — schon dadurch, daß er dich analysiert —, keinen Widerspruch entgegensetzen, ohne das affektive Band zum Arzte zu gefährden oder zu negieren, und du willst es auch gar nicht." Diese im Kranken herbeizuführende Ausbildung und Verwertung seiner affektiven Beziehung zum Arzt muß man, ohne sie etwa direkt in den Formeln der Verstandesüberlegung zu äußern, den Kranken durchleben lassen. Er muß sie mit dem ganzen entscheidenden Gewicht der Gefühlsbegründung erleben, deren Kraft aus der „Übertragung auf den Arzt" hergenommen ist. Darum wurde bereits an früheren Stellen immer wieder betont, wie wichtig das Gefühl des Bejahtwerdens durch den Arzt, des Bejahtwerdens in seinem „Eigentlichen", von dem die Krankheit gleichsam nur eine künstliche Abbiegung darstellt, für die Beeinflussung des Kranken ist. In der Sicherung des Selbstgefühls liegt hier bereits, unabhängig von jedem aktuellen Leidens- oder Konflikterleben, der Weg zur Ausgestaltung ins „Stärkersein". Rhythmische Gymnastik, Sport, Tanz und Geselligkeit steigern in manchen Fällen die motorischen Grundlagen des Selbstsicherheitsgefühls. Im Psychischen wird man je nach Lage des aktuellen leidengestaltenden Erlebens führend vorzugehen haben. Dennoch lassen sich einige Typen ärztlicher Haltung zum Selbstgefühl des Leidenden auch unabhängig davon allgemein aufstellen.

Psychagogische Einstellung zu den typischen Selbstwerthaltungen.

Wir sprachen bereits von den durch die Kindheitsentwicklung vorbestimmten Typisierungen der Selbstwerthaltung. Die „*Typen der Unterwerfung*", die wir aufgestellt haben (siehe S. 73), bedürfen im allgemeinen des psychotherapeutischen Einflusses nicht. Sie haben sich durch die mehr oder minder weitgetriebene Selbstaufgabe und Einfügung in die beschränkende Ordnung die Sicherheit ihres Selbstwertes erkauft und sind dabei auf ihre Kosten gekommen Sie leiden auch in der Regel nicht an sich; im Gegenteil: es gibt kaum eine sinnfälligere Offenbarung der Selbstzufriedenheit als den korrekten würdevollen Philister. Nur wo dieser Prozeß nicht voll gelingt, hat der Arzt zuweilen die Möglichkeit, darauf hinzuweisen: „Mit welchen Preisgaben seelischer und geistiger Möglichkeiten in dir hast du dir deine Selbstzufriedenheit erkauft!"

Schwieriger ist es mit den „*Typen der Abwendung*" (siehe S 74) von der Wirklichkeitsanpassung: den sich Introvertierenden. Leiden und Konflikte bleiben oftmals nicht aus. Die Führung kann sie in solchen Fällen auf das Erleben bringen: „Du strebst einer Scheinlust nach, einer Scheinbefriedigung, die du im gleichen Augenblick bei größerer geistiger Ehrlichkeit als einen Schwindel erkennen müßtest. Gleiche und größere Möglichkeiten der Selbsterfüllung kann dir die gelebte Wirklichkeit geben."

Noch schwieriger liegen die Verhältnisse bei den „*Typen der Auflehnung*" (siehe S. 74). Das Erleben der beiden erstgenannten Gruppen brauchte nicht zu Leiden und Konflikten zu führen. Es kann sogar große Werte in sich schließen: die Typen der Einordnung können zu tüchtiger sozialer, die der Abwendung zu tiefer denkerischer oder künstlerischer Selbsterfüllung gelangen. Der Typus der Auflehnung wird *immer* in Konflikte geraten, in denen er nicht der stärkere ist; daher wird er *immer* leiden. Und das Leiden wird diejenige Form sein, in welcher die Wirklichkeit seine Selbstdurchsetzung und Selbstbestätigung am ehesten noch erlaubt. Dies gilt vom Lügner wie vom Hysteriker wie vom explosiven oder paranoischen Trotz. Hier läßt sich nicht immer etwas tun. Die Trotzeinstellung dieser Typen verhindert meist eine so starke Übertragung auf den Arzt, wie zur Führung notwendig wäre; auch der Arzt ist nur ein Stein auf dem Brette ihrer schrankenlosen Leidenschaft der Selbsterhöhung und -darstellung. Der Psychoanalyse gelingt es in manchen Fällen, dem Leidenden zu zeigen, auf welchen frühen Verwundungen diese Jagd nach Erfüllung ungesättigter Selbstliebe beruht. Dann zeige man offen die Scheinnatur und das Vorgebliche der Selbsterhöhung, die mit dieser Einstellung im Leben wie in der Krankheit erstrebt wird. Man zeige die tiefen Grundlagen dieses Don-Juantums der Selbstliebe, den Scheingewinn des Sich-wichtig-Nehmens, und daß „eigentlich" dies alles gar nicht zu sein brauchte: denn starke Selbstbejahung und Bestätigung durch den Arzt liege in Bereitschaft gerade für dasjenige der seelischen Persönlichkeit des Leidenden, was nicht zum Leidensbilde gehöre und über dasselbe hinausweise. Bisweilen ist die Übertragung auf den Arzt doch stark genug, daß auf die Unfreiheit der aktuellen Selbstwerthaltungen verzichtet und ein neues Leben begonnen wird. Leider ist dies selten.

Psychagogik des Zwangsleidenden.

Am schwierigsten liegen die Dinge bei den Menschen mit Zwangsbildungen. Der Zwangskranke ist wehrlos; seine Selbstsicherheit leidet immer erneut unter der Unfähigkeit zur Zwangsüberwindung; und dies baut sich sekundär aus. In der Psychoanalyse kann man fast immer den Mechanismus der Zwangsentstehung aufdecken, und sei dies auch nur in den fiktiven Formen des orthodoxen Freudianismus. Dadurch wird Distanzerleben gewährleistet. Trotzdem versagt es in jeder konkreten Situation erneuten Zwangserlebens. Dadurch ist eine Sicherung des Selbstgefühls beim Leidenden immer wieder illusorisch. Selbst wenn er in der affektiven Einstellung zum Arzt, unter dessen Suggestion, mit weitestem Distanzerleben zum Leiden und dicht vor dem fiktiven

Ziel sich befindet, daß die Affektenergien des Zwangskomplexes aus ihrer Abgespaltenheit vom Ichkomplex herausgelöst und in der gesamten Persönlichkeit beruhigt werden: so bleibt dies Erleben an Kraft meist hinter dem akuten Eindruck des Zwangserlebens zurück. Die Führung geht in diesem Stadium auf die Erreichung folgender Punkte: Sicherung und Evidentmachung des Selbstwertes auch für den Fall, daß der Zwang sich immer wieder aktualisiert. Letzterer wird als ein Leerlauf dargestellt, eine Versteinerung ohne destruktiven Willenseffekt und ohne Berührung der „eigentlichen" Wertgrundlagen der Persönlichkeit. Sodann: im Zwangsmoment steckt zugleich mit dem Selbstvorwurf und dem Schuldmoment wegen verdrängter Wünsche (die die Psychoanalyse aufgewiesen hatte) ein Lustmoment gleich einer Sucht. Das Lustmoment ist die zwangshaft verkleidete Wiederholung des verdrängten Wunsches. Wie die Schuld, so ist auch die Lust illusorisch. Ihr Gewinn tritt nicht ein (darum wiederholt sie sich ewig), weil er keiner ist. Hinweis auf die „eigentliche" Sphäre der Selbstsicherung und des Lustgewinns an ihr, auf allen konkreten Einzelgebieten, mit Freimut auch auf dem Gebiet der Erotik des Leidenden. Das Bestehen des Zwanges ist kein Anzeichen der Ichgefährdung oder -beeinträchtigung — so wenig wie seine Ursachen. Aber das Sichklammern an den Zwang, Angst und Lust an der Ohnmacht ihm gegenüber, sind „uneigentlich". Ist diese Einstellung erreicht, so wird in der Regel das Distanzerleben des Zwangskranken aus einem mehr intellektuellen auch zu einem gefühlsmäßigen. Hierbei müssen die auf den Arzt übertragenen Gefühlskräfte die Energien für den Gefühlston dieses Erlebens hergeben. Die Persönlichkeit wird vom Zwangshaften des Zwangsmomentes freier. Nun kann man an die führungsmäßige Überwindung des Zwangsinhaltes selber herangehen. Hier kommt, wie wir schon sagten, die Hypnose wie eine Erlösung über eine fertig vorbereitete Einstellung zum Freiwerden. Frei wird der Mensch nach und nach vom Inhalt, von der Zwangsbeherrschtheit und vom Bewußtsein des Gezwungenseins mit all seinen Folgen. Jeder einzelne Befreiungsfortschritt wird in seinen emotiven Folgen zur Sicherung und Verstärkung des Selbstvertrauens und des Freiheitsgefühles verwendet. Das Gefühl der Wehrlosigkeit zerfällt mehr und mehr. In leichteren Fällen gelingt es, den Menschen dauernd frei zu halten. Daß es schwerere Fälle mit ungünstiger Vorhersage gibt, davon war schon die Rede.

Literatur vgl. Kap. 14.

12. Psychagogische Hilfen zur Bewältigung der Wirklichkeit.

Die geistige Bewältigung der Frage nach dem Sinn der Existenz.

Wir führten schon aus, daß die Selbstwerterlebnisse dem Psychotherapeuten fast stets erst an der Hand einer konkreten Lebensproblematik eigenen Inhalts zur Behandlung kommen. Die Sicherung der Selbstwertgrundlagen bleibt zwar, unabhängig von jeder konkreten, inhaltlichen psychotherapeutischen Aufgabe, ein stets im Auge zu behaltendes Ziel der Psychotherapie, sie ist aber zugleich neben dem Distanzerleben das Vehikel der psychagogischen Leidensüberwindung in ihrer jeweiligen aktuellen Gestaltung.

Solches Leiden erwächst aus der erlebten Problematik der Beziehung von Wirklichkeit und Ich mit fast gesetzmäßigen Gestaltungskräften. Wir folgen hier wieder unsern Darlegungen in der Charakterlehre (siehe Kap. 9). Nicht immer kommt der Jüngling oder der jugendliche Mensch weiblichen Geschlechts zum Arzte, um sich die geistige Bewältigung seines Verhältnisses zur Welt helfend ermöglichen zu lassen. Nur wenn er bis zum Krankheitsgefühl an diesem Problem leidet, oder wenn er sozial an ihm zu zerbrechen droht, tritt der Arzt an die Stelle derjenigen Instanzen, die zur Führung berufen sind. Und doch habe ich in meiner psychotherapeutischen Praxis häufiger mit meinen Kranken an der Bewältigung *dieses* Problems zu arbeiten gehabt als an derjenigen eines „objektivierten“ Symptomes: ein Zeichen dafür, daß von der freien, vorurteilslosen, verständnisvollen und natürlichen Art des ärztlichen Denkens Hilfe in geistiger Not eher erwartet wird als von äußerlich anscheinend berufeneren Stellen.

Es hilft nichts — in solchen Fällen muß der Arzt mit seinem Besucher „philosophieren“. Aber die Philosophie allein tut's freilich nicht. Sehen wir, wie die Dinge liegen.

Sinn und Zweck des Daseins werden zum Problem; an der Lösung des Problems wird gezweifelt und verzweifelt. Es bildeten sich bestimmte Typen der geistigen Niederlage; der geistige Konflikt, der ungelöst bestehen bleibt, führt auch Haltlosigkeit im sozialen Verhalten herauf (siehe S. 84). Die erste und in der Regel leichteste Aufgabe der Psychagogik ist hier die rein intellektuelle: den Zweifel durch seine eigene logische Unmöglichkeit zu widerlegen. Die Behauptung, es gäbe kein Richtig oder Falsch, schließt es in sich, daß dieselbe keinen Anspruch auf Richtigkeit erheben kann. Wichtiger ist, dem Leidenden zu zeigen: wer den Sinn seines Lebens nicht finden kann, der ist an sich selbst irre geworden. Er hält sich für ungerechtfertigt als existierendes Wesen, es sei denn durch einen Sinn, den er sich erst künstlich geben muß und aus geistiger Ehrlichkeit doch nicht zu geben vermag. Dies Verhalten aber wird schon durch die Tatsache des Leidens darunter als irrig widerlegt; denn dies Leiden besagt doch wohl dem eigenen Ich: ich bin lebensberechtigt; ich kann nur den einsichtigen Grund dieser Berechtigung nicht formulieren. Ist das aber nicht gleichgültig gegenüber dem evidenten triebhaften Bewußtsein der Lebensberechtigung, dessen Kraft sich an der Stärke des Leidens zeigt? Die Psychagogik fragt weiter:

Wodurch bist du irre an dir geworden, daß du deinen Lebenstrieb künstlich in Zweifel stellen mußtest, so daß er sich in Leiden verwandelte? Damit ist das Problem bereits aus dem Philosophischen ins Individuelle verschoben. Nun kann man ehrlich und ernsthaft die konkrete Situation des Leidenden und seine individuellen Verdrängungen in ihrer Projektion auf die Ebene seines aktuellen „Leidens an der Welt" prüfen. Er weiß jetzt: es liegt nicht an der Unlösbarkeit des Problems, daß er daran leidet; es liegt in den individuellen Dingen und Verhältnissen, welche diese Prüfung und Psychoanalyse ans Tageslicht bringt. So gelangen wir zum Distanzerleben. Gleichzeitig wird der zögernd beschrittene Weg zur Selbstbejahung durch den Arzt auszubauen sein: am besten durch die Wiederbelebung der „natürlichen" Interessen des Leidenden und seiner Selbstbewährung in ihnen. Dann wird das Ich-Nichtich-Problem auch objektiv gemeinsam mit dem Leidenden einer Lösung entgegengeführt werden, wie sie in den geistigen Voraussetzungen des Leidenden liegt: also entweder nach der Richtung des realistischen oder nach der des subjektivistischen geistigen Ausweges (siehe S. 88ff.). Jeder dieser Wege ist sogleich durch die konkrete Einordnung der aktiven geistigen Kräfte und Betätigungen des Leidenden für ihn fruchtbar und bereichernd zu machen.

Sind Auswege vom Erlebenden bereits selbst gefunden, sie seien nun dogmatische (S. 86) oder realistische (S. 87) oder idealistische (S. 88), so besteht in der Regel kein Leiden mehr, wenigstens keines, welches dem ärztlichen Zugriff offen stände. Und der Psychagoge kann nichts Besseres tun, als einen solchen gewählten Ausweg als das persönliche Gut des sich ihm Anvertrauenden zu respektieren und zur Sicherung des geistigen Eigenwertes desselben ais für ihn berechtigt und notwendig zu bestätigen. Der Psychotherapeut hat nicht das Recht, Religiosität und selbst orthodoxe Kirchlichkeit zu bekämpfen oder zu verlangen, oder weltanschauliche Ansichten des anderen durch die ihm zugewiesene Machtstellung auch nur anzurühren, bloß weil er ein anderes und vielleicht besseres Weltbild zu haben glaubt.

Hingegen muß noch ein Wort über die Lebenslüge als Ausweg gesagt werden. Die Lebenslüge ist kein Leiden; sie ist eine Rettung davor. Sie wird zum Leidensgrunde erst, wenn sie als Lüge erlebt wird. Das ist selten. Was fallen soll, das soll man nicht stützen, sondern stürzen. Dadurch wird der Weg frei für eine ehrlichere geistige Bewältigung des Verhältnisses zur Welt. Hingegen kann der Mensch durch seine Lebenslüge zum sozialen Versagen gelangen. Hier wird man schonungslos die Karten aufdecken und die Gefahr der inneren Unwahrhaftigkeit und Selbsttäuschung zeigen müssen. Man darf aber nicht mit der Türe ins Haus fallen. Langsam führe man die Entstehung der Lebenslüge aus dem Ohnmachtsgefühl und dem bequemen Lustgewinn vor das geistige Auge des sozial Versagenden. Und indem man ihm den falschen Glanz erborgter Sicherung und erborgten Wertes raubt, bejahe man gleichzeitig kompensatorisch aufs stärkste seinen „eigentlichen“ Wert und seine „eigentlichen“ Bewährungsmöglichkeiten. Man stelle zunächst als Verstandesirrtum dar, was im Grunde eine Verbiegung der Charakterentwicklung ist. Die Psychoanalyse hilft zum Erleben der Distanz auch diesen tragisch wirkenden neuen Erkenntnissen gegenüber. Ist aber dies erreicht, so ist es nicht schwer, den Leidenden einen wirklichen Ausweg in enger geistiger Zusammenarbeit mit dem Arzte gehen zu lassen. So manchen jungen Literaten und Maler, mit Zügen vom Spieler oder Süchtigen oder vom Faulpelz, habe ich auf diesem Wege zu innerem Fortschreiten und Reiferwerden führen können; alsbald blieb auch die soziale Superiorität nicht aus. Schwer ist lediglich der Kampf mit der verletzten Eigenliebe, deren Verletzung bei diesem Verfahren vorübergehend unumgänglich ist.

Die willentliche Bewältigung der Existenz.

Im ersten Teile dieses Buches (siehe S. 90) wurde dargestellt, daß die willentliche Einordnung in Welt und Leben in der Regel als ein Konflikt und nie völlig ohne Reibungen erlebt wird, die zwischen den Ansprüchen der Individualität und den Forderungen der Wirklichkeit bestehen. Und wir hatten Typen des Versagens in diesem Konflikt gefunden. Die einen suchten die Schuld in der Wirklichkeit: Pessimismus, Lebenshaß, Menschenhaß, Mißtrauen, Introversionsneigungen lebenslügnerischer Art fanden so ihre Grundlagen oder doch wenigstens ihren Ausbau und ihren Vorwand. Die anderen suchten die Schuld in der eigenen Unzulänglichkeit: Selbstverwerfungen, Rettungen in Krankheitsvorwände, Schwelgen im Selbsthaß usw. waren die charakterologischen Folgen. In beiden Fällen wird die Psychotherapie mit gewissen Schwierigkeiten zu kämpfen haben: denn eine wesentliche Voraussetzung dieser charakterologischen Fehlbildungen liegt in der erhöhten Selbstliebe und Selbstzuwendung, deren Verwandlungserscheinungen diese Gestalten abgeben. Immerhin wird sie in vielen Fällen zu einem gewissen Distanzerleben zu führen vermögen; und vor allem wird die Selbstentlastung gerade bei diesen Naturen, sei es in den Formen der Selbstbeschönigung, sei es in denen der Selbstverwerfung, gewaltige Ausmaße einnehmen. Tritt sie doch bereitwillig in den Dienst der „narzissistischen“ Grundeinstellung. Es ist psychagogisch gut, sie zunächst ruhig gewähren zu lassen und dann auch dieses Verhalten psychoanalytisch in Distanz zum Erlebenden zu bringen. Zugleich aber muß mit steigernder Energie betont werden: Der Arzt bejaht dich, und vielleicht stärker und wahrhaftiger, als selbst du es vermagst dich zu bejahen; aber er bejaht gerade dasjenige an dir, was du nicht bejahst, und was zu bejahen du bis jetzt überhaupt unfähig bist. Die Bejahungswürdigkeit und Bejahungsbedürftigkeit gerade dessen, was der Arzt anscheinend vor dem Erleben der Kranken bejaht, muß diesem als das Ziel möglicher eigener Selbstbejahung immer evidenter und je nach der Übertragung auf den Arzt gefühlsreicher und drängender aufgehen. Gelingt diese Umstellung unter Ausnutzung derjenigen narzissistischen Tendenzen, die an sich gerade der Therapie im Weg zu stehen pflegen, so ist das Ziel allmählich immer mehr zu konkretisieren und auf das aktuelle Leben des Behandelten zuzuschneiden. Aus der Bewältigung nächstliegender und kleiner Aufgaben der gelebten Wirklichkeit wird Enthusiasmus und echte Selbstbestätigung geschöpft; und so gelingt es zuweilen, in langer, allmählicher und zäher Arbeit einen „neuen Menschen" erstehen zu lassen.

Diese allgemeinen Linien spezialisieren sich in den praktischen Lebensfragen von Arbeit, Beruf und Gelderwerb. Leider sind hier die sozialen Verhältnisse, wenn deren Gestaltung auch in der Regel eine Folge der charakterologischen Fehlbildung des Leidenden ist, so bindend und starr, daß die Herausnahme des Leidenden aus ihnen und seine Selbstbewährung in einem neuen Wirkungskreise — unter der psychagogischen Leitung des entwickelten Programms — nur in seltenen Fällen möglich ist. Wenn daher der beruflich eng gebundene, „überarbeitete", unter allerhand aktuellen Sorgen und bewußten und unbewußten Versagungen stehende unlustvolle Berufsmensch mit seinen neurasthenischen Vorwänden zum Arzte kommt, so kann dieser in der Regel auch nicht mehr tun, als ihn symptomatisch über die Zeiten besonderer Spannung und Unlusthäufung hinwegzubringen und ihm Gelegenheit zur Selbstentlastung zu geben.

Etwas günstiger liegen die Dinge bei bestimmten, mit Leidenszuständen verbundenen Einstellungen zu den Mitmenschen. Wir sehen hier von den bereits erörterten Zwangseinstellungen ab — wie Schüchternheit, Errötungsfurcht, Lampenfieber usw. In ihnen wie überhaupt in der Stellung zum Mitmenschen wirkt sich meist eine falsche Bildung des Ichideals ebenso aus wie Nachwirkungen frühkindlicher Erziehungs- und Erlebniseinflüsse. Diese Dinge kann man in psychoanalytisches Distanzerleben bringen und abreagieren lassen. Die psychagogische Führung wird es leicht haben, aus der Sicherung des Selbstgefühls im Leidenden die Konsequenz seiner Stellung zum Mitmenschen wie etwas Natürliches hervorgehen zu lassen.

Süchtige.

Die psychotherapeutische Behandlung der Suchten ohne mechanische Isolierung ist eine schwere, aber oft dankbare Aufgabe. Die Sucht ist ein Ausweg, ein Vorwand und zugleich mit dem Lustmoment behaftet, welches den Triebbefriedigungen innewohnt; insofern steht sie den Perversionen nahe. Ihr Charakter als Ausweg verleiht ihre jene scheinbaren Entschuldigungsgründe des Zwanghaften, welche sie den Zwangszuständen naherücken. Ihr Charakter als Vorwand verleiht ihre jene Note von Krankeitsgefühl, die im Grunde der Selbstentlastung dient. Die Psychoanalyse stellt fest: aus welcher Situation ist die Sucht ein Ausweg? Sie stellt fest: welche verdrängten libidinösen Lusttendenzen und Erotismen (NEUTRA) haben sich in Süchtigkeit umgesetzt? Nach meinen Erfahrungen sind bei Süchtigen homosexuelle Verdrängungen und Versagungen in der libidinösen Grundlage der Süchtigkeit stark und häufig. Dieselben sind in der Regel in tiefer Latenz; zuweilen aber dunkel bewußt. Es gibt besondere Gifte, wie Cocain, deren Wirkung beim Süchtigen gerade in einer Dissoziation und Manifestierung homosexueller Libidoeinstellungen ohne Triebcharakter besteht (JOËL und FRÄNKEL). Über diesen Versagungen lagern meist aktuelle. Sie entstammen ebenfalls gehemmten Sexualtendenzen, die schon verwandelte Gestalt angenommen haben können, aber noch nicht angenommen zu haben brauchen. So beim Alkoholismus Impotenzangst, die sich oftmals hinterher gegenüber der Ehefrau in okkasionellen machtlüsternen Roheitsaggressionen sadistisch überkompensiert. ABRAHAM hat übrigens auch beim Alkoholisten auf die homosexuelle Verdrängung und ihre symbolischen Manifestierungen hingewiesen.

Soviel über die Perversionscharaktere und das Lustmoment der Süchtigkeit. Hinzukommen die Vorwandserscheinungen, das Tendenziöse. Es besteht konkret bedingte Konfliktseinstellung zur aktuellen Umweltsituation. Eine Möglichkeit konkreter Lösung scheint überhaupt nicht, oder fürs erste nicht gegeben: Sorge und Spannung um ihr monotones Beharren werden übertäubt. Der Rausch wird zur Flucht und zur Abwehr.

Und das Zwangsmoment wird zur Entschuldigung. Tatsächlich hinterlassen alle Rauschgifte ja psychosomatische und somatisch-funktionelle Rückwirkungen im Organismus, der sich „gewöhnt" und auf Entziehung mit schweren und heftigen Symptomen, je nach dem Gifte, als Abstinenzerscheinungen reagiert. Die Entziehung hängt also nicht allein von den seelischen Voraussetzungen und ihrer Behebung beim Leidenden ab, sondern auch von der Dauer und Intensität der „organischen" Giftwirkung und der Art des Giftes. Am schlimmsten steht es damit beim Cocain, wie schon ERLENMEYER erkannte.

In der freien Praxis kann man nicht und soll man nicht brutalisieren. Man kann — trotz der entgegengesetzten herrschenden Meinung — in manchen Fällen die Entziehung zunächst außerhalb der Anstalt versuchen — selbst beim Alkoholismus wenigstens gebildeterer und einsichtigerer Männer. Ich lasse mir für gewöhnlich vor einem derartigen Versuch vom Leidenden schriftlich bestätigen, daß im Falle eines Mißlingens der Behandelte durch mich einer Anstalt zur Entziehung jederzeit zugeführt werden soll. Hat dies auch keine Rechtsverbindlichkeit, so wirkt es doch als ein gewisser Ersatz des Zwanges.

Dann rüttelt die Hypnose an der Symptomfassade, und zugleich setzt die Analyse ein. Nach wenigen Tagen kommen die ersten schweren Kämpfe. Alles, was hier an Selbstaufopferung des Arztes geleistet werden muß, dient im Grunde neben seinem aktuellen Zweck dem Eigenwerterleben des sich von der Sucht lösenden Leidenden und seiner Übertragungsfähigkeit auf den Arzt. Darum soll man die Mühe nicht scheuen, den Leidenden in dieser Zeit immer wieder, sozusagen stündlich, zu kontrollieren, in ständiger Fühlung mit dem Pflegepersonal zu sein und ihn über die Abstinenzperiode suggestiv hinwegzureißen. Ich entziehe Alkohol radikal, die übrigen Gifte allmählich nach bekannten Vorschriften. Mit dem Fortschreiten der Psychoanalyse werden die verdrängten sexuellen Motoren der Süchtigkeit freier; und nun kommt ein Moment angstvoller Spannung: der Leidende vermeint seine Sucht gegen eine Perversion eingetauscht zu haben, oder er wird durch den Tendenz- und Vorwandscharakter der Sucht, den er erkennt, moralisch beschämt; Eigenliebe und Introversionsneigung erwachen stärker; er wird unglücklich und benutzt die analytische Aufdeckung als Vorwand zu süchtigem Rückfall. Hier setzt die Psychagogik ein. Schon vorher hatte sie die konkreten Vorwandsbedingungen der Sucht fortzuräumen und unwirksam für das Erleben des Leidenden zu machen. Nunmehr hat sie den Perversionscharakter der Perversion zu entwerten und aus der Bejahung des Leidenden, zu der aus dem durchgemachten Leid und der Art des Ertragens anscheinend volle Berechtigung hergenommen wird, mit den Mitteln seiner affektiven Bindung alle Energien zum „Stärkersein" und zur Bewältigung der Lebensforderungen und Triebschranken herüberzuziehen.

Man wird Mißerfolge haben. Sie beweisen nichts gegen die Berechtigung des Versuches, der trotz vieler Langwierigkeiten und Kämpfe würdiger ist als die „Einsperrungstherapie" des Leidenden mit seinen Qualen in einer Anstalt, wo die seelischen Voraussetzungen des Süchtigwerdens ganz hinter der symptomatischen Entziehung zurücktreten.

Literatur vgl. Kap. 14.

13. Psychagogische Leitlinien abnormer erotischer und sexueller Gestaltungen.

Psychotherapie der Perversionen.

Die Perversionen des Geschlechtstriebes gehen fast alle auf tiefbegründete Anlagen und Wesenseigenarten der individuellen Organisation zurück. Diese sind teils allgemeinerer Art, teils wahrscheinlich von relativer Spezifität; nichts spricht gegen und manches für die Annahme, daß die Disposition zu bestimmten einzelnen Perversionen in weitem Umfang in biologischen Beschaffenheiten der Konstitution fundiert ist. Nichtsdestoweniger besteht zum mindesten heuristisch und psychologisch kein Grund anzunehmen, daß die sexuelle Entwicklung des einzelnen Falles nicht auch anders hätte verlaufen können, als dies tatsächlich der Fall war.

Immerhin muß sich die Psychotherapie hinsichtlich ihrer Erfolge auf diesem Gebiete bescheiden. Erzwingung der Abstinenz allein ist keine Therapie, sondern in der Regel eine verhängnisvolle Selbsttäuschung des Arztes. Die Psychoanalyse ist bei keinem einzigen Persönlichkeitsgebilde als Forschungsweg so erfolgreich wie hier; und bei keinem einzigen als Therapie so machtlos. Perversionen sind Formen der Wiederkehr oder Persistenz frühkindlicher Teiltriebe der Libido, deren zweckmäßige Entwicklung und Zusammenfassung über jene frühkindlichen Festlegungen hinaus nicht gelungen ist. Der Grund jener Festlegungen kann biologisch sein; ihm kann, auch wenn Erleben ihn bedingte, doch schicksalsmäßige Bedeutung für das weitere Leben anhaften. Denn der libidinöse Teiltrieb, das biologisch und psychologisch Primäre der Libidoorganisation und eine ihrer Ausgangsstufen, erscheint rein und unverwandelt in der Perversion, und es liegt in seinem Erscheinen wie in seiner Persistenz zunächst keine Möglichkeit psychologischer Umgestaltung mit den Mitteln der Psychoanalyse.

Wir behandeln als Psychotherapeuten nicht die Perversion, sondern den perversen Menschen. Er leidet an sich und seinem Perverssein; wir haben das schon in seiner charaktergestaltenden Bedeutung dargestellt (siehe S. 98ff.). Dieses Leiden können wir ihm psychagogisch benehmen. Wir können ihn bejahen unabhängig von seiner Perversion. Und wir können ihn in geistige und gefühlsmäßige Distanz zu ihr bringen. Die Psychoanalyse zeigt uns, ob noch keimhafte Möglichkeiten andersartiger Triebentwicklung in ihm freigemacht und zum Leben gerufen werden können. Ist dies der Fall, dann wird ihre positive Entwicklung mit suggestiven Mitteln der Sinn der Psychagogik. Die Hypnose wird ihre Waffe.

Dies hat Erfolg beim Fetischismus und bei gewissen neurotischen Formen des Sadomasochismus, in deren Gebilde Verdrängungen und Verwandlungen unsicheren Selbstgefühls gegenüber dem Sexualpartner eingehen. Was am perversen Triebe sozusagen mit Evidenz aus den Persönlichkeitsfundamenten selber stammt, suche man in seinen Gestaltungsweisen zu solchen Manifestationen überzuführen, welche mit der Selbstachtung des Leidenden und dem sozial Zulässigen vereinbar sind. Dazu ist große Offenheit und eine gewisse Opferfähigkeit an Lustmöglichkeiten beim Leidenden, und wahrhaftige, ganz vorurteilslose Einstellung zum Triebgeschehen beim Arzte notwendig. Falsch ist auch das suggestiv gestützte Verbot des Sexuellfühlens. Das Ziel bleibt, den Leidenden mit seiner Sexualität zu versöhnen, um den Preis von Entsagungen, mit denen er die Selbstbejahung, die Bejahung durch den Arzt und die Sicherung vor den für ihn bedrohlichen Auswüchsen des eigenen Triebes erkauft. Schwer wird diese Aufgabe lediglich da zu erfüllen sein, wo dem Leidenden das seelische Niveau für diese Umstellung fehlt, oder wo der Symbolismus seiner Perversion sich bis zur Versteinerung verfestigt hat. Bei fehlendem Niveau, wie es viele Pädophile und Exhibitionisten auf Grund psychisch-infantilistischer Anomalien aufweisen, greife man zur Hypnose mit dem ganzen Rigorismus, den die soziale Unmöglichkeit dieser Perversionen erfordert. Sie bedürfen des dauernden Kontaktes mit dem Arzt.

Jeder Perverse bedarf eines Triebventils. Das Triebventil liege in harmlosen symbolischen Kompromissen zwischen seiner Triebperversion und den Angleichungen des Triebes an eine — weitherzig gefaßte und individualisierte — „Normalität" der Geschlechtsfunktionen, zu der er ja um seiner selbst willen, wenn möglich, geführt werden soll.

Aber nicht jedem Perversen ist ein solches Kompromiß möglich. Vieles kann daran hinderlich sein: Selbstliebe, Unfähigkeit zum Verzicht auf Lustgewinn, und die Art der Perversion selber. Letzteres kommt bei vielen Homosexuellen in Frage. Alle psychoanalytischen Erklärungen der Homosexualität treffen Dinge, die zwar zutreffen, aber nicht von letzter Wesentlichkeit sind — von der erogenen Oralzone, welche die Brustwarze der Mutter setzt (SADGER), bis zur übertriebenen Mutterbindung und -abwendung (FREUD) und der durch den Kastrationskomplex vorgegebenen „Penisbedingung". Aber alle sind nicht die Homosexualität; sie sind nur frühe Äußerungsformen, in denen sie sich ankündigt. Und was nützt ihre Aufdeckung einer Psychotherapie: der Homosexuelle vermag aus ihnen ebensogut tragische Bestätigungen seiner Seinsnotwendigkeit abzuleiten als therapeutischen Ansporn zur gegenteiligen Einstellung.

Zeigt ein Homosexueller — und dies ist häufiger, als angenommen wird — keimhafte Züge heterosexueller Erlebensfähigkeit, so soll man sie mit allen Mitteln der Psychotherapie entwickeln und steigern. Ebenso soll man pädophile Züge in eine weniger gefahrvolle und schädliche Manifestation überführen — mag diese auch homosexuell sein. Im übrigen wird man in der Regel den Homosexuellen nur vorübergehend aus seinem Triebleben herauswerfen können.

Was aber in jedem Falle einer Perversion möglich ist, das ist die Erreichung des Distanzerlebens zum Ich und seiner Sexualität, des seelischen Darüberstehens. Hierzu bedarf es keiner anderen Wege als der schon oftmals dargelegten und dem konkreten Einzelfall angepaßten.

Abwandlung des Erlebens der Geschlechtlichkeit.

In diesen neurotischen Gestaltungen (siehe S. 100ff.) schlägt sich diejenige Verarbeitung des eigenen Sexuellseins nieder, welche über Konflikte zwischen Trieb und Selbstwert führt. Die psychagogische Leitlinie wird darin bestehen, diese Konflikte als Scheinkonflikte zu entlarven. Notwendigkeit und Bedeutung des sexuellen Moments, Vereinbarkeit mit den Persönlichkeitszielen, Unabhängigkeit des Eigenwertes von der geschlechtlichen Triebhaftigkeit wird man verstandesmäßig und erlebnismäßig zur Evidenz bringen müssen. Die Aufgabe ist leicht, solange der Arzt nicht selber in allzu rigoristischen Vorurteilen befangen ist. Starke Sicherung des Persönlichkeitswertes durch teilnahmsvolles Mitleben mit der Sexualentwicklung wird den Trieb immer mehr in die Willensmacht des Leidenden geben. Und mit Freimut und Wahrhaftigkeit ist der Weg zu realem erotischem Erleben — womit nicht etwa der käufliche Geschlechtsakt gemeint ist — zu eröffnen. Die Scheu vor dem andersgeschlechtlichen Partner weicht vor der Sicherung des eigenen Selbstwertes und der Aufdeckung ihrer frühkindlichen Ursachen; die Liebessehnsucht wird zur Liebesfähigkeit; die Kluft zwischen Sexus und Eros schließt sich.

Auch dem Problem der Onanie ist mit aufklärender Offenheit nahezurücken; bloßes Verbot ohne Ventil ist sinnlos, Schutz vor Verfall in onanistische Süchtigkeit und innere Distanz zum Geschlechtlichen aber stets im Auge zu behalten. Den hypochondrischen Ausbauten ist hier wie überall, wo man auf sie trifft, persuasiv und mit larvierter Suggestion noch am ersten beizukommen. Sie verblassen allmählich vor einem — ja nicht allzu absichtsvoll gelenkten! — Distanzerleben. Aber freilich sind gerade die sexuellen Hypochondrien von besonderer Hartnäckigkeit.

Über die Geschlechtlichkeit als Aufgabe und die sexuellen Funktionsstörungen wurde schon bei der hypnotischen Behandlung gesprochen (siehe S. 259ff.).

Abwandlungen des erotischen Erlebens.

Die Formen und Gestaltungen erotischen Erlebens zu Leidenszuständen haben wir oben (S. 101) beschrieben. Die Leitlinie der Herausführung aus ihnen allen liegt in der vertieften Selbsterkenntnis. Aber die vertiefte Selbsterkenntnis, mit psychoanalytischen oder anderen Mitteln erzielbar, könnte gerade auf diesem Gebiet starke und heftige Selbstverwerfungen zeitigen. Und zwar nicht immer unberechtigte!

Neben die Selbsterkenntnis muß also rechtzeitig eine sichernde Maßnahme gegen diese mögliche Folge treten. Sie liegt einmal in der seelischen Bindung des Leidenden an den Arzt und in der von diesem durchgehaltenen Bejahung des Leidenden trotz seiner Schwäche. Ferner aber liegt sie in einer überlegenen und freimütigen Einstellung des Leidenden zur Erotik als einem Lebenswert. Die Überschätzung desselben ist geistig und dann auch emotional abzubauen, bis zur Übertriebenheit. Andere Werte, fruchtbarere und reibungsloser erzielbare, sind aus den Lebenstendenzen, welche durch den erotischen Konflikt verschüttet worden waren, wieder herauszuheben. So kommt das Distanzerleben auch im akuten Zwiespalt und trotz drängendem Liebestriebe mehr und mehr zustande.

Es gibt Ausnahmen. Die Lösung von erotischer Hörigkeit und von Eifersuchtsregungen schließt den Verzicht auf Lustgewinn ein, zu welchem gerade der narzissistische Leidende dieses Typus nicht immer fähig ist. Suggestives Mitgehen des Arztes, wenn alle obigen Voraussetzungen erfüllt sind und im Kampfe mit diesem Nicht-verzichten-Können stehen, kann unter Umständen — nach meiner Erfahrung öfter in den Formen der Hypnose, so paradox dies klingen mag — den letzten Ausschlag zum Erfolge geben.

Literatur vgl. Kap. 14.

14. Psychagogik traumatisch-situativen Erlebens.

Das psychische Trauma.

Über die psychologische Stellung des emotionalen Situationserlebens und seiner fixierenden Dynamismen haben wir, ebenso wie über seine therapeutische Bezwingung im suggestiven Wege, schon an mehreren Stellen gesprochen. Hier sei nochmals bemerkt: psychagogisch wichtig ist, daß die emotive Kraft zur Ausgleichung des Schocks aus der affektiven Bindung des Kranken an den Arzt und deren Auswertung in magisch-suggestiven Archaismen hergenommen wird. Wo diese Bindung nicht besteht, versagt die Wirkung. Ebenso, wo die fixierenden Tendenzen etwa aus der sozialen Situation des Leidenden heraus oder aus seiner Umgebung ständig neue Nahrung erhalten (Rentenwünsche usw.). Soweit der Schock in einem Erlebnis besteht, welches eine akute Erschütterung der Selbstachtung des Leidenden mit sich brachte, wird man die Voraussetzungen seines Selbstwertbewußtseins analysieren und sein Selbstwerterleben sichern müssen. Das Distanzerleben zum Schock schafft dann auch ohne Suggestion ein Verblassen der Fixationen. Gegen das Gefühl vitaler Bedrohung durch das traumatische Erlebnis habe ich mehrmals in Somnambulhypnose die Amnesierung des Ereignisses durchgesetzt. Es geht auch ohne das; hier ist die FRANKsche

„Katharsis“ in der Hypnose, das Wiedererlebenlassen und Abreagieren, vielleicht die Methode der Wahl. Bei geeigneten Fällen kann man an die energische Beseitigung des emotiven Schocks eine vertiefte psychotherapeutische Behandlung anschließen, die sich auf die ganze Persönlichkeit erstreckt und diese, durch Distanzerleben zum eigenen Ich, gegen ihre traumatophile Disposition und emotive Verwundbarkeit seelisch immun macht.

Das Erleben körperlicher Krankheit.

Die Tatsache organischen Krankseins läßt sich mit psychotherapeutischen Mitteln nicht aus der Welt schaffen. Insofern unterscheidet sich diese seelische Situation des Leidenden von der eben geschilderten: der Nachwirkung eines emotionalen Traumas. An die Tatsache des körperlichen Krankseins knüpfen sich Befürchtungen, die an sich berechtigte Möglichkeiten der Krankheitsentwicklung vorwegnehmen; es knüpfen sich daran die ganzen Sorgen einer aktuellen sozialen Situation mit all ihren Verflechtungen an Menschen und Dinge. Es knüpfen sich aber auch die in den Voraussetzungen der jeweiligen kranken Persönlichkeit liegenden psychologischen Ausbauten daran, ins Hysterische, ins Hypochondrische, in schwächliche Egozentrizität, in wehrlose Gereiztheit, in apathisch-dumpfe Depression, in künstliche Übersteigerung eines unsicheren Optimismus usw. Der Psychagogik am Krankenbette fällt die nur symptomatische Aufgabe zu, diese Ausbauten so weit als möglich abzubauen und das seelische Bild des Leidenden einigermaßen in Konformation mit dem körperlichen Befunde zu bringen. Über die Stellung des Arztes und seine Mittel zu dieser Aufgabe haben wir an verschiedenen Stellen gesprochen. Teilnahmsvolle Freundschaft, ernste, aber optimistische Sicherheit, unbeirrbare Ruhe strahlen suggestiv auf den Leidenden über und färben seine Emotivität um. In diesem Gebiete ist jeder Arzt Psychotherapeut, der es versteht, sich in die Seele seiner körperlich Kranken zu versetzen; er ist es unverkünstelt und ohne leitende Anweisungen. Seine Menschlichkeit und praktische Lebenserfahrung, das Bewußtsein seiner ärztlichen Mission führen ihn instinktiv richtig. Zu direkten Suggestivmaßnahmen braucht er nur zu greifen, wenn die Hysterismen sich mehren. Zu larvierten Suggestionen wird er häufig Gelegenheit haben, insbesondere bei hypochondrischem Ausbau. Bei letzterem und ebenso bei allen emotionalen Entgleisungen wird auch die Persuasion in Verbindung mit den engen affektiven Beziehungen, welche seine helfende Bemühung in der Seele des Kranken mobilisiert hat, heilend oder doch mildernd zur Wirkung kommen.

Literatur zu Kapitel 10—14.

Die Werke von ADLER, BAUDOUIN, COUÉ, DUBOIS, FREUD, JUNG, STEKEL wurden schon zitiert. Dazu noch:

ABRAHAM: Klinische Beiträge zur Psychoanalyse. (Die psychologischen Beziehungen zwischen Sexualität und Alkoholismus.) Berlin, Leipzig u. Wien 1921.

ALLERS: Gemeinschaftsidee und Erlebnis. Intern. Zeitschr. f. individ. Psychol. Bd. 2.

ERLENMEYER: Die Morphiumsucht und ihre Behandlung. Berlin u. Leipzig 1887.

GROSS: Drei Aufsätze über den inneren Konflikt. Bonn 1919—1920.

VON HATTINGBERG: Zur Psychologie des kindlichen Eigensinnes. Zeitschr. f. Pathopsychol., Ergänzungs-Bd. 1.

HECKER: Zur Behandlung der neurasthenischen Angstzustände. Berl. klin. Wochenschr. 1892. — Derselbe: Über die verschiedenen Methoden der psychischen Behandlung. Zeitschr. f. prakt. Ärzte 1896.

JOEL und FRAENKEL: Der Cocainismus. Berlin 1924.

KOGERER: Erster Jahresbericht des psychotherapeutischen Ambulatoriums an der psychiatrisch-neurologischen Universität in Wien. Wien. klin. Wochenschr. 1924.

LÉVY: La psychothérapie, l'autosuggestion et l'éducation de la volonté. Bull. de l'acad. de méd. Bd. 89.

NEUTRA: Morphinismus und Erotismus. Leipzig u. Wien 1923.

PFISTER: Anwendungen der Psychoanalyse in der Pädagogik und Seelsorge. Imago-Bd. 1. — Derselbe: Gefährdete Kinder und ihre psychoanalytische Behandlung. Jugendwohlfahrt 1918.

SADGER: Die Lehre von den Geschlechtsverirrungen auf psychoanalytischer Grundlage. Leipzig u. Wien 1921.

SCHILDER: Zur Pathologie des Ichideals. Intern. Zeitschr. f. Psychoanal. Bd. 8.

SCHRÖDER: Schwererziehbare Kinder. Wien. med. Wochenschr. 1924.

SCHULTZ, I. H.: Über Schichtenbildung im hypnotischen Selbstbeobachten. Monatsschr. f. Psychiatrie u. Neurol. Bd. 49.

STORCH: Zur Psychologie und Pathologie des Selbstwerterlebens. Arch. f. d. ges. Psychol. Bd. 37.

STRANSKY: Direkte Psychotherapie bei Geisteskrankheiten. Jahreskurse f. ärztl. Fortbildg. 1923.

Sachverzeichnis.

Psychogenese und Psychotherapie körperlicher Symptome. Bearbeitet von Dr. R. Allers, Wien, Privatdozent Dr. J. Bauer, Wien, Professor Dr. L. Braun, Wien, Dr. R. Heyer, München u. a., herausgegeben von Privatdozent Dr. **Oswald Schwarz,** Wien. Mit 8 Abbildungen. Etwa 30 Bogen. Erscheint Juni 1925. Preis: etwa S. 35,—; Gm. 21,—; geb. S. 38,—; Gm. 22,50

I. Teil. **Entwicklung, Gestaltung und Bewältigung des Leib-Seele Problems in der Medizin.** Das Problem des Organismus. Von Privatdozent Dr. **Oswald Schwarz,** Wien. — Das Leib-Seelenproblem vom Standpunkt der Philosophie und naturwissenschaftlichen Psychologie. Von Privatdozent Dr. med. et phil. **Paul Schilder,** Wien. — Die individuelle Konstitution als Grundlage nervöser Störungen. Von Privatdozent Dr. Julius Bauer. Wien. — Begriff und Methodik der Deutung. Von Dr. Rudolf Allers, Wien.

II. Teil. **Spezielle Pathologie psychogener Organsymptome.** Grundriß der psychogenen Störungen der Sprache. Von Dr. **Theodor Hoepfner,** Cassel. — Psychogene Störungen der Herztätigkeit. Von Professor Dr. Ludwig Braun, Wien. — Über Asthma bronchiale und psychogene Atmungsstörungen. Von Professor Dr. Ludwig Braun, Wien. — Psychogene Funktionsstörungen des Verdauungstraktes. Von Dr. G. R. Heyer, München. — Psyche und Hautkrankheiten. Von Dozent Dr. James Strandberg, Stockholm. — Psychogene Miktionsstörungen. Von Privatdozent Dr. Oswald Schwarz. — Psychogene Störungen der Sexualfunktion beim Weibe. Von Professor Dr. A. Mayer, Tübingen. — Psychogene Störungen der männlichen Sexalfunktion (Psychogene Impotenz). Von Privatdozent Dr. Oswald Schwarz, Wien. — Psychogenese und Psychotherapie von Organsymptomen in der Kinderheilkunde. Von Dr. Carl Pototzky, Charlottenburg. —

III. Teil. **Psychotherapie.** Grundzüge der Psychotherapie. Von Dr. **Rudolf Allers,** Wien.

Psychologie des Säuglings. Vom Trauma der Geburt und Trauma der Entwöhnung. Von Dr. **Siegfried Bernfeld,** Wien. Etwa 220 Seiten. Erscheint Juni 1925. Preis: etwa S. 15,—; Gm. 8,80; geb. S. 17,—; Gm. 10,—

A) **Das Neugeborene.** Die Geburt und psychophysische Retardierungen. — Die Funktion der Säuglingspflege. — Der Schlaf. — Das Schreien. — Das Saugen. — Über das Bewußtsein des Neugeborenen. — Sinnespsychologie. — Abfuhrbewegungen. — Handlungen. — Die Struktur des Neugeborenen.

B) **Erste Fortschritte.** Das Schauen. — Die orale Zone. — Das Hören. — Die Triebgruppen. — Abfuhrphänomene. — Die Wahrnehmungen. — Struktur des Vierteljahrkindes.

C) **Der Bemächtigungstrieb.** Die Entwicklung der Hand. — Sitzen, Kriechen, Klettern. — Stehen, Gehen. — Reifen und Lernen. — Die Bemächtigungsformen. — Die Triebkomponenten der Bemächtigung. — Die Libidoentwicklung des Greiflings.

D) **Traumen und Versagungen.** Allgemeines. — Die Geburt als Trauma. — Die Entwöhnungsperiode: 1. Die Dentition. 2. Beißen und Kauen. 3. Die Abstillung.

E) **Der Säugling und seine Welt.** Körper und Außenwelt. — Die affektiven Stellungnahmen. — Wahrnehmung und Trieb.

Medizinische Grundlagen der Heilpädagogik für Richter, Erzieher und Fürsorgerinnen. Von Regierungsrat Dr. **Erwin Lazar,** Privatdozent an der Universität Wien, Leiter der heilpädagogischen Abteilung der Universitäts-Kinderklinik in Wien. Etwa 110 Seiten. Erscheint Juni 1925. Preis: etwa S. 8,—; Gm. 4,80

Vorwort. — Über innere und äußere Ursachen. — Die Einflüsse der Familie: Die Mutter. Der Vater. Die Kinder. — Die Einflüsse der Sexualität. — Kindliche Ungezogenheiten. Dissozialität und Kriminalität. — Psychopathische Erscheinungen. — Neurotische Erscheinungen. — Schizophrene Erscheinungen. — Paranoische Erscheinungen. — Zyklische Erscheinungen. — Charaktereigentümlichkeiten der Schwachsinnigen. — Die Bedeutung der Körperbautypen: Die dysplastischen Formen. Die Bedeutung der Konstitution für die Fürsorgeerziehung.

GPSR Compliance

The European Union's (EU) General Product Safety Regulation (GPSR) is a set of rules that requires consumer products to be safe and our obligations to ensure this.

If you have any concerns about our products, you can contact us on ProductSafety@springernature.com

In case Publisher is established outside the EU, the EU authorized representative is:

Springer Nature Customer Service Center GmbH
Europaplatz 3
69115 Heidelberg, Germany

Batch number: 10844669

Printed by Printforce, the Netherlands